Odysse Barot

Le Casier judiciaire

© 2024, Odysse Barot (domaine public)
Édition : BoD • Books on Demand GmbH, In de Tarpen 42, 22848 Norderstedt (Allemagne)
Impression : Libri Plureos GmbH, Friedensallee 273, 22763 Hamburg (Allemagne)
ISBN : 978-2-3225-4346-5
Dépôt légal : Août 2024

LIVRE PREMIER

I

AU MONT-DE-PIÉTÉ

— Trois francs sur les quatre jupons, la robe et cinq serviettes dépareillées !

A cette annonce, faite d'une voix aigre et sèche, par un petit homme râpé, à la figure en lame de couteau, au crâne dénudé, à l'œil atone, vêtu d'une redingote plus rouge que noire dont les parements étaient soigneusement protégés par des manchettes de lustrine, personne ne répondit.

Il y avait là, entassées devant une sorte de comptoir partagé, par une cloison légère, en deux compartiment, une douzaine de personnes de tout âge, de tout sexe, de toute classe, de toutes professions, de tout costume.

Une vieille femme, en bonnet de linge jauni par un long usage, et couverte de haillons, à côté d'une élégante jeune fille en robe de soie, la tête couverte d'un chapeau cascadeur et le visage, prématurément fané, empâté d'une couche épaisse de blanc ; un monsieur d'apparence respectable et distinguée, qui faisait semblant de se moucher pour dissimuler ses traits, auprès d'un voyou en blouse blanche, qui, le nez au vent affectait, au contraire, de promener effrontément sur ses voisins ses yeux cernés, et qui frisottait négligemment avec la main des accroche-cœur huilés s'échappant avec symétrie de dessous une casquette de soie à la fois enfoncée sur le front et rejetée en arrière.

— On fait trois francs sur les cinq serviettes, les quatre jupons et la robe ! répéta d'un ton plus brusque l'estimateur aux manches de lustrine.

— C'est à vous, je crois, mon enfant ! dit tout bas le monsieur distingué et honteux à une petite fille d'une huitaine d'années, qui tenait de son bras gauche une poupée délabrée, achetée jadis au bazar à treize sous, et de la main droite un petit frère qui pleurnichait et qu'elle s'efforçait sans succès de consoler, ce qui l'avait empêchée d'entendre l'employé.

— Je veux manger, moi ! répétait obstinément le bébé... J'ai faim !

— Tais-toi donc !... disait sa jeune sœur... Je vais t'acheter un pain de seigle en sortant du clou...

— Non ! Je veux manger tout de suite !

Et il se mit à hurler. Le pauvre petit n'avait pas encore atteint l'âge où l'on comprend que le rôle d'une moitié de l'humanité est d'avoir faim, comme celui de l'autre moitié est d'avoir des indigestions.

— Ah ça, feras-tu taire ton mioche, toi ? reprit le scribe... C'est à toi le paquet... Accepté, les trois francs ?...

— Maman a dit quatre francs, balbutia la petite en rougissant et avec une sorte d'angoisse...

— Ta mère ! ta mère ! Elle dit ce qu'elle veut, répliqua-t-il d'un accent goguenard et en riant d'un rire bête... Eh bien ! si elle a dit quatre francs, moi je dis : trois francs. Est-ce accepté ?

L'enfant avait des larmes dans les yeux et semblait suffoquée par le désappointement. Son petit frère lui-même avait cessé ses cris, comme s'il comprenait instinctivement qu'il y avait pour les siens tout un drame dans cet écart de vingt sous entre le prêt sollicité et le chiffre accordé.

— Maman a dit quatre francs ! insista la petite fille avec des sanglots dans la voix.

Elle était si émue, si troublée qu'elle en laissa tomber sa poupée.

Le personnage bien mis qui, depuis son arrivée, se cachait derrière son mouchoir, n'y put plus tenir. Il tira son porte-monnaie, y prit une pièce de vingt sous et la tendant à sa jeune voisine :

— Prenez les trois francs, ma chérie ; ceci vous fera quatre.

— Tiens, il paraît que c'est un nabab ! murmura l'employé du mont-de-piété à l'oreille de son collègue, en haussant les épaules d'un air de pitié méprisante.

Celui-ci l'entendit et, sans se fâcher, avec le plus grand calme :

— Hélas, non, monsieur, je ne suis rien moins qu'un nabab ; ma présence ici vous le dit assez... Voyez plutôt !

Et il ouvrit tout grand son porte-monnaie, absolument vide, et ne contenant plus qu'un petit morceau de ruban rouge qu'il avait, par pudeur, ôté de sa boutonnière, avant d'entrer dans le bureau.

Il y eut un intermède. Le préposé aux *engagements* et son camarade des *dégagements* se mirent à déjeuner tranquillement dans la pièce voisine, tandis que le public attendait le bon plaisir des estomacs administratifs. Ce n'est pas assez de prêter au pauvre à dix ou douze pour cent, on lui fait payer en pertes de temps un lourd supplément d'intérêts.

En Angleterre où le prêt sur nantissement constitue une industrie libre, un commerce comme un autre, l'individu besogneux qui apporte au *Pawnbroker* ses bijoux, ses hardes, ses effets mobiliers quelconques, est un client, pour qui l'on a les mêmes attentions, la même déférence que pour le chaland qui vient acheter ; on le sert prestement et avec politesse. Chez nous, soit au Mont-de-Piété central, soit dans les bureaux auxiliaires, soit chez les commissionnaires, c'est un importun, un gêneur qui trouble la digestion ou dérange les conversations intimes des employés de l'administration.

Il est rare que l'on ne fasse pas attendre une demi-heure au moins, et parfois davantage, un argent que l'on vend pourtant bien cher. De l'autre côté de la Manche, on est servi instantanément. En raison de la libre concurrence, c'est à qui rivalisera avec ses confrères d'empressement, de courtoisie et de bon marché du numéraire. Là-bas, le prêteur est un marchand ; ici, c'est un fonctionnaire maussade, revêche, paresseux, insolent comme tous les fonctionnaires.

Le déjeuner paisiblement achevé, le café absorbé, ainsi que le pousse-café, la cigarette fumée, tandis que le public, debout, fatigué, affamé peut-être, se morfondait sans oser même maugréer et se plaindre ; tandis qu'il y avait au logis des femmes anxieuses qui s'impatientaient, des nichées d'enfants qui demandaient du pain, des malades à qui l'engagement d'un anneau de mariage allait pouvoir procurer les médicaments nécessaires, les humbles satrapes de la bureaucratie usuraire reprirent, sans se hâter, le cours de leurs opérations : malmenant à l'envi les pauvres hères qui ne tiraient que pour des sommes minimes le diable par la queue ; réservant toute leur courtoisie pour les privilégiés de la grosse *reconnaissance.* — Même dans la gêne, il y a des catégories, des distinctions et des faveurs ; et la misère a, comme toutes choses, ses classes, ses castes, son aristocratie !...

— Cinq francs sur la montre d'argent ! glapit le petit homme chauve et râpé, en s'adressant au monsieur à accroche-cœur et à casquette de soie...

— De quoi ? De quoi ? riposta d'un organe enroué et traînant le Sigisbé de barrière avec un inénarrable balancement d'épaules, qui faisait songer au louvoiement ichtyologique. Cent ronds !... Oh ! malheur !... Engagez donc vos bijoux de famille pour vous faire des ressources !

— Acceptez-vous ou n'acceptez-vous pas ?...

— Allons ! aboulez !...

— Tâchez donc d'être plus poli, jeune homme !

— Dame, aussi, si c'est pas une pitié !... Cent ronds sur mon chronomètre !... qui vient en droite ligne de Genève !...

Et il marmotta entre ses dents :

— Enfin, faut ben béquiller !... quoique ma *marmite* soit en réparation... à Lourcine !...

Brutal et cassant jusqu'alors, l'employé se radoucit quelque peu tout à coup, quand, après avoir expédié le propriétaire du chronomètre de Genève, il aperçut la personne dont le tour venait immédiatement après lui. Il s'efforça de grimacer un hideux sourire :

— A vous, ma belle enfant ! dit-il en prenant le paquet enveloppé d'une serviette qu'elle venait de poser devant elle sur la tablette.

II

LA BAGUE EN BRILLANTS

C'était une jeune fille d'environ seize ans, proprement, bien que pauvrement vêtue, dont la pâleur, les yeux rougis par les larmes ou par l'insomnie donnaient un charme particulier à son incomparable beauté.

L'impatience et l'inquiétude empreintes dans son regard, un léger frémissement de ses lèvres ; la tristesse profonde qu'accusait l'ensemble de sa physionomie, tout trahissait en elle quelque chose d'étrange et d'extraordinaire.

L'employé hocha la tête en dénouant le paquet, tandis que la jeune fille suivait ses mouvements avec des angoisses auxquelles se mêlait une sorte de honte, en voyant étaler devant tout le monde les nippes défraîchies qui révélaient si éloquemment le dernier échelon de la misère. Sa joue se colora légèrement... La pauvreté aussi a sa pudeur que le mont-de-piété ne. sait pas respecter... Il met à vif impitoyablement toutes les nudités...

Elle supputait d'avance la minime somme qu'allait offrir cet homme. Son regard semblait implorer le chiffre le plus élevé possible.

— Combien va-t-il me donner ? pensait-elle en le voyant tourner et retourner ces guenilles et faire une grimace qui n'avait rien de rassurant.

— D'abord, ma petite demoiselle, cette enveloppe ne peut pas servir... elle est toute trouée... Il faudrait, dans tous les cas, en aller chercher une autre...

— Oh ! monsieur !... fit-elle d'un ton suppliant... Est-ce qu'il n'y aurait pas moyen de la prendre telle quelle ?... Si vous saviez comme je suis pressée, et avec quelle impatience cet argent est attendu à la maison !...

Son accent était si doux, si touchant, que le commis, bien blasé, bien endurci sur toutes les détresses qui défilent devant lui du matin au soir, eut quelque velléité d'attendrissement.

Il hésitait... Il reprenait une à une et examinait avec soin les trois ou quatre loques composant le paquet... Mais l'insensibilité professionnelle reprit le dessus :

— C'est que... C'est que..., murmura-t-il... Il n'y a pas assez... Je ne puis rien faire là-dessus... Il faudrait ajouter quelque chose...

L'enfant s'appuya contre la tablette pour ne pas chanceler... Le peu de sang que lui avaient laissé l'anémie et les privations reflua vers le cœur... Elle resta quelques secondes bouche béante... Puis, s'armant de courage :

— Oh ! monsieur !... Trois francs seulement !... Faites-moi trois francs... au nom du ciel !...

— Ma pauvre demoiselle, ce n'est pas possible... C'est insuffisant. Tout cela n'a aucune valeur.

— Si vous saviez, monsieur !... J'ai ma mère malade... très malade, presque mourante... Trois francs, de grâce !...

— Je suis désolé... Mais ce n'est pas moi qui peux guérir votre mère... Je ne suis pas médecin... Allons, à un autre !...

Et il prit la montre que lui présentait un client.

La jeune fille ne bougeait pas et attendait.

— Je vous l'ai dit, mademoiselle... Vous n'avez qu'à retourner chez vous chercher quelque autre chose.... Je vais garder votre paquet si vous voulez.

— Hélas, je n'ai plus rien à la maison... rien !... tout a été vendu ou engagé... ou retenu par le propriétaire.

— Pauvre petite ! murmurèrent tous les assistants...

— Je ne puis pourtant pas, s'écria-t-elle avec désespoir et en sanglotant, engager la robe que j'ai sur moi !... je ne puis pas aller vous chercher le matelas sur lequel ma mère agonise !...

— Pourquoi ne vous adressez-vous pas à l'Assistance publique ? demanda le monsieur qui venait de remettre sa montre à l'estimateur...

— Quatre-vingts francs sur la montre ! cria l'employé, Vous acceptez ?

— Oh ! vous pourriez mettre cent francs...

— Pas possible !... Allons ! J'irai jusqu'à quatre-vingt-dix...

— Soit !

Et le monsieur, se tournant vers la jeune fille :

— Oui, l'Assistance publique n'est-elle pas là ?... Pourquoi votre mère ne va-t-elle pas à l'hôpital ?...

— L'hôpital ! répondit-elle, le cœur serré. Ma pauvre maman aime mieux mourir dans son taudis que d'être guérie à l'hôpital... Et d'ailleurs, il paraît qu'on n'y entre pas aussi aisément que cela... Quant à l'Assistance publique, tout ce que j'ai pu en obtenir, c'est, une fois dix francs, et deux fois trois francs.

— Et vous n'avez pas de père ?

— Voilà douze ans qu'il est parti pour l'Amérique. Il est mort, sans doute. Ma mère n'a plus eu de ses nouvelles depuis bien longtemps !...

— Ce n'est pas tout ça ! interrompit l'employé... Ce n'est pas ici une salle de conversation... Vos affaires de famille ne me regardent point... Ma petite demoiselle, voici votre paquet.

Elle le reprit vivement. Le souvenir paternel venait de lui rappeler qu'il lui restait pourtant une ressource, une ressource suprême, devant laquelle sa mère avait obstinément reculé jusqu'alors, en dépit de l'épouvantable dénuement où les deux femmes étaient plongées.

— Oh ! cette fois, ma pauvre mère ne refusera plus ! se dit-elle à elle-même. Il le faut absolument... Nous ne pouvons pas mourir ainsi, elle faute de secours, moi faute de pain !... monsieur, je vais revenir... Je vais vous apporter un objet dont ma mère avait solennellement juré de ne se séparer jamais.

Et elle sortit précipitamment.

Elle n'avait pas franchi la porte que déjà l'incident était oublié ; les engagements et les dégagements se continuèrent ; les allées et venues se poursuivirent dans l'escalier sombre et tortueux qui conduisait à l'officine du commissionnaire, située au fond d'un sale et étroit passage du quartier Saint-Martin.

Les paquets de hardes s'entassaient dans les cases disposées *ad hoc,* en attendant qu'ils fussent, le lendemain, portés rue des Blancs-Manteaux. Les bijoux, serrés dans des petites boîtes grossières, prenaient place dans un tiroir. Les papiers imprimés se remplissaient, les récépissés et les reconnaissances circulaient des deux côtés du comptoir, où les sommes, petites ou grosses, passaient tour à tour de la caisse du commissionnaire dans les mains du public besogneux, et *vice versâ*. A chaque instant se croisaient les figures mornes de ceux qui venaient engager et les visages rayonnants de ceux qui dégageaient.

Un observateur placé au bas de l'escalier n'eût pas eu de peine à deviner, rien qu'à la physionomie des visiteurs, la nature de l'opération qui les appelait au bureau.

Un quart d'heure plus tard, la jeune fille entra de nouveau, encore plus émue peut-être et plus bouleversée qu'elle ne l'était auparavant. Elle tira de son porte-monaie et remit au préposé aux engagements, une bague en brillants.

Celui-ci, croyant à première vue qu'il s'agissait de pierres fausses, et qu'il allait avoir à tenir compte uniquement du poids de l'or, prit distraitement le bijou.

Tout à coup il poussa une exclamation, et jeta sur la pauvresse un regard oblique...

— On fait deux cents francs sur la bague ! dit-il en clignant de l'œil et en dissimulant ses impressions de défiance...

— Deux cents francs ! s'écria la jeune fille avec une stupéfaction mêlée d'une immense joie, deux cents francs !... Oh ! mon Dieu ! Merci, monsieur ! Merci !...

— Tiens ! tiens ! pensa le plumitif. Voilà qui devient plus que suspect ! Et moi qui lui aurais donné, les yeux fermés, le bon Dieu sans confession, à cette petite ! Est-ce que cette sainte-n'y-touche ne serait qu'une habile voleuse ? Je ne lui aurais jamais supposé tant de roublardise. Qu'est-ce qu'elle me chantait donc avec son affreuse misère ? Décidément elle m'a monté le coup. Elle est très forte. Et dire que j'ai failli y aller de ma larme quand elle se disait réduite à engager les frusques qu'elle avait sur le dos ou bien la literie d'une moribonde ! C'eût été drôle ; et le matelas de maman aurait fait le pendant de la *Croix de ma mère* de M. Dennery !... Ah ! ah ! ah ! ah ! ah !...

Et il se mit à rire en dedans de sa bonne plaisanterie...

— C'est égal, continua-t-il ; voyez comme les physionomies sont trompeuses ! Fiez-vous donc aux apparences, aux mines honnêtes ; est-elle assez gentille, assez candide !... Mais, pourquoi diable cette comédie du dénuement et ce paquet de loques qu'elle avait apporté d'abord ? Et comment n'a-t elle pas donné tout de suite sa bague au lieu de pleurnicher si longtemps pour obtenir trois misérables francs ? Parbleu ! c'était pour donner le change. Comme elle n'a jamais engagé ici que des objets sans valeur, et probablement sous un faux nom, elle craignait d'éveiller les soupçons... C'est simple comme bonjour...

Puis une idée nouvelle lui traversa l'esprit.

— Après tout, j'ai peut-être tort de l'accuser, cette ravissante enfant ; il se peut qu'elle possède ce joyau à titre légitime, et qu'il soit un cadeau de quelque riche monsieur, vieux ou jeune, plutôt vieux que jeune Voilà l'explication de l'aventure, et de ses hésitations, et de ses larmes. C'est l'histoire de Faust et de Marguerite, scène des bijoux... Il doit y avoir là-dessous l'intervention de quelque duègne... Elle a lutté, la pauvre chérie, et puis c'est le mauvais génie qui l'a emporté. Dans ce combat du vice contre la vertu, c'est le premier qui a fini par triompher...

Et il se mit à fredonner à demi-voix l'air de la *Belle Hélène* :

Dis-moi, Vénus, quel plaisir trouves-tu
A faire ainsi cascader (*bis*) la vertu ?

Ses velléités lyriques furent interrompues par l'arrivée du patron, qui rentrait inopinément d'une course en ville.

— Eh bien ! on chante donc l'opérette ici, à présent ? fit-il d'un ton sévère.

Son subordonné rougit, s'excusa de son mieux et le mit au courant de l'incident qui avait provoqué sa verve musicale, et des soupçons qu'il avait conçus sur la provenance illégitime de la bague offerte en nantissement :

— Faudra voir ! dit sentencieusement le commissionnaire du Mont-de-Piété... D'après ce que vous me racontez, la chose n'est pas claire...

— Ou elle l'est trop, ce qui revient au même !

— Bref, a-t-elle des papiers ?

— J'allais le lui demander quand vous êtes entré, patron.

La jeune fille, presque radieuse au milieu de ses tristesses, attendait toujours, s'imaginant que l'on préparait sa reconnaissance. Elle réglait déjà l'emploi de la somme. Le médecin avait ordonné du vin de Bordeaux vieux ; elle en achèterait en sortant quelques bouteilles. Oh ! comme elle allait soigner sa chère malade !... Il y avait si longtemps qu'elle n'avait vu deux cents francs ! C'était une fortune.

Une douche d'eau glacée tomba bientôt sur cet enthousiasme.

— Vous avez une autorisation, mademoiselle ? lui demanda sèchement le commissionnaire en la toisant des pieds à la tête.

— Une autorisation... de ma mère ?... Hélas ! non, monsieur. La pauvre femme est trop malade pour être en état d'écrire.

— Tant pis ! vous ne pouvez pas engager sans autorisation.

La petite tressaillit en voyant se dresser devant ses espérances un obstacle imprévu auquel elle n'avait pas songé...

— Vous avez des papiers, au moins ?

— Voici une quittance du loyer de notre chambre et une lettre reçue l'autre jour de l'Assistance publique.

Elle montra l'enveloppe sur laquelle on lisait : « Madame Lafontaine, 29, rue de Lancry. »

— Oh ! cela est insuffisant... Alors vous vous appelez Mlle Lafontaine ?

— Oui, monsieur : Régine Lafontaine, modiste.

— Savez-vous que pour une ouvrière vous avez de bien beaux bijoux, mademoiselle Régine ? dit à son tour l'employé, qui tenait à son idée de la duègne et du monsieur, jeune ou vieux, plutôt vieux que jeune.

— Cette bague n'est pas à moi ; elle appartient à maman ; c'est le seul souvenir qui lui reste de mon pauvre père... Il faut que nous soyons tout à fait à bout de ressources, pour qu'elle ait enfin consenti tout à l'heure à s'en séparer, à me la laisser engager... J'ai cru qu'elle allait en mourir sur le coup, ma bonne chère mère...

Le commis dit tout bas à l'oreille de son chef :

— La fable est assez bien imaginée..... Décidément, cette fille est très forte.

Et, s'adressant à Régine :

— Vous conviendrez que tout cela est bien bizarre. Il y a un quart d'heure, vous me déclariez n'avoir pas la valeur d'un prêt de trois francs... Et voici que maintenant... Voyons, voyons, ma belle enfant, il ne faut pas nous en conter...

— Je vous dis la vérité, monsieur, et si vous voulez bien venir chez nous...

— Oh ! s'il fallait nous déranger ainsi à chaque instant, nous n'en finirions pas... Je vous le répète, vous ne pouvez engager sans papiers ou sans répondants connus ou domiciliés... Qui nous dit que cette bague n'a pas été volée ?

Et il la regardait dans le blanc des yeux.

Régine, à cette injurieuse supposition, se redressa toute frissonnante :

— Volée, monsieur, volée ?...

— Eh oui, parbleu, cela se voit tous les jours.

— Ma mère est la plus honnête des femmes, monsieur... Et elle tient cette bague de mon père....

Et elle éclata en sanglots. Les deux hommes haussaient les épaules, et se consultaient sur ce qu'il y avait à faire.

— Allez chercher, mademoiselle, des papiers ou des répondants patentés.

On se promettait bien de la faire filer pour s'assurer de son domicile et de son identité.

— Alors, monsieur, veuillez me rendre la bague, je vous prie...

— Oh ! que non pas ! répliqua le commissionnaire.

— Quoi ! vous allez la garder ? reprit-elle, suffoquée par l'humiliation et par la douleur... Que va dire maman, quand elle me verra revenir sans argent et sans bague ?... Je vous répète qu'elle est mourante... Cela lui portera le dernier coup... Vous voulez donc tuer ma mère ?... Oh ! c'est une indignité !.. La bague !... Rendez-moi la bague... Elle est à maman... C'est le seul souvenir de mon père... Je ne m'en irai pas avant que vous ne me l'ayez rendue...

Elle s'exprimait avec une singulière exaltation... Ses joues étaient empourprées par la colère... Il lui semblait qu'on voulait lui voler le joyau...

Refoulant ses sanglots, elle reprit, s'adressant aux personnes qui l'entouraient :

— Je vous en prie, venez à mon secours... Je ne suis qu'une enfant, et ma mère est trop malade pour me protéger. Dites donc tous à M. le commissionnaire qu'il doit me rendre ma bague !... Ah ! mon Dieu !... mon Dieu !... mon Dieu !...

— Ah ça, est-ce que ce scandale ne va pas finir ? dit le commissionnaire.

Au même instant, un client qui, depuis le commencement de la scène, observait tout cela du coin de l'œil avec un intérêt exceptionnel, et dont l'attitude martiale, lès moustaches en croc, le chapeau sur l'oreille, la redingote râpée, boutonnée jusqu'au menton, indiquaient clairement la position sociale, se pencha par-dessus le comptoir vers le commisionnaire, lui montra une carte et lui dit :

— J'en fais mon affaire... Je reviendrai plus tard pour dégager ma montre.

Et saisissant la jeune fille par le bras :

— Voyons, ma jolie enfant ; il ne s'agit pas de pleurer... Venez avec moi chez le commissaire de police, et là vous vous expliquerez tranquillement... Si la bague est réellement à vous, on le verra bien, et on vous la rendra... Allons, venez.

— Laissez-moi, monsieur, je ne vous connais pas ! cela ne vous regarde pas ! s'écria-t-elle, en se dégageant. Me mener chez le commissaire !... Quel mal ai-je fait ?... C'est une infamie... Laissez-moi, vous dis-je ! Laissez-moi ! Laissez-moi !... Maman ! maman ! maman !...

Régine se débattait, poussait des cris perçants, appelait ses voisins à son aide. Puis, brisée par l'émotion, elle tomba évanouie sur le sol.

Pendant qu'on la fait revenir à elle, transportons-nous dans la chambre de la mourante.

III

LA PHTISIQUE

Une petite chambre mansardée, au sixième étage du numéro 29 de la rue de Lancry. Pas de meubles, sauf une couchette en palissandre, une méchante table en bois blanc, couverte de fioles pharmaceutiques ; deux chaises de paille ; dans un coin, une grande malle, dont les divers compartiments se sont successivement vidés. Dans un coin un portemanteau aux pommes duquel ne pend plus aucun vêtement. Ailleurs, des terrines et des seaux encore pleins d'eau savonneuse attestant un lavage récent. Sur une corde, tendue en diagonale, pend un drap humide ; à travers les rideaux bien propres de la fenêtre, on aperçoit, achevant de sécher au soleil, deux chemises de femme, des bas, des serviettes, des camisoles, d'un linge à la fois fin et usé.

Tout ici respire la misère, le dénuement. Non pas la misère sordide, sale, repoussante, méritée, mais la misère propre, honteuse, la misère injuste, la misère honnête et digne, la misère qui lutte contre elle-même et qui se débat dans les angoisses de la faim.

L'atmosphère est chargée d'effluves méphitiques et délétères. On sent quelque chose comme l'âcre parfum du désespoir et l'odeur de la mort.

Sur le lit est gisante une femme de trente-cinq à quarante ans qui a dû être belle, mais qui n'a rien conservé de sa beauté première.

Hâve et blême, les joues creusées, les yeux cernés, n'ayant plus que cette fixité singulière, cette vivacité de mauvais augure qui annoncent l'approche d'un dénouement fatal, elle ressemble plutôt à un spectre qu'à une créature vivante. Sans les spasmes fréquents d'une toux sèche accusant une phtisie arrivée au dernier dégré de sa période critique, on se croirait en face d'un cadavre.

— Elle ne revient pas ! murmura-t-elle entre deux quintes prolongées ; elle ne revient pas ! Et voilà plus de deux heures qu'elle est partie ! Pauvre Régine, quel mal je lui donne !... Que va-t-elle devenir, la chère enfant, quand je ne serai plus ?... Car, je le sens bien, tout est désormais fini... Oh ! que j'ai soif !...

Saisie d'un nouvel accès de toux, elle se retourna avec peine, se pencha sur la table, saisit de ses doigts décharnés un verre d'eau qu'elle porta à ses lèvres.

— Pourquoi tarde-t-elle tant ? Où est-elle allée ?... Ah ! oui, je sais... C'est au mont-de-piété... encore au mont-de-piété !... Ce n'est pas bien loin, pourtant. Elle devrait être de retour... Il est vrai que le temps me paraît si long !... Les minutes deviennent des heures quand on souffre, qu'on est seule et qu'on manque de tout !... Peut-être n'y a-t-il qu'un instant qu'elle est sortie... J'ai tort de m'impatienter ainsi... Elle a été acheter le plus nécessaire... Le médecin m'avait ordonné une aile de poulet et du vin vieux de Bordeaux... Elle mangera du pain sec et boira de l'eau, elle !... Et puis elle a peut-être été reporter de l'ouvrage au magasin... Egoïste que je suis ! Je ne songe qu'à moi...

Elle essaya de se dresser sur son séant :

— Non ! dit-elle, cela ne peut pas durer !... Je ne veux pas que mon enfant bien-aimée tombe malade à son tour... Mieux vaut que je meure tout de suite, puisque je lui laisse tout le poids de notre double existence !... Elle n'aura plus du moins à travailler que pour elle !

Elle retomba sur son oreiller, épuisée par l'effort qu'elle avait fait...

Une heure de plus s'écoula. Régine ne revenait pas. La concierge était montée un instant, pour voir si la malade *n'avait besoin de rien.* — Phrase banale et cruelle que répètent si volontiers les indifférents.

— Non, je vous remercie, madame Patouillard, je n'ai besoin de rien... Vous êtes bien bonne... Du reste, ma fille va rentrer.... Elle rapportera ce qui m'est nécessaire...

— Pardon, excuse, m'ame Lafontaine... Mais je vas vous dire... C'est que voilà trois heures et demie que mamzelle Régine m'a dit qu'elle allait chez le pharmacien... Et... vous savez... ça commençait à m'inquiéter... à me sembler drôle... qu'elle ne revienne pas... C'est pourquoi je suis montée.

Une teinte de carmin se dessina sur les joues flétries de la moribonde.

— Encore une fois, merci de votre sollicitude, madame Patouillard... Trois heures et demie !... C'est bien long, en effet... Mais elle va rentrer... Elle a été faire quelques emplettes.

— Des emplettes ! pensa la concierge avec une grimace de pitié ; pour faire des emplettes, faut de l'argent !... Dame ! C'est si fier, ces gens-là... Et ça a l'air de me regarder de travers... C'est pas de ma faute si le *propilliétaire* a fait vendre leurs meubles... Quand je dis leurs meubles, c'est une façon de parler, car en fait de meubles elles n'avaient qu'une *ormoire*... et un vieux fauteuil dont je n'aurais pas voulu pour faire coucher Azor...

Et, constatant d'un coup d'œil le vide et le délabrement de la chambre, où suintait la détresse :

— Quelle dèche, mon Dieu, quelle dèche ! marmotta la concierge. Quand on est malheureux à ce point-là on ne fait pas sa tête !... Pourquoi cette petite mijaurée de Régine a-t-elle l'air de mépriser mon Agathe qui la vaut bien... sous le *préteste* que ma fille va danser le dimanche au Wauxhall... ? Comme s'il ne fallait pas que la jeunesse s'amuse !... Petite hypocrite, va !... A quoi que ça lui sert de faire sa poire !... Si elle m'avait écoutée, elles ne seraient pas, elle et sa mère, dans le pétrin... Elle avait donné dans l'œil au vieux monsieur du premier, qui certainement lui aurait fait une position honnête... Et elles ne seraient pas toutes les deux à crever la faim !... C'est pas Agathe qui serait si bête que cela, si nous étions dans la débine, et qui ferait des manières !... Après tout, elle est plus roublarde qu'elle ne veut le dire... Qu'est-ce qu'elle fait donc dehors depuis près de quatre heures ?... Qui sait ? Elle a possiblement trouvé chaussure à son pied... Tant mieux pour elle !

Pendant ce monologue mental, Mme Lafontaine s'était retournée sur son oreiller pour échapper à la vue de cette femme qui lui était odieuse, sans qu'elle sût au juste pourquoi.

— Allons, je m'en vais... Pardon, excuse, m'ame Lafontaine, puisque vous n'avez besoin de rien !

Et elle sortit, referma la porte avec précaution, et redescendit en grommelant les six étages.

— Besoin de rien ! murmura la poitrinaire avec un long et douloureux soupir. Hélas ! j'ai besoin de tout !... Et c'est à peu près la même chose...

Puis une vive anxiété s'empara d'elle. L'absence de sa fille devenait de plus en plus inexplicable. Toutes sortes d'idées noires se mêlaient confusément dans son cerveau.

Lui était-il arrivé un accident ? Était-elle tombée sous les roues d'une voiture ? S'était-elle affaissée de faiblesse et d'inanition sur le trottoir ?... Car la pauvre enfant se serait laissée mourir de privations pour tout donner à sa mère.

Mme Lafontaine prêtait l'oreille, écoutait, attendait... Ses angoisses s'accroissaient à chaque instant.

Tout à coup elle entendit des pas dans le couloir. Quelqu'un marchait sur la pointe du pied.

— La voilà enfin ! balbutia la malade.

La porte s'ouvrit.

Mais, au lieu de Régine, elle aperçut sur le seuil un jeune homme d'une vingtaine d'années.

IV

UNE DESCENTE DE POLICE

La malade fit un geste de désappointement.

— Oh ! mon Dieu ! Ce n'est pas ma fille ! fit-elle en se détournant avec désespoir.

— C'est moi, madame Lafontaine ! dit le jeune homme, en s'avançant vers le lit, et, tout interloqué par ce froid accueil auquel il n'était pas habitué... Ne me reconnaissez-vous pas ?... Êtes vous fâchée, de me voir ?...

— Vous savez bien que non, monsieur Francis !... Vous, notre seul ami ! Je serais trop ingrate...

Elle jeta sur lui un regard affectueux, et sortit péniblement de dessous le drap une main amaigrie et jaunâtre qu'elle lui tendit, en même temps qu'une nouvelle quinte de toux lui coupait la parole.

— Voyons, cela va-t-il un peu mieux ? demanda-t-il. Comment avez-vous passé la journée ?... Je viens peut-être un peu tard. Mais ne m'en veuillez pas... J'ai été retenu à mon bureau, et...

Il s'arrêta en constatant avec effroi que le mal avait fait depuis le matin des progrès rapides, que ses traits étaient plus étirés, ses yeux plus creusés, que son teint était plus livide et sa physionomie plus décomposée.

— Ma fille ! ma fille !... murmura-t-elle d'un accent à peine perceptible, et comme se parlant à elle-même. Pourquoi ne revient-elle pas ? Que fait-elle ?... Où est-elle ?...

— Mlle Régine ? répondit Francis, qui ne s'était pas étonné outre mesure de ne pas la voir à son arrivée ; elle ne saurait être bien loin... Elle est dans le voisinage, sans doute ?... Ne vous tourmentez donc pas ainsi, chère madame... Un peu de calme et de patience !...

Mme Lafontaine serra fébrilement le bras du jeune visiteur :

— De la patience ! du calme !... reprit-elle d'une voix sourde... Vous ne savez donc rien ?... Je ne vous ai donc rien dit ? Monsieur Francis, je pressens quelque malheur, quelque chose d'épouvantable... Et vous voulez que je ne me tourmente pas !...

— Qu'y a-t-il ?... Que voulez-vous dire ?...

— Ce qu'il y a ? C'est que Régine est sortie depuis quatre longues heures... Que cette absence est inexplicable... que j'ai peur, que je tremble !...

François tressaillit. Toutes les couleurs de l'arc-en-ciel se peignirent successivement sur son visage. Il s'appuya contre la cheminée pour ne pas chanceler. Il s'efforça pourtant, mais en vain, de cacher son émotion pour ne pas aggraver les angoisses de la pauvre mère. Il tâcha de la rassurer, de trouver à ce retard quelque raison plausible.

Apprenant qu'elle avait dû aller au mont-de-piété, il fit observer que, dans ces endroits-là, on n'était jamais servi qu'après une attente plus ou moins prolongée, qu'il pouvait y avoir eu aujourd'hui encombrement de clients ; — la misère était si grande à Paris en ce moment !... — qu'il lui avait fallu ensuite aller de boutique en boutique faire ses petits achats...

Mais il parlait sans conviction, et d'un ton troublé qui démentait trop visiblement et trop éloquemment ses paroles...

Au fond, il était encore plus inquiet que Mme Lafontaine, et il ne parvenait pas à chasser de sa pensée une idée horrible qui venait d'y surgir. Si la moribonde se livrait à toutes les conjectures et aux hypothèses les plus cruelles, Francis entrevoyait une éventualité bien plus affreuse qu'un accident, qu'une chute sur le trottoir ou sous les roues d'une voiture, qu'une blessure grave, que la mort elle-même.

Lui qui, sans l'avoir jamais dit, adorait la pure et douce enfant que le hasard lui avait donnée pour voisine, il se sentit pris, à cette supposition, d'une terreur folle à laquelle se mêlait une sorte de colère et de rage...

Les journaux avaient fait grand bruit naguère de l'arrestation par les agents des mœurs d'une jeune fille des plus honorables, qui allait se marier le lendemain ; qui, à la suite de cette monstrueuse aventure, était morte de douleur et de honte, et dont la virginité avait été constatée par les médecins chargés de l'autopsie...

— Pourvu que Régine n'ait pas été victime d'une infamie de ce genre ! se dit-il en frémissant. Pourvu que les mains hideuses des argousins ne se soient pas brutalement posées sur cet ange et n'aient pas souillé son épaule de leur ignoble contact ! Oh ! les misérables ! si cela était ; s'ils avaient tenté de flétrir celle à qui, moi, je n'ai jamais osé dire : « Je vous aime !... » Oh ! les scélérats !... Je les tuerais !... Je les tuerais ! Je les tuerais !

Comprimant les battements désordonnés de son cœur, faisant des efforts surhumains pour affecter une certaine tranquillité et pour ne rien laisser percer de ses appréhensions :

— Rassurez-vous, chère madame... Vos craintes n'ont aucun fondement... Je l'affirme, j'en suis sûr... Et, tenez, je vais de ce pas aller la chercher... Je vais vous la ramener... Je vous le jure...

— Allez, allez, mon ami !... Courez, volez !... Rendez-moi ma fille !... Je ne veux pas mourir sans l'avoir vue, sans lui avoir donné le suprême baiser d'un adieu éternel !... Qui donc, si elle n'était pas là, recevrait mon dernier soupir ? Qui donc me fermerait les yeux ?...

Francis prit son chapeau, sortit précipitamment, pria une femme, emménagée depuis peu sur le même palier, de veiller sur Mme Lafontaine et de lui donner des soins en attendant son retour, et descendit en courant les six étages.

Marchant dans la rue au hasard, comme un insensé, en titubant comme un homme ivre, il entra tour à tour chez les divers commerçants du quartier où Mlle Lafontaine avait l'habitude de faire ses petites provisions. Mais ni la fruitière, ni le boulanger, ni l'épicier, ni le charbonnier, ni la crémière, n'avaient vu Régine de tout l'après-midi ! Le pharmacien ne put le renseigner davantage... La jeune fille dont il donnait le signalement était bien venue quelques heures auparavant commander les prescriptions d'une ordonnance de médecin ; mais elle n'était pas revenue... — Hélas, c'était pour cela, sans doute, qu'elle avait imploré, avec tant de larmes, un prêt de trois francs !

Hors de lui, le jeune homme se dirigea vers la maison du commissionnaire au mont-de-piété... Malédiction ! Les bureaux étaient fermés !... Il redescendit dans la rue, questionna d'un air hébété les passants, les boutiquiers, les sergents de ville, demandant à tout le monde s'ils n'avaient pas entendu parler d'un accident ou d'une jeune fille arrêtée...

Personne ne savait rien... Le scandale n'avait eu d'autres témoins que les personnes présentes dans le bureau, et l'inspecteur de police n'avait pas eu besoin de l'aide des agents en uniforme pour emmener une enfant de seize ans !

Quelques-uns de ceux qu'il interrogeait le prenaient pour un aliéné ou lui répondaient par des plaisanteries de mauvais goût :

— C'est votre connaissance que vous avez perdue, jeune homme ? lui dit un sergent de ville goguenard... Bah !... Elle vous aura lâché pour un autre... Allez à la Reine-Blanche ou à l'Elysée-Montmartre... Vous la trouverez sans doute au beau milieu d'un quadrille...

— A moins, pourtant, ajouta sentencieusement son collègue, qu'elle n'ait été nonobstant comprise dans quelque rafle...

Francis n'avait ni la force, ni le courage, ni la présence d'esprit de relever ces grossièretés. Sa langue lui refusait tout service. Il étouffait. Les sanglots le Suffoquaient.

Les yeux hagards, la poitrine haletante, la sueur coulant de son front, il revint machinalement sur ses pas, gagna le boulevard, prit la rue Saint-Martin, qu'il descendit jusqu'à la Seine et se dirigea vers la préfecture de police. »

A la préfecture, le jeune ami des dames Lafontaine ne fut pas plus heureux qu'il ne l'avait été dans ses démarches précédentes. Les rapports et les dépêches de la soirée ne contenaient aucun incident qui pût s'appliquer de près ou de loin à la personne disparue. Vu l'heure avancée, on engagea Francis à revenir le lendemain et à s'adresser au premier bureau de la première division, qui a dans ses attributions les recherches dans l'intérêt des familles, et au 2° bureau auquel se rattache la police des mœurs.

— Demain ! demain ! s'écria-t-il en levant les bras au ciel. Demain il sera trop tard... La mère sera morte... La disparition de sa fille l'aura tuée.

— Mais il n'y a rien de désespéré encore, fit observer l'employé. Une absence de quatre ou cinq heures n'est pas une disparition. Cette demoiselle peut avoir été retenue par une foule de causes qui n'ont rien d'inquiétant. Elle est peut-être à la maison, tandis que vous la cherchez de tous les côtés. Rentrez tranquillement chez vous, monsieur...

— Mais si on l'a illégalement arrêtée, si elle est victime d'une de ces erreurs qui depuis quelque temps...

— Monsieur, nous ne commettons jamais d'erreur, entendez-vous, interrompit brutalement le bureaucrate, et l'on n'arrête personne illégalement et sans motifs sérieux !... Vous insultez l'administration... Et vous mériteriez...

— Oh ! pardonnez-moi, monsieur, je ne voulais offenser qui que ce soit... Comprenez mon émotion et mon trouble...

— Enfin que voulez-vous que j'y fasse ?... Je ne puis pas vous rendre cette enfant, moi ! je ne l'ai pas dans ma poche... s'il lui est survenu un accident ou une mésaventure ; si elle a commis une imprudence..., bref, on saura cela demain... Elle a seize ans, dites-vous ?... Et elle est très jolie sans doute ?....

Et le policier hochait la tête d'une façon significative qui voulait dire : « Bah ! il peut arriver et il arrive tous les jours des accidents de plus d'un genre à une jeunesse qui est à la fois jolie et pauvre ! »

— Elle est peut-être partie... avec quelqu'un. Cette insinuation odieuse révolta l'honnête jeune homme. Il avait envie de sauter à la gorge de ce misérable qui outrageait la plus irréprochable des jeunes filles. Il ne daigna pas relever l'insulte ; ses lèvres et ses yeux exprimèrent seuls son indignation...

— Ou bien, reprit l'employé, elle avait peut-être des chagrins, des peines de cœur... que sais-je ?... Cela est si commun à cet âge... Vous feriez bien d'explorer les bords de la Seine...

— Un suicide !... Oh ! monsieur, vous n'y songez pas !... On ne va pas se jeter à l'eau quand on est le seul soutien d'une mère malade... Je vous l'ai dit et je vous le répète : Mlle Régine Lafontaine est un ange... Vous la calomniez.

— Diable ! comme vous vous enflammez, mon petit monsieur... Enfin, je n'ai rien à vous dire, puisque je ne sais rien, et je vous prie de me ficher la paix...

Francis Roger — tel était son nom — se retira la tête basse, le cœur gonflé, et se préparait à repasser le pont Marie, et à revenir en hâte à la rue de Lancry, où son adorable voisine pouvait, en définitive, être rentrée pendant les longues courses qu'il venait de faire.

Mais les dernières paroles de l'homme de police hantaient malgré lui son esprit...

— Si pourtant il avait deviné juste ! se disait-il en frissonnant..., si Régine, à bout de force et d'énergie, et ne se sentant plus le courage de lutter contre la mauvaise fortune, avait cédé à une funeste pensée et devancé dans la mort la pauvre femme désormais condamnée !...

Il se reprocha comme un crime cette hypothèse... C'était lui, maintenant, qui méconnaissait et qui calomniait Régine !... Et il ne se le pardonnait pas...

Cependant il fallait bien qu'elle fût quelque part ! Il avait beau se creuser le cerveau, il ne trouvait que cette double alternative : arrêtée ou morte.

Instinctivement, il revint sur ses pas, suivit le quai de l'Horloge et, au delà du Pont-Neuf, descendit sur la berge et longea le fleuve jusqu'au pont de la Concorde, interrogeant d'un œil morne les eaux grossies et jaunies par des pluies récentes, sans qu'aucun détail, aucun groupement de curieux, aucun indice vinssent lui révéler la catastrophe qu'il ne pouvait s'empêcher de redouter...

— Décidément je suis fou ! se dit-il enfin. Une pareille supposition est absurde... Une détresse cent fois plus affreuse n'expliquerait pas un tel abandon, un aussi égoïste désespoir... Régine pourrait suivre, sa mère ; elle ne la devancerait pas volontairement dans la tombe...

N'eût-il pas été plus sage à lui d'accourir bien vite auprès de la malade et de lui donner ses soins et ses consolations, au lieu de perdre un temps précieux en investigations impuissantes ?

Il était plus de onze heures quand il arriva, épuisé par les émotions plus encore que par la fatigue, à la maison de la rue de Lancry.

Il manqua défaillir en apprenant de la concierge qu'il n'y avait rien de nouveau et qu'elle n'avait pas vu rentrer sa locataire.

Comment oser se présenter seul devant cette mère à qui il avait promis de retrouver et de ramener son. enfant ? Il le fallait bien pourtant !...

Je n'essayerai pas de décrire la scène qui se passa dans la mansarde... Francis crut que la moribonde allait rendre entre ses bras le dernier soupir. Le coup était trop terrible pour sa faiblesse.

Il s'installa au chevet de la mourante et y passa la nuit, secondé par l'obligeante voisine qui l'avait remplacé pendant son absence. Celle-ci alla réveiller le pharmacien pour prendre les médicaments commandés dans la journée et se rendit tour à tour chez quatre médecins du voisinage dont pas un ne consentit à se déranger.

Qu'importe qu'une malheureuse femme vive ou meure ! La terminaison fatale n'est-elle pas la fin de ses souffrances ? Ce n'est pas un docteur qu'il faut aller chercher, c'est le croque-mort !... Et puis, on ne vient. pas ainsi, quand on n'a pas le sou, troubler les hommes de l'art dans leur premier sommeil !

Le lendemain matin, vers dix heures, s'arrêtait à la porte un fiacre, dans lequel on pouvait apercevoir une femme et deux hommes. L'un était assis à côté d'elle ; l'autre lui faisait face.

Deux solides gaillards, de haute encolure et de tournure militaire : ce n'était pas trop, sans doute, pour garder une enfant de seize ans !

L'un d'eux ouvrit la portière et descendit. Régine poussa un soupir de soulagement et se levait vivement pour le suivre, quand le second agent, lui saisissant légèrement le bras :

— Pas encore, ma belle enfant !... Attendez un peu... Vous êtes trop pressée...

— Mais nous sommes arrivés, monsieur... Il est temps que vous me rendiez la liberté... Vous allez bien voir que je ne suis pas une voleuse...

— Oui, oui, rassurez-vous... Vous allez être libre... Mon collègue va revenir dans cinq minutes.

Et il referma la portière, tandis que le premier inspecteur se dirigeait d'un pas rapide vers la loge de la concierge.

Au même instant, il en vit sortir un monsieur correctement vêtu de noir et cravaté de blanc, à qui la portière disait d'une voix éraillée :

— Au sixième, au fond du couloir, la troisième porte à gauche... Du reste, il y a le nom sur la porte : « M'ame Lafontaine, modiste. »

Cette circonstance dispensait le policier de se renseigner à son tour. Il n'avait qu'à suivre le monsieur inconnu. Les deux hommes arrivèrent en même temps devant l'humble mansarde, où l'on entendait des sanglots étouffés. La porte était entre-bâillée, ils entrèrent sans fraper...

Tandis que le personnage cravaté de blanc, sans manifester aucune surprise, s'approchait du lit sans mot dire, l'agent de police, peu sentimental par nature et encore moins par profession, parut atterré du spectacle qui s'offrait à lui.

Sur la table, couverte d'une serviette, brûlait une bougie, comme pour donner à la pauvre chambre l'aspect d'une chapelle ardente. A côté, un bol en faïence grossière servait de bénitier, un buis bénit faisait l'office de goupillon. Agenouillé devant le lit, un jeune homme pleurait à chaudes larmes.

Le médecin des morts releva froidement le drap, procéda d'un façon sommaire et machinale à la constatation du décès, écrivit un mot sur son carnet et se retira aussi silencieusement qu'il était venu.

L'inspecteur, ahuri, restait bouche béante.

Le visage inerte, froid et glacé qu'il apercevait sur l'oreiller, lui faisait l'effet d'une tête de Méduse. Il semblait honteux de son rôle et de son métier. Il éprouvait une sorte de remords à venir troubler par sa présence le recueillement d'une chambre mortuaire.

— Ah ! pensait-il, voilà qui coupe court à ma petite enquête !... Je ne puis pas questionner un cadavre !.... Il y a des moments bien difficiles dans notre profession... Brrr !... Ça me fait froid dans le dos !... Je me sens tout ému. Ma parole d'honneur, je ne me croyais pas si sensible... La pauvre petite, décidément, n'avait pas menti ; et sa mère était plus malade encore qu'elle ne le disait... Elle est maintenant guérie...

Ces réflexions s'étaient pressées dans son esprit en quelques secondes. Francis, qui s'était levé à l'arrivée du médecin des morts, et qui l'avait reconduit à la porte, s'étonnait que l'homme dont il était accompagné ne le suivît point... Il le regarda avec surprise :

— Pardon, monsieur. Je supposais que vous étiez avec le docteur...

Le policier hocha la tête avec embarras.

— Je devine, reprit Roger... Vous êtes un employé de l'administration...

— Oui, interrompit l'agent.

— ... des pompes funèbres ?

— Oh ! non !... Pas précisément.

— Alors, vous ne venez pas pour les dernières dispositions ?... C'est que je ne sais pas encore comment faire... Cette pauvre dame ne laisse pas un sou... moi, je n'ai pas d'argent... Et je voudrais qu'elle fût inhumée décemment C'est si triste, le convoi du pauvre 1... Mais j'attends quelqu'un à qui, j'ai écrit, il y a deux heures, et qui viendra certainement à mon aide...

— Vous êtes de la famille, monsieur ?

— Non ! répondit Francis avec un soupir.... Je suis un voisin de palier, un ami de ces dames, et...

Et se parlant à lui-même, en levant les yeux au ciel :

— Un ami qui ne les abandonnera ni dans la mort ni dans la vie..., qui, après avoir conduit l'une à sa dernière demeure, n'aura d'autre préoccupation que de retrouver l'autre !... Mais vous ne me comprenez pas, monsieur... Vous ignorez qu'il y a ici un double deuil, une double catastrophe !... Vous ignorez que le malheur s'est abattu sur cette mansarde...

— Ah ! voilà le coup de la petite demoiselle !... Je pourrai peut-être savoir quelque chose, se dit intérieurement l'inspecteur chez qui l'instinct professionnel reprit le dessus sur une émotion passagère dont il n'avait pas été maître.

Et, toisant des pieds à la tête et d'un regard oblique son interlocuteur :

— Qui sait, pensa-t-il, si ce n'est pas un complice ?... Faudra voir ! Soyons prudent, et gardons-nous à carreau.

Jetant sur Francis Roger un coup d'œil scrutateur :

— Le fait est, dit-il tout haut, que ça pue étrangement la misère dans cette chambre !... Il n'y a pas encombrement de mobilier...

— La misère, monsieur !... Vous ne vous imaginez pas jusqu'à quel point elle est affreuse, navrante... Voyez !... Rien aux murs, rien au portemanteau, rien sur la cheminée, rien dans cette grande malle.

Il enleva le couvercle et en constata la vacuité absolue.

— Rien nulle part, sauf ces trois ou quatre pièces de linge étendues sur cette corde... C'est horrible, monsieur !... Je leur suis venu en aide autant que j'ai pu et malgré elles... Mais ce n'est pas avec mes 1,500 francs d'appointements qu'il m'eût été possible de leur rendre des services efficaces.... Et cependant il y a quelque chose de plus affreux que cette détresse ; et ce n'est pas le dénuement et la consomption qui ont tué la femme que vous voyez sur ce lit ; c'est...

— Vous me touchez, mon jeune monsieur, interrompit l'agent... J'en suis tout bouleversé... Cette femme n'avait-elle donc aucune ressource ? Elle était donc sans amis ?... Si pauvre qu'on soit, on a parfois quelque bijou de famille dont on peut se faire de l'argent, qu'on peut vendre ou porter *chez ma tante*... Une montre, dés boucles d'oreille, une bague, des brillants... Que sais-je ?

Il clignait de l'œil et regardait fixement Francis, dont la physionomie ne trahit aucun trouble et n'exprima qu'une immense surprise...

— Allons ! Il ne sait rien, se dit-il. Je vois bien qu'il n'est pas de l'affaire.

— Des diamants ! des bijoux !... s'écria Roger enjoignant les mains avec une stupéfaction nullement simulée. Est-ce que vous raillez, monsieur ? L'infortunée créature, elle n'avait même plus de vêtements... Et l'autre jour on avait porté au mont-de-piété sa dernière robe !...

— Allons ! Allons ! Voilà que ça se corse ! fit mentalement l'employé de la préfecture. Avec une pareille débine, on ne garde pas en réserve des bagues en brillants sur lesquelles le clou prête deux cents francs... On engage le superflu avant de se priver du nécessaire... La chose est de plus en plus claire. Le joyau a été volé... ou trouvé sur la voie publique... Ce qui revient au même quand la trouvaille, au lieu d'être portée chez le commissaire, prend le chemin du commissionnaire au mont-de-piété !

Il ne put réprimer un sentiment de pitié :

— La pauvre enfant !... ajouta-t-il, continuant son soliloque infime ; si elle n'est pas excusable — le vol ne s'excuse jamais — mérite au moins des circonstances atténuantes. C'était pour sa mère ! Elle en sera quitte pour le minimum. Une quinzaine de jours de prison....

Francis était retombé dans ses sombres réflexions. L'agent, de son côté, délibérait avec lui-même. Que devait-il faire ? Fallait-il permettre à la jeune fille de monter et d'embrasser une dernière fois la monte, puisqu'elle n'avait pu l'embrasser vivante ? Était-il préférable de lui épargner ce spectacle, d'éviter une scène déchirante, des sanglots et des cris, une essuie de toute la maison et de toute la rue ? Comment se résoudre ensuite à la remmener au poste d'où on l'avait extraite ? Il faudrait l'emporter de force ; elle s'accrocherait au cadavre de sa mère, et ce serait le diable pour l'en séparer... Il y aurait du scandale... On vociférerait contre la cruauté de la police, qui, en somme, est bien obligée de faire son devoir, d'obéir à sa consigne... La consigne avant tout !

On ne saurait croire combien d'infamies a enfantées et enfante tous les jours ce mot effrayant : *la consigne !* L'homme qui a une consigne cesse d'appartenir à l'espèce humaine : il devient un monstre, un être sans cœur et sans entrailles ; il fusillerait son père, il piétinerait froidement sur le corps de sa mère ! Il a une consigne ! Je ne sache rien de plus hideux, de plus démoralisant, de plus haïssable, de plus méprisable, de plus ignoble, de plus immonde que ces quatre syllabes : la consigne !

L'inspecteur se décida pour la seconde alternative. Il allait redescendre, laisser ignorer à la prisonnière le fatal événement, alléguer une banale formalité à remplir pour retarder sa mise en liberté, la reconduire au poste, d'où le panier à salade la transporterait le soir au Dépôt, et, ma foi, il s'en lavait les mains... Cela finirait comme ça pourrait !.... Ce n'était pas sa faute, après tout... Et si l'on devait s'attendrir ainsi sur toutes les jolies délinquantes que l'on arrête, le métier deviendrait impossible, et l'on serait *sacqué* par l'administration !...

Le jeune homme l'avait pris pour un croque-mort ; il n'avait qu'à ne le pas détromper et à trouver un prétexte pour se retirer. Avouer sa qualité et l'objet de sa visite, c'eût été provoquer une explication qu'il valait mieux écarter pour ne point gêner l'action de la justice... C'était à la fois plus sûr et moins compromettant...

Au moment où, après quelques paroles insignifiantes avec Francis, il se disposait à prendre congé, on entendit frapper à la porte. Roger se hâta d'ouvrir.

— Ah ! c'est vous, monsieur ! Comme vous êtes bon d'être venu, d'avoir si vite répondu à mon appel !... Je savais bien que vous êtes le meilleur et le plus généreux des hommes !

Le personnage qui pénétra dans la chambre, bien qu'il eût à peine trente-cinq ou trente-six ans, paraissait prématurément vieilli par la souffrance ou par le chagrin. Entièrement vêtu de noir, il avait une mise correcte, sans élégance. Son large front, ridé avant l'âge, dénotait, à première vue, une intelligence peu commune.

V

MONSIEUR RAYMOND

— C'est vous qui êtes généreux et bon, mon jeune ami, répondit le nouveau venu, puisque ce n'est ni pour vous, ni pour les vôtres, que vous invoquez mon concours. Vous me mettez de moitié dans une bonne œuvre : merci 1... Votre lettre m'a remué jusqu'au fond de l'âme... Je ne suis pas riche, vous le savez... Je vis comme vous de mon travail... Vous me demandiez de faire une collecte dans l'usine ; je me suis adressé d'abord au directeur... Hélas, il ne m'a pas compris... Il s'est inscrit pour quarante sous !...

— Oh !... Et il est millionnaire.

— Vous êtes naïf, pauvre enfant ! C'est précisément parce qu'il est millionnaire qu'il m'a offert deux francs, et c'est parce qu'il a pu, sans rougir, m'offrir deux francs qu'il est devenu millionnaire !... Notre contremaître, si je lui avais confié la chose, y aurait été de sa pièce de cent sous... et le dernier des ouvriers, souscrivant pour cinquante centimes, aurait relativement donné cent fois, mille fois plus que le patron. Je n'ai pas voulu humilier celui-ci... et j'ai renoncé à toute idée de collecte.

Et comme il voyait pâlir le jeune homme :

— Rassurez-vous... le résultat sera le même. Il ne' sera pas dit que vous aurez mis en vain à contribution mon dévouement. Il vous faut de l'argent pour faire enterrer la mère et pour parvenir à retrouver la fille ; tenez ! voici cinq cents francs.

Francis se précipita vers l'inconnu, lui saisit les mains, les pressa avec effusion, en versant des larmes de reconnaissance :

— Ainsi, c'est vous seul qui faites ce sacrifice !... C'est énorme pour vous... et je dois refuser... Je me reproche de vous avoir adressé cette confidence... Pardonnez-moi...

— Bah ! c'est la moitié d'un mois d'appointements... Je n'en mourrai pas, j'économiserai sur autre chose...

— Mais vous ne connaissiez même pas ces deux dames, et je ne suis moi-même que le plus humble de vos employés...

— Qu'importe ?... Il suffit d'avoir pleuré pour comprendre les larmes des autres ; pour compatir aux souffrances de ses semblables, il faut avoir souffert.... Et j'ai beaucoup souffert, mon ami !... Souffert plus que personne au monde... Et comme l'a dit Virgile :

Non ignara mali miseris succurrere disco !

— Qu'est-ce que c'est que ce patois-là ? marmotta entre ses dents l'agent de police, qui, au lieu de s'en aller, avait cru devoir rester en observation et se tenait à distance, dans un coin. Qu'est-ce qu'ils ont à baragouiner ? C'est un nouvel argot, sans doute... Oh ! oh ! Cela me paraît prendre des proportions de plus en plus graves... Des mendiantes sans sou ni maille qui possèdent des diamants ; des pauvres diables qui donnent un billet de cinq cents comme je donnerais un monaco à un aveugle !... Louche !....louche !... Ah ça ! est-ce que j'aurais mis la main sur une association de malfaiteurs ?... Qu'est-ce que c'est que ce *Virgile* dont parle ce type-là ?... Ce doit être le chef de la bande !,... Faudra voir !.

Jusqu'alors il n'avait regardé que de profil le mystérieux visiteur. Il opéra un demi-tour pour le dévisager de face.

A peine eut-il aperçu la noble et loyale figure de l'inconnu qu'il faillit laisser échapper une exclamation et se mit à interroger ses souvenirs.

— C'est drôle ! se dit-il.. Voilà une binette qui ne m'est pas inconnue. J'ai vu certainement cette tête-là quelque parti Où ?... Quand ?... Voilà le *hic* !... Impossible de m'en souvenir. Il m'est passé par les mains tant de particuliers ; j'ai ligotté tant d'individus, passé à tabac tant de gens, que les physionomies se brouillent dans ma mémoire. A coup sûr, c'est un ancien client. N'avons-nous fait ensemble qu'une seule affaire, ou bien est-ce un *cheval de retour* ? Quant à ça, je l'ignore. J'ai beau chercher : pas moyen de mettre un nom sur le sujet !...

Au même instant son regard se croisa avec celui de l'homme dont il détaillait par le menu le signalement, et qui ne l'avait pas encore remarqué. L'inconnu fit un mouvement, tressaillit comme si, à son tour, il reconnaissait vaguement l'agent de police.

— Décidément je ne me suis pas trompé. Il a frissonné en me voyant !... Qui diable peut être ce monsieur si généreux envers des étrangers qu'il ne connaît ni d'Ève ni d'Adam ?

Donnant à sa voix l'inflexion la plus douce qu'il put trouver et s'inclinant légèrement :

— Pardon, monsieur..., je suis peut-être indiscret... Mais il me semble que j'ai déjà eu l'honneur de vous rencontrer... dans le monde ?

— Je ne crois pas, monsieur !... Vous vous méprenez évidemment, répondit-il avec une politesse froide et d'un ton hautain.

— Mille excuses, monsieur... C'était une erreur...

— Oh ! il n'y a pas d'offense... Vous vous êtes trompé : voilà tout.

— Je vous prenais pour un banquier, avec qui j'ai eu jadis quelques relations accidentelles...

— Monsieur n'est pas banquier, se hâta de dire François... C'est un chimiste, un chimiste très distingué. Et c'est, par-dessus le marché, le plus admirable cœur qu'il y ait au monde.

Puis, se rappelant que cet homme n'était venu chez lui que pour s'occuper des préparatifs des funérailles :

— A propos, monsieur ! Maintenant que j'ai de l'argent, grâce à mon bienfaiteur..., si nous réglions les détails de la triste cérémonie... Combien coûterait un enterrement de septième classe ?

L'inspecteur, un peu interloqué, répondit avec assurance :

— Ceci n'est pas tout à fait mon affaire... Je ne suis pas des pompes funèbres...

— Ah ! j'avais cru pourtant...

— Non... Je suis employé à la mairie du dixième arrondissement. Mais je vais vous envoyer quelqu'un qui s'entendra avec vous sur la classe et sur le chiffre... Je vous demande la permission de me retirer...

Dès que la porte se fut refermée sur lui, le visiteur dit à demi-voix à Roger :

— Mais ce n'est pas là un employé de la mairie, mon ami ; son seul aspect aurait dû vous l'indiquer — c'est un mouchard.

Celui-ci, tout en descendant l'escalier, se grattait le front pour découvrir l'identité de son ancien client, comme il l'appelait. Il l'avait confondu d'abord avec un banquier qui avait eu des malheurs. En apprenant qu'il avait affaire à un chimiste :

— Tiens ! tiens ! dit-il, un chimiste, c'est un homme qui manipule des drogues de toute espèce, comme Moreau, le pharmacien dé Saint-Denis... qui a été condamné à mort et guillotiné... Ah ! j'y suis, c'est dans une affaire d'empoisonnement que j'ai vu cette figure-là... Il aura été acquitté !

— Essayons, se dit-il, d'apprendre quelque chose de la concierge. Faisons-la causer. Si elle dit trop de bien de ses locataires, ce sera mauvais signe : ça prouvera qu'on lui a graissé la patte ; si elle en dit trop de mal et si elle a observé les allées et venues suspectes, ce sera plus grave encore, et je serai sûr de ne pas me tromper dans mes suppositions.

Il entra dans la loge. La préposée au cordon était seule.

— Dites-moi, subséquemment, madame... ?

— M'ame Patouillard, monsieur !... répondit-elle en faisant une révérence gracieuse.

Du premier coup d'œil elle avait deviné, rien qu'à la forme des vêtements et à la coupe de la barbe, la qualité de son interlocuteur qui, du reste, en lui parlant, venait de tirer de sa poche et d'exhiber, sous l'aspect d'une carte bien connue des portiers, les insignes de ses honorables fonctions.

— Eh bien ! madame Patouillard, j'ai besoin de quelques renseignements... Mais tâchez de ne pas me mettre dedans.

— Farceur ! reprit la concierge avec un gros rire... C'est vous qui fourrez dedans les autres, et non pas moi...

— Joli ! joli ! Mais, m'ame Patouillard, je ne suis pas ici pour entendre vos calembours... Il s'agit de choses sérieuses... Vous comprenez très bien ce que je voulais dire. Il faut que vous me débitiez la vérité, toute la vérité, rien que la vérité, pour parler comme messieurs les juges...

— Naturellement, pourquoi vous cacherais-je quoi que ce soit ? N'êtes-vous pas le représentant de la loi, de l'autorité, de l'administration, de la justice, de la société ?

— Oui ! oui ! cependant il y a des concierges qui sont trop discrets, qui ont l'insolence de soutenir que les affaires de leurs locataires ne les regardent pas, qu'ils ne savent rien, qu'ils ne sont pas de *la rousse*, qu'ils ne sont pas des espions, que leur emploi consiste à tirer le cordon, à monter les lettres, à frotter l'escalier... et non à s'insinuer dans les petits secrets du monsieur du premier ou de la petite dame du cintième...

— Moi, mossieu, je suis aux ordres de la préfecture, et si je puis rendre service au gouvernement... Et tenez, pour vous le prouver, j'ai au troisième un *journalisse* qui dit pis que pendre de mossieu le Maréchal ; qui reçoit tout le temps un tas de gens suspects, qui doivent être des conspirateurs ; qui rentre toujours à des heures *induses,* et qui a la grossièreté de ne jamais ajouter : *Siou plaît !* quand il demandé le cordon... M'est avis que l'on ferait bien de le surveiller de près... Je parie que c'est sur lui que vous voulez me faire causer.

— Non, fit l'agent... Mais je prends note du renseignement. On le filera. Toutefois, ce n'est pas pour lui que je suis venu...

— Tant pis ! car j'en aurais long à vous raconter ! Et vous n'auriez pas grand' peine à me délier la langue...

— Je m'en aperçois, madame Patouillard, dit en riant l'inspecteur.

— Et avec ça un pingre qui ne me donne que cent sous d'étrennes, sous *préteste* que je le laisse chaque nuit se morfondre à la porte et que je ne lui ouvre qu'au quarante-cinquième coup de sonnette. Et puis, mossieu, faut que je vous apprenne...

— Très bien ! très bien ! Nous nous occuperons une autre fois de votre locataire du troisième.

— Ah ! si vous pouviez lui procurer gratis un logement à Mazas et en débarrasser ma maison !...

— C'est de la mansarde du sixième, troisième porte à gauche, qu'il s'agit pour le quart d'heure... ; de la pauvre femme qui est morte ce matin.

— M'ame Lafontaine ! Et sa fille, le petit monstre, qui prend de la poudre d'escampette juste pendant l'agonie de sa mère !... Petite sans cœur, va !...

— Dites-moi, madame Patouillard, une simple question : est-ce qu'il y a, d'ordinaire, beaucoup de bijoux et de diamants chez ces locataires-là ?...

La concierge laissa échapper un ricanement bête...

— Vous plaisantez, monsieur l'inspecteur... Des diamants ! Ça n'a seulement pas de pain... c'est tout nu... ça a mis au clou toutes ses nippes.

— Je ne plaisante pas... Elles ne mettaient pas que des guenilles au mont-de-piété...

— Ah ! fit la portière avec étonnement...

— Leur avez-vous vu quelquefois une bague en brillants, un bijou de famille, à ce qu'il paraît... et d'un très grand prix ?...

— As-tu fini ? Des brillants !... Pas plus tard qu'avant-z-hier, mossieur, le laitier lui a refusé crédit d'un sou de lait...

Mise au courant de la tentative d'engagement faite la veille par Régine, la concierge jura n'avoir jamais vu la bague au doigt de Mme Lafontaine, et n'en avoir jamais entendu parler. Elle jubila en apprenant que la jeune fille était arrêtée. C'était bien fait ; cela la rendrait moins dédaigneuse à l'avenir pour son Agathe. Elle s'était toujours doutée que les deux femmes n'étaient que des aventurières...

— Je comprends maintenant, dit-elle, pourquoi elle a repoussé les propositions du monsieur *très bien* du premier, qui ne demandait pas mieux que de lui faire un sort et de l'établir honorablement ! Tout s'explique : elle avait d'autres ressources, parbleu ! Comment n'avais-je pas deviné ça ?...

Et, prenant le bras de l'agent :

— Voulez-vous que je vous dise, mossieur l'inspecteur ? Eh bien, je commence à croire que leur misère n'était qu'une frime, pour dérouter les soupçons, et qu'elles ont des accointances avec des voleurs... D'abord, un jour, ça n'a pas une croûte de pain à se mettre sous la dent, et le lendemain, je vois revenir la petite avec une bouteille de vieux *Château de Margot* qui lui coûtait quatre francs !

— Et qu'est-ce que c'est que ce jeune homme, leur voisin ?... Ce monsieur... comment l'appelez-vous ?

— M. Francis ? Ah ! pour celui-là, je n'ai pas à m'en plaindre et rien à en dire. C'est un bon garçon, très poli avec moi, et qui, quoiqu'il ne soit pas riche, me donne dix francs d'étrennes... Son seul tort, c'est de s'être laissé gruger par les Lafontaine et de s'être laissé entortiller par la

Régine... Elle n'est pourtant pas si jolie que ça... Et, sans aller bien loin, il aurait pu trouver mieux...

La mégère avait un certain faible pour Roger, qui avait donné dans l'œil à son Agathe, et elle ne l'englobait pas dans sa haine contre ses amies, avec qui elle avait essayé plus d'une fois de le brouiller par des insinuations perfides...

Pendant que se poursuivait ce dialogue, et que Mme Patouillard épanchait sa bile et satisfaisait à plaisir ses inavouables et odieuses rancunes, la prisonnière était plongée dans une indicible anxiété. Elle trouvait que l'inspecteur tardait bien à revenir... Elle pleurait à chaudes larmes, suppliait son gardien de lui permettre d'aller embrasser sa mère, qui devait être au désespoir, qui se mourait peut-être... Le mouchard essayait en vain de la rassurer et de la consoler... Sa douleur allait prendre des proportions compromettantes et causer peut-être un scandale dans la rue de Lancry, quand le premier agent sortit de la maison et s'approcha de la voiture...

Il n'était que temps ! Régine, exaspérée par cette longue attente, commençait à crier, à menacer de briser les glaces et d'ameuter les passants...

— Allons ! allons ! Tout va bien ! dit l'inspecteur avec un sourire affecté destiné à tromper sa victime... Croyez, mademoiselle...

— Alors, je suis libre et je vais pouvoir...

— Oui, oui, certainement... Ce n'était qu'un malentendu... Mais je suis renseigné...

— Et vous savez que je ne suis pas une voleuse...

— Parfaitement...

Mlle Lafontaine se levait pour descendre, quand son interlocuteur, après avoir dit un mot tout bas au cocher, entra dans la voiture...

— Vous allez être libre, ma jeune demoiselle... Seulement il y a une petite formalité à remplir... Et puis d'ailleurs, il faut bien vous faire rendre votre bague... Tout cela, c'est l'affaire de dix minutes... Je comprends votre impatience ; mais l'administration a ses exigences...

Ces raisons étaient au moins plausibles, et la pauvre enfant se calma... Elle demandait d'aller auparavant donner un baiser à la malade, s'assurer que son état ne s'était pas empiré...

— Oh ! ce n'est pas possible, mademoiselle ! Mon service et ma consigne avant tout ! Du reste, elle va mieux... Oh ! elle a été bien inquiète. Mais maintenant elle est *tout à fait tranquille* !

Le mouchard prononça ces derniers mots avec un sourire qui, dans la circonstance, avait quelque chose de féroce...

— *Tout à fait tranquille !* je vous le répète, je vous en donne ma parole d'honneur.

Il paraît que ces gens-là ont aussi un honneur !

Le misérable pouvait jurer à coup sûr ; il disait la vérité, l'horrible vérité. Mme Lafontaine avait la tranquillité et la rigidité d'un cadavre !

— Et puis, elle n'est pas seule, continua l'agent ; elle a pour veiller sur elle, en attendant votre retour, un charmant jeune homme qui la soigne comme un fils, et qui ne l'a pas quittée depuis hier soir...

Régine rougit légèrement :

— Bon M. Francis ! murmura-t-elle... Je pensais bien qu'il ne l'abandonnerait pas !

La voiture repartit et s'arrêta devant le bureau du commissaire de police, d'où, après une courte station, elle se dirigea vers un nouveau violon. Le soir même, Mlle Lafontaine était transférée, dans le panier à salade, au Dépôt de la préfecture de police.

Mais le lecteur voudra bien remonter avec moi dans là chambre mortuaire, où nous avons laissé Roger en tête à tête avec son protecteur, auprès du lit où gisait le corps inerte de la malheureuse femme.

L'épithète de mouchard, appliquée par son chef au faux employé de la mairie ou des pompes funèbres, avait soudain rappelé au souvenir de Francis les préoccupations affreuses qui hantaient sa pensée depuis la disparition de Régine.

Sa première inspiration fut de courir après son mystérieux visiteur, de le ramener dans la chambre, de le questionner sur la jeune fille, de le mettre en demeure de s'expliquer sur son identité, sur sa qualité et sur le motif réel de son intrusion dans l'humble mansarde en un si solennel moment.

— Gardez-vous en bien, mon cher Francis ! Cela ne vous servirait à rien. Je vous l'ai dit : c'est un agent de police... Si vos craintes sont fondées, il doit appartenir au service des mœurs... Avec ce monde-là, voyez-vous, il importe de ne pas brusquer les choses...

— Mais s'ils ont arrêté ma chère Régine, les infâmes, je veux la leur arracher, moi, monsieur Raymond !... Par la force, si c'est nécessaire...

— Vous perdez la tête, mon jeune ami !... C'est la lutte du pot de terre contre le pot de fer...

— Ainsi, monsieur Raymond, vous me conseilleriez de me tenir coi, quand Régine est entre de pareilles mains ?...

— Non, je vous conseille d'être prudent, voilà tout, et de ne pas compromettre le succès de vos démarches : un mot un peu violent, un peu vif, et on ne demanderait pas mieux que de vous mettre à votre tour la main au collet... Prenez garde !... Laissez partir cet homme. Nous allons aviser à ce qu'il faut faire.

Roger, ayant à s'occuper des préparatifs des obsèques, pria M. Raymond d'être assez bon pour se rendre à la préfecture... Un homme de son âge et de sa position obtiendrait plus facilement des informations qu'un enfant de vingt ans...

A cette prière, le directeur scientifique de l'usine de produits chimiques rougit et manifesta le plus grand trouble.

— Vous me trouvez indiscret, monsieur Raymond ? balbutia Roger... J'abuse de vos bontés... Et vous avez déjà trop fait pour moi... Non content de mettre à contribution votre bourse, voilà que je veux vous prendre votre temps... Pardonnez-moi et oubliez ce que je viens de vous demander...

— Je n'ai rien à oublier ni rien à vous pardonner... Ce que vous reclamiez de mon obligeance n'avait rien que de naturel. Si vous m'ayez vu hésiter, et si maintenant je refuse, c'est que j'ai pour cela de graves et gêneuses raisons.

— Des raisons ? balbutia Francis, qui ne s'expliquait pas bien l'extraordinaire émotion et les répugances de son bienfaiteur.

— Oui, et très sérieuses et très graves, je vous le répète. Si vous étiez moins jeune, je vous les dirais peut-être. Il suffirait d'un mot pour vous éclairer, pour vous les faire toucher du doigt... Mais...

Et, s'interrompant brusquement :

— Quel âge avez-vous donc ?

— J'ai eu vingt et un an le mois dernier...

— Non ! Vous ne savez rien, vous ne pouvez rien savoir !... Vous étiez trop jeune...

Il s'exprimait distraitement, comme s'il se parlait à lui-même...

— Trop jeune ! trop jeune, pourquoi ? Excusez-moi, mon bon et cher monsieur Raymond... Je ne vous comprends pas. Je ne sais qu'une chose, c'est que vous êtes le meilleur des chefs et le plus noble des hommes ; c'est que le patron vous estime, que tous vos subordonnés vous adorent ; c'est que ma reconnaissance et mon dévouement ne finiront qu'avec ma vie...

— Je n'en doute pas... Vous êtes un brave garçon, Francis...

— Et c'est pour cela, avais-je pensé, que votre influence, votre honorabilité, votre position dans le monde auraient donné plus de poids à vos démarches en faveur de Mlle Lafontaine... Je m'aperçois que j'étais, indiscret, importun, et que vous aviez autre chose à faire, après tout, que de courir après une enfant que vous ne connaissez pas, que vous n'avez jamais vue... Vous ne m'en voulez pas ?

M. Raymond sourit tristement et fit un geste de bienveillante impatience :

— Vous en vouloir ! pauvre enfant ! C'est avec bonheur que je vous aurais rendu le très léger service que vous réclamez de moi... Cela m'est impossible... directement du moins... Car il me vient en ce moment une idée... Et je viens de vous découvrir pour votre jeune amie des protecteurs, ou plutôt des protectrices qui auront infiniment plus d'autorité que moi-même...

— Vraiment ! Vous serez donc toujours mon ange gardien, mon sauveur !... Pourtant... vous allez me trouver bien curieux... mais, j'ai pour vous tant d'affection, tant d'admiration...

— Que vous êtes étonné de mon langage énigmatique et des paroles mystérieuses que je viens de prononcer n'est-ce pas ?... Ne m'en demandez pas davantage pour aujourd'hui. Il est possible qu'un jour je vous fasse des confidences... Vous m'inspirez assez de confiance pour que je n'éprouve aucune hésitation... Ce n'est ni l'heure ni le moment. Le temps presse... Il faut, d'une part, s'occuper d'enterrer la morte ; de l'autre, songer à retrouver...

— La vivante ? interrompit Francis d'un ton sombre. Pourvu qu'elle aussi... Pourvu que je n'aie pas un double deuil à enregistrer, un double cercueil à commander !... Oh ! j'en mourrais, monsieur Raymond ! J'en mourrais Cette enfant, voyez-vous, mon bon maître, cette enfant à qui je n'avais jamais osé dire une parole d'amour, parce que notre pauvreté à tous les deux nous interdisait toute pensée de mariage, elle était toute mon espérance, toute ma vie !... Si vous saviez comme je l'aimais ! De quelle tendresse respectueuse je l'entourais ! la seconder auprès de sa mère malade, à lui rendre tous ces petits services qu'autorisait le voisinage, et dont elle paraissait me savoir tant de gré !

— Cher Francis ! murmura le chimiste. Et elle vous aimait aussi, en secret, sans doute ?

— Je l'ignore !... Je ne me serais pas permis de le lui demander, de lui laisser deviner la passion aussi ardente que timide qu'elle m'avait inspirée... L'a-t-elle soupçonnée ? Je me prenais parfois à le croire.

— Et moi, j'en suis sûr ! dit avec un amer sourire M. Raymond... J'ai passé par là, voyez-vous ! Sous l'écorce un peu rugueuse que vous connaissez, sous cette apparence de vieillard prématurément blanchi... car cela vous surprendra peut-être, je n'ai que trente-six ans...

Roger ne put dissimuler un geste de stupeur. Il lui aurait volontiers donné quinze ou vingt ans de plus....

— Sous cette enveloppe quasi sénile, il y avait jadis un cœur...

— Il y est toujours, je l'affirme...

— Oh ! ce n'est plus le même !... Un cœur jeune, aimant, comme le vôtre, réservé jusqu'à la sottise... Il a fallu que ce fût elle qui, un jour, au milieu de circonstances effroyables où je n'avais plus le droit de me déclarer, il a fallu que ce fût elle qui vînt à moi, en s'écriant, avec une généreuse exaltation : « Je vous aime ! Je ne serai jamais qu'à vous. »

Une larme furtive coulait sur la joue de M. Raymond.

— Et cette femme, cette jeune fille ? hasarda Francis... Pour toute réponse, son visiteur lui montra le crêpe qui entourait son chapeau :

— Voilà cinq ans que je le porte ! dit-il d'une voix sourde... ou plutôt cinq siècles !... Ah ! vous vous étonnez sans doute de l'extrême émotion que m'avaient causée votre lettre et votre appel !... Sachez seulement, quant à présent, qu'il y a dans mon existence de terribles drames et d'épouvantables catastrophes !

VI

AU DÉPOT

Ces demi-confidences avaient déjà trop duré ! Il ne s'agissait pas de causer ; il fallait agir. M. Raymond le comprit.

Partageons-nous la besogne, dit-il. De mon côté, je vais aux pompes funèbres. Vous, retournez à la préfecture ; il est probable que vous apprendrez quelque chose. Selon le résultat de votre démarche, et pour peu qu'une intervention puissante soit nécessaire pour rendre à la liberté Mlle Lafontaine, — car je présume qu'elle a dû être arrêtée, et sans doute par les agents des mœurs...

— Oh ! les bandits !... murmura Roger en serrant les poings et grinçant des dents...

— Du sang-froid ! du sang-froid ! mon ami... La colère vous perdrait. Avec ces gens-là, la prudence et la ruse sont préférables à l'indignation et à la violence. Ecoutez-moi : si j'avais eu moins de présence d'esprit ; si je n'avais pas su me vaincre, étouffer les orages qui grondaient en mon âme, me couvrir le visage d'un masque d'impassibilité, je ne serais pas ici à cette heure !... Non, certes ! je n'y serais pas !...

Francis semblait interroger du regard, sans oser se permettre une question précise.

— Car j'aurais été fusillé !...

— Ah ! Je commence à comprendre !...

— Non !... Vous ne devinez rien... Rien qu'une très faible partie de la vérité... Je vous en dis assez pour que vous sentiez qu'une extrême discrétion m'est indispensable... Bien que mes précautions soient prises, ma situation et mon identité, dès à présent solidement établies et régularisées... — vous avez entrevu déjà que Raymond n'est pas mon vrai nom ! — je m'abstiendrai de revenir chez vous... Si le mouchard qui m'avait devancé ici s'avise de me filer... il a paru me reconnaître vaguement... je saurai bien le dépister... Au cas où lui ou l'un de ses pareils reviendrait, sous un prétexte quelconque, pour vous sonder à mon sujet, soyez d'un mutisme absolu. Ne donnez ni mon nom ni mon adresse...

— Vous pouvez compter sur moi, monsieur ! s'écria avec chaleur le jeune homme.

— Je le sais... Mais je m'aperçois que je ne parle que de mes affaires personnelles et que ce sont les vôtres qui pressent... Ne perdons plus de temps... Si donc, comme j'allais vous le dire quand vous m'avez interrompu, vous avez besoin, pour votre mission, d'un appui solide et sûr, vous vous rendrez, muni de la lettre que je vais vous remettre, chez deux dames qui me sont toutes dévouées, et qui feront l'impossible, et même davantage, pour vous rendre votre fiancée... — Ma fiancée ! balbutia tristement Francis Roger, en hochant la tête.

— Oui, votre fiancée ! Si elle ne l'était pas hier, elle le devient forcément aujourd'hui... Vous êtes désormais unis par un lien sacré... N'êtes-vous pas désormais son unique soutien en ce monde ? N'est-ce pas vous qui avez fermé les yeux à celle qui n'est plus ? N'est-ce pas vous qui allez remplir, jusqu'au bout, à sa place, les suprêmes devoirs ?... Vite ! Donnez-moi du papier, une plume, de l'encre !

On eut beau chercher, on ne put trouver dans la mansarde rien de ce qu'il fallait pour écrire... Il y avait bien, sur la cheminée, un mauvais encrier en faïence ; mais il était vide ; et un porte-plume d'un sou ; mais l'un des becs de la plume était cassé... et le quart d'une feuille de papier à lettres... Le dénuement était complet... Et c'était au crayon que le médecin avait dû, la veille, formuler sa dernière ordonnance !...

Francis emmena dans sa chambre M. Raymond, qui s'assit devant sa petite table de travail et traça quelques lignes, qu'il glissa dans une enveloppe, puis écrivit la suscription et remit le pli à son protégé.

Roger jeta un rapide coup d'œil sur l'adresse et lut ce qui suit :

MADAME VEUVE BLUTEAU
90 bis, avenue des Champs-Élysées.

— C'est un excellent cœur, dit le chimiste, et elle fera pour vous tout ce qu'elle ferait volontiers et tout ce qu'elle a déjà fait pour moi... Elle est riche ; elle a de hautes relations officielles... Veuve d'un magistrat, d'un procureur impérial, elle est, mieux que personne, en état de vous aider dans vos recherches et d'écarter bien des difficultés et des obstacles... Allons, je vous quitte...

Hâtez-vous et bonne chance !

Il tendit à Francis une main que celui-ci serra avec effusion et reconnaissance, et se retira.

Confiant la garde de l'humble et pauvre chapelle ardente à l'obligeante voisine qui l'avait assisté depuis la veille, il sortit précipitamment, fit appel également, en passant devant la loge, au bon vouloir de la concierge qui, grâce à la pièce de cinq francs que son locataire venait de lui glisser discrètement dans la main, promit de se mettre en quatre, et de traiter la défunte comme sa propre sœur.

— Pauv'femme ! dit-elle avec componction... Je l'aimais tout plein, moi, cette digne m'ame Lafontaine... Que malheur !... Ce que c'est que de nous, pourtant !... On y est aujourd'hui... Et vl'an ! demain, on n'y est plus !... Oh ! j'irai à l'enterrement, allez !... et jusqu'au cimetière !... et ma chère Agathe aussi...

Et le regardant dans le blanc des yeux :

— Et mamzelle Régine ? hasarda-t-elle...

— Hélas ! répondit-il en pâlissant, j'ignore encore ce qu'elle est devenue... Je vais recommencer mes investigations... Il faut absolument que je la retrouve... Il faut bien qu'elle soit là pour la cérémonie !...

— Ah ! ben ! ouiche ! se dit, à part elle, Mme Patouillard, tandis qu'un grimaçant sourire errait sur ses lèvres... Va-t-en voir s'ils viennent, Jean ! Y a pas de danger qu'elle soit là pour l'enterrement, la petite voleuse !...

Elle éprouvait une singulière démangeaison de parler, de raconter ce qu'elle avait appris de l'inspecteur de police. Elle eût éprouvé une sorte de joie féroce à édifier son locataire sur le compte de la *connaissance* qu'il avait eu l'indignité de préférer à sa propre fille, qui ne demandait pas mieux que de se laisser faire la cour ; à lui dire à brûle-pourpoint :

— Je sais où elle est, votre Régine ! Eh bien, c'est du propre !... Elle est en prison ! Elle a volé !... Vous n'avez jamais voulu me croire !... Vous la preniez pour une petite sainte... Ah ! j'étais bien sûre, moi, qu'elle n'était qu'une pas grand'chose, une rien du tout, et qu'elle finirait mal !...

Mais la crainte d'irriter le jeune homme la retint. Elle aima mieux se taire. Il saurait bien l'aventure avant longtemps... Bah ! Ça lui ferait du chagrin d'abord... Et il ne tarderait pas à se consoler d'un autre côté. Agathe n'était-elle pas là ?

Cependant Mme Patouillard n'aurait pas été femme et portière si elle avait été capable de garder un secret de cette importance et de perdre une si belle occasion de se venger de ce qu'elle appelait fort injustement, du reste, les dédains de sa jeune locataire. Toute réflexion faite, elle se décida à parler,

— Après tout, pensa-t-elle, c'est lui rendre service à ce garçon !... C'est pas la peine qu'il s'*échigne* à courir au hasard, à user ses souliers et à chercher sur tous les arbres du boulevard un oiseau qui est en cage !... Ma foi, tant pis, je vais mettre les pieds dans lé plat et lui découvrir le pot aux roses...

Et, au moment où il allait quitter la loge, après lui avoir renouvelé ses instructions et ses recommandations :

— Monsieur Roger ! fit-elle avec embarras... Restez donc... J'ai quéque chose à vous dire...

— Quelque chose !... Parlez... De quoi s'agit-il ?... Vous le voyez, je suis pressé...

— Eh bien ! Tenez !... Faut pas y aller par quatre chemins, ni chercher midi à quatorze heures. J'osais pas vous raconter l'affaire...

— Comme vous me dites cela !... reprit Francis en tremblant... Vous avez un malheur à m'annoncer...

Et lui saisissant le bras :

— Parlez ! parlez donc !...

— C'est que, voyez-vous, c'est pas aisé à dire !... reprit-elle d'un air mystérieux et d'un ton de compassion qui augmentait les alarmes et les angoisses du jeune homme... Comme vous aviez une toquade pour elle...

— Régine ! s'écria-t-il... Vous savez ce qu'est devenue Régine ?

Il frissonnait, restait immobile, interrogeant d'un regard anxieux la portière, en craignant d'en savoir davantage et de voir s'envoler son dernier espoir. Il s'accota contre la porte ; ses jambes semblaient se dérober sous lui.

— Ah ! mon pauvre monsieur Roger, vous n'avez pas de chance...

— Elle est morte ? demanda-t-il d'une voix rauque... Et c'est à la Morgue, sans doute, que je dois...

— Non ! non ! monsieur Roger. C'est pas ça... Mais ça n'en vaut guère mieux... S'il s'agissait de mon Agathe, j'aimerais mieux qu'elle *soye* à la Morgue que là ousqu'est mamz'elle Régine... On est pauvre, monsieur Roger, mais on est honnête... Et c'est pas mon Agathe qui sera jamais une voleuse !...

Francis fit un bond.

— Êtes-vous folle, madame Patouillard ?... Vous vous permettez d'outrager, de calomnier une jeune fille qui vaut mieux dans son petit doigt que votre Agathe dans toute sa personne ? Pas un mot de plus, ou je serais capable de vous faire un mauvais parti !

— Lâchez-moi... Vous me faites mal... Et avec ça vous n'êtes pas poli pour ma fille... C'est pas à moi qu'y faut vous en prendre... Dame !... Je répète ce que m'a dit tout à l'heure un monsieur de la préfecture...

— Le misérable !... c'est ce drôle qui vient de descendre, n'est-ce pas ?... Pourquoi l'ai-je laissé échapper ?

La concierge lui apprit alors l'aventure du mont-de-piété, l'histoire de la bague en brillants, la résistance opposée par la jeune fille aux agents qui voulaient la conduire au commissariat ; bref, son arrestation sous la prévention de rébellion, compliquée de vol, si elle ne pouvait justifier de la légitime possession du bijou précieux qu'elle avait voulu engager.

Francis croyait rêver et se demandait s'il n'était pas le jouet d'un affreux cauchemar...

— C'est impossible ! c'est impossible ! s'écria-t-il en donnant un coup de poing de rage et de douleur sur la table.

— Ah ! dites donc, vous devriez bien ne pas démolir mon mobilier !

— Pardonnez-moi ! dit-il en se radoucissant... Et oubliez ma vivacité de tout à l'heure, et les paroles que j'ai prononcées ! Ce n'était pas votre faute... Vous comprenez mon désespoir, n'est-ce pas ?... Vous devinez bien qu'il y a là-dessous un horrible malentendu, une erreur... que tout s'expliquera, que Régine n'a rien à se reprocher.

— Je ne demande pas mieux, moi ! reprit-elle avec aigreur. Je ne veux de mal à personne...

Le chagrin navrant de son interlocuteur ne faisait que l'irriter :

— Comme il la gobe, se disait-elle à elle-même avec dépit, comme il la gobe !

— Des méprises de ce genre arrivent fréquemment, reprit-il. Elle n'aura pas de peine à se justifier, croyez-le, madame Patouillard...

— Faut bien l'espérer... C'est égal, vous avouerez que c'est assez drôle qu'elle ait porté au *clou* une bague sur laquelle le commissionnaire prêtait deux cents francs !... A moins que...

Elle semblait hésiter et esquissait un jeu de physionomie qui ne disait rien de bon...

— A moins que ?... vouliez-vous dire ?...

— A moins qu'on ne la lui ait donnée ! fit-elle en clignant de l'œil avec malice... Y a des messieurs qui sont généreux...

Cette fois, le platonique amoureux de Mlle Lafontaine n'y tint plus. Cette hypothèse était encore plus outrageante que le soupçon odieux qui pesait sur elle, et dont il lui serait facile de se laver... Cette insinuation perfide lui allait droit au cœur...

— Décidément, vous êtes une méchante femme, dit-il en frémissant... Mlle Régine est au-dessus de vos insultes... Vous le verrez avant peu...

Et, refermant avec force la porte de la loge, il courut, affolé, chez le commissaire de police du quartier...

— Blanchis-la donc, si tu peux, ta colombe, grand niais ! grommela la portière en haussant les épaules.

Sans rien connaître aux choses de la police, et sans avoir jamais eu rien à démêler avec elle, Francis supposait tout naturellement que le commissaire était en état de le renseigner, et il se reprochait de ne s'être pas adressé à lui, la veille, au lieu d'aller à la préfecture.

Le magistrat, — il paraît que ce fonctionnaire a la qualité de magistrat, — n'était point à son bureau. En son absence, il était représenté par un individu aussi brutal qu'inintelligent, qui tout d'abord regarda de travers le visiteur, répondit aussi impoliment que possible à ses questions. C'était le secrétaire, ou, pour employer une locution familière au peuple, le chien du commissaire.

Il est à remarquer que, dans cette singulière administration, du haut en bas de l'échelle hiérarchique, depuis le préfet jusqu'au plus humble agent, la grossièreté semble être de rigueur. Le public, quel qu'il soit et quelque motif qui l'amène, est considéré comme un ennemi. Celui qui vient de déposer une plainte est aussi mal vu qu'un récidiviste de la pire espèce. Quiconque vient réclamer un objet perdu sur la voie publique ou dans un omnibus est regardé comme un malfaiteur. Et si jamais il vous arrive de donner, par mégarde, un louis pour un sou à un cocher, et que celui-ci soit assez honnête pour déposer à la préfecture la pièce indûment reçue, je vous engage à en faire tout simplement le sacrifice. Il vous en coûterait trop de démarches, de frais, de courses et de perte de temps pour rentrer dans votre argent !

J'en ai fait l'expérience. Une pièce de dix francs donnée pour dix sous par erreur à un conducteur de tramways ne m'a pas coûté moins de quinze francs soixante-quinze de dépenses ; et il m'a fallu deux semaines entières pour retrouver la trace de la petite pièce d'or ; et comme on ne se résigne à de pareilles investigations que pour récompenser la probité du modeste employé de la Compagnie générale, il arrive que l'on perd vingt-cinq francs soixante-quinze, au lieu de dix francs !

Si vous perdez un bijou ou un objet quelconque dans la rue ou dans une voiture, le plus sage est donc de lui dire un éternel adieu.

Au premier mot prononcé par Francis d'une voix douce et timide, le secrétaire lui jeta un coup d'œil oblique et défiant et fit entendre le grognement particulier d'un individu de la race canine malencontreusement troublé dans le laborieux rongement d'un os.

— La nommée Régine Lafontaine ? dit le policier subalterne d'un accent impossible à rendre... Oui, en effet !... Nous avons cela...

Et, s'adressant à voix basse à un inspecteur debout auprès de lui :

— Est-ce que ce n'est pas la petite de tout à l'heure ?

— Précisément, monsieur le secrétaire.

— Eh bien, qu'est-ce que vous voulez ? reprit-il d'un ton insolent. Êtes-vous le propriétaire de la bague volée ?

La jeunesse et la mise médiocrement élégante de Roger rendaient cette supposition peu vraisemblable...

— Il n'y a pas de bague volée ; monsieur ! Mlle Lafontaine est incapable d'un acte d'indélicatesse...

— Oh ! oh ! Eh bien, qu'est-ce que vous demandez alors ? Qu'est-ce que vous venez faire ici ?

— Je viens... je viens, dit en tremblant Francis, réclamer cette jeune fille, qui est honnête, et dont l'arrestation ne peut être que le résultat d'une méprise.

Et il ajouta en levant les bras avec un reste de désespoir :

— Funeste méprise qui a tué sa mère...

— Est-ce que vous êtes son frère ?

— Non, monsieur.

— Son parent, alors ?...

— Je ne suis que son voisin... et son fiancé...

Le sous-commissaire échangea avec l'agent un regard significatif qui voulait dire clairement :

— Ce garçon est peut-être de bonne prise... C'est un complice...

Puis il demanda au jeune homme ses nom et prénoms, ceux de son père et de sa mère, son lieu de naissance, son âge, sa profession...

Il répondit à tout sans embarras, et s'imagina que la constatation de son identité était une formalité nécessaire et qu'on allait faire droit à sa requête, lui rendre enfin sa fiancée...

— Très bien, vous pouvez vous retirer...

En même temps, le secrétaire faisait un signe à l'inspecteur, lui recommandant sans doute de ne pas perdre de vue ce garçon et de le suivre discrètement, et prenait avec distraction un dossier, celui de la fille Lafontaine, et joignait au rapport sommaire rédigé la veille par l'agent qui l'avait arrêtée au mont-de-piété les notes qu'il venait de prendre.

— Me retirer ? demanda Francis avec étonnement... Vous n'allez donc pas mettre en liberté Mlle Régine ?... Je vous répète qu'elle est innocente, qu'il y a évidemment une erreur... Il est bien facile de se renseigner.

— Nous ne commettons jamais d'erreur ! fit le secrétaire avec dureté. Êtes-vous fou, jeune homme ?... En présence de l'intérêt que vous portez à cette fille, je ferais peut-être bien de vous arrêter aussi... Vous paraissez trop au courant de l'affaire ! Cela m'est suspect !...

— M'arrêter ! murmura-t-il avec ahurissement... Et pourquoi ? Qu'ai-je fait, moi aussi ?... Après tout, je ne suis ni moins ni plus coupable qu'elle !...

Oubliant le triste devoir qu'il avait à remplir et la lettre de recommandation que lui avait remise M. Raymond, ne s'imaginant pas d'ailleurs que cette menace pût être réalisée, il ne put s'empêcher d'ajouter :

— Après tout, arrêtez-moi si vous voulez !... Je serai près d'elle au moins !

Naïf enfant, il croyait qu'on lui ferait partager le même violon et la même prison !... Le désir de la revoir, de lui parler, l'emportait sur toute autre considération...

Au même instant, un individu assis devant une table, dans un coin de la salle, et qui, occupé à écrire un rapport, dont la rédaction n'était pas pour lui une mince besogne, n'avait pas pris garde, jusqu'alors, à ce qui se passait, détourna la tête.

Ses yeux se croisèrent avec ceux de Roger, qui le reconnut aussitôt pour le faux employé des pompes funèbres ou de la mairie.

— Pardon, monsieur... Je vous reconnais !... C'est bien vous qui êtes venu tout à l'heure au numéro 29 de la rue de Lancry, au sixième étage... ? Dites donc à monsieur ce que vous avez vu... Vous paraissiez plein de bienveillance pour moi...

Le mouchard, interloqué par cette rencontre, qui le constituait en état de flagrant délit de mensonge et d'imposture, se leva, s'approcha de la barrière noire qui sépare le public des représentants de l'autorité...

— En effet ! balbutia-t-il... Je vous reconnais... Je vois que la *pipelette* a bavardé... Que voulez-vous, jeune homme ? Le devoir !... la consigne !... c'est fâcheux... mais votre connaissance a *fauté !* Je viens justement de rédiger mon rapport... Mauvais renseignements !... très mauvais !... Ne m'avez-vous pas dit vous-même, sur mon interpellation directe et précise, que vous n'aviez jamais vu de bijoux en la possession de cette femme ! N'avez-vous pas fait un mouvement de surprise quand j'ai fait allusion à la bague ?...

Sans le vouloir, sans le savoir, sans s'en douter, Francis avait aggravé la situation de l'inculpée et fourni contre elle des armes et son témoignage !

L'inspecteur dit quelques mots à l'oreille du secrétaire et lui apprit que, selon ses informations, et jusqu'à nouvel ordre, ce garçon n'était point compromis dans l'affaire.

— Allons ! retirez-vous, monsieur ! dit le fonctionnaire. Malgré toutes ses instances, ses prières, ses supplications, Francis ne put obtenir la permission de voir un instant la jeune fille. Avant d'être formellement accusée,

— sauf du délit de protestation trop énergique de son innocence, — elle se trouvait déjà mise au secret ! Tout au plus l'autorisa-t-on à lui faire, passer une minime somme d'argent et à aller lui acheter dans le voisinage quelques aliments que l'on voulut bien consentir à lui transmettre, au poste de police, ainsi que quelques mots écrits au crayon, où il s'efforçait de lui donner un peu de courage.

Pour la première fois de sa vie, il dissimulait et mentait en la rassurant sur le compte de sa mère, en termes assez vagues, d'ailleurs. Lui avouer la vérité, c'eût été lui porter le dernier coup. Il n'y pouvait ni n'y devait songer, à l'heure où elle avait besoin de tonte son énergie, où elle était dans un état de prostration complète !

On lui assura, pour se débarrasser de ses importunités, qu'il pourrait la voir le lendemain matin au Dépôt où elle serait transférée le soir même.

L'enterrement avait été fixé à neuf heures du matin. Quand la concierge, qui avait naturellement compté sur le convoi ordinaire des déshérités de ce monde, vit arriver devant la porte un corbillard d'apparence sortable, dont le baldaquin était garni de franges argentées, elle ne put retenir un geste de surprise et maîtriser un sentiment de jalousie...

— Oh ! par exemple ! C'est trop fort ! dit-elle à sa fille et à quelques voisines groupées sur le seuil... Y se mettent bien les Lafontaine pour aller à Cayenne, et y leur faut un équipage chic et des croque-morts huppés !...

— Si ça ne fait pas suer ! ajouta Agathe, qui n'avait pas été fâchée de l'occasion pour obtenir de sa maîtresse d'atelier une demi-journée de congé, qu'elle entendait bien, du reste, prolonger jusqu'au soir ; si ça ne fait pas suer !...

— Où donc qu'elle à pris de l'argent, là Régine, pour payer tout ça ? continua sa mère en haussant les épaules... Car, y a pas à dire, ça se paye comptant... Les pompes funèbres ne font pas crédit !...

— Et, d'ailleurs, elle n'a plus l'œil nulle part... Tu sais bien que l'épicier lui a refusé deux sous de poivre...

— C'est sans doute la famille ! fit observer une voisine... Quoique pauvre, la défunte était pt'être *de la haute* et pouvait avoir des parents riches.

— La famille ! allons donc !... Ça ne voyait personne ; ça restait dans son trou, ça ne recevait jamais de lettres !...

— N'avez-vous pas dit que la petite est en prison ? fit une troisième interlocutrice, qui faisait un ménage dans la maison. C'est donc pas elle qu'a pu s'occuper des détails de la cérémonie...

— C'est M. Roger qui a commandé l'enterrement, reprit Agathe en rougissant... Il s'est sans doute fait avancer deux ou trois mois de ses appointements !...

— Il est assez serin pour ça, répondit Mme Patouillard... Mais c'est plutôt les amants de la Régine qu'auront ouvert une *suscription*... Ou bien c'est de l'argent volé... Des femmes sans pain qu'ont à mettre chez ma tante des bagues en brillants, c'est pas étonnant...

Et, s'adressant à la femme de ménage :

— Eh ben ! voulez-vous que je vous dise, m'ame Chanouillet ? Vous voyez que le bien mal acquis ne profite jamais ! On enterre la mère et on coffre la fille... C'est pain bénit !...

— Vous êtes pourtant habillées, vous et mam'zelle Agathe, pour suivre le convoi ?...

— Oui... Mais du moment que c'est comme ça, j'y vais plus et ma fille non plus...

— Moi, maman, je veux y aller, interrompit Agathe, en faisant la moue... J'ai pas tant de distractions les jours de semaine... Et puis ça m'amuse toujours de me promener au cimetière quand tout est fini, et de lire les *épithalames* sur les tombes ! Y en a de si drôles...

— J'te dis que tu n'iras pas sans moi, et puisque je reste, tu restes !...

— Oh ! comme c'est embêtant ! murmura la jeune fille... Moi qui m'étais habillée...

— Oui... petite effrontée, lui dit à demi-voix la digne Mme Patouillard... Pour te montrer à M. Francis et lui faire de l'œil !... Tu perds ton temps, que je te dis ! Il se fiche pas mal de toi ; tu peux te fouiller !... T'as pas honte de te jeter ainsi à la tête d'un garçon qui ne veut pas de toi !...

— Je ne me jette à la tête de personne ! Entends-tu, maman ?

— Ote-moi bien vite ton chapeau... J'veux pas que tu te compromettes... Faut bien que je veille sur ta réputation, moi !

— Voyons maman, viens-y aussi, puisque t'es toute prête...

— Pus souvent que j'irai à l'enterrement de gens qui *escandalisent* tout un chacun par ce *lusque* de corbillard... J'en aurai pas un comme ça, quand je mourrai... On me mettra dans le sapin des malheureux, pour aller à la fosse commune... Je suis sûr qu'ils ont aussi acheté un terrain pour cinq ans, à cette Lafontaine, et pt'être une *concussion* à perpétuité...

Pourquoi donc que je me dérangerais pour elle ?... Est-ce qu'elle viendra à mon enterrement, elle ?

— Mais, maman, elle n'y pourrait pas venir puisqu'elle est morte... Et puis, tu n'as pas envie de *lâcher la rampe,* pas vrai ?...

— On ne sait ni qui vit ni qui meurt ! comme dit le proverbe, poursuivit mélancoliquement Mme Patouillard. Enfin ça ne me va pas d'y aller ! J'aime pas qu'on fasse des *épates*...

Ce colloque fut interrompu par l'arrivée des croque-morts, qui descendaient, suivis de Francis Roger, tout vêtu de noir, pâle, défait, les yeux rongés par les larmes ; et bientôt le cortège se mit en marche...

Le jeune homme conduisait le deuil, suivi seulement de sa voisine de palier... Tous les autres locataires s'étaient abstenus, pour ne point paraître avoir des accointances avec des voleuses de diamants... Les potins de la concierge avaient produit leur effet... Et le même sentiment de jalousie qui s'était emparé d'elle à la vue de ces funérailles trop décentes et trop *aristo* pour une pauvresse avait sans doute agi sur eux.

En constatant cette indifférence et cette solitude, Francis éprouva un serrement de cœur, et se mit à sangloter, comme s'il suivait le corps de sa propre mère...

— Pauvre garçon ! balbutia Agathe, tout émue... Comme il a du chagrin ! !...

— Bah ! dit Mme Patouillard, si c'était moi, il ne pleurerait pas tant que ça...

Ne tenant aucun compte de la défense maternelle, la jeune fille s'esquiva, au moment où la concierge détournait la tête, et rejoignit le convoi...

— Vas-tu revenir, petite vache ? grommela-t-elle en colère...

— Laissez-la donc, c't'enfant ! dirent les voisines...

— Enfin, faut pas causer de l'escandale !...

Juste à la même heure, une voiture sombre et noirâtre, l'horrible panier à salade, s'arrêtait à la porte du Dépôt de la préfecture de police.

Le grincement d'une clef dans l'énorme serrure se fit entendre. La porte s'ouvrit. Le guichetier, couvert d'une sorte de large carrick marron, était descendu, en entendant le roulement de la voiture, d'une espèce de stalle, où il trône toute la journée, se dérangeant à chaque minute pour ouvrir aux rentrants et aux sortants, aux prisonniers et aux visiteurs.

De chaque côté de cet étroit corridor, qui donne accès par une grille au vaste vestibule de la prison, règne un banc de bois où s'assoient les parents et les amis des détenus, en attendant le commissionnaire qui transmet à l'intérieur leurs communications et rapporte les réponses, écrites le plus souvent au crayon, sur quelque chiffon de papier.

Le Dépôt n'étant qu'une maison d'arrêt de passage, où l'on reste rarement plus de deux ou trois jours, un camp volant d'où l'on est transféré à Mazas, à Sainte-Pélagie, à la Santé ou à Saint-Lazare, si l'on n'est pas rendu sur-le-champ à la liberté, on n'a pas le temps de s'y installer.

Déjà, malgré l'heure matinale, il y avait là une double rangée de visiteurs, de tout âge et de tout sexe : celui-ci venant réclamer un fils arrêté la nuit précédente dans une rixe de café ; celle-là apportant à son mari un peu de charcuterie, une bouteille de vin et une pièce de quarante sous ; une dame très élégante et d'allures distinguées sollicitant vainement la permission devoir un banquier arrêté la veille, a côté d'une pauvre fille en haillons dont la sœur a été comprise dans une rafle d'hôtel garni. Toutes les classes, tous les rangs sont ici confondus. Riches ou indigents se coudoient sur cette banquette sordide, différenciés par leurs habits moins encore que par l'accueil qui leur est fait par le porte-clefs.

Rien de trop triste et de trop lugubre dans l'aspect général du Dépôt. Il n'est pas un des prisonniers qui, en y mettant les pieds, n'ait la conviction d'être relâché dès le lendemain. Aussi les visages ne sont-ils ni assombris ni affligés. Le cerbère lui-même n'a point le cœur trop desséché par le spectacle des misères de toute espèce qui défilent chaque jour devant ses yeux. Goguenard et gai, il a volontiers le mot pour rire ; il fait l'aimable avec les dames, cause sans façon avec tout le monde, s'engueule avec les voyous et les prostituées qui passent pour aller à l'instruction, à la visite ou à la photographie, et échange avec eux des aménités de bon goût.

— Allons ! encore une fournée ! dit-il, en apercevant la voiture, à une jeune femme placée auprès de lui et en faisant jouer vivement son passe-partout.

Et il se plaça devant la porte pour voir défiler les pensionnaires que lui amenait le panier à salade, d'où descendirent successivement, sortant de leur étroite cage où l'air, la lumière et l'espace sont merurés si chichement, sept ou huit femmes dont la plupart accusaient par leurs traits flétris et leur physionomie effrontée leur lamentable profession...

— Tout ça, c'est des figures de connaissance ! murmura-t-il en souriant !...

La première était une grande rousse, débraillée, dépenaillée et dégingandée, qui s'avançait fièrement, d'un air de satisfaction, lançant à droite et à gauche, sur les personnes qui se trouvaient là, et qui regardaient avec curiosité, un regard cynique. Nu-tête, le chignon défait, les mèches frisottées de sa coiffure à la chien tombant sur les yeux, la poitrine à peine couverte, la robe déchirée, couverte de boue sèche, elle réalisait le type idéal de la *femme à soldats*.

— Bonjour, ma vieille branche ! dit-elle au gardien d'une voix rauque, enrouée par l'abus de l'eau-de-vie et qui n'avait plus rien de féminin.

— Comment !... C'est encore toi !... Déjà ?...

— Que veux-tu ? Faut bien que je rentre dans mon garni, pas vrai ? Et puis on est logé à l'œil, ici... Il n'y a pas de punaises...

— Non ! gn'y a que des poux ! dit celle qui la suivait, petite brune assez jolie, de dix-huit ans à peine, un peu moins salement vêtue que sa compagne, et que le vice avait prématurément vieillie.

— Dis donc ! j'ai découché que huit jours, cette fois ! reprit la première. Tu vois que je me range !... Au lieu de me faire ramasser tout le temps, je ferais bien mieux de rester ici tout à fait. Mais le gouvernement veut pas me garder. La pension me plaît... J'aime les haricots... C'est mon idée à moi !...

— Qu'est-ce que tu as fait encore ?

— Bah ! une bagatelle ! une peignée que je me suis donnée avec la grosse Césarine. Vois comme je suis faite !

Et elle montrait les lambeaux pendants de sa robe d'indienne.

— Ah ! je l'ai bien arrangée, va ! Je lui ai poché les deux yeux. Ça lui apprendra à me voler mon amant.

— Allons, allons, assez causé !... plus vite que ça, grande rosse...

— Dis donc, toi ! Tu n'es pas poli avec les dames !... Je suis une cliente... Tu devrais avoir des égards...

Et elle passa en se balançant, défiant du regard les visiteuses et semblant leur dire :

— Eh bien, quand vous me dévisagerez comme une bête curieuse, vous autres !... Me voilà !... Après ?...

Les deux suivantes n'étaient pas des *retours,* et le guichetier ne leur adressa pas un mot. Puis vint une dame d'extérieur respectable, prise en flagrant délit de vol aux magasins du Louvre, et à laquelle il sourit gracieusement comme à une vieille habituée. C'était la cinquième ou sixième fois qu'il lui *tirait le cordon ;* mais elle ne répondit à son amabilité que par un coup d'œil hautain et dédaigneux.

Après elle, venait en chantant et en chahutant une blonde aux yeux bleus, qui tendit la main au gardien en accompagnant cette familiarité d'une phrase obscène qu'il ne m'est pas possible de reproduire ici...

— Te tairas-tu, salope ? lui dit-il sévèrement.

— Vas-tu point rougir, mon bonhomme !... Es-tu bégueule, ce matin ? Est-ce qu'on n'a pas le droit de rigoler, à présent ?... Tu ferais mieux de payer une verte...

— Sacrée garce !... t'en as pas besoin... T'es déjà soûle...

Le dialogue fut interrompu par un incident inattendu...

La dernière des femmes transférées par la voiture cellulaire était une jeune fille qui ne ressemblait en rien à la clientèle ordinaire du Dépôt et aux misérables créatures avec lesquelles la fatalité l'avait mise en contact.

Régine, brisée par les émotions de ces deux journées et de ces deux nuits passées en pareille compagnie, dans la promiscuité hideuse des deux postes de police qu'elle avait traversés ; épouvantée par les conversations dégoûtantes qu'elle avait dû subir, par le langage ordurier qu'elle avait entendu ; affolée par l'horreur de sa situation, rongée d'inquiétude sur le sort de sa mère, se demandant si elle n'avait pas perdu la raison, si elle n'était pas victime d'un cauchemar ou si elle n'était pas dans l'antichambre de l'enfer, Régine avait eu à peine assez d'énergie pour descendre du repoussant véhicule ; elle avait épuisé, depuis près de quarante-huit heures, tout ce qu'il y avait en elle de larmes et de sanglots ; elle n'avait plus conscience d'elle-même... Elle se traînait plutôt qu'elle ne marchait, blême, livide, les yeux hagards... Elle ne voyait plus, n'entendait plus, ne comprenait plus rien...

Elle s'était traînée péniblement, de quelques pas, dans la salle d'attente, à la suite de ses affreuses camarades d'infortune, quand, tout à coup, à bout de force, elle s'affaissa sur elle-même, et tomba inerte sur le sol.

VII

DIANE BLUTEAU

On devine en quel émoi cet évanouissement mit toute la maison. Visiteurs et employés se précipitèrent vers la jeune fille. Le directeur qui, de son cabinet, situé à quelques pas de la grille intérieure, avait entendu les exclamations de pitié des spectateurs de cette scène, accourut et fit transporter la nouvelle arrivée dans le parloir des avocats où on la fit revenir à elle.

Il suffisait de voir sa physionomie si pure et si douce, sa mise propre et modeste, pour deviner qu'elle n'appartenait point à la classe des hôtes ordinaires du Dépôt, et tout en elle commandait le respect et la sympathie. Si blasé qu'il pût être sur toutes les frimes et les rouertes des détenues, le gardien de la porte eut presque des velléités d'émotion.

Dès que Régine eut repris connaissance, il fallut bien pourtant procéder aux humiliantes formalités de la *fouille* et de l'écrou. L'attendrissement n'est pas de mise dans le personnel du service des prisons, et s'il fallait s'intéresser outre mesure à toutes les jeunes et jolies filles qui, pour une cause ou pour une autre, franchissent ce seuil redouté, on n'en finirait pas !...

Et puis, dans le dossier qui accompagnait la prévenue, dans la feuille qu'on pourrait appeler la *lettre de voiture* des prisonniers, il y avait à la colonne des motifs de l'arrestation, ce vilain mot : *vol,* qui refroidit immédiatement les sympathies.

Un guichetier, un greffier, un directeur même — plus intelligent et plus bienveillant que ses subordonnés — et les femmes de service ne se demandent pas si la personne arrêtée est innocente ou coupable. Ce n'est pas là leur affaire. Contrairement aux indications de l'enquête et aux prescriptions de la loi, tout accusé, pour l'administration, est réputé criminel et traité en conséquence. Quiconque est, à un degré quelconque, l'auxiliaire ou le complice de l'autorité judiciaire est forcé de se cuirasser le cœur d'un triple blindage d'airain. L'excès de bonté et d'humanité lui serait imputé à faute et nuirait à son avancement... Aussi l'âme la plus noble, la plus généreuse, finirait par s'encrasser et se dessécher dans ce répugnant milieu.

Une nouvelle défaillance, une nouvelle syncope se produisit au greffe, et Mlle Lafontaine dut être portée à l'infirmerie.

Aussitôt la cérémonie funèbre terminée, et quand la dernière pelletée de terre eut été jetée sur la fosse de la mère, qu'une croix de bois grossière eut été fichée dans le sol et surmontée d'une couronne d'immortelles, Francis accourut au Dépôt, où il apprit ce qui s'était passé.

Bien loin d'insister pour la voir, comme il l'avait fait au commissariat, et comme il avait l'intention de le faire à la préfecture, il comprit, dans l'état de prostration où elle était, la nécessité de la tromper... Alors même que le crêpe de son chapeau ne l'eût pas trahi, est-ce que son visage bouleversé n'aurait pas appris la vérité à Régine ? Est-ce qu'il aurait pu, devant elle, contenir ses sanglots ?

Du reste, et fort heureusement, ses prières eussent été vaines, et toutes démarches au bureau des prisons inutiles. Elle ne pouvait communiquer avec personne avant son premier interrogatoire, et encore fallait-il la permission du juge d'instruction.

Roger se borna à la recommander chaleureusement aux bons soins du directeur, à lui jurer qu'elle n'avait commis aucun délit, qu'elle était victime d'une erreur. Dans une lettre, du moins, il pouvait mentir, lui cacher ce qui était de nature à la tuer à son tour... Hélas ! elle apprendrait toujours trop tôt l'affreuse nouvelle !... Dès qu'elle serait libre, et elle le serait probablement dans les vingt-quatre heures, il la préparerait doucement et prudemment à cette révélation...

Oui, elle sera libre demain ! se disait-il. Les magistrats verront du premier coup, et après quelques mots d'explication, qu'elle n'a commis d'autre forfait que d'être pauvre et d'être désormais orpheline ! On ne punit pas les gens pour cela !... Il y avait jadis des juges à Berlin. C'est bien le moins qu'il y en ait à Paris... Ils vont me rendre ma Régine... Et nous serons deux à pleurer celle qui n'est plus !... Ils n'auront pas la cruauté de la garder... Ce sont des hommes après tout ! Il doit y avoir un cœur qui bat dans leur poitrine !...

Et, fouillant dans la poche de sa jaquette pour s'assurer qu'il n'avait pas, dans sa précipitation, le matin, oublié chez lui la lettre que lui avait remise M. Raymond pour la veuve d'un procureur impérial :

— D'ailleurs, cette dame ne va-t-elle pas intervenir et mettre à mon service son influence et ses relations ?

Il monta en hâte dans une voiture de place. Vingt minutes plus tard, il descendait devant un somptueux hôtel des Champs-Elysées et demandait Mme Bluteau.

L'apparence aristocratique de cet hôtel ; l'arrogance d'un portier cravaté de blanc et correctement vêtu de noir, qui, pour répondre à la question du visiteur, ne prit même pas la peine d'ôter de sa bouche le londrès qu'il fumait tranquillement ni même de se détourner ; la vue des laquais chamarrés d'or, qu'il apercevait dans le vestibule, à travers le vitrage de la marquise ; le coup de cloche qui retentit pour annoncer aux domestiques l'entrée d'un étranger ; tout cela troubla singulièrement le jeune employé de l'usine de produits chimiques.

Il avait cru d'abord se tromper d'adresse, tant il s'attendait peu à trouver un luxe princier chez la veuve d'un simple magistrat. Et ce fut en balbutiant qu'il s'informa si Mme veuve Bluteau était chez elle et pouvait le recevoir... Un valet de pied, qui venait de sortir de la loge, entendit la demande et, retournant sur ses pas :

— Vous êtes un commis de chez Mellerio ? dit-il... Madame s'impatientait déjà... Vous êtes bien en retard... Vous apportez le bracelet ?...

Francis, qui ne connaissait même pas de nom le joaillier de la rue de la Paix, répondit d'une voix timide :

Non, *monsieur*... Voici une lettre que je suis chargé de remettre en personne à votre maîtresse...

A la mine piteuse et triste de l'inconnu, et surtout au *monsieur* dont il le gratifiait, le laquais flaira tout de suite un solliciteur, quelque mendiant en habit noir. Un domestique n'a d'égards et de politesse que pour les gens qui lui parlent avec mépris. Son insolence est en raison directe du respect qu'on lui témoigne. Un homme qui l'appelle : *monsieur* est toisé du premier coup, et, pour peu qu'il touche seulement du bout du doigt le bord de son chapeau, il n'a plus droit à aucune considération.

— Madame ne reçoit pas, dit-il brutalement... Donnez la lettre... Madame répondra par la poste..., s'il y a lieu...

— C'est que, voyez-vous, il s'agit d'une affaire très pressée, très importante...

— Parbleu ! Ils disent tous cela ! grommela entre ses dents le valet.

Et comme il n'était pas mauvais diable, au fond, et qu'il connaissait la charité de ces dames, et que d'ailleurs l'inconnu avait une figure sympathique.

— Après tout, il a peut-être besoin de cent sous pour manger, ce garçon ? pensa-t-il, puis il reprit tout haut :

— Allons ! Donnez votre lettre... et attendez la réponse... Ces dames sont si bonnes !... Et comme vous n'avez pas l'air heureux ! Ce n'est pas une pièce de cinq francs de plus ou de moins qui les ruinera !

Francis rougit et comprit la méprise de cet homme, méprise un peu excusable en présence de sa physionomie désespérée :

— Vous vous trompez, dit-il froidement... Je ne suis pas ce que vous croyez... Et si j'ai quelque chose à solliciter de votre maîtresse, pour qui l'on m'a remis cette lettre d'introduction, ce n'est pas de l'argent, je vous l'affirme !...

Cinq minutes plus tard, le larbin revenait et d'un ton plein de déférence, cette fois :

— Si monsieur veut bien me suivre ! dit-il.

Et il l'introduisit par le grand escalier, dans le salon où Roger se trouva en présence de deux dames, dont l'une, la plus jeune, tenant encore à la main la lettre qu'il avait apportée, se leva à son approche et, d'une voix pleine de grâce et de bienveillance :

— Veuillez vous asseoir, monsieur, dit-elle en lui indiquant un fauteuil... Il suffit que vous soyez le protégé de M. Raymond pour trouver auprès de ma mère et de moi le plus cordial accueil.

Au lieu de répondre et d'accepter le siège qu'on lui présentait, Francis restait debout, interdit, bouche béante, et comme hébété...

Il s'attendait à rencontrer dans la veuve du magistrat quelque vieille femme, revêche et sèche, maussade comme la justice. Et il avait en face de lui la plus adorable personne qu'il eût jamais vue, et dont le séduisant sourire, les grands yeux bleus dardés sur lui, la blonde et ondoyante chevelure, la taille faite au tour, la gorge opulente, les formes un peu plantureuses, provoquaient tout d'abord un involontaire sentiment d'admiration.

Lui, qui n'aimait et ne voyait au monde que sa douce et frêle petite voisine, il était ébloui et comme fasciné.

— Comme elle est belle ! pensait-il... Elle doit être bonne... Elle me rendra ma Régine... Quel magistrat pourrait résister à une prière sortie de sa bouche ?...

Bien qu'elle eût trente-trois ans sonnés, on ne lui en aurait pas donné plus de vingt-cinq, tant elle était fraîche et rose... Et puis, chose étrange, l'autre dame, qu'elle avait appelée sa mère, paraissait, grâce à un habile maquillage dont il ignorait les secrets, presque aussi jeune que la fille, aussi aimable et certainement plus belle encore.

La jeune veuve sembla flattée du mouvement spontané d'extase qui clouait le visiteur à sa place, et lui dit, en minaudant et d'une voix enchanteresse :

— Remettez-vous, monsieur... Vous êtes tout troublé !... Est-ce que je vous fais peur ?

— Et elle ajouta mentalement :

— Mais c'est qu'il est charmant, ce jeune homme... bien fait... élancé... l'œil vif... le front intelligent... Et avec cela, si timide, si réservé. Il est charmant !

— Peur ?... Oh, non, madame !... Au contraire !... murmura-t-il tout confus...

— A la bonne heure. Asseyez-vous et causons... M. Raymond ne me dit pas dans sa lettre... Voyons ! En quoi puis-je vous être utile ?

Diane Bluteau regardait le jeune homme avec une fixité souriante qui l'intimidait singulièrement, lui faisait baisser les yeux et arrêtait les paroles sur ses lèvres. Il tourmentait les bords de son chapeau avec un embarras qui le rendait plus intéressant ; sa gaucherie, sa rougeur, jointes au chagrin profond qu'il était aisé de lire dans ses traits, redoublaient la sympathie que les deux dames avaient éprouvée du premier coup pour le protégé de leur ami M. Raymond.

Sans être un Adonis, un bellâtre, sans avoir le malheur d'être beau, ce qui, pour un homme, est la pire des qualités et le plus triste des avantages, et constitue presque une infirmité, il était assez bien de sa personne, et il y avait en lui une distinction naturelle, que la simplicité de sa mise faisait mieux ressortir ; ce quelque chose, enfin, de mystérieux et d'indéfinissable qui plaît aux femmes et les subjugue sans qu'elles puissent deviner pourquoi.

Sa pauvreté même, que révélaient certains détails de sa toilette, semblait lui prêter un charme de plus, surtout auprès d'une veuve millionnaire. Bref, il n'était pas depuis deux minutes dans le salon qu'il n'était déjà plus un indifférent pour la gracieuse veuve et pour sa mère, connue sous le nom de *Madame* Garnier — bien qu'elle n'eût jamais eu de mari — et jadis célèbre dans le monde des petits théâtres et de la galanterie, pour la supériorité de ses attelages et le luxe de son hôtel. Berthe la Champenoise, en dépit de ses cinquante-cinq ans, avait conservé une partie de ses attraits et il lui eût été facile de tricher d'une quinzaine d'années sur son acte de naissance.

— Soyez le bienvenu, monsieur, dit-elle à son tour avec bonté. Nous ferons l'impossible pour vous être utiles, ma fille et moi... Si vous avez besoin d'une bonne place, j'ai assez d'amis pour vous caser convenablement.

— Oh ! pardonnez-moi, madame, répondit-il, surmontant sa timidité. Il ne s'agit pas de moi ni de ma position. Le modeste emploi que j'occupe à l'usine de Grenelle suffit à mes besoins...

Et, relevant fièrement la tête par un mouvement qui rejetait en arrière son abondante chevelure brune :

— S'il s'agissait de moi, je ne me serais pas permis de venir vous importuner... Je me sens assez de courage et de volonté pour n'avoir recours à personne !...

— Très bien ! très bien ! jeune homme ! interrompit l'ancienne étoile des *Folies-Dramatiques*... Je vois que vous avez du cœur... Vous arriverez... Quel âge avez-vous ?

— Vingt et un ans, madame...

— Mais c'est qu'il est superbe ! se dit Diane, qui ne se lassait pas de le dévorer du regard et qui reprit à haute voix :

— Alors, c'est probablement de votre mère... ou de votre sœur que...

— Non, madame ! Je n'ai pas de sœur... Et ma mère vit péniblement d'une modeste rente de six cents francs, l'unique fortune que lui ait laissée mon père, et que j'espère bien accroître par mon travail... Il s'agit de ma fiancée...

Ce mot jeta un froid, et Diane ne put réprimer un imperceptible tressaillement, dont elle eût été fort en peine de se rendre compte...

Que lui importait donc la fiancée de cet inconnu, presque un enfant, qui venait, sur la recommandation d'un ami, implorer son appui ?... Qui sait ?... Avec cette vivacité d'impression qui la caractérisait, peut-être venait-elle d'ébaucher instantanément son *Roman d'un jeune homme pauvre* et subissait-elle l'influence du drame d'Octave Feuillet, repris la veille au Vaudeville, et qui lui avait tiré plus d'une larme ?

— Vraiment ! reprit Mme Garnier... Vous songez à vous marier ?... Vous avez déjà une fiancée ?...

— Le mot est peut-être bien hasardé, et je n'ai pas le droit de donner ce titre à celle que j'aime, à celle qui ignore encore mon amour... à celle...

— Ah ! soupira involontairement Diane avec un visible soulagement.

— ... A celle que je viens vous supplier de sauver !...

— De sauver ? firent à la fois les deux dames avec émotion.

— Oh ! mesdames, reprit-il en s'animant... C'est une épouvantable aventure, une bien navrante histoire...

— Tiens ! tiens !... Vous m'intéressez énormément, jeune homme... Et toi aussi, n'est-ce pas, ma fille ?... Parlez ! parlez !...

Francis se mit à raconter, d'un accent saccadé, d'une voix entrecoupée les événements qui s'étaient succédé depuis quarante-huit heures... Il s'exprimait avec une : chaleur et un désespoir qui donnaient à son langage une éloquence extraordinaire...

— C'est une infamie ! s'écria Mme Garnier avec indignation. Ah ! je ne m'étonne pas que M. Raymond vous, ait adressé à nous... Nous allons nous mettre en quatre, s'il le faut...

— Et vous êtes bien sûr, demanda Mme Bluteau, que cette jeune fille... que votre *fiancée* est innocente, monsieur... Roger, je crois ?

— Francis Roger... Si j'en suis sûr ?... Oh ! madame ! répondit-il en portant les deux mains à son front ; si vous saviez combien cette question et ce doute me font mal !...

— Excusez-moi, répliqua-t-elle, un peu confuse de son insinuation... Je serais désolée de vous affliger... car je vois que vous l'aimez bien, cette enfant ?

— Si je l'aime !... Vous me la rendrez, j'en suis certain, madame... Votre intervention sera toute-puissante auprès de la magistrature, qui a eu l'honneur de compter parmi ses membres monsieur votre mari...

— Eh bien ! un joli honneur ! pensa la belle-mère du défunt procureur impérial. Et si les gens de justice étaient tous comme mon scélérat de gendre...

L'évocation de ce souvenir parut causer à Mme Bluteau un véritable malaise... Un nuage passa sur sa vue, son front se rembrunit... Le visiteur venait de faire vibrer une corde douloureuse. L'image de son mari, que depuis cinq ans elle avait vainement essayé de chasser de sa mémoire, se dressait une fois de plus devant elle...

— Le misérable ! murmura-t-elle...

Et, s'adressant à Francis :

— Ayez confiance en moi, dit-elle gravement. J'ai cent fois plus de raisons que vous ne croyez de prendre la défense d'une victime... Dans une heure, je serai au Palais de justice...

Après s'être confondu en remerciements, Roger se retira. La main que lui tendit Mme Bluteau était moite et tremblante...

Diane, se replongeant dans son fauteuil, resta longtemps rêveuse et pensive, abîmée dans ses souvenirs, ballottée par mille sentiments contraires.

Sa mère elle-même, fort loquace d'ordinaire, restait silencieuse.

Et pourtant il y avait un abîme entre leurs préoccupations respectives. Berthe la Champenoise songeait au passé ; Diane était absorbée dans le présent et dans l'avenir.

L'ancienne et opulente cocotte rompit la première ce mutisme :

— Tu ne dis rien, Diane ?... Tu parais *toute chose* ?... Qu'as-tu donc ?... Au lieu de te faire de la bile, tu ferais mieux de te préparer à sortir... Je vais donner l'ordre d'atteler... Il va sans dire que je t'accompagne au Palais. Je joindrai mes efforts aux tiens...

La jeune veuve parut n'avoir pas entendu. Les yeux fixés machinalement sur le tapis, elle songeait...

— Eh bien ! ma fille, as-tu perdu, la parole ?... Tu pourrais bien me répondre...

— Laisse-moi tranquille, maman ! dit - elle enfin avec impatience.

— Est-ce que tu ne vas pas au parquet comme tu l'as promis ?

— Si ! si !... Plus tard !... Tu m'embêtes !...

Elle semblait nerveuse et agitée. Sa mère, habituée à se voir traiter par elle avec aussi peu que possible de respect filial, ne releva pas son inconvenante réponse.

— Voyons, Diane, dit-elle avec douceur, pourquoi te tracasser ainsi ? Ce qui est passé est passé. C'est de l'histoire ancienne.

Mme Bluteau haussa les épaules.

— Ce jeune homme avait bien besoin de te parler de ton mari pour te rejeter dans tes idées noires !... Après tout, il ne savait pas, ce pauvre garçon...

— Qui te dit que j'ai des idées noires ? Bah ! C'est bien de mon mari qu'il s'agit... Le coquin est mort. Il ne peut plus faire expier à des innocents ses propres crimes. Que le diable ait pitié de son âme, — s'il en avait une ! — Tiens, ne me parle donc plus de ce monstre ; cela me rappelle que c'est toi qui me l'avais fait épouser, malgré moi... C'est un beau coup que tu avais fait là ! Et je te dois de la reconnaissance !... Tu voulais pour gendre un magistrat... Tu as été servie à souhait !... Mieux eût valu pour moi devenir la femme d'un bandit de grand chemin... Aussi le ciel nous a-t-il punies en m'enlevant mon fils !...

Mme Garnier essuya une larme :

— Encore des reproches ! dit-elle... Tu es injuste et cruelle, Diane... Ce n'était pas de ma faute... Est-ce que je pouvais supposer... ? Et puis il y a quinze ans de cela, et cinq ans que tu en es débarrassée.

— Débarrassée ? Non ! puisque son souvenir me poursuit encore, puisque sa fin tragique elles lugubres révélations qui l'ont suivie ont rejailli sur moi... N'est-il pas étrange que, jeune encore et riche comme je le suis, je n'aie pu, depuis cinq ans, trouver un second mari ? Je suis belle pourtant !... Personne n'a voulu épouser la veuve du procureur impérial Bluteau...

— Qu'est-ce que ça te fait, après tout ? Tu es libre, indépendante, maîtresse de tes actions...

— Oui ! fit-elle avec amertume... Tu veux dire que je ne manque pas, pour cela, d'adorateurs... J'en ai eu après comme j'en ai eu avant... Mais ce n'est pas la même chose... Mes amants, je les méprise... Et ceux que j'aurais aimé n'ont pas voulu de moi... Je suis lasse de l'existence que je mène... Je voudrais être pauvre, vivre dans une mansarde, manquer de pain, et posséder l'amour d'un homme pour qui je serais tout au monde, à qui je serais fidèle.

— Allons donc ! Tu le tromperais comme tu trompais Marcel ! Entre nous, tu t'es assez vengée de lui... Et tu peux te vanter de lui en avoir fait porter, à celui-là !...

— N'était-ce pas légitime ? L'événement n'a-t-il pas prouvé combien j'avais raison de le haïr, l'infâme ?... Je n'ai qu'un seul regret, c'est de n'avoir pas donné dans le contrat plus de coups de canif... Mais celui que j'aimerais, et qui serait digne de moi, je...

— Ah ça, tu as des idées bien romanesques, ce matin ? Je ne t'ai jamais vue ainsi... Est-ce que tu aurais une nouvelle toquade ?

— Que veux-tu ? je m'ennuie ; ce luxe m'assomme... Mon cœur est vide ; j'ai besoin de le remplir... Tous les hommes que je vois me dégoûtent... Et je ne puis arriver à rencontrer l'idéal que je cherche...

Et elle ajouta en secouant la tête et se parlant à elle-même :

— Je croyais l'avoir trouvé... Et voilà qu'il m'échappe ! Mon rêve n'est pas plus tôt formé qu'il s'envole...

Berthe la Champenoise se rapprocha de sa fille avec intérêt :

— Quelles drôles de chimères tu te fourres dans ta jolie petite caboche, ma chérie ! Sais-tu que tu m'inquiètes ? Deviens-tu folle ? Est-ce que tu serais amoureuse pour de bon, cette fois ?... Mais, mon enfant bien-aimée, qui t'empêche de satisfaire ta passion ? Je voudrais bien voir qu'un homme honoré d'un regard de ma Diane se permît de la dédaigner ! Je lui arracherais les yeux, à ce paltoquet. Fais-moi tes confidences...

— Tu ne me comprendrais pas ; tu te moquerais de moi... C'est si absurde, en somme !... Je serais tentée d'en rire moi-même, si je n'avais pas envie de pleurer... Veux-tu que je te dise ? Je voudrais être à la place de cette malheureuse enfant pour laquelle nous allons faire des démarches. Je voudrais être en prison comme elle, accusée de vol comme elle..., enfermée comme elle dans une cellule du Dépôt de la préfecture, et menacée des tribunaux et des juges... Elle est heureuse, cette fille !... Je lui porte envie, je la jalouse... Je me mettrais volontiers à la détester plutôt que de parler pour elle... Elle est aimée...

— Décidément, ta cervelle déménage...

— Rappelle-toi avec quel enthousiasme, avec quelle exaltation ce jeune homme en parlait tout à l'heure... Quels sanglots il avait dans la voix !... Est-ce que j'ai jamais été, est-ce que je serai jamais aimée ainsi, moi ?...

— C'est pourquoi tu devrais, au lieu de perdre le temps à divaguer, tâcher de la lui rendre, et de faire leur bonheur à tous deux...

— Leur bonheur ! s'écria Diane en frémissant, leur bonheur !

— Eh bien oui, leur bonheur ! Il faut les réunir, ces tourtereaux... et je me promets de doter notre protégée... Nous compléterons notre bonne action. Ce pauvre Raymond nous en saura gré.

Diane se leva brusquement, saisit la main de sa mère :

— Non ! non ! je ne veux pas !... Il ne sera pas dit que toutes les femmes seront heureuses... excepté moi !... Non ! qu'elle reste en prison... Tant pis ! je ne m'en occupe plus... D'ailleurs, elle est probablement coupable... Qui m'assure qu'elle n'a pas volé ?... Est-ce que je la connais, moi, cette petite ? Est-ce que je suis obligée de prendre sa défense ?

Mme Garnier était confondue de surprise. Elle ne s'expliquait pas ce mouvement si subit de haine pour une inconnue.

— Diane, Diane ! Tu es malade, mon enfant ; tu as la fièvre... Tu n'as pas le droit de refuser à M. Raymond un service qui te coûte si peu.

— Qui me coûte si peu ! répéta Mme Bluteau avec un soupir... Ma pauvre mère, je t'ai toujours connu l'esprit bien bouché, mais je ne te croyais pas bouchée à ce point-là !... Je vais mettre les points sur les i. Comment n'as-tu rien deviné ?... Quoi ! Tu veux que je sauve ma rivale ?... Tu veux que je la jette dans les bras de celui que j'aime...

Berthe la Champenoise laissa tomber ses bras avec stupeur et désespoir. Sa fille était folle, s'imaginait-elle. Son langage ne pouvait avoir d'autre explication. Elle la regardait d'un air hébété...

— Eh bien ! s'écria la charmante veuve avec violence. Quand tu me contempleras ainsi d'un air navré !... Cela te paraît drôle, et tu t'imagines peut-être que j'ai le délire, que je bats la campagne... Envoie-moi tout de suite chez le docteur Blanche ou à Charenton...

— Calme-toi, Diane, et ne me fais pas de chagrin... Parlons froidement... Me feras-tu croire que tu es jalouse d'une femme que tu n'as jamais vue, et pour un homme qui t'était absolument inconnu il y a une heure ?

— C'est insensé, je le sais bien ; mais que veux-tu ? c'est ainsi ! Tu ne comprends pas cela, toi. Tu n'es pas capable d'un sentiment honnête, désintéressé...

— Diane ! Diane ! Tu m'insultes ! tu outrages ta mère ! interrompit *Berthe la Champenoise* avec des sanglots dans la voix... Tu es une fille sans cœur... Est-ce là le prix de ma tendresse ?...

— Je te demande pardon, mère... J'ai tort, je vais trop loin... Tu sais que je t'aime, malgré tout... Et pourtant je t'aimerais davantage si tu étais restée pauvre... Je t'en prie, ne raille pas mes faiblesses... Elles ne me rapportent rien, à moi. Moque-toi de moi tant que tu voudras ; ce garçon, que nous a envoyé Raymond, il n'était pas ici depuis deux secondes que déjà je me sentais envahie par une indéfinissable émotion... Mon cœur battait avec force ; je ne pouvais me lasser de le regarder, de l'admirer. Je l'écoutais avec délices ; je me repaissais de son trouble, de son embarras, de sa gaucherie. Je pensais, imbécile ! avoir produit quelque impression sur lui... A mesure qu'il parlait, mon agitation croissait ; les rêves les plus riants voltigeaient dans ma tête. Je n'avais plus qu'une pensée, qu'un but, qu'un espoir : être adorée de lui comme je l'adorais moi-même !

Elle s'arrêta, baissa les yeux avec une mélancolie profonde.

— C'est stupide, je l'avoue. Est-ce ma faute si je ne suis pas maîtresse de mes impressions ?... Et voilà que, tout à coup, j'apprends qu'il en aime une autre !... Et tu veux que je reste froide, que je n'éprouve pas des accès de rage !... Oh ! cette révélation a été un coup de foudre... T'expliqueras-tu maintenant mes hésitations, ma répugnance à protéger cette fille, à la sauver ?...

— Mais, ma pauvre enfant, ne te mets donc pas martel en tête... Ne t'a-t-il pas dit qu'il ne lui avait jamais avoué son amour ? Peut-être ne l'aime-t-elle pas, elle ?

— Si ! j'en suis sûr ; je l'affirme, je le sens... Et pourtant je veux lutter et lui arracher ce cœur qui lui appartient, et que je convoite... Elle est donc bien jolie, cette petite misérable ?...

— Jamais autant que toi, Diane... Regarde-toi dans la glace... Il n'y a pas une femme au monde qui puisse rivaliser avec ma fille... Je voudrais bien voir ça ! Et puis, est-ce qu'elle a comme toi des millions ? Est-ce qu'elle est riche ?...

La veuve fit un geste de dégoût :

— Toujours ta fortune, toujours tes millions !... C'est ma personne qui devrait le séduire, et non mon argent. J'ai horreur des coureurs de dots, tu le sais bien !...

Diane se mit à arpenter fiévreusement le salon, en proie à un violent combat intérieur.

Tout à coup elle s'approcha de la cheminée, poussa le bouton d'une sonnerie électrique. Sa femme de chambre parut aussitôt :

— Mon chapeau ! mon manteau ! dit-elle d'un accent fébrile. Donnez l'ordre d'atteler.

— Où vas-tu ? demanda Mme Garnier, quand la camériste eut refermé la porte.

— Tu ne devines pas ?
— Au Palais de justice, n'est-ce pas ?
— Parbleu !
— Je t'accompagne. Tu te décides à intervenir ? Très bien, ma...
— Non, reste ! dit vivement Mme Bluteau. Je veux y aller seule.
— Pour la faire mettre en liberté ?
— Est-ce que je sais, moi ? Avant tout, je tiens à la voir, cette fille, j'en obtiendrai facilement l'autorisation. M. Francis... — il s'appelle Francis !... Quel nom charmant ! — M. Francis ne me pardonnerait pas mon indifférence et mon manque de parole. Je lui ai promis de faire des démarches, je les ferai...

— A la bonne heure, ma chère Diane. Il faut agir avec noblesse, il faut être généreuse...

— Es-tu sotte, maman, interrompit-elle avec dépit : ce que je cherche, c'est une occasion de me trouver face à face avec ma rivale, de me comparer à elle ; c'est un prétexte de revoir Francis, d'aller lui rendre compte de la tâche dont je suis chargée... J'irai chez lui.... Comme je serai heureuse de me trouver dans sa petite mansarde, de respirer la même atmosphère que lui, de m'enivrer de son haleine, de dévorer ses traits, de le fasciner par mes regards ! de....

— Voyons, voyons, ne t'emballe pas, ma chérie, ne fais pas de bêtises...

— La seule bêtise, reprit-elle avec exaltation, ce serait de renoncer à un homme qui me plaît !... Je le veux, je l'aurai...

— Oui, mais pas d'inconséquence... Les hommes n'aiment pas qu'on se jette à leur tête...

— Me prends-tu pour une idiote ? me supposes-tu assez naïve pour lui faire une déclaration à brûle-pourpoint ? Laisse-moi faire ; je saurai m'emparer de lui, le dominer, le vaincre... Dans tous les cas, et quoi qu'il arrive, il sera à moi, je le jure... Il faudra qu'avant peu il ait tout à fait oublié sa Régine — puisque tel est le nom de cette fille — et qu'il se traîne, pantelant, à mes pieds... Ah ! vois-tu, mère, et ne te fâche pas de ce que je vais te dire, je n'ai pas pour rien du sang de courtisane dans les veines ! Je lui donnerai mon cœur, ma main, ma fortune...

— Songes-y ! Il est bien plus jeune que toi... Ce serait une folie... Et peut-être te repentirais-tu un jour...

— Est-ce que je suis une vieille femme, par hasard ? Est-ce que l'on me donnerait plus de vingt-cinq ans ?

— Tu as douze ans de plus que lui...

— Qu'est-ce que cela fait quand on s'aime ? Et il m'aimera !...

Une réflexion subite vint refroidir son enthousiasme. Si Roger, sous l'empire de scrupules honorables que l'on connaît encore à la vingtième année, si Roger, en dépit des efforts de séduction qu'elle se promettait de déployer, restait sourd à toutes ses avances ? S'il allait la mépriser ? Si sa richesse était plutôt un obstacle qu'un moyen de succès ? S'il allait avoir assez de délicatesse, pour refuser d'épouser la fille d'une ancienne cocotte ? Il serait fier, digne, honnête, et il ne voudrait pas d'un mariage ressemblant à un marché ; il lui répugnerait de se vendre ; il était capable de préférer sa petite mendiante, soupçonnée de vol, à une femme déjà mûre et millionnaire !...

Cette pensée causait à Diane Bluteau d'indicibles angoisses.

— Après tout, se dit-elle, s'il ne me juge pas digne d'être sa femme, je me résignerai à n'être que sa maîtresse... Qu'importe ! Pourvu que je puisse l'étreindre, ne fut-ce qu'une fois, dans mes bras ! Pourvu que je le dévore de caresses, que je l'étouffe dans mes baisers, que mes lèvres se collent à ses lèvres, que mon sein bondisse sous son, sein, et que je lui crie, au milieu des ivresses et des transports de la volupté : « Je t'aime ! je t'aime ! »

VIII

LES DEUX RIVALES

Le magistrat qui dirigeait alors le parquet de la Seine avait été l'ami intime de Marcel Bluteau, et même quelque peu l'amant de sa femme, au dire de la chronique scandaleuse, dont la légèreté bien connue de Diane expliquait, si elle ne les justifiait pas, les malicieux racontars.

La jeune veuve ne pouvait manquer d'être admirablement accueillie par le représentant du ministère public. Elle n'avait pas seulement, comme certains avocats, et pour employer une locution familière au palais, elle n'avait pas seulement *l'oreille du tribunal,* elle en avait le cœur et la personne. Elle était sûre d'avance d'obtenir, en faveur de sa protégée, tout ce qui ne serait pas absolument incompatible avec le devoir professionnel.

Comment éluder ou repousser la prière de qui n'a plus rien eu à vous refuser ? Comment l'incorruptibilité commandée par la loi au fonctionnaire ne fléchirait-elle pas devant les souvenirs et les anciennes tendresses de l'homme ? Comment les sévères obligations de la justice ne s'effaceraient-elles pas devant des obligations plus douces ?

A peine eut-elle fait passer sa carte qu'on introduisit la visiteuse dans le cabinet du procureur de la République, qui vint au-devant d'elle avec empressement, lui prit les deux mains qu'il porta galamment à ses lèvres :

— Ah ! que je suis heureux de vous voir, chère et belle madame !... Il y a si longtemps que nous ne nous sommes rencontrés ! Vous êtes-vous retirée du monde ?... On vous cherche vainement dans tous les salons !

Diane secoua tristement la tête, et prit le fauteuil qu'il lui présentait et dont il rapprocha le sien.

— Oui, en effet, dit-elle, je vis très solitaire... Vous savez bien pourquoi ?

— Bah ! Il ne faut plus penser à cela... Les fautes sont personnelles, et vous n'étiez pas responsable des crimes d'un autre... Il les a d'ailleurs cruellement expiés par une mort horrible... Vous ne devriez pas vous cacher ainsi... D'ailleurs les apparences ont été sauvées...

— Sauvées !... A quel prix ? Au prix du déshonneur et de la flétrissure indélébile d'un innocent, du plus honnête homme que j'aie jamais connu, du plus loyal, du plus noble !... Ah ! avouez-le, c'est une drôle de chose que votre justice !...

— Que voulez-vous ? La loi est ainsi faite... Ce n'est pas moi qui ai rédigé le code d'instruction criminelle... Il y a des lacunes, je le sais bien... Mais ce n'est pas cela qui pouvait vous empêcher de reprendre vos relations mondaines... On oublie si vite à Paris.

— Vous me l'avez prouvé vous-même, puisque vous avez oublié depuis cinq ans l'adresse de mon hôtel ! Vous m'avez lâchée, monsieur le procureur de la République ! indignement lâchée... Mais je vous pardonne, je ne vous en veux pas... Parlons d'autre chose... Vous ne me demandez pas le motif qui m'amène ?

— Savez-vous, reprit le magistrat, sans relever le reproche qu'on lui adressait, et la regardant avec un œil de convoitise, savez-vous que vous êtes plus jeune, plus ravissante que jamais ?

Et il lui saisit de nouveau la main, qu'elle retira vivement :

— Trêve de compliments ! dit-elle. Je viens vous parler d'une affaire sérieuse...

— Il n'y a rien de plus sérieux que l'amour, ma chère amie.

— Vraiment ! Rien ! pas même la justice ? repondit Mme Bluteau d'un ton sarcastique en haussant les épaules... Si le garde des sceaux vous entendait ?

— Vous êtes bien froide et bien méchante aujourd'hui, Diane !

— Et vous, bien léger et trop chaud, monsieur le chef du parquet !

Il fit la bouche en cœur, laissa échapper un soupir, et, la regardant tendrement :

— Ne vous souvenez-vous plus du passé, Diane ?

— Vous voyez bien que si, mon ami, puisque c'est au nom même de ce passé que je viens vous demander un service...

Elle ajouta, avec un sourire :

— Et même l'exiger au besoin !

— Oh ! oh ! J'espère au moins que vous ne réclamerez rien de contraire à mon devoir...

— *Votre devouar !* *votre devouar !* Avec quelle solennité vous prononcez ce mot-là ! Et mon devoir, à moi, est-ce que je suis toujours restée à cheval dessus ? Est-ce que je ne vous l'ai pas un peu sacrifié ? Vous me faites bien rire, mon cher, avec votre *devouar !*

— Voyons ! voyons, Diane, ne plaisantez pas avec la gravité de mes fonctions, avec l'intégrité de la magistrature !

— Rassurez-vous ! Si je me présente en solliciteuse, je n'ai rien à vous demander qui soit incompatible avec votre devoir... Bien au contraire...

— Bien au contraire ?...

— Oui ; car je vous épargnerai peut-être, à vous et aux vôtres, une nouvelle bourde, comme celles dont nous évoquions tout à l'heure l'odieux souvenir... Vous appelez cela des erreurs, charmant charmant euphémisme ! — moi je l'appelle : des *infamies judiciaires...*

— Ne revenons donc plus sur ce sujet, je vous prie... Contez-moi votre affaire ; je vous écoute ; de quoi s'agit-il ? Que puis-je faire pour vous être agréable ?... Vous ne doutez pas de ma bonne volonté ?...

— Il s'agit de mettre en liberté une enfant de seize ans, injustement arrêtée avant-hier, et dont la mère, qui était mourante et que ce coup terrible a achevée, a été enterrée ce matin...

— En effet, c'est affreux ! répondit le procureur de la République avec une certaine émotion... Et sous quelle prévention a eu lieu cette arrestation ?

— Cette jeune fille est accusée de vol. Mais elle est innocente, je vous le garantis...

— Un vol ! Oh ! ceci est grave ! fit le magistrat avec une grimace significative. Ce n'est plus là une de ces bagatelles qui permettent l'indulgence... Et qui vous assure qu'elle n'est pas coupable ? Vous la connaissez donc bien, pour répondre ainsi de sa probité ?

— Je ne la connais pas, je ne l'ai jamais vue... Seulement, j'ai pleine et absolue confiance en ceux qui me l'ont recommandée...

Diane se mit alors à lui raconter l'affaire sommairement, mais dans tous ses détails. Elle ne put dissimuler une vive rougeur en prononçant le nom de Francis Roger.

L'organe de la vindicte sociale écoutait, en fronçant les sourcils, et avec la défiance instinctive qui était dans son rôle. Il fit demander le dossier, le parcourut, lut d'un bout à l'autre le prolixe et fantaisiste rapport de l'inspecteur de police, et les hypothèses que l'exagération de son zèle lui avait suggérées.

— Tout cela n'a pas une grande importance, murmura-t-il. Il n'y a pas une prévention précise de soustraction frauduleuse. Cette jeune fille n'aura pas de peine sans doute à justifier de la légitime possession de cette bague... Cependant, il est étrange qu'un objet de cette valeur se trouve entre les mains d'une pauvresse plongée, ainsi que sa mère, dans le plus complet dénuement.

Quoi qu'il en pût être à cet égard, la liberté provisoire sous caution ne pouvait avoir lieu avant un premier interrogatoire. On allait y mettre toute la diligence possible.

Mme Bluteau insista au moins pour être admise à voir immédiatement Régine Lafontaine. Son ancien ami refusa d'abord avec énergie. C'était contraire à tous les usages judiciaires auxquels il ne pouvait se permettre une telle dérogation.

Mais elle mit en œuvre tant de moyens de séduction, que le procureur de la République se laissa fléchir, et lui signa l'autorisation nécessaire.

Quelques minutes plus tard, Diane était introduite à l'infirmerie du Dépôt, et se trouvait en face de Régine.

La détenue, chez qui le violent accès de fièvre dont elle avait été prise le matin avait fait place à une extrême faiblesse, avait la tête tournée de l'autre côté, et ne paraissait pas s'apercevoir qu'une visiteuse, accompagnée du directeur, s'était approchée de son lit.

Indifférente à tout ce qui n'était pas la pensée de sa mère ; envahie par de sinistres pressentiments, trop justifiés, hélas ! elle ne voyait, n'entendait rien, et murmurait d'une voix inintelligible des exclamations de désespoir :

— Oui !... Elle est morte !... Je le sens bien... Elle est morte sans que j'aie pu l'embrasser une dernière fois... Attends-moi, mère ! Attends-moi... Je vais bientôt te rejoindre...

— Mon enfant ! dit avec douceur Mme Bluteau.

— ...Oui, continua-t-elle sans répondre à ce bienveillant appel, oui... Ce matin, il y a eu un moment où j'entendais... un bruit sourd... comme un cercueil tombant... au fond d'une fosse... puis des pelletées de terre... qu'on jetait dessus... Je ne me trompais pas... C'est fini..., bien fini... Je ne la verrai plus !... Maman ! Ma pauvre maman !... Ah ! mon Dieu !...

— Mon enfant ! Regardez-moi... Je suis une amie...

— Si !... Je la reverrai !... au ciel !... Ah ! que je souffre !... Je veux mourir !... On ne m'empêchera pas d'aller te retrouver !... Les méchants ! Que leur ai-je fait pour me torturer ainsi ?...

Diane était émue... Le sentiment de curiosité haineuse qui l'avait attirée au Dépôt de la préfecture fondait en présence de cette navrante douleur... L'humanité reprenait le pas sur la jalousie... Elle avait envie de pleurer...

Pour ceux de mes lecteurs qui connaissent l'un de mes précédents récits, *Le Procureur impérial* [1], la veuve du magistrat n'est point une étrangère, une nouvelle venue. Ils ont pu se rendre compte des étranges contradictions de sa fantasque nature, où se mêlaient et s'entre-choquaient le génie du bien et le génie du mal ; à la fois ange et démon, capable de tous les dévouements et de toutes les cruautés ; cœur chaud, âme passionnée, tempérament ardent ; voluptueuse comme une chatte, frivole et étourdie comme une linotte, capricieuse et folle, livrée dès l'âge le plus tendre à ses fantaisies, à ses volontés d'enfant, de jeune fille et de femme ; accessible à toutes les vertus comme à tous les vices, il ne lui avait manqué, pour devenir une honnête mère de famille, que de n'être pas née d'une prostituée et de n'avoir pas, à dix-sept ans, par insouciance et sans amour, épousé un scélérat.

Au lieu d'être l'esclave du devoir, elle était l'esclave de la chair.

Ce sont les hasards de la naissance, les circonstances, le milieu ambiant, les occasions, les situations matérielles ou morales, qui décident de la vie d'une femme, et font d'elle, suivant l'occurrence, une sainte ou un monstre, une Jeanne Darc ou une Messaline une Hélène ou une Lucrèce, une Blanche de Castille ou une Marguerite de Bourgogne !

Au point de départ, elles se valent et se ressemblent toutes. Il na tenu peut-être qu'à un fil que sainte Thérèse ne fût la plus impudente, la plus effrontée des de joie ! Il y a moins loin qu'on ne croit du ciel à l'enfer ; la plus chaste alcôve de jeune vierge confine au lupanar !...

— Pauvre petite ! dit à demi-voix Mme Bluteau en échangeant un regard avec le directeur du Dépôt.

Et touchant légèrement le bras de la malade, qui tressaillit sous cette pression :

— Vous ne voulez donc pas me voir, mon enfant ?... Je viens de la part de M. Francis...

Ce nom fit sortir soudain Régine de sa torpeur et de son silence. Retournant la tête, elle se dressa brusquement sur son séant.

— M. Francis !... dit-elle, en jetant sur la belle dame, qui ne dédaignait pas de venir la trouver dans sa prison, un œil égaré, qu'illumina soudain un rayon d'espoir... C'est vous, madame, dont il m'a annoncé la visite... Vous allez m'emmener ?... Et ma mère ? Ma mère ?...

— Rassurez-vous, mon enfant ! Votre mère va bien... Vous la reverrez...

— Oh ! merci, madame... Vous ne me trompez pas... Elle est vivante ! Oh ! mon Dieu ! Je me faisais toutes sortes d'idées... Faites-moi sortir, puisque vous êtes si bonne... Elle a besoin de moi... Et dire qu'il n'y a pas un sou à la maison... Et la bague ?... On me la rendra, n'est-ce pas ?... Vous venez me chercher ?...

— Vous êtes trop faible en ce moment... Il faut attendre un peu... Soyez sans crainte sur votre mère... M. Roger... — Elle appuya sur ce nom en la regardant dans le blanc des yeux... — M. Roger est auprès d'elle...

— Oui, je sais... reprit-elle, tandis que ses joues se coloraient soudain d'un vif incarnat. Il m'a écrit... le. noble cœur !... Le brave jeune homme !... Il est notre ange gardien.

Diane s'aperçut qu'elle tenait encore dans sa main gauche un papier froissé... La lettre de Francis, sans doute ? Elle rougit à son tour... son front s'assombrit.

— Plus de doute : elle l'aime ! pensa-t-elle. Aussitôt sa physionomie changea, reprit une sorte de dureté farouche...

Au même instant, un commis du greffe vint appeler le directeur, que réclamaient les exigences du service ; Diane se trouva seule avec la détenue.

Il y eut une longue minute de silence. Les deux femmes s'examinaient mutuellement.

Assise sur son lit, Régine, vêtue d'une camisole blanche, la tête couverte d'un bonnet de linge grossier qui encadrait son pâle visage, avait, dans l'ensemble de ses traits, quelque chose de touchant et de mélancolique qui commandait l'admiration et la sympathie.

— Qu'elle est jolie ! murmura-t-elle mentalement. Ah ! je comprends qu'il l'aime !...

Insondables bizarreries du cœur humain !

Devant cette enfant à qui elle voulait disputer l'amour de Francis, et qu'elle dominait de tout l'éclat de sa beauté plantureuse et de touts les avantages que lui donnaient sa fortune et son expérience de la vie, Diane se sentait inquiète, troublée et comme intimidée.

Elle, qui semblait avoir tous les atouts dans son jeu, elle tremblait de perdre la partie !

Une rivale heureuse et riche ne l'aurait point effrayée. Elle avait assez d'orgueil et de confiance en elle-même, en son pouvoir de fascination, pour ne redouter aucune femme ; et, pourtant, cette petite fille, sans sou ni maille, cette orpheline dénuée de tout, prisonnière et sous le coup d'une accusation infamante, lui faisait peur !

Celle qui ne pouvait inspirer qu'un sentiment de pitié lui faisait envie !

Ah ! comme elle aurait volontiers échangé contre cette situation affreuse et désespérée toutes les splendeurs dont elle était entourée, ses laquais, ses équipages et ses millions ! Comme elle jalousait ce prestige du malheur, cette auréole du martyre, qui donnaient à Régine un charme de plus ! Et comme elle eût troqué tout ce qu'elle possédait en ce monde contre la grâce innocente, la candeur, la misère et les seize ans de Mlle Lafontaine !

Jusqu'ici, elle avait pu satisfaire toutes ses fantaisies, assouvir toutes ses passions, contenter ses moindres désirs. Elle n'avait, à cette heure, qu'un seul caprice, et il ne manquait qu'une chose à son bonheur : c'était l'adversité, c'était le froid, c'était la faim, qui lui assureraient peut-être la tendresse de Francis !

Elle en venait jusqu'à convoiter ce lit déshonorant d'une infirmerie de prison, et cette menace d'un procès correctionnel suspendue sur la tête de la jeune fille !

Cependant le rayon d'espoir que lui apportait sa protectrice, la perspective d'une prochaine mise en liberté et les mensongères assurances qu'on venait de lui donner sur l'état de sa mère, avaient soudain rendu à la détenue un peu de force et un peu de calme.

Ses joues avaient repris quelques couleurs et ses yeux une partie de leur vivacité ordinaire. Elle se mit à raconter à Mme Bluteau les détails de son aventure, avec un accent de sincérité qui rendait impossible toute hypothèse de culpabilité. Si le juge d'instruction eût été présent, il n'aurait pu se dispenser de rendre sur-le-champ une ordonnance de non-lieu.

Mais la veuve du procureur impérial savait, mieux que personne, que quiconque tombe entre les griffes de la justice française a besoin, pour s'en arracher, d'être cent fois innocent ! Une prison ressemble à ces vases disposés pour attraper les mouches : il est aussi aisé d'y entrer qu'il est difficile, sinon impossible, d'en sortir.

La Bruyère a écrit un mot d'une vérité frappante : « Je puis dire de moi avec certitude : je ne serai jamais voleur ou assassin. Dire : je ne serai jamais arrêté et condamné comme tel, c'est parler bien hardiment. »

Aussi Diane, qui, *mariée* dans le sérail judiciaire, en connaissait tous les détours, comptait-elle, pour obtenir la relaxation de sa protégée, beaucoup moins sur l'innocence de Régine que sur son influence personnelle, sur les démarches toutes-puissantes que lui permettaient ses anciennes relations galantes avec le chef du parquet de la Seine.

Elle ne se dissimulait pas qu'il s'élèverait contre la prisonnière bien des apparences, bien des présomptions. Si pauvreté n'est pas vice, c'est un vice chez de pauvres femmes sans pain, dénuées de tout, de révéler tout à coup la possession d'un joyau de grand prix, dont l'origine a besoin d'être rigoureusement établie.

Il y avait là un point noir qui n'échappait pas aux prévisions de Mme Bluteau. Que la prévenue vînt à se troubler tant soit peu dans ses interrogatoires, à se contredire d'un *iota* dans ses réponses, à ne pas fournir des preuves irréfragables sur la légitime possession de la bague, et c'en était fait d'elle : elle était perdue.

L'absence de toute partie plaignante et de tous témoins ne suffisait pas pour la justifier. Parce que l'on ne voyait pas le volé, cela ne démontrait pas que l'on n'avait pas affaire à une voleuse ! On en serait quitte pour déclarer que la bague suspecte, que la pièce de conviction avait été soustraite frauduleusement *au préjudice d'une personne restée inconnue.*

Ce n'était pas plus malin que cela. La justice se contente de preuves morales ; la prévenue, elle, doit apporter des preuves matérielles de son innocence !

Diane songeait à ces éventualités en écoutant le récit de la malade ; et comme elle avait un fonds de bonté que n'anéantissait pas complètement sa jalousie, elle se sentait prise d'une véritable compassion.

— Pauvre petite, pensait-elle ; elle ne se doute guère du danger qui la menace ! Son sort est entre mes mains. Il n'y a que moi qui puisse la sauver.

Et elle se demandait avec perplexité :

— La sauverai-je ?... Ne la sauverai-je pas ?

Elle flottait entre deux résolutions contraires ; et, selon que l'une ou l'autre alternative l'emportait dans son esprit et dans ses volontés, son regard accusait un sentiment de bienveillance, ou s'allumait d'un éclair farouche, qui eût effrayé Mlle Lafontaine, si elle avait pu l'analyser.

— Est-ce que je lui dois quelque chose à cette fille ? se disait-elle. Est-ce que je la connais ? Est-ce ma faute, à moi, si elle s'est mise dans un mauvais cas ? Qui m'assure, d'ailleurs, que ce n'est pas à bon droit qu'elle est sous les verrous ? Quoi qu'il en soit, ce n'est nullement mon affaire, et le plus sage est de la laisser se débrouiller comme elle l'entendra avec les juges. Qu'ai-je besoin d'intervenir ? La rendre libre ? Moi ?... Mais ce serait de la bêtise !... La jeter dans les bras de Francis ! de Francis que j'aime et dont je veux me faire aimer !... de Francis qui m'aimera, je le jure !... Non, non... Jamais !

Et puis sa générosité native reprenait le dessus.

— Pourtant, ce serait bien cruel et ce serait lâche... Il vaut mieux ne lutter contre elle qu'avec des armes loyales... Pourquoi me défier de moi ?... Je suis mieux qu'elle, et ma beauté ne redoute aucune concurrence... Peut-être n'éprouve-t-elle pour ce jeune homme que de l'amitié et de la reconnaissance... M. Roger me saura gré de ce que j'aurai fait pour elle... Allons, Diane, un bon mouvement !... Un peu plus de fierté et un peu moins de modestie !... Abandonner cette enfant, ce serait m'avouer d'avance vaincue par elle.

Lui prenant la main et donnant à sa voix une expression de douceur angélique, elle lui dit, en surveillant les plus légères altérations de ses traits :

— Bon courage, mon enfant !... Vous serez bientôt libre ; vous allez être rendue à votre mère... et... à votre fiancé !...

Régine devint pourpre.

— Mon fiancé ? s'écria-t-elle avec un accent indéfinissable où se mêlaient et se confondaient la surprise, la joie, la crainte ; mon fiancé... ?

— Oui, M. Francis ?

Elle plongeait un regard inquisiteur jusqu'au fond de l'âme de la jeune fille. Régine rougit plus fort, baissa la tête avec un visible embarras...

— Oh ! madame, vous vous trompez... M. Roger est pour nous un voisin et un ami... le meilleur et le plus, dévoué des amis... rien de plus.

Et elle ajouta avec une teinte de tristesse :

— Je n'ai pas de fiancé... et je n'en aurai probablement jamais...

— Pourquoi ?... Vous êtes trop jolie pour rester fille...

— Je suis si jeune, madame !... Et si pauvre !... Pour se marier, il faut avoir une dot !... Hélas, j'ai bien, d'autres soucis en tête. Je me dois tout entière à ma ; bonne mère...

Cependant un vague sentiment de défiance commençait à s'éveiller en elle :

— Où veut-elle en venir ? Dans quel but toutes ces questions ? se disait-elle.

Mais Diane n'était pas au bout de son enquête.

— Ainsi, vous n'éprouvez pour ce jeune homme rien qu'une affection amicale, fraternelle... Et il n'y a dans votre cœur...

— Dans mon cœur, madame ; il y a une profonde reconnaissance pour la bonté et les attentions que M. Francis a pour ma mère...

— Êtes-vous bien sûre qu'il n'y a pas autre chose ?... Voyons, soyez franche avec moi... Ouvrez-moi votre âme... Je vous veux du bien... Alors, vous ne l'aimez pas ?

— Je serais bien ingrate si je le haïssais....

— Je veux dire : vous ne l'aimez pas d'amour ?

— J'ignore ce que vous voulez dire, madame. Et vous m'adressez une question que je ne me suis jamais posée à moi-même.

— Décidément, pensa Diane, elle est plus rusée que je ne pensais. Il faudra bien que je la force à se trahir.

Et elle ajouta tout haut :

— Je vois que vous êtes libre, et j'en suis bien aise ; car je me suis mis en tête de vous doter et de vous marier... Je suis riche, fort riche, et il est doux de faire des heureux... J'ai précisément à vous offrir un excellent parti, un jeune homme charmant... vingt-quatre ans à peine, employé à l'Hôtel de ville. Je suis sûre qu'il vous plaira...

Le carmin qui colorait les joues de Régine s'effaça subitement.

— Je vous remercie, madame, répondit-elle froidement ; je vous sais un gré infini de vos bienveillantes intentions. Mais je ne veux pas me marier... Et puis, vous ne me connaissez pas, et vous oubliez que c'est dans une prison que vous me voyez pour la première fois...

— Qu'importe ! Je sais que vous êtes une honnête enfant... Du reste, rien ne presse... Plus tard, vous changerez d'avis, et quand je vous aurai présenté mon protégé...

— Plus tard, je répéterai ce que je viens de vous dire : je ne veux pas me marier.

— Pourtant, ma chère petite, votre mère peut mourir... Et vous serez seule au monde, sans ressources, sans appui...

— J'espère que Dieu, dans sa miséricorde, m'épargnera cette affreuse douleur ! balbutia-t-elle toute frissonnante.

— Mais, enfin, il faut tout prévoir... Si cela arrivait, que deviendriez-vous ?

— Je travaillerais, madame, comme je travaille depuis longtemps.

— Vous avez donc pour le mariage une répugnance invincible ?

— Moi ? Non, madame... Seulement je n'y pense pas et je n'ai pas le droit d'y penser.

Elle semblait gênée, troublée... Son visage s'était coloré de nouveau. Cet interrogatoire, dont elle ne pouvait deviner les motifs, la mettait mal à l'aise...

— Alors, continua Mme Bluteau, vous avez une inclination secrète... quelque petit roman ébauché dans votre jeune cervelle ?...

— Je n'ai pas d'inclination, madame, et je n'ébauche pas plus de romans que je n'en lis...

— Tant mieux, ma chérie... Vous avez raison. On évite ainsi bien des mécomptes, bien des déceptions... Je suppose, par exemple, que vous vous soyez fourré dans l'esprit certaines idées à propos de... votre ami, M. Roger...

— Madame ! murmura-t-elle d'un ton de reproche et de supplication...

— Oh ! c'est une simple hypothèse. Eh bien, si cela était arrivé, ce serait très malheureux pour vous et vous préparerait bien des chagrins...

— Je ne vous comprends pas, dit-elle en tremblant de tous ses membres. Pourquoi des chagrins ? Pourquoi serait-ce malheureux ?...

— Pourquoi ? naïve petite fille !... Parce que ce jeune homme pourrait aimer ailleurs, et songer à se marier...

— Je ne crois pas, madame, dit-elle avec assurance et avec un léger sourire, et en secouant sa jolie tête d'un air de doute... M. Francis ne pense guère plus au mariage que moi-même...

— C'est ce qui vous trompe, peut-être. Qu'en savez-vous ?

— Il nous l'aurait dit ; il ne nous cache rien de ses affaires... Il faut de l'argent pour se marier et il n'en a pas...

— Soit ! seulement, pour un homme jeune, bien fait de sa personne, intelligent, le mariage est un moyen d'en avoir, de l'argent, et de se faire une position, et de devenir riche... Les hommes, voyez-vous, ma petite, cherchent avant tout une dot..,

— M. Francis n'est pas comme les autres ! dit-elle vivement... Il est le désintéressement même. Ce n'est pas lui qui fera jamais un mariage d'argent.

— Avec quelle chaleur vous dites cela, mademoiselle !

Régine parut un peu confuse et craignit d'avoir laissé percer son sentiment intime :

— C'est que je l'estime tant, voyez-vous, madame ! dit-elle pour se justifier.

— Votre *estime* — et elle appuya énergiquement sur le mot — votre *estime* est légitime. Seulement, je dois vous apprendre, puisque vous vous intéressez à ce qui le touche, que M. Francis ne partage pas vos répulsions pour le mariage, et qu'il a une fiancée...

Mlle Lafontaine redevint livide.

— Ce n'est pas possible ! dit-elle d'une voix altérée.

— Il me l'a déclaré lui-même, je vous le jure. Il m'a parlé de sa fiancée et de son très prochain mariage.

— Se marier, lui ? Ce n'est pas vrai ! Ce n'est pas vrai, madame, s'écria-t-elle avec une explosion de douleur jalouse... Vous le calomniez...

— Je ne vous dis que l'exacte vérité... Vous devriez, vous, son amie, sa sœur, applaudir au bonheur qui lui arrive.

Le coup avait porté, cette fois. Régine sentit un voile passer sur ses yeux. Son cœur se gonfla. Elle laissa retomber sa tête sur l'oreiller, et éclata, en sanglots. Diane était désormais fixée.

— Vous voyez bien que vous l'aimez, malheureuse ! dit-elle d'un ton dur et sec, et en jetant sur elle des regards de haine.

— Si je l'aime ! reprit Régine d'un ton sombre en sanglotant plus fort. Si je l'aime !...

IX

CHAMBRE DE GARÇON

L'épreuve était décisive ; Régine était tombée dans le piège et venait de prononcer sa condamnation. Sa protectrice de tout à l'heure était désormais son implacable ennemie ; celle qui n'avait qu'un mot à dire pour qu'elle fût libre avait un intérêt de premier ordre à ce qu'elle Testât prisonnière.

Que les deux jeunes gens se retrouvassent un seul instant en face l'un de l'autre, qu'ils pussent échanger une parole, et tous les projets, tous les rêves de Diane étaient mis à néant. Le subterfuge dont elle s'était servie se retournait contre elle ; en rompant la glace entre les amoureux, elle aurait été, à son insu, un trait d'union entre sa rivale et l'homme qu'elle convoitait.

— Ah ! tu l'aimes ! murmurait-elle entre ses dents, et tu as l'imprudence de me l'avouer... à moi !

Sa décision fut bientôt prise... Balbutiant quelques paroles de consolation et de sympathie, que démentaient le son de sa voix et le feu qui jaillissait de ses prunelles, elle prit congé de la détenue et retourna sans perdre une minute au Palais de justice.

La pauvre enfant ne comprenait rien à ce changement subit d'attitude et à ce départ précipité ! Il lui était impossible de supposer l'odieuse vérité ! Nature loyale et franche, elle ignorait jusqu'à la notion même de la perfidie féminine. Quel intérêt cette belle et bonne dame avait-elle à la tromper ?

La joie qu'elle ressentait un instant auparavant, à la pensée de se trouver libre, s'était évanouie. Le bonheur de revoir sa mère et de l'embrasser — car elle ignorait encore toute détendue de son infortune et le désespoir qui l'attendait à la mansarde vide de la rue de Lancry — disparaissait presque devant l'embarras de se retrouver en présence de Francis.

Pour la première fois de sa vie, elle redoutait cette entrevue ; elle n'oserait plus ni le regarder ni lui serrer la main. Combien elle se reprochait le cri du cœur qui l'avait trahie ! Pourquoi n'avait-elle pas mieux su garder le secret d'un amour qui était maintenant sans espoir ?

— Je serai courageuse et forte, se dit-elle. Francis ne me doit rien et ne m'a rien promis. Il ne saura jamais le chagrin qu'il me cause et ne se doutera point des espérances bien vagues et bien lointaines que je caressais dans mes songes !... J'étoufferai mes soupirs, je retiendrai mes larmes au bord de mes cils... Je serai gaie, j'aurai l'air d'être heureuse de sa félicité... Je m'efforcerai de dissimuler...

Les sanglots qui la suffoquaient éclatèrent de nouveau, et elle se cacha la tête sous la couverture pour leur donner un libre cours...

— Francis ! cher Francis ! murmurait-elle... Je lui pardonne..., mais il me fait bien du mal !... Comment n'a-t-il pas su deviner ce qui se passait en moi et le timide espoir qui s'était glissé dans mon âme ?... Oui, je pensais qu'un jour peut-être il aurait été pour moi plus qu'un ami, plus qu'un frère..., que je serais sa femme... Et voici qu'il va devenir le mari d'une autre !... Ah !... je voudrais être morte !

Et, se mettant à repasser dans sa mémoire les moindres circonstances de leurs relations quotidiennes :

— Je m'explique aujourd'hui sa réserve... Il avait peur d'entretenir chez moi des illusions qui devaient être un jour si cruellement dissipées !... Et je croyais qu'il m'aimait ! Imprudente, je prenais pour une passion discrète ce qui n'était que de la pitié... Mais non... Je ne m'abusais pas... C'est bien moi, c'est moi qu'il aime... Et ma pauvreté l'épouvante... Ce n'est pas une femme, c'est une dot qu'il me donne pour rivale... C'est à l'argent qu'il me sacrifie et qu'il se sacrifie lui-même.

A son affaissement et à sa résignation douloureuse succéda tout à coup un mouvement de révolte. La jalousie lui rendit la vigueur qui l'avait abandonnée :

— Non !... Ce mariage ne se fera pas... Il s'en repentirait. Il aurait des remords... Non ! je veux lutter... Quand il verra mon chagrin, il n'aura pas le courage de renoncer à moi... Il ne résistera pas à mes pleurs... Il me saisira dans ses bras et me criera avec ivresse : « Régine ; je t'aime ! Régine, veux-tu être ma femme ? »

....

C'était précisément ces explications et ces déclarations, et ces serments mutuels que Diane devait empêcher à tout prix ; l'important, pour elle, c'était de gagner du temps, de laisser les deux amoureux éloignés l'un de l'autre, de prolonger de quelques jours leur séparation, de circonvenir Francis... Les charmes et la diplomatie de la belle veuve feraient le reste...

Pendant que Mlle Lafontaine se livrait à cet affligeant soliloque, Diane Bluteau était introduite dans le cabinet de son ancien amant.

— C'est encore moi, mon cher procureur ! dit-elle avec le plus séduisant de ses sourires. Me pardonnez-vous de vous importuner une fois de plus ?

— Vous ne m'importunerez jamais assez au gré de mes désirs, belle Diane ! répondit le magistrat... Vous le savez bien, méchante !.... Vous m'avez quitté trop brusquement tout à l'heure...

— Toujours galant ! dit-elle en minaudant...

— Galant, non ! amoureux, oui !... Faut-il vous le dire, Diane ? Depuis quelques instants, le passé vient de se dresser dans mon souvenir... Au lieu de parcourir les dossiers étalés sur mon bureau, mon esprit voltigeait vers les voluptés d'autrefois, vers les heures enivrantes écoulées près de vous...

— Bah ! Nous étions jeunes alors, mon ami, et maintenant...

Elle s'arrêta en hochant la tête et avec une grimace significative et un coup d'œil de compassion dédaigneuse sur le crâne dénudé et sur les favoris poivre et sel, et plus sel que poivre, du romanesque magistrat. Elle le comparait à Francis Roger et la comparaison, cela va sans dire, n'était guère à l'avantage de la justice...

— Et maintenant ?.. disiez-vous...

— Nous sommes tout le contraire !...

— Moi, du moins, n'est-ce pas ?... Parlez à la deuxième personne ; ce sera moins poli, mais plus-exact... Eh ! qu'importe, ma chère ? Le cœur n'a pas d'âge... Et je ne suis pas aussi vieux qu'Anacréon, qui faisait l'amour à quatre-vingts ans...

— Faites l'amour à votre femme, je ne vous en empêche pas.

— Ma femme ! ma femme ! dit-il avec impatience. Il lui prenait la taille sans qu'elle fit de résistance, et s'efforçait de l'embrasser.

— Voyons, Diane, soyez bonne comme jadis... Il me vient un regain de passion... C'est votre faute... Pourquoi êtes-vous si appétissante ?... Quelle gorge ! Quels contours !...

Jetant des regards de concupiscence sur ces trésors qu'il avait possédés et qui s'étaient accrus avec exubérance, il alla vivement pousser le verrou et revint vers elle avec des regards enflammés.

— Eh bien ! eh bien ! Qu'est-ce que vous faites donc là ?... Pourquoi nous enfermez-vous ?... Est-ce que vous croyez par hasard que... Ah ! ça, voulez-vous bien me laisser, monsieur ?...

Et elle chercha à se dégager de son étreinte, en éclatant de rire.

— Voyons, ma petite Diane, tu n'étais pas si prude autrefois !... Sois gentille et bonne...

— D'abord, je vous défends de me tutoyer... Ne chiffonnez pas ainsi ma robe... vous compromettez la vôtre, vieux polisson !... Un magistrat !... Oh ! c'est honteux... Si vos justiciables vous voyaient...

— Vous ne m'aimez donc plus ? dit-il tout étonné de cette résistance inattendue...

— *Plus ?*... Dites : *pas,* ce sera plus exact... Est-ce que je vous ai jamais aimé ?...

— Comment, jamais ?... Avez-vous perdu la mémoire ?... Et nos rendez-vous, et nos baisers, et nos transports... Diane ! Diane ! Tu ne m'appelais pas vieux polisson, alors ! Tu ne me repoussais pas... Tu avais pour moi un véritable amour... Hélas, tu n'es plus la même !...

— Oh ! ces hommes, ces hommes ! Sont-ils insupportables ! Sont-ils fats ! Sont-ils bêtes !...... Parce qu'on a commis un jour la sottise de se donner à eux, ils vous jettent sans cesse votre faiblesse à la tête, et se croient sur vous des droits éternels !... Au lieu d'une peine temporaire, ils vous infligent une condamnation à perpétuité !... Ils s'imaginent qu'on raffole d'eux !...

— Ah ! Diane ! quand je te pressais dans mes bras, tu ne regardais pas mes caresses comme une peine ! Et ce n'était pas, avoue-le, sans un certain plaisir que tu les subissais.

— Je ne dis pas non ; c'est bien possible... Et quand cela serait, qu'est-ce que cela prouverait ?

— Cela prouverait que vous m'aimiez, ma Diane bien-aimée !

— Erreur, mon cher ! complète erreur ! Cela prouverait tout au plus que j'en détestais un autre... Il y avait dans le sentiment qui m'a livrée à vous beaucoup moins d'amour pour votre personne que de haine contre mon mari...

— Voilà qui n'est pas flatteur pour mon amour-propre ! dit-il, d'un ton piqué.

— Que voulez-vous ? Moi, je suis franche. Je dis ce que je pense... Et tenez, pour le moment, je pense qu'il faut ouvrir ce verrou, monsieur le procureur de la République... C'est inconvenant.

— Elle se précipita vers la porte. Il la retint.

— Non, Diane, non... Écoutez-moi. Ne soyez pas inflexible... Je ne veux pas qu'on puisse troubler ce délicieux tête-à-tête.

— Pas de verrous ! Cela ne me plaît pas... Délibérons en audience publique, je vous prie, mon digne magistrat... Le ministère public a beau réclamer le huis clos, le tribunal le refuse.... Qu'on appelle les témoins ?

Et elle partit d'un éclat de rire.

— Tu ris, Diane ! Donc tu es désarmée... et forcée de capituler !... D'abord, il est de règle que lorsque le parquet croit devoir demander le huis clos, la cour l'accorde toujours... La veuve d'un procureur impérial ne devrait pas ignorer cela.

— Je le sais ; seulement, d'ordinaire, on prononce le huis clos pour ménager la pudeur publique ; vous, au contraire...

— C'est pour ne pas respecter la vôtre, n'est-ce pas ?... Eh bien oui, ma chérie ; j'ai le cynisme de le confesser... N'essaye plus de me résister... Je veux que tu sois à moi, et tu seras à moi, de gré ou de force.

— De force ! La dose se complique, et, mon ami, vous aggravez votre situation, comme disent aux prévenus vos vénérables confrères. Attentat à la pudeur avec violences... Vous risquez tout simplement les travaux forcés, mon bon !...

— Ne plaisante pas, Diane ; cède-moi, je t'en supplie... Je ne commande plus, je conjure... Mon sang bout dans mes veines... J'éprouve des ardeurs inconnues... Aie pitié de moi...

Affolé par le désir, hors de lui, la poitrine haletante, les lèvres frémissantes, le regard enflammé, il la prit dans ses bras, sans qu'elle pût se défendre, et l'étendit sur le canapé.

Mais Diane, si lascive, si voluptueuse qu'elle fût, voulait réserver à un autre le feu qui, en ce moment même, embrasait ses sens... L'image de Francis se présentant, son imagination lui rendit assez d'empire sur elle-même, sur la chair, sur la bête, pour repousser un contact odieux...

A l'instant où elle semblait vaincue, pantelante, elle bondit tout à coup, mit un fauteuil entre elle et les convoitises de son ancien amant.

Non ! Pas maintenant ! Pas ici !... Plus tard et ailleurs, je ne dis pas... Respectez au moins le sanctuaire de la justice... Vous me dégoûtez, Ferdinand... Vous me rappelez mon mari, et je serais capable de vous prendre en grippe, comme lui... Si vous faites un pas, un geste, je crie, j'appelle !

Elle se précipita vers le cordon de la sonnette.

Tout décontenancé, tout penaud et en constatant le désordre trop significatif de sa toilette, le magistrat trembla qu'elle ne le fît comme elle le disait, et se contenta de pousser un soupir de découragement... Il était si grotesque à voir, que Diane était prête à pouffer de rire.

Certes, à cette minute-là, s'il fût survenu quelqu'un dans le cabinet, la piteuse et scabreuse attitude de la magistrature française aurait cessé pour jamais de faire envie à l'Europe !

Mme Bluteau se radoucit :

— Soyez raisonnable, mon ami, dit-elle... Vous étiez fou tout à l'heure. Si vous êtes bien sage, si vous acquérez des droits à ma reconnaissance, eh bien nous nous reverrons... Nous reprendrons ce dialogue un peu trop animé pour la circonstance... C'est le procureur de la République et non l'homme que je suis venue trouver... Parlons d'affaires sérieuses...

— Vous savez bien, méchante, que vous pouvez disposer de moi en tout et pour tout, que vos prières sont des ordres, que je vous obéirai... Vous m'avez recommandé une jeune fille, une détenue.,. Je la fais mettre en liberté sur-le-champ...

Et, joignant l'acte à la promesse, il s'approcha de son bureau, y prit un imprimé, et se disposait à libeller l'ordre de mise en liberté immédiate de Régine Lafontaine. Mais Mme Bluteau l'arrêta.

Ce n'était pas là son affaire, et cette mesure allait déranger ses plans.

— Pas tant de précipitation ! Ferdinand, dit-elle... Il sourit avec une visible satisfaction en s'entendant appeler pour la seconde fois par son prénom. C'était de bon augure.

— Ne vous disais-je pas, à ma première visite, que je n'exigeais de vous rien qui fût incompatible avec vos devoirs... Je suis plus soucieuse que vous de la dignité de vos fonctions. Vous n'avez pas le droit d'interrompre ainsi le cours de la justice, comme vous venez d'interrompre, bien malgré vous, le cours de vos galanteries...

— Vous raillez ! ce n'est pas généreux...

— Je ne raille pas... Laissez cette petite affaire suivre ses phases naturelles. Il n'y a pas péril en la demeure.

Le procureur de la République ne s'expliquait pas ce revirement subit.

— Vous paraissiez si pressée d'obtenir pour cette enfant...

— Oui. Mais je l'ai vue !... Et je commence à avoir des doutes, des hésitations... Je ne sais pourquoi je crains qu'elle ne soit peut-être pas aussi pure, aussi digne d'intérêt que je le pensais... Ne brusquons rien. Avant de m'être agréable, vous vous devez à vos fonctions...

— Savez-vous, chère belle, que vous me faites marcher d'étonnements en étonnements ? répondit le procureur de la République.

— Vous trouvez, mon bon ami ? répartit Mme Bluteau avec une ingénuité affectée. C'est pourtant bien simple. Quand je vous demandais avec tant d'insistance la relaxation immédiate de cette jeune fille, je ne la connaissais pas ; j'obéissais à un mouvement de pitié. Mais à la réflexion, je crois...

— Alors, votre entrevue avec elle ne lui a pas été favorable et vous ne la croyez plus innocente ?...

— Oh ! je ne dis pas cela, reprit vivement Diane, en rougissant de la mauvaise action qu'elle commettait. Au contraire, il m'est impossible de la supposer coupable... Et le fût-elle, que je ferais encore appel à toute votre indulgence... Elle est si pauvre...

— Je crains bien surtout qu'elle ne soit trop jolie ; se dit à lui-même le magistrat... Si elle avait trouvé en elle un laideron, elle ne lui retirerait pas si vite ses sympathies et son appui.

Bref, la jalouse veuve fit comprendre qu'il y avait en tout cela quelque chose de mystérieux qui méritait d'être approfondi ; elle insinua qu'il serait sage de se livrer à une enquête sévère, et de ne laisser la prévenue communiquer avec personne.

— C'est dans l'intérêt de la vérité et de la justice que je vous dis cela, moi ! ajouta-t-elle. Je serais heureuse qu'elle puisse se justifier, comme je n'en doute pas, elle fera !... Mais permettez-moi de vous quitter...

— Déjà ! fit le magistrat avec un soupir. Déjà !...

— Il le faut, dit-elle avec un sourire provocateur...

Après votre conduite de tout à l'heure !... Oh ! monsieur, vous allez trop vite en besogne... Et si vous menez les affaires de la justice aussi rondement que celles du coeur !

— Vous m'en voulez toujours ?...

— Non, je vous accorde le bénéfice des circonstances atténuantes...

— Mais, je vous reverrai, au moins ?...

— Mon hôtel est toujours à la même place... Et je ne pense pas que vous ayez oublié mon adresse comme le chemin qui conduit chez moi...

— Merci ! Vous êtes adorable !... Alors vous me permettrez d'aller vous donner des nouvelles de votre... protégée ?

— Non seulement je vous le permets ; je vous en prie !

Elle lui tendit la main qu'il baisa galamment, et se retira en minaudant, le laissant plus amoureux que jamais.

— Je suis un maladroit ! se dit-il, dès qu'il eut refermé la porte de son cabinet après l'avoir reconduite cérémonieusement jusqu'à l'extrémité du couloir... Je me suis un peu pressé... Il est clair qu'elle ne demande qu'à me revenir !...

Il ne comprenait guère les mobiles qui la faisaient agir, ni les contradictions de sa double démarche, et ne devinait pas davantage ce qu'elle attendait de lui à l'égard de la détenue du Dépôt. Peut-être n'avait-elle saisi avec empressement l'occasion d'une recommandation banale, que pour avoir un prétexte de se rapprocher de lui et de renouer leurs anciennes relations, hypothèse qui flattait singulièrement sa vanité ? Et peut-être était-elle sincère en exprimant des doutes sur le degré d'intérêt que méritait la personne recommandée.

A tout hasard, il voulut interroger lui-même la fille Lafontaine, et se promit de ne rien décider sans consulter Mme Bluteau.

Celle-ci, en remontant dans sa voiture, qui l'attendait dans la cour du Palais de justice, se fit conduire au numéro 29 de la rue de Lancry.

Son cœur battait bien fort quand elle pénétra dans l'étroit corridor d'une de ces vieilles maisons de l'ancien Paris, qui ressemblait si peu à son opulente demeure et qu'elle ouvrit la porte de la loge, d'où s'échappait une nauséabonde odeur de soupe aux choux, qui la prit à la gorge et faillit la faire évanouir.

— Oh ! que ça pue ici, pensa-t-elle.

Et, s'adressant à la concierge qui venait d'ôter le couvercle de la marmite pour voir si *ça mijotait* bien :

— M. Francis Roger ? demanda-t-elle.

— Au *cintième* au-dessus de l'entresol, au fond du couloir, quatrième porte à droite ! répondit une grosse voix enrouée dont la propriétaire ne prit même pas la peine de se détourner...

— Il est bien chez lui ?

— J'sais pas ! J'surveille pas mes locataires, moi ! Croyez-vous que j'suis de la police ?

— Mais si, maman ! M. Roger vient de rentrer, dit Agathe, qui dit tout bas à sa mère : « Regarde donc ! c'est une belle dame ! »

Mme Patouillard, qui venait de recouvrir sa soupe aux choux, daigna tourner la caboche informe qui pouvait, à la grande rigueur, lui servir de tête, et se mit à ouvrir de grands yeux, puis à se confondre en révérences et en excuses :

— J'demande pardon excuse à *Médème*... J'n'avais pas eu l'honneur de voir *Médème*... Il paraît que M. Roger est chez lui, puisque mon Agathe l'a vu rentrer... Elle à de meilleurs yeux que moi... Si *Médème* veut, ma fille montera l'accompagner, pour lui montrer la porte...

— Oh ! merci, madame, dit Diane d'un ton gracieux et reconnaissant ! C'est inutile... Je la trouverai toute seule ; puisque vous avez été assez bonne pour me l'indiquer...

Au sixième, quatrième porte à droite, avez-vous dit ?

— Ça ne fait rien ! Vaut mieux qu'Agathe vous conduise. Allons, petite, accompagne *Médème*...

Et elle lui dit à l'oreille :

— Vas-y donc, petite sotte... T'écouteras ce qu'y diront, sans en avoir l'air.

La recommandation était inutile... Agathe était assez curieuse, et assez préoccupée des faits et gestes du jeune locataire, pour se livrer spontanément à ce petit espionnage.

— Voyez-vous, *Médème,* M. Roger devrait être à son bureau à c't'heure-ci... C'est pour ça que je vous ai pas répondu d'abord... Il a un congé, rapport à un enterrement et à toutes sortes d'histoires qu'y a comme ça dans la maison... C'est p't-être rapport à l'affaire que *Médème* vient aux renseignements ?... J'parie que c'est à vous qu'elle a volé la bague, la petite misérable ?

— Non ! répondit sèchement Mme Bluteau, révoltée malgré elle de ces hideux commérages dé portière.

Peu s'en fallut qu'elle ne prît généreusement la défense de celle qu'outrageait Mme Patouillard ; mais l'égoïsme l'emporta sur la loyauté !

Elle eut la lâcheté de se taire, sauf à faire causer ultérieurement la concierge si elle le jugeait utile.

Agathe persistant à vouloir l'accompagner, elle ne repoussa pas ses bons offices, pour avoir un prétexte de récompenser la jeune fille.

Jusqu'au troisième étage, pas un mot ne fut échangé entre la visiteuse et sa conductrice ; mais Diane, peu habituée à de pareilles ascensions, fut obligée de s'arrêter un instant, pour reprendre haleine.

— Madame est essoufflée, dit Agathe. On voit bien que madame ne monte pas souvent des six étages ?

— En effet, mon enfant, répondit la jeune veuve en souriant. Mon hôtel n'en a que deux ; et je ne vais jamais plus haut que le premier.

— Son hôtel ! murmura la petite ouvrière... Elle a *une* hôtel ? Je me doutais bien que c'était une dame *de la haute* !... Mais que peut-elle venir faire chez M. Roger ?...

Pendant que les deux femmes gravissaient les marches, Mlle Patouillard se livrait à toutes sortes d'hypothèses sur le motif de cette visite. Diane, de son côté, était trop émue et trop fatiguée pour songer à engager la conversation. La jeune fille rompit la première le silence.

— Il loge bien haut, M. Roger, n'est-ce pas, madame ? Ah ! c'est qu'il n'est pas riche... C'est égal, on voit qu'il est d'une famille distinguée.... Madame est peut-être sa tante... sans indiscrétion... ?

Mme Bluteau rougit en songeant à la différence d'âge que supposait ce degré de parenté... Elle ne reprit un air riant qu'en entendant sa compagne ajouter

— ... Ou sa sœur ?...

Un petit roman s'ébauchait déjà dans la tête de la curieuse enfant... Francis était sans doute un bâtard de quelque noble famille... Et son illustré parente daignait enfin le reconnaître et lui offrir une part de sa fortune...

On arriva enfin au sixième, ou, comme disait la portière aux locataires : *cintième*.... au-dessus de l'entresol. Agathe montra une petite porte, et fit mine de se retirer discrètement, non sans que la belle dame lui eût glissé dans la main une pièce d'or...

Diane frappa deux légers coups, sans recevoir de réponse... La clef était dans la serrure... Ayant vainement frappé une troisième fois, se croyant bien seule d'ailleurs, — Agathe était redescendue un peu brusquement jusqu'à l'étage inférieur, pour remonter ensuite à pas de loup, sur la pointe du pied — elle ne put résister à la démangeaison d'entrer...

En pénétrant dans la mansarde, elle poussa un cri d'étonnement et de joie naïve... Profitant de l'absence du locataire, qui ne devait pas être bien loin, elle se mit à inventorier le très modeste mobilier, qui formait un si étrange contraste avec le somptueux ameublement de la maison quasi princière de l'avenue des Champs-Élysées.

Une couchette d'acajou, une commode, quatre chaises cannées, une table couverte d'un tapis étriqué qui n'avait pas dû coûter très cher, sur lequel il y avait quelques livres, un encrier, du papier, un pot à tabac, et quelques menus articles de bureau.

Une étagère accrochée au mur contenait une cinquantaine de volumes. Çà et là quelques gravures médiocres... Sur la cheminée, une méchante pendule et deux flambeaux en composition... Un petit recoin attenant à la chambre servait de porte-manteau, de cabinet de toilette et de débarras...

Et tout cela, d'une propreté exquise, d'un ordre parfait. On eût pu deviner que la mère Patouillard, chargée d'ordinaire du ménage du jeune employé, avait été ce jour-là remplacée dans ses fonctions par sa fille...

— Mais c'est charmant ! C'est adorable ! s'écria Diane avec enthousiasme.

Cela la changeait ; elle ressentait la sensation qu'éprouvent les riches habitants des villes à manger au fond d'un hameau perdu dans les montagnes un morceau de pain noir et à boire une jatte de lait. Blasée sur les jouissances d'un luxe dont elle ne connaissait que trop l'origine inavouable, elle respirait plus à l'aise dans ce milieu si coquet, si simple dans sa médiocrité, dans sa pauvreté, dans son honnêteté...

— Ah ! pourquoi ne suis-je pas, pensa-t-elle, une misérable ouvrière ? Quel plaisir j'aurais à demeurer auprès de lui, à venir, ma journée finie, le trouver furtivement dans sa chambre, le dévorer de caresses !... Comme je l'aimerais, et comme il m'aimerait !... C'est une folie, et pourtant je crois que j'abandonnerais avec bonheur tout mon avoir pour le suivre ici..., pour vivre avec lui !... Il me semble que les privations doivent être douces, quand on est deux à les partager...

Elle s'approcha furtivement du lit, le contempla avec ivresse. Les draps bien blancs n'étaient pas de toile bien fine ; mais comme elle les eût préférés à la batiste à laquelle son beau corps était accoutumé !...

D'étranges ardeurs s'emparaient d'elle ; son sein palpitait, son visage s'enflammait... Si elle l'eût osé, elle se fût déshabillée et glissée effrontément entre ces draps, en attendant le bien-aimé !...

Un bien-aimé qui ne l'aimait pas, hélas ! et qui ne l'aimerait peut-être jamais !

— C'est ici qu'il couche ! dit-elle... Ici qu'il s'endort en pensant à cette Régine !... Ah ! pourquoi n'est-ce pas moi qu'il appelle dans ses rêves passionnés ?... Si petit qu'il soit, ce lit est juste assez large pour deux êtres qui n'en font qu'un, qui s'adorent et dont les bras s'entrelacent amoureusement dans des transports enivrants... Francis ! Francis ! oui, tu seras à moi, n'est-ce pas ? Je le veux, je l'ai juré...

Elle se pencha sur la couchette, couvrit de ses baisers les draps sur lesquels il avait reposé, l'oreiller sur lequel s'était appuyée sa charmante et brune tête... et jusqu'à la chemise de nuit qui avait touché sa poitrine !... Si elle n'eût été retenue par un sentiment de honte, elle se fût déchaussée pour introduire ses pieds nus dans les pantoufles qu'elle voyait auprès de la table de nuit !...

Son imagination était tellement surexcitée qu'il s'en fallait de peu qu'elle ne se sentît défaillir et qu'elle ne tombât en syncope !

X

LA POLICE CORRECTIONNELLE

Tout à coup des pas légers qui se faisaient entendre dans le couloir la rappelèrent à elle-même ; elle était toute rouge, toute confuse de son exaltation maladive, quand la porte s'ouvrit et que Francis Roger parut sur le seuil.

— Vous ici, madame ? fit-il avec stupeur... Pardonnez-moi de n'avoir pas été chez moi pour vous recevoir...

— C'est moi, monsieur, qui réclame pour mon intrusion toute votre indulgence... La clef était sur la porte, et je me suis permis... Je m'étais engagée à vous rendre compte de mes démarches, et me voilà !...

— Et Régine ? interrogea-t-il d'une voix anxieuse.

— Soyez tranquille... sa captivité sera courte. Mais, en dépit de mes prières, la justice a des lenteurs, des formalités désolantes... J'ai plaidé si chaleureusement sa cause.

— Merci ! madame ! Merci !.... Comment pourrai-je jamais vous témoigner ma reconnaissance ?... Et vous l'avez vue ?... Vous lui avez parlé ?... Elle doit être désespérée ?...

— Décidément il ne songe qu'à elle ! pensa Diane. Il ne voit qu'elle !... Il s'aperçoit à peiné que je suis là... Je ne suis à ses yeux qu'une commissionnaire !...

L'amoureuse et hystérique veuve n'était pas assez maladroite pour se trahir du premier coup, pour livrer trop vite le secret de son âme. Les hommes, les jeunes gens surtout, n'aiment pas qu'on se jette à leur tête ; la victoire obtenue sans combat n'a guère de prix à leurs yeux.

La place qui capitule sans résistance, qui ouvre ses portes toutes grandes à l'assiégeant, avant même qu'il ait commencé sa première tranchée, tracé sa première ligne de circonvallation et préparé le blocus, est une conquête sans valeur. A plus forte raison une place qui s'offre spontanément à qui ne songe pas à l'assiéger, ou une femme qui demande à être violée, n'excitent-elles que le mépris et le dégoût.

Avec plus d'habileté stratégique, Mme Putiphar n'aurait pas été réduite à arracher sans succès le manteau du trop chaste Joseph !

Il fallait l'amener doucement à le dégrafer lui-même, ce qu'il n'eût pas manqué de faire, si l'ardente épouse du premier ministre de Pharaon eût fait mine seulement de fuir vers les saules, comme la lascive Galatée. Et je suis sûr que la pudeur du fils de Jacob n'eût même pas conservé la protection d'une feuille de vigne !

Mme Bluteau n'avait garde de suivre ces errements bibliques et d'effaroucher Francis par un excès d'effronterie. Il y avait dans sa passion, si brusquement éveillée, quelque chose de plus que les convoitises sensuelles ; il se mêlait à ses désirs voluptueux un sentiment plus pur, une pointe d'idéalisme et de poésie.

Pour la première fois de sa vie, elle aimait et elle voulait être aimée ! Aussi ne jouait-elle point la comédie en affectant, en présence de Roger, un trouble, un embarras, et certaines rougeurs involontaires qui eussent fait envie à une ingénue du Gymnase. Elle prenait des poses enfantines, et à la voir, à l'entendre, Francis aurait pu se faire illusion et la croire aussi jeune, aussi candide que Régine. Il ne restait plus rien en elle de la femme déjà mûre, expérimentée, dont les galanteries avaient alimenté si longtemps la chronique scandaleuse du monde parisien.

Le fiancé de Mlle Lafontaine était charmé, captivé, ravi. Il était pris d'une sympathie profonde, d'une reconnaissance sans bornes pour cette belle et riche dame, qui se montrait si bonne, si dévouée pour sa chère Régine, qui promettait de la sauver à la fois de la prison et de la misère.

Après dix minutes de conversation, ils étaient les meilleurs amis du monde. Et quand Diane lui prenait la main, la pressait dans les siennes, en lui parlant de la détenue du Dépôt, il éprouvait une indéfinissable sensation de bonheur qui n'échappait pas à la clairvoyance de son interlocutrice.

— Surtout, soyez prudent, lui dit-elle. Ne compromettez pas mes efforts et mes démarches... La justice est défiante par nature, et cette protection d'un jeune homme pourrait être mal interprétée... Croyez-moi : ne cherchez pas à la voir... Il vous serait difficile, d'ailleurs, d'obtenir une permission... Sa captivité peut se prolonger quelques jours ; elle ne saurait, dans tous les cas, être bien longue...

— Quelques jours, madame ! dit-il avec effroi... Mais vous ne voyez donc pas que les heures sont des siècles, et pour moi, et pour elle ?...

— Hélas ! je le sais bien !... Que voulez-vous, mon ami... ? Vous me permettrez de vous appeler, ainsi, n'est-ce pas ?...

— Oh ! madame, vous me comblez !... Votre ami !... Vous êtes aussi admirable par le cœur que par la beauté !...

— Eh bien, mon ami, ayez un peu de patience. Ces gens-là ont de la peine à lâcher leur proie... S'ils savaient que cette jeune fille a un amoureux, ils voudraient s'édifier sur le caractère de vos relations... Ayez confiance en moi. Restez à l'écart... Bornez-vous à lui écrire... Je lui remettrai vos lettres. Je vous promets d'aller la voir chaque matin... Ne lui parlez pas de votre amour... Cela la troublerait... Et elle a besoin de calme et de sang-froid...

— Je ferai ce que vous voudrez, madame. Je vous obéirai aveuglément..., répondit-il tristement. Vous savez mieux que moi comment il faut agir... Sous votre protection, Régine n'a rien à craindre...

— Soyez tranquille ; elle est entre bonnes mains... Je serai votre intermédiaire. Avec elle, je parlerai de vous ; avec vous, nous parlerons d'elle... Savez-vous, monsieur Roger, qu'au milieu de ses infortunes, dont elle ignore encore l'étendue, elle est bien heureuse de posséder un cœur comme le vôtre ! Savez-vous que bien des femmes, même aussi jolies qu'elle, et plus riches, lui porteraient envie ?... Vous êtes jeune, intelligent, très joli garçon...

— Oh ! madame ! fit-il avec confusion et rougissant...

— Pas de fausse modestie... Vous êtes charmant !

Oubliant la réserve qu'elle s'était imposée au début, elle prononça ces derniers mots avec une chaleur qui aurait été, pour un homme moins naïf, un trait de lumière.

Elle se contint pourtant... Un peu plus, elle allait dépasser les bornes et lui crier étourdiment : « Vous ne voyez donc pas que, moi aussi, je vous adore ! » Du reste, une idée lumineuse venait de jaillir dans son esprit...

Cette visite ne pouvait, cependant, s'éterniser. Il y avait trois quarts d'heure qu'elle était dans la mansarde. Il fallait bien qu'elle se retirât... Elle venait de poser des jalons qui ne seraient pas inutiles... Encore. quelques entretiens de ce genre, et l'image de Régine risquait fort de s'effacer insensiblement dans le cœur de Francis...

Il fut convenu que le jeune employé viendrait chaque soir à l'hôtel de l'avenue des Champs-Elysées, en sortant de son bureau, pour avoir des nouvelles, et Diane se décida à prendre congé.

Se levant et se dirigeant vers la porte, elle dit tout à coup avec hésitation :

— Alors, vous ne me chargez d'aucune autre commission pour elle ? dit-elle en montrant un billet qu'il venait d'écrire et de lui remettre...

Francis la regardait d'un air ébahi, et ne comprenait pas...

— Voyons !... Puisque je deviens votre interprète, votre truchement, vous ne me chargez même pas de lui transmettre... quelque chose...

— Quelque chose ?

— Mais oui, naïf garçon !... Vous ne songez pas qu'en allant la voir demain, je l'embrasserai..., cette chère enfant... Quoi ! vous ne comprenez pas ?...

Le passion secrète l'emportait de nouveau sur tous les calculs de la prudence...

— Allons ! dit-elle avec un sourire enchanteur et avec simplicité... Supposez un instant que Régine soit ici à ma place... Vous la presseriez dans vos bras... Eh bien, ce baiser, que vous ne pouvez lui donner directement, envoyez-le-lui par la pensée et par intermédiaire... Embrassez-moi... allons ! Embrassez-moi donc !

Il s'approcha timidement et allait toucher de ses lèvres la joue de Diane... Mais celle-ci, enhardie par son audace même, murmura d'une voix provocante.

— Allons ! venez !... Comme cela !... Ne soyez donc pas si enfant !

Elle l'entoura de ses bras, lui présenta sa jolie bouche et la colla contre la sienne...

Francis tressaillit : les lèvres de Diane étaient brûlantes. Un feu inconnu embrasa tout son être !

Cependant, au moment même où Diane sortait de la chambre de Francis, le laissant troublé, rêveur, grisé et bouleversé par le contact de ces lèvres sensuelles, le procureur de la République faisait comparaître devant lui *la fille* Lafontaine.

Avant qu'elle subît, au petit parquet, son premier et sommaire interrogatoire, il avait voulu la questionner lui-même et se rendre compte de l'antipathie mal déguisée qu'elle avait inspirée à sa protectrice de la première heure.

Régine, toute joyeuse de la visite qu'elle avait reçue et de l'espérance d'une prochaine libération, se sentait complètement guérie et s'habilla en hâte pour répondre à l'appel du magistrat.

La modestie de son attitude, l'ingénuité de toute sa personne, l'accent de sincérité de ses déclarations, et surtout son angélique beauté lui conquirent du premier coup la bienveillance du chef du parquet. Et, sans les doutes que Diane avait perfidement jetés dans son esprit, il l'eût certainement fait élargir sur l'heure.

Que cette frêle et délicate enfant, si douce, si timide, fût prévenue d'outrage aux agents et de rébellion, c'était tellement absurde que le représentant du ministère public ne put s'empêcher de sourire.

Le second chef d'accusation, bien que ne s'appuyant sur aucune plainte directe, était plus sérieux. En dépit de toutes les protestations, il planait sur l'histoire de la bague un mystère écrasant.

Il y avait au dossier deux rapports qui formaient contre la détenue des présomptions très graves : celui de l'inspecteur qui, se trouvant par hasard au bureau du commissionnaire, avait procédé à l'arrestation, et celui de l'inspecteur chargé de l'enquête.

Certes, le magistrat avait trop d'esprit pour accepter les yeux fermés le texte entier de ce ridicule document, et le passage où était relaté l'incident de la citation d'un vers de l'*Énéide,* que l'honnête mouchard avait pris pour de l'argot ; comme il avait vu dans le nommé *Virgile,* invoqué par M. Raymond, causant avec Roger, un chef de bande probable, un malfaiteur de la pire espèce, avait provoqué chez lui, on le devine, un accès de franche hilarité.

Mais il n'y en avait pas moins dans la cause et dans la version de la détenue des invraisemblances inadmissibles, et sur lesquelles Mme Lafontaine n'était plus là pour faire la lumière.

A un quart d'heure ou vingt minutes d'intervalle, Régine avait déclaré d'abord que son dénuement ne lui permettait pas de compléter le nantissement minimum d'un prêt de trois francs, et elle avait présenté ensuite au mont-de-piété un joyau d'un prix élevé ! Elle avait beau faire, elle ne pouvait se tirer de cette contradiction.

Quant à la religion des souvenirs conjugaux alléguée par la jeune fille, pour expliquer la résistance de sa mère, cet argument était détruit par ce fait que la morte n'avait même plus au doigt son alliance. Or, elle aurait dû tenir beaucoup plus à son anneau de mariage qu'à la bague en brillants reçue également de son mari. Celle-ci aurait été naturellement sacrifiée la première.

— Vous conviendrez que tout cela est extraordinaire ! dit le magistrat.

— C'est pourtant bien simple, monsieur, reprit-elle. Il y a près de deux ans, ma mère, un jour où nous avions faim, avait de préférence engagé son anneau, parce que ayant moins de valeur — on avait prêté 7 francs dessus, je m'en souviens ! — elle espérait le dégager plus aisément... Hélas ! l'anneau a été vendu ! Et maman en a éprouvé un tel désespoir qu'elle a juré de ne jamais se dessaisir de sa bague... C'était tout ce qui lui restait de mon pauvre papa !... Du reste, vous pouvez le lui demander... Elle vous le dira elle-même...

Si endurci qu'il fût par ses fonctions, le procureur de la République frissonna. Il n'eut pas le triste courage de lui apprendre que sa mère n'était plus là pour répondre, et qu'il n'y avait plus lieu de s'occuper de son témoignage. Il était presque ému...

— Cette enfant est innocente, se dit-il, et si ce bijou a une origine suspecte, c'est peut-être la mère qui était coupable. Qui sait si ce n'a pas été là la cause déterminante de sa mort ?

Mais la pensée de Diane Bluteau vint subitement chasser ses bonnes impressions et, pour dégager sa responsabilité personnelle vis-à-vis de son ancienne maîtresse, il résolut de laisser l'affaire suivre son cours et d'abandonner à ses subordonnés le soin d'éclaircir les points obscurs de ce problème judiciaire.

— Gendarme, dit-il, vous pouvez remmener la prévenue.

— Je ne suis donc pas libre, monsieur ? dit-elle en pleurant à chaudes larmes. Vous n'allez pas me garder en prison ?... Je n'ai rien fait de mal !...

— Oh ! ce ne sera pas long... répondit-il avec embarras et tout honteux de sa cruauté... La justice a besoin de s'entourer de tous les éléments d'informations... Soyez tranquille ; si vous êtes innocente, comme vous le dites, vous n'avez rien à craindre...

La douceur et la bonté empreintes sur ses traits la rassurèrent un peu... et elle rentra légèrement réconfortée à l'infirmerie du Dépôt.

Sa comparution devant l'ami de Mme Bluteau avait eu un caractère purement officieux. Aucun greffier n'avait pris note des questions du magistrat et des réponses de l'accusée.

Le lendemain seulement elle fut soumise à un interrogatoire régulier, qui ne dura que quelques minutes — une simple constatation d'identité — et le soir de ce même jour, une voiture cellulaire venait la prendre pour la transférer à Saint-Lazare...

Je n'essayerai pas de décrire son désespoir en voyant, au lieu de la liberté espérée, se dresser à ses yeux une nouvelle prison !... De pareilles choses ne se racontent pas... Fort heureusement que Francis avait déposé pour elle au greffe une cinquantaine de francs. Elle n'eut point à endurer le supplice, plus effroyable encore, d'une hideuse promiscuité avec des femmes perdues... En raison de sa jeunesse et de sa navrante douleur, on lui donna pour compagne de cellule la moins foncièrement malhonnête des pensionnaires de la maison, qui fut probablement chargée, sous main, de la tâche de lui soutirer des aveux !...

En vertu de la loi sur les flagrants délits, elle aurait dû passer en jugement sans retard et se voir épargner les épreuves d'une longue prévention ; mais il ne fut pas possible de retrouver les traces de son état civil, son acte de naissance et l'acte du mariage de ses parents ayant été anéantis sous la Commune, dans l'incendie de l'Hôtel de ville.

Un mois de plus s'était écoulé quand elle, vint s'asseoir pâle, défaite, demi-morte, sur le banc de la dixième chambre de police correctionnelle. Dans l'intervalle, il avait bien fallu apprendre à Régine qu'elle était désormais seule au monde !

— Fille Lafontaine, levez-vous !

A ces mots, prononcés d'une voix sèche par le président de la dixième chambre, un murmure se fit entendre au banc des témoins.

— Oh ! *Fille !* balbutia Francis Roger, en détournant la tête et échangeant un regard de surprise et de colère avec Raymond, assis derrière lui, sur le premier des bancs affectés au public... C'est odieux !... la pauvre petite !

— C'est comme cela ! répondit le directeur de l'usine d'une voix sourde, avec un haussement d'épaules... Soyez calme, mon cher Francis.

— Prévenue, ne m'avez-vous pas entendu ? reprit le magistrat.

Rappelée à elle-même, et sortant de la rêverie douloureuse où l'avait plongée la vue de son jeune ami, dont elle semblait ne pouvoir détacher ses regards, Régine essaya de se lever... Ses forces la trahirent et elle retomba épuisée sur son banc.

— Monsieur le président, ma cliente est très souffrante, dit un jeune avocat que Diane avait chargé de défendre sa... *protégée*... Et, si vous vouliez bien l'autoriser...

— Soit ! soit !... Qu'elle reste assise... Restez assise, fille Lafontaine, et répondez à mes questions.

Il suffisait de la voir, en effet, pour constater les ravages produits par un mois de prévention, et surtout par le désespoir. Ses joues creusées, ses traits étirés, son teint livide, ses yeux enfoncés sous leurs orbites, lui donnaient l'aspect d'un cadavre vivant... Elle ne pleurait pas... ; ses glandes lacrymales étaient taries, desséchées.

Si Francis n'avait pas été là, si elle n'avait pas éprouvé un âcre bonheur à le contempler, elle eût été complètement indifférente à ce qui allait se passer... Que lui importait tout cet appareil de la justice humaine, qui, en aucun cas, ne pouvait la frapper aussi durement que l'avait frappée l'injustice divine ? Que lui importait d'être acquittée ou condamnée ? La mort de sa mère, l'abandon de Francis n'avaient-ils pas comblé pour elle la mesure de l'infortune ?

N'ayant plus rien à faire en ce monde, personne à aimer, elle se souciait peu du sort, quel qu'il fût, que lui réservait ce procès infamant, et le soin de se justifier était la moindre de ses préoccupations. Son unique pensée, sa seule espérance était d'aller rejoindre bientôt celle qu'elle avait perdue.

— Là-haut, du moins, se disait-elle, Dieu qui lit dans mon cœur ne doutera pas de mon innocence... Et quand je serai morte, Francis se reprochera peut-être de m'avoir brisé le cœur...

Depuis un mois, elle n'avait reçu de lui, de temps à autre, que quelques mots banals d'encouragement que lui remettait Mme Bluteau... La veille seulement, la veuve du procureur impérial n'avait pas intercepté, comme d'habitude, la lettre de Roger ; elle sentait la nécessité de la réconforter un peu par quelques paroles de tendresse et de dévouement. Diane commençait à éprouver des remords, à redouter les suites de sa perfidie. Si elle voulait lui ravir l'amour de Roger, elle ne voulait pas la tuer.

Sous l'impression des révélations mensongères que Diane lui avait faites dans sa première visite, Régine avait écrit à Roger une lettre touchante où l'état de son âme se trahissait, où son amour perçait à chaque ligne sous la pudique réserve de la forme ! Il va sans dire que sa rivale s'était bien gardée de la remettre à son adresse... Ne recevant d'elle que l'expression d'une froide reconnaissance, le jeune homme avait fini par se laisser persuader qu'elle ne l'aimait pas, et le chagrin qu'il éprouvait de cette indifférence l'avait rendu peu à peu plus accessible aux séductions de la belle veuve... Insensiblement, la messagère avait pris dans sa vie la place de la prisonnière, dont elle portait les correspondances.

Bientôt, Francis ne quittait plus l'avenue des Champs-Elysées, où Berthe la Champenoise n'était pas moins aimable que sa fille pour le jeune employé, tout stupéfait de la chaude amitié qu'on lui témoignait, tout troublé par la passion ardente que ne dissimulait plus Mme Bluteau...

Plus d'une fois, elle s'était rendue le soir dans son humble mansarde avec le secret espoir de n'en pas sortir comme elle y était entrée, et toujours l'image de Régine était venue s'interposer, au dernier moment, entre Francis et elle ; et, chez lui, le cœur, qui n'avait pas cessé d'être à la pauvre prisonnière de Saint-Lazare, était resté victorieux des sens qui appartenaient virtuellement à l'autre... Et, triomphant des excitations de Diane et de ses propres désirs, il avait feint de ne pas comprendre...

— Non ! Ce serait une profanation ! se disait-il dans sa loyauté bête d'enfant de vingt ans... ; ce serait une trahison...

Diane souffrait horriblement de ces luttes intérieures, et se prenait à détester la malheureuse jeune fille qui, en dépit de toutes ses machinations, conservait un tel empire sur un cœur qu'elle regardait comme sa propriété, comme sa chose, comme son bien...

Elle ne pouvait pourtant pas intervertir les rôles, forcer les résistances de ce grand niais qui brûlait de la posséder et qui la martyrisait, qui la sacrifiait et se sacrifiait lui-même à je ne sais quel sentiment qui tenait beaucoup moins de l'amour que de la pitié...

Il lui prenait des envies de le battre, de le mordre !...

Elle remontait dans son coupé, en rentrant chez elle furieuse, malade de désirs inassouvis et de voluptés rentrées, maudissant tout le monde et se maudissant elle-même.

Un soir — c'était l'avant-veille du jour où Mlle Lafontaine devait passer en jugement — Francis Roger accourut, tout inquiet, à l'hôtel, où l'appelait un billet de Diane !... « Je suis très souffrante, mon ami, lui écrivait-elle... Venez me voir... »

Diane, étendue sur une chaise longue, dans une attitude savamment calculée pour porter le désordre dans l'imagination et dans les sens de l'homme le plus froid et le plus chaste... sa tête posée sur les coussins, le peignoir entr'ouvert, où se laissait voir une gorge opulente et palpitante, les paupières demi-closes, laissant échapper d'étranges éclairs, les lèvres tourmentées semblant appeler impatiemment d'autres lèvres...

Francis s'approcha... Un frisson parcourut tout son être. Il lui prit la main, qui était moite...

— Vous êtes malade ? dit-il d'une voix tremblante d'émotion, tandis qu'une vive rougeur colorait ses joues...

— Je ne sais ce que j'ai !... murmura-t-elle d'une voix languissante et tendre.

— Ah !... que vous êtes belle ainsi !... fit-il avec une agitation croissante...

— Vous trouvez, mon ami ?... Vous commencez à vous en apercevoir ? dit-elle négligemment en levant un peu sa jolie tête, en ouvrant tout à fait ses grands yeux...

XI

LE JUGEMENT

Ce qui s'était passé ensuite, et quel avait été le dénouement du dialogue, on le devine !...

— Oui, je souffre ! s'était-elle écriée tout à coup en jetant sur lui un regard de reproche... Et vous savez bien de quel mal... et vous connaissez le seul médecin qui puisse me guérir, le seul remède qui puisse me soulager !...

— Moi ?... fit-il tout haletant, tandis que son œil avide plongeait à l'intérieur du peignoir entr'ouvert et cherchait à en sonder furtivement les profondeurs...

— Mais oui, vous, timide et cruel enfant ! reprit-elle avec une expression passionnée...

Le mouvement d'impatience et de colère qui lui échappa eut pour résultat — calculé sans doute — de dégager davantage son sein nu de sa frêle prison de mousseline et de dentelle et de montrer aux yeux éblouis de Roger une partie des trésors qu'elle renfermait, plus qu'il n'en fallait pour l'enivrer et le rendre fou...

— Vous ne voyez donc rien ?... Vous ne comprenez donc rien ? continua-t-elle haletante, frémissante, belle d'impudeur, sublime de luxure... Ou prenez-vous plaisir à me torturer, à me faire périr de langueur ?... Vous ne vous apercevez pas que je me consume, et que je vais mourir si vous n'avez pas pitié de moi !...

Et lui jetant effrontément ses deux bras autour du cou et l'attirant vers elle avec une sorte de rage voluptueuse :

— Francis ! Tu vois bien que je t'aime ! murmura-t-elle d'une voix éteinte.... Viens ! viens ! Je t'aime !... Je t'aime !...

— Diane !...

Un nom, un cri : ce fut tout ce que Roger eut le temps de répondre... Déjà l'impétueuse femme lui avait fermé la bouche avec ses lèvres, et l'étreignait à l'étouffer...

Et comme le dit Dante en terminant l'histoire de Françoise de Rimini et de Paolo : « Ils ne *causèrent* pas plus longtemps ce jour-là ! »

Quand, le surlendemain, Francis s'était retrouvé pour la première fois en face de Régine, dans la salle d'audience de la dixième chambre, il n'avait pu se défendre d'un sentiment de gêne, d'embarras, de honte. C'est à peine s'il osait la regarder. Mme Bluteau elle-même ne jouissait pas sans remords de son triomphe et de son bonheur... Assise dans un fauteuil que lui avait fait préparer dans le prétoire la gracieuseté du président, elle semblait avoir peur de la prévenue, à qui son intervention aurait pu si aisément épargner cette odieuse épreuve. Maintenant qu'elle ne redoutait plus sa rivale, elle ne pouvait s'empêcher de la plaindre et de se reprocher sa fourberie.

Vainement elle cherchait à se justifier à l'aide de sophismes plus ou moins spécieux, en se disant qu'après tout elle n'était pas responsable des apparences qui s'étaient dressées contre la pauvre enfant ; qu'elle avait fait ce qui était en son pouvoir pour adoucir sa captivité, qu'elle lui avait donné de l'argent et un défenseur, qu'elle ne doutait pas de son acquittement ; que si elle lui avait enlevé son fiancé, elle avait agi dans la limite de son droit de femme et qu'en amour, plus qu'en toute autre chose, la doctrine du *chacun pour soi* est d'une vérité rigoureuse : tous ces raisonnements ne rendaient. pas le calme et la sérénité à sa conscience.

La mélancolie et la douleur qu'elle lisait dans les traits de Francis n'étaient pas faites pour la rassurer. Il était facile de voir, rien qu'au soin avec lequel leurs yeux évitaient de se rencontrer, qu'ils étaient également mal à l'aise, mécontents l'un de l'autre et d'eux-mêmes.

De vagues soupçons s'élevaient dans l'âme de Roger sur la bonne foi et la sincérité de la belle veuve, et sur la loyauté du rôle qu'elle avait joué entre les deux jeunes gens. La morne et sombre physionomie de la prévenue ne révélait, en effet, à l'égard de son jeune ami, rien moins que de l'indifférence et de la froideur... Il y avait en tout ceci un mystère qu'il se promettait d'éclaircir dès qu'elle serait rendue à la liberté... ; car il considérait le jugement comme une simple formalité, et ne concevait aucune espèce d'inquiétude sur l'issue finale du procès.

Régine subit son interrogatoire et répondit à toutes les questions du président avec une simplicité et une fermeté qui devaient lui concilier toutes les sympathies de l'auditoire ; et, si la sentence eût été déférée au suffrage universel, elle n'aurait eu rien à craindre... Mais les juges ne s'appuient pas sur des considérations de sentiment... La possession d'un joyau de cette valeur, il était difficile de le dissimuler, était inconciliable avec l'extrême dénuement de la misérable veuve de la rue de Lancry.

— Voyons, fille Lafontaine, dit avec bonté le magistrat qui dirigeait les débats, votre situation est digne d'intérêt. Croyez-moi : vous feriez mieux de dire toute la vérité...

— Mais je vous la dis, monsieur le président, comme je l'avais dite à M. le juge d'instruction...

— Bah ! C'est trop invraisemblable...

— Monsieur le président, interrompit en souriant le défenseur, ma cliente a pour elle le témoignage de Boileau :

Le vrai peut quelquefois n'être pas vraisemblable.

— Soit ! maître Z... Par malheur, si elle a pour elle ce témoignage en vers, elle a contre elle des témoignages en prose et en diamants !

Et l'inamovible parut tout satisfait de sa réplique et de son mot.... Il ajouta avec bienveillance :

— Le moindre témoin venant déclarer que la bague avait été vue précédemment entre les mains de la femme Lafontaine ferait bien mieux notre affaire... Du reste, vous développerez vos moyens dans votre plaidoirie, maître Z...

Et, s'adressant à la prévenue :

— Des aveux vous assureraient l'indulgence du tribunal. Avouez donc.

— Je n'ai rien à avouer, monsieur, puisque je ne suis pas coupable...

— Que vous n'ayez pas formellement volé cette bague, c'est peut-être possible, à la rigueur.

— Ce n'est pas possible, monsieur, c'est certain.

— Reconnaissez au moins que vous l'avez trouvée, et que, cédant à une malheureuse inspiration, vous vous l'êtes frauduleusement appropriée... Soyez franche...

— Je vous le répète, monsieur, cette bague appartenait à ma mère, et elle la tenait de mon père.

Le président se fit remettre par l'huissier audiencier la bague, qui était sur la table des pièces à conviction, et, pinçant les lèvres d'un air étrange, ouvrit le chaton, et, en montrant l'intérieur à ses deux assesseurs :

— Dites-moi, fille Lafontaine : il y a un double chiffre entrelacé gravé sur cette bague : le saviez-vous ?

— Non monsieur.

— C'est bien singulier...

— De plus, et ceci est plus grave, ce chiffre est surmonté d'une couronne de marquis... Est-ce que votre père avait un titre de noblesse ? Est-ce qu'il était marquis ?

— Noble ? marquis ? répliqua Régine tout ébahie. Non, monsieur...

Un vif mouvement de curiosité et d'intérêt se produisit dans l'auditoire.

— Voilà qui détruit complètement votre système, prévenue ? dit d'un air triomphant le magistrat... Vous feriez bien d'y renoncer...

Régine, au lieu de répliquer, portait la main à son front, comme pour y chercher la clef du mystère, et se demander ce que tout cela signifiait.

— Une couronne de marquis ! murmurait-elle... Ma pauvre mère m'aurait-elle caché quelque chose ? Pourquoi cette réserve extrême qu'elle gardait avec moi sur tout ce qui touchait au souvenir de mon père ?... Pourquoi mes questions d'enfant l'embarrassaient-elles ? Pourquoi une mémoire qui lui était si chère provoquait-elle en elle un sentiment pénible ?...

— Vous voyez ! vous êtes tout interdite... Vous ne vous attendiez pas à cela.

— Je ne suis pas interdite, je suis étonnée, monsieur le président, dit-elle avec simplicité...

— Vous en conviendrez ; il serait étrange que vous ne connaissiez pas davantage un objet qui serait votre légitime propriété, que votre mère vous aurait montré souvent...

— Ma mère avait bien des secrets qu'elle ne m'a pas révélés, monsieur, et je n'osais plus l'interroger sur un passé dont la moindre évocation lui causait un profond chagrin...

— L'explication est ingénieuse, dit le président avec un geste d'impatience et en haussant les épaules... Tout est bizarre dans cette affaire... Pas de traces de votre état civil ni de celui de vos parents, et il a été impossible à l'instruction de retrouver votre acte de naissance et l'acte de mariage de votre mère. Rien ne prouve même qu'elle ait jamais été mariée...

Régine, trop faible, au début de l'interrogatoire, pour se lever sur l'invitation qui lui en était faite, bondit soudain et se dressa. Cet outrage lui rendait sa force et son énergie...

— Oh ! monsieur ! monsieur !...

Elle n'en put dire davantage, retomba sur son banc, se couvrit le visage de ses mains en sanglotant...

— Monsieur le président, dit gravement l'avocat, je me permettrai de faire observer au tribunal...

— Défenseur, vous n'avez pas là parole... Voici la troisième fois que vous interrompez...

— Pourtant, monsieur le président, je désire demander acte au tribunal de l'observation, selon moi, inconvenante...

— Ce qui est inconvenant, maître Z..., c'est le mot que vous venez de prononcer, et que je vous invite à retirer... Autrement je serais forcé de prier le ministère public de prendre des réquisitions... Vous avez manqué de respect à la justice.

L'avocat fut obligé de s'exécuter, de balbutier quelques excuses, d'affirmer que sa parole avait trahi sa pensée... Un mouvement d'indignation se produisit dans l'auditoire... Quelques murmures se firent entendre... Francis se mordait les poings. M. Raymond, plus maître de ses impressions, lui touchait le bras par-dessus la barre de séparation pour lui recommander la prudence.

— Ces murmures sont scandaleux, reprit avec sévérité le magistrat. S'ils se renouvelaient, je ferais évacuer l'audience... Je rappelle que toutes marques d'approbation ou d'improbation sont interdites...

Et, s'adressant au défenseur :

— En présence des regrets que vous venez d'exprimer, maître Z..., je n'insiste pas. L'incident est clos. L'observation que j'ai faite, il m'appartient de la faire. Il est bizarre que, dans la perquisition faite au domicile de la prévenue, on n'ait trouvé aucun papier de famille... ; qu'à l'heure qu'il est, nous ne connaissions que par à peu près l'identité de la fille Lafontaine. Cela dit, une fois pour toutes, nous reprenons le cours des débats.

La bienveillance relative avec laquelle le président avait alors traité la prévenue fit place aussitôt au ton rude et cassant qui est de tradition dans la magistrature :

— Fille Lafontaine, vous qui affectez d'ignorer tout ce qui concerne vous et les vôtres, vous savez bien, au moins, je suppose, le prénom de votre père ? S'appelait-il *Victor,* comme vous l'avez déclaré dans vos interrogatoires ?

— Oui, monsieur.

— Il y a, en effet, un V gravé dans le chaton...

Un *ah !* prolongé de satisfaction retentit de tous les côtés de la salle...

— Gendarmes, expulsez de la salle quiconque troublera l'audience par des exclamations... Ces rumeurs sont une insulte à la majesté de la justice...

Puis il reprit, en clignant de l'œil et en pinçant les lèvres :

— Et votre mère ?

— Ma mère s'appelait *Henriette,* monsieur le président.

— Très bien... Elle n'avait pas d'autres prénoms ?

— Pardon : *Marie-Anne-Henriette.*

— Vous êtes bien sûre qu'elle n'en avait pas encore un autre ?

— Je ne crois pas, monsieur... Mais j'avoue que je ne saisis pas bien.

— Vous allez comprendre... Voyons, interrogez bien vos souvenirs... Elle ne s'appelait pas Blanche, par exemple ?

— Non, monsieur.

— Ou Berthe, peut-être ?

— Non. Je vous l'ai dit : Marie-Anne-Henriette Voisin, femme Lafontaine.

Le président grimaçait un malin sourire. Un sentiment d'anxiété se peignait sur tous les visages... Où voulait-il en venir et quel était le but de toutes ces questions ?

— Huissier, faites passer la bague à la prévenue. L'huissier obéit. Régine examina les chiffres gravés, surmontés de cette couronne de marquis qui la plongeait dans un abîme de conjectures...

— Eh bien, vous le voyez : de ces deux initiales entrelacées, l'une est bien un V ; mais l'autre est un B... Or, votre mère s'appelait *Henriette,* et je ne sache pas que ce prénom-là commence par un B... Qu'avez-vous à répondre ?

Régine était inerte, atterrée... Ses yeux hagards suivaient machinalement le joyau que L'huissier lui avait repris et passait au jeune substitut, qui l'examinait curieusement en se disant avec regret que cette bague était splendide, du meilleur goût... Quel malheur qu'il ne fût pas assez riche pour en offrir une pareille à sa maîtresse !

— Vous voyez : vous ne répondez rien. Vous êtes accablée par l'évidence...

Francis était au désespoir : un tremblement convulsif agitait tous ses membres. Diane elle-même avait les yeux pleins de larmes.

— Que voulez-vous que je vous dise, monsieur ? fit-elle d'un air sombre. Est-ce que je sais ? Tout ce que je puis jurer, et je le jure devant le Christ, dont l'image est derrière vous, monsieur le président, je le jure sur la mémoire de ma bonne mère, je le jure sur mon salut éternel... C'est que je suis innocente !... Je suis innocente, je suis innocente !...

Brisée par l'émotion, elle s'affaissa, tomba sans connaissance. Il fallut l'emporter hors de la salle, et suspendre l'audience jusqu'à ce qu'elle eût repris ses sens.

A la reprise des débats, on procéda à l'audition des témoins à charge, au nombre desquels, par une étrange dérision, se trouvait Francis Roger !

Le commissionnaire au mont-de-piété, son commis, l'inspecteur qui avait fait l'arrestation, défilèrent successivement. Malgré toutes les recherches de la police, il n'avait pas été possible de retrouver le propriétaire du bijou volé ou perdu.

La portière de la rue de Lancry et sa fille Agathe vinrent ensuite raconter un tas de potins ridicules sur l'existence mystérieuse des deux locataires, sur leur fierté envers tout le monde.

La mère et la fille affirmèrent n'avoir jamais entendu parler de la fameuse bague.

Sur l'interpellation du défenseur, Mme Patouillard dut reconnaître d'assez mauvaise grâce et en rechignant que Mlle Lafontaine travaillait nuit et jour pour un magasin de modes, tout en soignant sa mère malade avec la plus tendre sollicitude.

Un dernier témoin à charge restait à entendre. L'huissier audiencier appela à haute voix :

— Le témoin Roger !

Francis fut introduit, s'approcha de la barre pour prêter serment.

Régine tressaillit et jeta sur son ami un long et douloureux regard.

Au cours des préliminaires d'usage, et quand le président lui demanda, suivant la formule habituelle, s'il était le parent ou l'allié de l'accusée, le témoin se tourna vers Régine, la contempla longuement avec tendresse et répondit, en hochant tristement la tête :

— Non, monsieur le président, je ne suis que son voisin...

S'il n'avait écouté que la voix de son cœur, il ne se serait pas borné à cette froide et banale réponse. Il avait bien envie de s'écrier :

— Si je ne suis pas son parent, je ne demande qu'à devenir le plus proche et le plus intime de ses alliés, qu'à lui être désormais attaché par les liens les plus étroits et les plus sacrés !... Rendez-la-moi vite, monsieur le président, pour que je puisse lui donner un soutien, un appui, un defenseur, un protecteur !... un mari !...

Mais, dans l'intérêt même de la prévenue, il devait se taire. Le témoignage d'un amoureux, d'un fiancé, était trop peu désintéressé pour n'être pas suspect... D'ailleurs il avait peur de Diane, dont il voyait les yeux braqués sur lui. Il craignait la colère jalouse de l'ardente femme, qui n'entendait pas abandonner sa conquête et sa proie.

Il leva la main droite, jura de dire la vérité, toute la vérité, rien que la vérité.

— Baissez la main, reprit le magistrat ; faites votre déposition, monsieur.

— Ma déposition ?... Je n'ai qu'une chose à déclarer, monsieur le président : c'est que Mlle Lafontaine, que je connais depuis deux ans, dont le logement est sur le même palier que le mien, est la plus honnête et la plus vertueuse des jeunes filles, comme sa mère, que cette horrible arrestation a tuée, était la plus respectable et la plus irréprochable des femmes. C'est que la prévention qui pèse sur elle n'a pas, ne peut avoir le moindre fondement. C'est qu'elle est innocente... je l'affirme, et que je répondrais d'elle autant et plus que je ne répondrais de moi-même !...

Sa voix vibrante et forte, où l'on sentait la conviction profonde d'une âme loyale, produisit dans l'auditoire la plus favorable impression.

— Mais ce n'est pas là une déposition, interrompit d'un ton maussade le président ; c'est une plaidoirie... Vous empiétez sur la tâche de l'honorable avocat qui est à cette barre.

— Vous m'avez fait jurer de dire la vérité, toute la vérité, rien que la vérité, monsieur le président... Cette vérité, je vous l'ai dite ; voilà tout !...

— Le tribunal appréciera ! reprit avec humeur l'inamovible.

Puis, s'adressant au substitut :

— Je croyais, ajouta-t-il, que le sieur Roger était un témoin à charge. Je ne comprends pas pourquoi il a été assigné à la requête du ministère public ?

— Je n'ai qu'une question à adresser au témoin, répondit l'avocat de la République. M. le président voudrait-il lui demander s'il a jamais vu, entre les mains de la femme Lafontaine, l'objet qui sert de base à la prévention ?

— Vous entendez, témoin ? Qu'avez-vous à répondre ?

— Non ; je n'avais pas vu cette fatale bague ; mais cela ne prouve absolument...

— Ce que cela prouve ou ne prouve pas, c'est affaire au tribunal à le décider, reprit sèchement le substitut... Ainsi il résulte de votre déposition, conforme du reste à vos précédentes déclarations, que vous, qui étiez l'ami de ces deux femmes, le confident de leurs chagrins et de leurs misères, vous avez toujours ignoré qu'elles eussent en leur possession un bijou de cette valeur ?

— C'est vrai, monsieur le substitut... mais...

— Parlez au tribunal, témoin..., dit le président.

— Mais l'ignorance où l'on m'a laissé s'explique par le caractère un peu bizarre, un peu concentré de Mme Lafontaine. Il y avait dans sa vie des secrets, des mystères que, par discrétion, je n'ai jamais cherché à approfondir...

— M. Roger a raison, dit à son tour la prévenue, avec une certaine fermeté... Il n'est pas étonnant que ma mère ait été si réservée avec lui, quand elle cachait tant de choses à sa propre fille.

— Inutile d'insister sur ce point, dit le président. Le ministère public tirera du fait telles conséquences qu'il appartiendra. Le défenseur répliquera... Il n'y a pas lieu d'anticiper sur les plaidoiries. Témoin, allez vous asseoir.

— Sur mon honneur et ma conscience, monsieur le président, je jure que Mlle Lafontaine...

— Allez vous asseoir !...

— Que Mlle Lafontaine est innocente !

Et Francis retourna au banc des témoins, suivi par les rumeurs approbatives de toute la salle et par le regard de reconnaissance que lui envoya la prévenue.

Agathe et Mme Patouillard elle-même, leur haine contre *cette pimbêche de Régine*, comme elles l'appelaient, ne purent s'empêcher d'applaudir à l'attitude énergique de leur jeune locataire.

— Comme il l'aime ! dit tout bas à sa mère, avec un soupir, Mlle Patouillard... C'est égal, c'est un brave garçon et qui a du cœur !...

— Il n'en a pas pour toi, du cœur ! répondit aigrement la portière de la rue de Lancry... C'est pas toi qu'il défendrait comme ça, si t'étais à la place de cette fille !... Que veux-tu ? gn'a que les effrontées et les voleuses qu'a de la chance !...

— Mais, maman, Régine n'est pas coupable ; elle n'est pas une voleuse... Je ne l'aime pas, mais ce n'est pas une raison... Et puis, moi, je crois à ce que dit M. Roger.

— Toi, tu seras toujours une, imbécile !

XII

COUP DE THÉATRE

Pendant ce colloque, on avait appelé les témoins à décharge, trois personnes pour lesquelles Régine avait travaillé et qui rendirent hommage à sa probité, en déclarant, d'ailleurs, qu'elles connaissaient fort peu leurs ouvrières. Puis vint le tour de Mme veuve Bluteau, qui vit se dérider pour elle le front jusqu'alors si sombre, s'assouplir la voix si rude et si hargneuse du président. Il se montra aimable, gracieux, charmant pour la belle et riche dame qui, par pure charité sans doute, daignait apporter à une malheureuse fille l'appui de son témoignage.

Diane n'avait pas laissé que d'être émue, troublée, légèrement inquiétée par la chaleur avec laquelle son amant avait défendu sa rivale. Elle ne se dissimulait pas que Francis avait trahi, malgré lui, un autre sentiment que la sympathie dévouée d'un ami... Ce cœur dont elle s'était emparée à la fois par la ruse et par la force, allait-il donc lui échapper ?

Cet homme à qui elle s'était donnée beaucoup moins qu'elle ne l'avait pris, ne s'empresserait-il pas, une fois Régine délivrée et justifiée, de rompre cette chaîne qu'elle avait cru river, l'avant-veille, dans un enivrement voluptueux ? Francis n'allait-il pas secouer le joug ?

Quoi qu'il en fût, Diane avait assez d'orgueil, de confiance en elle-même pour ne pas être certaine d'étouffer dans leur germe, au cœur de son jeune amant, toutes velléités de révolte.

Depuis quarante-huit heures seulement qu'il lui appartenait, elle l'avait tellement dompté, fasciné, qu'elle ne doutait plus de son omnipotence et du charme irrésistible de ses baisers. La nuit précédente, elle avait tenu à partager son humble chambrette et son lit étroit, qui lui paraissait encore trop lange au gré de ses désirs. Il était sorti de ses bras plus ivre encore que la veille de voluptés et de transports... Qu'avait-elle donc à redouter d'une pauvre petite innocente, qui ne savait pas le premier mot de l'amour, qui ignorait l'art de s'emparer d'un homme, coups et âme, de dominer son esprit et ses sens ?

Est-ce que la vierge timide et confuse n'était pas vaincue d'avance par l'effrontée bacchante ?

— Bah ! se dit-elle, il est à moi, bien à moi... Qu'elle essaye de me l'arracher !... Libre ou prisonnière, condamnée ou justifiée, elle ne saurait me porter ombrage. A quoi bon m'inquiéter de la sympathie bien excusable qu'il témoigne à cette pauvre enfant ? Je le mépriserais s'il l'abandonnait, et je l'admirais tout à l'heure quand il défiait audacieusement les juges... Eh bien, moi aussi, je veux la défendre. Il m'en sera reconnaissant. D'ailleurs, s'il faisait mine de m'échapper, je saurais bien le retenir !...

Au moment où elle s'approchait pour déposer, elle s'était tournée vers son amant, et le regard suppliant de Francis ne lui permettait guère d'hésiter sur l'attitude qu'elle avait à observer, et sur la portée de la déposition qu'elle devait faire, déposition toute platonique du reste, et étrangère aux faits de la cause. Il s'agissait de donner des renseignements généraux sur la moralité de Régine.

Cela ne tirait point à conséquence et l'on ferma les yeux sur une petite irrégularité de forme qui viciait d'avance son témoignage. Contrairement aux prescriptions du code d'instruction criminelle, Mme Bluteau par suite d'un oubli involontaire ou calculé de l'huissier audiencier, n'avait pas été appelée en même temps que les autres témoins, pour se retirer dans la salle qui leur est affectée. Le ministère public n'insista point sur ce vice de forme, et le président se contenta de la dispenser du serment, et de la faire entendre en vertu de son pouvoir discrétionnaire.

Diane eut beau s'efforcer loyalement de tenir la promesse faite par elle à Francis et de présenter la jeune fille sous le jour le plus favorable ; de lui apporter l'appui de l'honorabilité toute conventionnelle que lui donnaient à la fois son rang, sa fortune, sa qualité de veuve d'un magistrat, sa déposition se ressentit forcément de l'anxiété jalouse qui s'était glissée dans son cœur.

Elle fut pleine de réticences étranges, d'insinuations presque perfides, destinées à jeter des doutes dans l'esprit des juges sur l'innocence de celle dont elle feignait de plaider la cause avec une extrême bienveillance. Elle avait l'air de faire appel beaucoup plus à l'indulgence qu'à la justice du tribunal !

Ce n'était pas là tout à fait ce qu'elle avait promis à son amant, ce qu'elle avait promis à M. Raymond, dont elle était, comme nous le verrons plus loin, la débitrice morale, l'obligée, et qui lui avait sauvé la vie pendant la Commune. Mais il y avait tant d'habileté et de fourberie inconsciente dans son jeu, que ni l'un ni l'autre n'avaient la pensée de lui en faire un reproche. Ils croyaient de bonne foi à la pureté de ses intentions. Elle, qui connaissait trop bien la magistrature, s'imaginait peut-être servir mieux de cette façon les intérêts de la prévenue.

L'avocat, lui, était loin de partager ce sentiment, et ce fut avec stupeur qu'il vit Mme Bluteau aller se rasseoir dans son fauteuil, et le président d'une part, le ministère public de l'autre, se mordre la lèvre avec une visible satisfaction. Il se sentait ébranlé et commençait à n'être plus aussi sûr de l'innocence de Régine. Il en vint même jusqu'à supposer que la bague avait réellement été volée, et volée peut-être à la belle veuve elle-même, qui, dans un admirable mouvement de générosité et de pardon, essayait de sauver la coupable !

La modération du ministère public, qui se borna à réclamer une répression quelconque, sans s'opposer à une très large application de l'article 463 sur les circonstances atténuantes, porta un nouveau coup au système de la défense, dont un réquisitoire violent, exagéré, ampoulé, eût infiniment mieux fait l'affaire.

L'avocat, si découragé, si décontenancé qu'il fût, n'en remplit pas moins sa tâche avec un zèle et un dévouement dignes d'éloges. Il insista sur l'absence de tout plaignant et de toutes preuves, démontra que sa cliente devait profiter au moins du bénéfice du doute, réclama un acquittement pur et simple, et termina par une éloquente péroraison sur le danger des erreurs judiciaires.

Hélas ! on sentait que l'orateur lui-même manquait de conviction, et il le prouva en traçant un dramatique tableau de la situation de l'orpheline, qui, en rentrant dans le pauvre domicile de la rue de Lancry, allait trouver vide la chambre où elle avait laissé naguère une mère moribonde !...

Le président tourna distraitement la tête à droite et à gauche pour faire semblant de consulter ses deux assesseurs, et se mit à marmotter d'une voix à peine intelligible et comme s'il récitait une leçon, le jugement suivant :

— Attendu qu'il résulte de l'instruction et des débats la preuve que Régine Lafontaine a soustrait frauduleusement, au préjudice d'une personne restée inconnue, une bague en diamants ; délit prévu et puni par l'article 401 du code pénal, ainsi conçu....

Mais au moment où le magistrat ouvrait le code pour commencer sa lecture, il fut interrompu par un grand cri s'élevant du sein de l'auditoire :

— Arrêtez ! arrêtez !... Vous condamnez une innocente ! Vous allez commettre une infamie !... Arrêtez !...

— Malheureux ! que faites-vous ? murmura Raymond avec stupeur.

— Vous allez le savoir, mon ami ! répliqua Francis qui, bien loin de songer à se cacher dans la foule, s'était levé et agitait le bras pour signaler au tribunal l'interrupteur qui troublait l'audience...

Un concert de *oh !* de *ah !* d'exclamations de toutes sortes s'élevait de tous les points de la salle. L'incident était rare, trop inattendu pour ne pas produire une émotion profonde. Chacun se demandait ce qui allait advenir ; Diane, tremblante, effrayée, était prête à s'évanouir...

Le président, peu habitué à de pareilles audaces, à une époque où la magistrature n'avait encore rien perdu de son autorité et de son prestige, où personne n'avait eu le courage de l'attaquer en face, de la faire asseoir sur la sellette, de la dénoncer à l'opinion publique, de battre en brèche son inemovibilité, de lui jeter au visage son dossier, de soulever contre elle l'indignation générale, d'arracher tous les voiles, de forcer les portes de son sanctuaire pour en sonder et en mettre à nu les profondeurs, d'ameuter contre ses actes, ses traditions, ses procédés, ses privilèges la presse entière, de jeter contre elle le cri de guerre et d'en appeler à la justice du Parlement, le président, dis-je, était troublé, interdit.

Ses deux assesseurs, à demi assoupis depuis le commencement des débats, s'étaient réveillés en sursaut et ouvraient de grands yeux effarés.

L'organe du ministère public, non moins interloqué que le tribunal, s'était dressé sur son siège, prêt à requérir contre l'auteur de ce scandale. Le greffier tourmentait sa plume pour se donner une contenance ; et le *silence !* criard de l'huissier audiencier s'était figé dans sa gorge...

— Gendarmes ! s'écria le président d'un accent altéré, dès qu'il put reprendre son sang-froid ; amenez aux pieds du tribunal le perturbateur.

Mais déjà Francis, avait fendu les rangs des témoins et s'avançait à la barre, fier, calme, digne, le front haut, la conscience tranquille.

— Insensé, lui dit à voix basse Mme Bluteau, au moment où il passait devant elle. Fais des excuses, humilie-toi, ou tu es perdu !...

Pour toute réponse, il secoua la tête, et se campa sans forfanterie et sans crainte devant les juges, tandis que Régine le regardait avec un ébahissement anxieux, et sans se rendre un compte exact de la situation... Ces débats l'avaient brisée, et elle n'avait prêté qu'une oreille distraite, indifférente, au prononcé du jugement si brusquement interrompu.

— Comment vous appelez-vous ? demanda sévèrement le président, qui n'avait pas de peine à reconnaître le témoin de tout à l'heure.

— Francis Roger, monsieur.

— Vous venez de commettre un délit d'audience, un flagrant outrage à la majesté de la justice...

— Pardonnez-moi, monsieur le président ! s'écria-t-il vivement. C'est par respect pour la justice que je me suis permis de vous interrompre...

— Oh ! c'est trop fort, et votre impudence dépasse toutes les bornes...

— J'ai voulu à tout prix empêcher une erreur judiciaire... Cette jeune fille est innocente, et elle serait condamnée en ce moment, si je n'étais pas intervenu pour vous dire...

— N'allez pas plus loin... vous ne faites qu'aggraver votre délit... Avant que je donne la parole au ministère public pour prendre les réquisitions qu'il jugera nécessaire, il est temps encore pour vous d'exprimer des regrets, qui atténueront votre culpabilité...

— Ce n'est pas ma culpabilité que je tiens à atténuer... au contraire !

— Ce jeune homme est fou ! dit à demi-voix le substitut en s'adressant au président...

— Des excuses ! Des excuses ! murmurait l'avocat de Régine.

Et, se retournant vers le tribunal :

— Monsieur le président, le témoin est dans un état de surexcitation qui lui ôte en partie la responsabilité de ses actes... Si le tribunal voulait bien suspendre l'audience pendant quelques instants, pour que je confère avec lui et le rappelle à de meilleurs sentiments...

— Soit ! l'audience va être suspendue dix minutes...

— Je remercie M. l'avocat de sa bienveillance, reprit Francis, et je sais gré au tribunal d'avoir fait droit à sa requête... Mais cette suspension est inutile... Et ce que j'ai à dire ne nécessite de ma part aucune réflexion... Si vous m'aviez laissé achever...

— Alors vous désirez exprimer le regret d'avoir...

— Monsieur le président, le seul regret que j'éprouve, c'est d'avoir tant tardé à vous révéler la vérité et d'avoir failli laisser prononcer une condamnation injuste et imméritée.

— Taisez-vous ! C'est assez d'effronterie !... Monsieur l'avocat de la République, vous avez la parole...

— Au nom du ciel, veuillez me permettre d'achever monsieur le président ! reprit Roger avec force... Je vous répète que j'ai une révélation à faire.

Mouvement général de curiosité. Les juges, le ministère public, les avocats, les témoins, les spectateurs, commencent à deviner qu'un nouvel incident va se produire...

— Quelle révélation ? demande le président.

— Mlle Lafontaine est innocente, messieurs, et la preuve c'est que je suis prêt à vous nommer, à vous dénoncer et à vous livrer le vrai coupable !...

Régine jeta un cri d'angoisse... Elle commençait à comprendre... Diane tremblait de tous ses membres... Une sueur froide suintait au front de Raymond...

— Et ce coupable ? demanda le magistrat d'un air soupçonneux.

— Ce coupable, c'est moi !

— Ce n'est pas vrai ! fit Régine, qui se dressa, droite et frémissante sur son banc... Ne le croyez pas ! messieurs... Il ment ! il ment ! il ment !

— Voyons, reprit le président avec sévérité ; il ne s'agit pas d'en imposer à la justice... Est-ce vous, oui ou non, qui avez volé la bague et qui l'avez remise à la prévenue ?

— Volée ? Non ! monsieur le président. Trouvée : oui ! C'est moi qui l'ai offerte à Mlle Régine, comme cadeau de fiançailles, — car elle est ma fiancée, messieurs, et elle en ignorait la provenance irrégulière, je l'affirme.

Ce mot de *fiancée,* qui vint frapper au cœur Mme Bluteau, jeta tout à coup Régine dans un accès de joie délirante qui lui fit oublier l'horreur de sa position, et les débats, et la condamnation imminente... Elle était aimée !... Que lui importait tout le reste ?

— Si donc, monsieur le président, j'ai eu tort de m'approprier un bijou trouvé sur la voie publique, punissez-moi ! condamnez-moi !... Mais que Mlle Lafontaine sorte d'ici libre, justifiée, réhabilitée.

— Non, Francis !... Non, messieurs... Ce n'est pas vrai ! Il est innocent ! il est innocent !...

En ce moment, une rumeur éclata dans l'hémicycle. Diane venait de s'évanouir... On fit cercle autour d'elle et on l'emporta hors de la salle.

XIII

LA SENTENCE

De cette touchante lutte entre deux dévouements, on aurait dû conclure que les deux amoureux n'étaient pas plus coupables l'un que l'autre..., et le grand Salomon n'eût pas manqué, dans sa sagesse, de prononcer un jugement en ce sens et de les renvoyer, non pas dos à dos, mais cœur contre cœur et la main dans la main.

Malheureusement, la justice humaine n'a rien à voir avec la justice absolue ; elle ne se laisse point influencer par des raisons de sentiment. Et la dixième chambre était bien plus portée à voir et à trouver deux complices dans ces deux enfants qui voulaient se sacrifier l'un à l'autre.

Le président regardait alternativement d'un œil soupçonneux Régine et Francis, les interrogeait tour à tour, leur posant des questions insidieuses, pour leur arracher l'aveu d'une commune culpabilité.

Cependant Mlle Lafontaine persistait dans ses énergiques affirmations, et Roger ne se laissait émouvoir ni par les prières de son amie ni par les avertissements comminatoires du juge, et jurait qu'il était seul responsable.

Calme, ferme, digne, résigné à subir toutes les conséquences si pénibles, si désastreuses qu'elles pussent être, de sa généreuse conduite, il voulait aller jusqu'au bout de son sacrifice, expier ainsi l'infidélité involontaire et momentanée qu'il avait à se reprocher, et la perfidie de Mme Bluteau.

Il s'était promis de sauver l'honneur de Régine aux dépens du sien, et il était résolu à se tenir parole. Que lui importait de compromettre sa position, de perdre son gagne-pain, de briser sa carrière et son avenir ! Que lui importait, pourvu que celle qu'il aimait fût arrachée aux hontes et aux souffrances de la prison !

N'était-ce pas lui, d'ailleurs, qui, sans le vouloir et sans le savoir, et par la déclaration imprudente faite à l'inspecteur de police, n'était-ce pas lui qui, pour une bonne part, avait contribué à fournir des armes à la prévention ? N'était-ce pas sur son témoignage que le ministère public avait surtout appuyé son réquisitoire ? Il ne faisait donc, en prenant sa place, en se précipitant dans les griffes de la justice, que remplir un devoir strict, une obligation de délicatesse.

Ah ! comme il maudissait, à cette heure, la belle Mme Bluteau et le fatal, et le sensuel entraînement qui l'avait jeté, malgré lui, dans ses bras !

Il éprouvait une sorte de joie âcre à se voir assis, entre deux gendarmes, sur le banc d'infamie qui, cette fois au moins, se trouvait à ses yeux réhabilité, honoré, glorifié. Et il n'aurait pas voulu changer de rôle avec ce substitut qui allait l'accuser, avec les juges qui allaient le condamner !

En présence des aveux réitérés à plusieurs reprises par Francis Roger, et le ministère public ayant abandonné, précédemment, les poursuites sur le chef de rébellion et d'outrage aux agents, il devenait impossible de condamner la prévenue. L'avocat de la République se borna à s'en rapporter à la sagesse du tribunal, formule banale qui équivaut à un abandon pur et simple de la prévention.

Le défenseur n'avait plus qu'à s'incliner et le président qu'à rengainer la sentence ébauchée, dont il n'avait pu marmotter que les premiers mots.

Mais la justice ne pouvait lâcher sa proie que parce qu'on lui en offrait une autre en échange. Il y avait un délit : il fallait à toute force un délinquant.

Si l'affaire eût été plus grave, le cause eût été renvoyée à une audience ultérieure, pour un supplément d'information. Mais, en face des aveux catégoriques du nouveau prévenu, la chose se simplifiait d'elle-même, d'autant plus que Roger, pour ne pas retarder d'un jour, d'une heure, la libération de sa fiancée, demandait à être jugé séance tenante, et que l'enquête minutieuse à laquelle s'étaient livrés la police et le juge d'instruction et dont les résultats se trouvaient au dossier, avait fourni déjà tous les renseignements nécessaires sur l'identité et sur les antécédents de Francis.

L'avocat de Régine se chargea d'office de la défense de son coaccusé, et, en quelques paroles touchantes, réclama une large application des circonstances atténuantes, à l'admission desquelles le représentant de la vindicte publique ne s'était pas opposé. Il fit valoir en termes chaleureux la bonne conduite antérieure de ce jeune homme de vingt et un ans, la spontanéité de ses aveux, le loyal empressement avec lequel il s'était dénoncé lui-même pour sauver une innocente. Il supplia le tribunal de lui épargner l'emprisonnement et de le frapper d'une simple amende.

Le président consulta du regard et du geste ses deux assesseurs, qui opinèrent du bonnet, et prononça, au milieu d'un religieux et anxieux silence, le jugement suivant :

« Le tribunal,

Après en avoir délibéré, conformément à la loi ;

En ce qui concerne la fille Lafontaine :

Attendu que la prévention n'est pas suffisamment établie, la renvoie des fins de la poursuite, sans dépens, et ordonne qu'elle sera immédiatement mise en liberté, si elle n'est retenue pour autre cause. »

La voix du président est couverte par un tonnerre d'applaudissements partant de tous les côtés de la salle.

— Ces rumeurs sont scandaleuses..., s'écrie le président... Gendarmes, faites évacuer la salle sur-le-champ...

L'ordre fut exécuté, non sans provoquer de nouvelles rumeurs sourdes, qui n'offraient plus cette fois un caractère approbatif... Et le magistrat continua devant une salle vide le prononcé de sa sentence :

« En ce qui concerne Francis Roger :

Attendu qu'il résulte de l'instruction et des débats, ainsi que des aveux spontanés, quoique tardifs, du prévenu, qu'il a soustrait frauduleusement, au préjudice d'une personne restée inconnue, une bague en brillants ;

Attendu qu'il prétend vainement l'avoir ramassée dans la rue ; que le fait de s'approprier indûment un objet trouvé sur la voie publique constitue un vol véritable ; que, d'ailleurs, cette affirmation, qui n'enlèverait aucun caractère d'illégitimité à cette possession, n'est appuyée d'aucune preuve ; que, dans tous les cas, Francis Roger savait fort bien que ce bijou ne lui appartenait pas, et n'ignorait pas que son devoir était de le remettre sur-le-champ entre les mains du commissaire de police ;

Attendu que le prévenu s'est ainsi rendu coupable du délit prévu et puni par l'article 401 du code pénal ainsi conçu :

(Suit la lecture de l'article précité).

Attendu, cependant, qu'il existe dans la cause des circonstances atténuantes, et qu'il y a lieu d'accorder au prévenu, dans une large mesure, le bénéfice de l'article 463.

Le tribunal condamne Francis Roger à un mois d'emprisonnement, cinquante francs d'amende et aux frais. »

— Oh ! ce n'est pas possible ! s'écria Régine... C'est horrible !

Le président jugea inutile de relever cette exclamation :

— Fille Lafontaine, dit-il d'un ton rogue, vous êtes libre, grâce à l'absence de preuves suffisantes. Mais n'y revenez plus ! Que cela vous serve de leçon. Et, à l'avenir, inquiétez-vous un peu plus de l'origine des bijoux que pourront vous offrir vos amoureux...

— Je ne veux pas de la liberté à ce prix ! dit-elle avec exaltation. Je n'accepte pas son sacrifice... Il n'est ni plus ni moins coupable que moi... Je demande à partager son sort... Condamnez-moi aussi...

— Qu'on fasse retirer cette fille ! ordonna le magistrat en haussant les épaules... Gendarmes, emmenez le condamné !

Mais, au moment où cet ordre allait être exécuté, les deux jeunes gens, par un mouvement irrésistible, avaient échappé à leurs gardiens, et se précipitaient dans les bras l'un de l'autre.

— Régine ! ma Régine !... Ma fiancée !.... Ma femme !...

— Oui, ta femme ! Je le jure devant Dieu !... Francis, je t'aime, je t'aime !...

Un long et ardent baiser, le premier qu'ils eussent jamais échangé, scella ce double serment ! Puis, Roger, s'arrachant de lui-même à cette enivrante étreinte :

— Console-toi, ma bien-aimée !... Dans un mois, nous serons réunis pour ne plus nous quitter !... A bientôt, Régine !... A bientôt !...

Et, s'adressant aux gardes municipaux, qui, déjà tout affligés et tout honteux de leur triste mission, lui touchaient le bras pour exécuter leur consigne :

— Je vous suis, messieurs, je vous suis !

— Francis !... Francis ! murmurait Mlle Lafontaine d'une voix éteinte et prête à défaillir.

On la fit sortir par la petite porte des avocats et des témoins. La foule l'attendait dans le vestibule de la dixième chambre pour lui faire une ovation. Raymond eut toutes les peines du monde à la délivrer de ce gênant enthousiasme et à la faire monter dans une voiture de place.

Sa première pensée était de la conduire chez Mme Bluteau. Une enfant de seize ans, sans parents, sans famille, ne pouvait rester seule, abandonnée à elle-même...

Mais, en entendant prononcer le nom de la veuve du procureur impérial, de sa prétendue bienfaitrice, Régine fit un geste d'effroi.

Avec cette intuition merveilleuse d'une femme qui aime, elle avait deviné en Diane une ennemie, une rivale :

— Non ! dit-elle vivement... Je ne puis pas, je ne veux pas aller chez cette dame !... Soyez assez bon, monsieur, pour me ramener rue de Lancry... Ne faut-il pas, d'ailleurs, avant tout, que j'aille prier sur la tombe de ma pauvre mère ?... Est-ce que son souvenir ne sera pas mon guide, mon appui, mon conseil ?...

XIV

LA COMTESSE

Le lendemain, dans un riche hôtel du faubourg Saint-Germain, le comte et la comtesse de La Guyon achevaient de déjeuner en tête à tête. Pendant la durée du repas, ils avaient à peine échangé quelques paroles. A leur physionomie lugubre plus encore qu'à leurs vêtements noirs, il était aisé de comprendre qu'un deuil récent avait frappé la famille.

Trois mois auparavant, ils avaient enterré leur fille unique et étaient encore sous le coup de cette catastrophe.

Un domestique vint apporter à son maître, selon son habitude, les journaux du matin, dont M. de La Guyon déchira distraitement les bandes, et qu'il se mit à parcourir d'un œil indifférent et morne, pour essayer de faire diversion à son chagrin.

Tout en sucrant son café, que venait de servir le maître d'hôtel, il avait déjà lu ou fait semblant de lire les deux premières pages du *Figaro,* quand son regard tomba, à la troisième, sur la chronique des tribunaux.

Le reporter judiciaire y racontait, en termes émus, le petit drame qui avait eu lieu la veille à la dixième chambre...

Le comte, dès les premières lignes, pâlit affreusement. Un cri sourd s'échappa, malgré lui, de sa gorge :

— Qu'avez-vous, mon ami ? demanda la comtesse anxieuse, et qu'y a-t-il dans ce journal qui ait pu vous émouvoir à ce point ?

— Rien ! répondit avec embarras M. de La Guyon qui, connaissant l'impressionnabilité de sa femme et le déplorable état de santé où l'avait plongée la mort de son enfant, voulait lui épargner une sensation pénible. Rien, ma chère...

— Rien ? Pourquoi donc êtes-vous devenu si blême ? Pourquoi avez-vous jeté un cri ?... Monsieur, le comte, vous me cachez quelque chose...

— Non ! Je vous assure... Un petit détail qui m'avait frappé, voilà tout !... Un nom qu'il me semblait reconnaître...

Et il continua sa lecture avec un intérêt qui se trahissait sur ses traits... Son trouble augmentait à mesure qu'il dévorait le compte rendu du procès...

— Qu'est-ce que cela signifie, Georges ? lui dit sa femme... Donnez-moi ce journal !... Je le veux !

Et, se penchant de son côté, elle lui arracha des mains le *Figaro*...

La comtesse n'eut pas de peine à trouver l'article qui avait si vivement impressionné son mari.

— Régine !... s'écria-t-elle avec surprise... Régine... Lafontaine !... Ai-je bien lu, Georges ?... Mais c'est une honte... Une flétrissure pour notre famille...

— Oui ! Ma propre nièce ! murmura le comte avec un soupir étouffé... Comprenez-vous que j'aie voulu vous épargner cette douleur... ?

Il ajouta en secouant la tête :

— ... Et ce reproche !...

— Votre nièce !... Notre nièce ! — Car, enfin, elle est la mienne aussi...

— Vous vous en souvenez un peu tard, ma chère !... interrompit avec amertume M. de La Guyon...

— Vous avez raison, Georges... J'ai été bien coupable... Notre nièce sur le banc de la police correctionnelle !... Notre nièce accusée de vol !... Oh ! ciel !... C'est un châtiment de Dieu !...

— De Dieu ou du diable ! qu'importe ?... Fort heureusement que notre nom est sauf, du moins, et n'a pas été livré en pâture aux juges et aux journalistes !...

La comtesse, sans l'écouter et sans lui répondre, achevait la lecture de la chronique judiciaire... Elle parut soulagée en constatant que le vrai nom de la prévenue était resté dans l'ombre et qu'il ne s'agissait que d'une pauvre et obscure ouvrière...

— En effet, balbutia-t-elle toute troublée... l'honneur de notre maison, l'une des plus vieilles maisons de France, n'est pas atteint !... Comment se fait-il que ce détail n'ait pas été révélé aux débats et que cette fille elle-même, d'après le compte rendu, paraisse ignorer son identité et sa naissance ?...

— Cela prouve, ma chère, que vous avez été envers la femme, la veuve de mon frère, encore plus injuste et plus cruelle que je ne pensais ! Cela atteste jusqu'à quel point vous l'avez méconnue, et combien vous avez été coupable de la repousser 1...

— Mon ami, ne m'accablez pas !...

— Bah ! A quoi bon ? Les récriminations ne servent à rien !...Mais ; je vous l'avais toujours dit, cette femme avait plus de noblesse dans l'âme, plus de dignité, que son mari et nous, avec tous nos parchemins !...

— Il est certain que c'est bien à elle d'avoir respecté notre nom, de l'avoir caché, même à son enfant !...

— Autant que c'est mal à toi, Germaine, de n'avoir pas su respecter le sang des tiens !... Ma belle-sœur morte dans la plus affreuse misère ; sa fille traînée devant les tribunaux !... Voilà ton œuvre !... Ah ! tu as le droit d'être fière ! Et moi, je rougis d'avoir été ton complice, de n'avoir pas protégé contre toi l'épouse et la fille de mon frère !...

— Pardonnez-moi, mon ami Vous savez pourtant quels efforts j'ai faits pour retrouver cette malheureuse enfant ?

— Oui, depuis la mort de notre fille !...

— Vous oubliez, comte, qu'il y a près de dix ans, et quand tout espoir semblait perdu de retrouver les traces de votre frère, j'avais proposé à celle qui devait se considérer comme veuve de me charger de sa petite fille, de l'adopter, et vous vous souvenez aussi qu'elle a dédaigneusemeut refusé...

— Tenez ! ma chère ! répondit le comte avec impatience, vous feriez mieux de vous taire !... Est-ce que l'on propose à une mère de se séparer de son enfant ?... Est-ce que vous ne vous seriez pas révoltée, vous, si l'on vous eût jamais offert un semblable marché ?... Est-ce que vous n'auriez pas préféré subir toutes les tortures de la misère et les affres du dénuement ?...

A cette évocation du souvenir de sa fille, Mme de La Guyon se mit à sangloter. Son mari s'approcha d'elle, l'embrassa avec tendresse :

— Je ne voulais pas t'affliger, ma bonne Germaine, dit-il avec émotion, ni rouvrir une plaie saignante... Mais tu vois que notre mépris et notre abandon ne nous auront pas porté bonheur !...

Il la prit dans ses bras, s'efforça de la consoler :

— Voyons, sèche tes larmes ! Tu as assez pleuré depuis trois mois... et moi aussi !... Les explosions de désespoir ne nous rendront pas notre ange envolé... Sois courageuse et forte... Tâchons de réparer le mal dont nous sommes en partie responsables et de faire tardivement ce que nous n'avons pas su faire plus tôt, ce que nous devons à la mémoire de mon cher Victor !... Ah ! si tu savais quels remords me tourmentent depuis de longues années, et comme souvent je me suis reproché ma faiblesse !... Ce n'est pas toi que j'accuse... Elles n'étaient pour toi que des étrangères... Je suis seul coupable... J'ai failli à tous mes devoirs...

— Non, Georges, non !... Vous êtes un noble cœur, vous... Et si nous avons cette horrible humiliation de retrouver votre nièce dans la chronique des tribunaux,... c'est ma faute, et non la vôtre...

— Laissons là le passé, Germaine, et ne pensons plus qu'à l'avenir.

— Au présent ! d'abord, mon ami !...

— Que comptez-vous faire ?

— Vous le demandez ?

Elle remonta dans sa chambre, sonna sa cameriste, donna l'ordre d'atteler, se fit habiller en hâte, et dit gravement à son mari, qui se disposait à l'accompagner :

— Non ! Restez !... Je veux aller moi-même et seule chercher *ma* nièce, qui sera désormais ma fille..., notre fille !...

Quelques instants plus tard, elle montait en voiture, et, après une course d'une demi-heure, son coupé la déposait à la porte du n° 29 de la rue de Lancry.

Elle espérait peu la trouver encore dans le misérable logement qu'elle avait habité avec sa mère ; mais du moins elle pourrait apprendre le lieu de sa retraite. Il était probable que la veille, à là suite de son acquittement, elle avait été recueillie, ainsi que l'avait insinué le *Figaro,* par l'opulente veuve qui avait témoigné en sa faveur, ou par l'une des patronnes pour lesquelles elle avait précédemment travaillé.

— Pourriez-vous, madame, demanda-t-elle à la concierge, me dire où est maintenant la jeune fille qui... ?

— Mamz'elle Lafontaine ?

— Précisément...

— Eh ben ! Mais elle est là-haut, la pauvre ange du bon Dieu... Elle n'a pas *décessé* de pleurer depuis hier, cette chère enfant... que ça vous fend le cœur... Voyez-vous, *Médème,* moi qui ne l'aimais pas, cette petite, je l'adore tout plein... Elle n'est plus fière comme avant... Et si vous l'aviez vue hier se jeter dans les bras de mon Agathe, dans la salle des Pas-Perdus !... ça tirait les larmes des yeux... Est-ce que vous étiez au tribunal ?...

— Non ! répondit la comtesse en rougissant...

— Et c'est ma fille qui lui tient compagnie et qui a couché avec elle, pour qu'a n'ait pas peur, c'te jeunesse !... Si *Médème* veut bien monter...

La visiteuse gravit péniblement les six étages, frappa à la porte qu'on lui avait indiquée. Mlle Patouillard vint ouvrir, puis se retira par discrétion en voyant cette belle dame...

La comtesse, en apercevant Régine qui s'était levée à son approche, avait poussé une exclamation de surprise :

— Oh ! comme elle ressemble à son père ! murmura-t-elle.

Régine ne comprenait rien à la fixité singulière avec laquelle la regardait l'inconnue, au trouble bizarre qu'accusait sa physionomie.

Elle attendait que cette dame en grand deuil, qu'elle voyait pour la première fois, lui fît connaître l'objet de sa visite... Mais la comtesse semblait ne pouvoir ouvrir la bouche et était en proie à une émotion extraordinaire.

La vue de la jeune acquittée de la veille lui rappelait sa propre fille et renouvelait sa douleur. A ce poignant souvenir venait s'ajouter un sentiment de honte, provoqué par l'aspect misérable de cette mansarde, où sa belle-sœur était morte naguère dans le plus complet dénuement.

Elle rougissait de l'abandon où elle avait laissé les deux pauvres femmes ; elle hésitait à se faire connaître, ne savait comment engager la conversation.

— Veuillez vous asseoir, madame ! dit enfin Mlle Lafontaine en lui présentant une des modestes chaises qui composaient à peu près tout l'ameublement de la petite pièce.

L'étrangère tressaillit... Par une hallucination explicable chez une mère éplorée, qui croit voir et entendre partout et toujours l'enfant qu'elle a perdue, elle s'imaginait retrouver dans la voix de l'orpheline le timbre et l'accent de sa propre fille... Son agitation s'accrut ; les larmes la gagnèrent... Elle se laissa tomber sur le siège qu'on lui offrait...

— Qu'avez-vous, madame ? demanda Régine stupéfaite... Et qui peut me procurer l'honneur... ?

— Pardonnez-moi, mon enfant, interrompit la comtesse... Je suis bien émue, vous le voyez... Et j'ai, hélas, plus d'une raison de l'être !...

La jeune fille ouvrait de grands yeux et ne s'expliquait pas ce langage.

— Il y a entre nous, mademoiselle, bien des points de rapprochement... Et si vous pleurez votre mère, moi, je pleure...

Elle ne put achever, les sanglots l'étouffaient.

— ... Votre fille, sans doute, murmura Régine en lui saisissant les mains par un mouvement spontané de sympathie.

Il n'est pas de trait d'union plus puissant, plus irrésistible entre deux âmes qu'un chagrin et un désespoir communs... La grande dame attira vers elle la jeune ouvrière et la pressa contre son sein. Pendant quelques minutes, elles confondirent leurs larmes.

Mme de La Guyon, un peu soulagée par cette mutuelle effusion, reprit son sang-froid, s'essuya les yeux.

— Excusez-moi, ma pauvre enfant, d'avoir ravivé vos souffrances et vos souvenirs par les miens... Ce sont des consolations que je voulais vous apporter... je n'ai pas été maîtresse de moi... Vous ne pouvez pas comprendre ce qui se passe en ce moment dans mon cœur... Si vous saviez qui je suis !...

— Qui vous êtes, madame ? demanda Régine de plus en plus intriguée par cet étrange début... Vous êtes, je présume, une charitable et noble dame que le récit de mon infortune a touchée. Merci, madame, merci !

La visiteuse hocha la tête.

— Je serai franche, mon enfant... Ne me remerciez pas du vif et profond intérêt que vous m'inspirez...

Puis elle balbutia gravement et comme se parlant à elle-même :

— J'ai besoin plutôt de votre indulgence !

— De mon indulgence, madame ?

Elle commençait à concevoir quelques doutes sur l'équilibre parfait des facultés intellectuelles de.son interlocutrice.

— La mort de sa fille lui aurait-elle troublé le cerveau ? pensa-t-elle.

— Oui, de votre indulgence !... de votre pardon !

— Eh ! ma bonne dame, dit-elle avec compassion, que pourrais-je bien avoir à vous pardonner, moi que vous ne connaissez pas, et dont le nom même vous a été évidemment révélé par la lecture des journaux ?

— Si ! je vous connais, pauvre petite, et depuis longtemps !... Et beaucoup plus que vous ne le pensez... Et quand je vous aurai dit qui je suis...

— Mais qui êtes-vous donc, madame ? s'écria Régine. Le ton de sincérité de l'inconnue, la fermeté, avec laquelle elle s'exprimait, la bienveillance empreinte sur ses traits : tout cela excluait l'idée d'un dérangement mental. Il y avait là une énigme qu'elle cherchait en vain à déchiffrer, un mystère dont elle ne pouvait trouver la clef.

— Qui je suis ? reprit l'étrangère en la regardant dans le blanc des yeux, pour s'assurer de l'impression qu'allait produire sa révélation. Qui je suis ?... Vous ne le devinez donc pas ?

— Comment voulez-vous que je devine, madame ? répliqua la jeune fille avec simplicité.

— Je suis la comtesse... de La Guyon ! Comprenez-vous maintenant ?

— De moins en moins ! dit l'orpheline en laissant tomber ses bras d'ahurissement, et convaincue que la malheureuse femme était folle...

— Décidément, elle ignore tout ! se dit la comtesse... Ma belle-sœur lui a caché la vérité... Voilà qui est prodigieux.

— C'est la première fois que ce nom-là frappe mon oreille !

— Alors votre mère ne l'a jamais prononcé devant vous ? Elle ne l'a jamais maudit ?...

— Maudit ? Et pourquoi ? Elle ne le connaissait certainement pas plus que moi-même...

— Pauvre enfant, elle ne le connaissait que trop, et c'est pour cela peut-être qu'elle a jeté, pour vous, un voile épais sur le passé !... Elle a tant souffert, et elle a eu à subir tant d'épreuves et tant d'injustices !... Écoutez-moi. Celle qui vous parle a eu de bien grands torts envers votre mère et envers vous... Et je vèux tâcher de les réparer, et je viens vous en demander pardon...

— Qu'est-ce que tout cela signifie ? murmura la jeune fille. Est-ce que je rêve ?... Est-ce que vous rêvez vous-même, madame ?

— Non, hélas ! je ne rêve pas, ma chère petite. La misère où vous avez été élevée, les privations dont vous avez vécu jusqu'à ce jour, la détresse affreuse que révèle ce hideux logis, et dans laquelle est morte celle à qui mon devoir m'ordonnait de tendre la main, l'aventure horrible qui vous a jetée en prison et qui a précipité votre mère au tombeau, tout cela sera pour moi, voyez-vous, un éternel remords...

Et, lui saisissant les deux mains dans les siennes, et d'un accent solennel :

— Régine Lafontaine de La Guyon ! ma nièce, mon enfant, veux-tu pardonner à celle qui sera désormais ta mère ?

XV

LA DISPARITION

Contrairement à ce qu'avait espéré Mme de La Guyon, Régine ne se livra à aucune explosion de tendresse et de joie.

Cette découverte inattendue d'une famille, d'une situation, d'un grand nom et d'une grande fortune, d'un rang dans le monde ne produisit chez la pauvre ouvrière, à qui le laitier, naguère, avait refusé le crédit d'un sou de lait, comme le mont-de-piété lui avait refusé un prêt de trois francs sur ses dernières loques, qu'une impression de stupeur...

— Madame la comtesse ! balbutia-t-elle avec froideur, en se laissant machinalement embrasser par sa noble parente..

— Appelle-moi « ma tante », mon enfant !... Ton père, le marquis Lafontaine de La Guyon était le frère aîné de mon mari... Viens ! que je te presse dans mes bras ! Désormais, tu seras heureuse et riche... Tu seras ma fille !...

— Votre fille, madame la comtesse !... répondit-elle en frissonnant... Ah ! pardonnez-moi... Mais la surprise... l'émotion... tout cela est si étrange, si imprévu !... Pourquoi maman m'avait-elle caché jusqu'à son nom ? Hélas ! je vous l'avouerai... le bonheur que vous voulez bien m'offrir ne me tente guère, puisque ma mère ne sera pas là pour le partager !...

Elle se mit à fondre en larmes.

— Je la remplacerai près de toi, chère petite... Tu verras comme je t'aimerai !...

Les caresses de cette femme semblaient odieuses à Régine... Un passé de douze années de souffrances et de pauvreté lui révélait en elle l'ennemie, le bourreau de sa mère... Elle se dégagea de son étreinte et d'un ton fier et digne :

— Madame la comtesse, dit-elle..., vous me demandiez tout à l'heure de vous pardonner les torts que vous avez eus envers les miens, l'abandon cruel où vous nous avez laissées, l'existence affreuse à laquelle nous avons été condamnées... Eh bien, j'oublie tout cela et je vous pardonne, comme vous a pardonné, j'en suis sûre, la sainte femme qui est maintenant dans la tombe !...

— Chère petite !...

— Mais, je vous prie, ne m'en demandez pas davantage !...

— Je n'exige de toi, mon enfant, que de te laisser adorer par ton excellent oncle et par moi...

— Écoutez-moi, madame...

— *Ma tante* ! Régine ; dis donc : *Ma tante* !... J'espère même que bientôt tu me donneras un nom plus doux, et que tu m'appelleras : *ma mère* !

La jeune fille eut un geste indigné qui voulait dire :

— Jamais ! jamais ! Ce serait une profanation et un sacrilège !

Puis elle répondit avec calme :

— Soit ! Veuillez m'écouter, ma tante ! bien que vous vous soyez souvenue bien tard de cette parenté... Je vous suis très reconnaissante de vos généreuses intentions à mon égard... Mais je crois obéir aux volontés de celle qui, il y a un mois, est morte sur ce lit auprès duquel vous êtes assise, qui est morte sans secours et désespérée ; je crois, dis-je, obéir à ses dernières volontés, en vous refusant. Ma tante, je vous en prie, laissez-moi dans cette mansarde, en tête à tête avec la pauvreté... et avec mon cher souvenir !...

— Mais vous êtes folle, ma chère !... Vous n'entendez pas rester abandonnée à vous-même, seule dans ce taudis ? Que comptez-vous faire ?

— Je travaillerai, madame la comtesse... J'ai assez de courage pour suffire à mes besoins... Il y a bien d'autres orphelines qui se sont trouvées dans ma situation...

— Une *La Guyon*, modiste !... Vous n'y pensez pas ! La fille du marquis, mon beau-frère, livrée à tous les hasards, à tous les dangers d'un atelier !... Ah ! par exemple !...

— Rassurez-vous... ma tante... — puisqu'il paraît que je suis votre nièce ! — votre nom ne sera pas compromis... Je ne le porterai pas... Et vous n'aurez jamais à rougir de moi... Je resterai ce que j'étais, une humble ouvrière, et je remercie ma bonne mère de l'ignorance où elle m'a laissée, pour m'épargner sans doute des regrets, des aspirations et des convoitises !... Personne ne saura que je tiens par les liens du sang à votre noble famille.

— Je le saurai, moi, et l'humiliation sera d'autant plus amère que vous aurez plus dédaigneusement repoussé mes bienfaits !... Voyons ! Vous ne savez ce que vous dites, et le chagrin vous égare. Je viens vous chercher et je vous emmène. Ne m'affligez pas plus longtemps par vos résistances inexplicables. Mettez votre chapeau, Régine, et suivez votre tante.

— Moi, quitter si vite cette chambre qui a reçu le dernier soupir de ma mère, qui a été le théâtre de son horrible agonie ! s'écria Régine avec exaltation ; ah ! madame la comtesse, vous ne l'espérez pas !

— Il le faut pourtant bien, mon enfant, reprit avec douceur Mme de La Guyon. Votre oncle vous attend pour vous presser dans ses bras.

— Vous m'en arracherez de force, alors ! dit-elle en se redressant, les lèvres frémissantes. C'est ici que nous avons souffert ensemble, ici que nous avons eu faim, que nous avons eu froid, que nos pauvres guenilles ont dû prendre successivement le chemin du mont-de-piété... J'éprouve le besoin de m'y recueillir quelque temps... Pourquoi n'êtes-vous pas venue quand elle était encore là, quand vos secours pouvaient la sauver ? Je n'en aurais pas été réduite à aller, hier, en sortant de prison, pleurer de longues heures sur sa tombe ! Ah ! tenez ! Vous n'avez même pas eu le cœur d'acheter les six pieds de terre où elle repose !... Ce sont des étrangers qui les ont payés ! C'est à des étrangers que je dois la robe de deuil que je porte !... Ah !... madame, je ne vous en veux pas, j'oublie votre cruelle indifférence. Mais, de grâce, laissez-moi telle que je suis. Le luxe et l'opulence dont je jouirais chez vous me sembleraient trop chèrement acquis... J'aime mieux le pain sec et l'eau claire que je gagnerai avec mes doigts... Croyez-moi : restez comtesse de La Guyon ; moi je reste, dans l'avenir comme dans le passé, la pauvre Régine Lafontaine !...

La grande dame était interdite, abasourdie, presque irritée de cet accueil.

— Savez-vous, Régine, dit-elle, que votre attitude est incompréhensible et donne lieu à bien des suppositions ?.. J'en arrive à croire que vos refus ont peut-être d'autres motifs...

— Quels motifs, madame ? interrompit la jeune fille, dont la joue se colora subitement.

— Oui, j'ai peur que la piété filiale ne soit pas l'unique cause de vos répugnances et qu'il n'y en ait une autre... moins avouable.

— Que voulez-vous dire, ma tante ? répliqua Régine, dont le visage était devenu pourpre.

— Ah ! je vois que j'ai touché juste ! pensa Mme de La Guyon... Et ce n'est pas seulement cette mansarde qui la retient, mais aussi le voisinage ! Je m'en doutais... Bah ! ce n'est pas bien grave... On lui fera bien oublier ce jeune homme...

— Que voulez-vous dire ? répéta Mlle Lafontaine... M'estimez-vous assez peu, madame la comtesse, pour admettre un seul instant qu'il puisse y avoir dans mes pensées, dans mes actes, dans mes projets, dans mes préoccupations et dans mes sentiments, rien qui ne soit absolument avouable, absolument honnête.

— Je n'ai pas voulu vous froisser, mon enfant... Certes, je vous crois incapable de quelque chose de bas ; je vous admire et je vous aime !... Vous êtes un ange, malgré les dures et peu respectueuses paroles que vous m'avez fait entendre et qu'excuse jusqu'à un certain point votre douleur... Mais vous êtes bien jeune... Vous avez seize ans à peine.

— Dix-sept ans bientôt, madame...

— Soit !... C'est la même chose... Vous n'êtes pas d'âge à rester sans péril maîtresse de vos actions... Il vous faut des guides, des conseils, des protecteurs...

— Ne serai-je pas protégée, conseillée, guidée, par celle qui est au ciel ?... Son image est là, ajouta-t-elle en mettant la main sur son cœur... et je ne ferai jamais rien qui ne fût approuvé par elle, si elle était ici pour veiller sur moi...

— Très bien ! très bien ! ma chérie ! dit la comtesse avec émotion. Je reconnais bien en vous une La Guyon... Hélas, comme vous me rappelez ma fille adorée ! Allons, parlons un peu raison... L'isolement n'est pas le fait d'une enfant de seize ou dix-sept ans, si pure, si irréprochable qu'elle soit... Vous oubliez que vous êtes mineure...

— Le malheur vieillit vite, ma tante ! Et je suis bien devenue majeure par l'adversité, si je ne le suis pas par l'âge !...

— Vous êtes mineure et vous ne vous appartenez pas. Vous devez obéir à ceux qui ont autorité sur vous. Votre oncle et moi, nous sommes vos tuteurs naturels ; nous avons une tâche à remplir.

— Oh ! je vous en dispense, madame.

— Permettez ! Ni les convenances ni la loi ne nous en dispensent. Nous avons sur vous des droits...

— Les droits, madame, supposent des devoirs, j'imagine, et jusqu'ici je ne sache pas que...

— Des droits et des devoirs, reprit la comtesse un peu agacée par la hardiesse des réponses de sa nièce. Nous remplirons les uns et nous exercerons les autres !

Ces mots étaient prononcés d'un accent si impérieux, avec une inflexion si comminatoire, qu'ils rappelaient à Régine le ton et les manières de l'inspecteur de police qui l'avait arrêtée dans les bureaux du commissionnaire du mont-de-piété.

Pas moyen de s'y tromper ! Il s'agissait d'une tendresse imposée, d'une maternité par autorité de justice !

Et c'était le code à la main, et avec des gendarmes éventuels sur l'arrière-plan, que la bonne tante lui ouvrait ses bras et son cœur.

— Est-ce que vous voulez aussi me mettre en prison, madame ? dit-elle avec une douceur qui fit honte à la comtesse.

Celle-ci vit qu'elle avait été trop loin, qu'elle avait trahi trop vite la nature despotique de son caractère.

Ce n'était pas par la force qu'elle pouvait s'attacher cette frêle et délicate enfant et s'emparer de son affection. Elle sentait que ce faible roseau se laisserait briser plutôt que de plier. Cette fermeté et cette obstination n'étaient pas d'ailleurs sans lui causer un certain plaisir.

— Je reconnais bien là le sang des La Guyon ! pensait-elle avec un certain orgueil.

Au fond, elle n'était ni dure ni méchante. Pétrie de préjugés aristocratiques, entichée de son blason, ne disant jamais trois paroles sans y mêler le nom et le souvenir de ses ancêtres, elle ne comprenait pas que cette misérable petite fille fît aussi bon marché du rang et de la situation qu'elle lui offrait.

— En prison, ma chérie ! reprit-elle en souriant... Rassurez-vous... Ce n'est pas une captive que je suis venue chercher, ingrate !... Vous le savez bien...

Et l'attirant avec câlinerie sur sa poitrine, où Régine se laissa presser avec indifférence :

— Tu verras, mon ange, comme tu seras choyée, dorlotée. Ne t'ai-je pas dit que tu serais pour nous plus qu'une nièce, que tu serais notre fille ?

En ce moment, la conversation fut interrompue par un léger coup frappé à la porte.

Mlle Lafontaine alla ouvrir, croyant que c'était la fille de la concierge qui lui apportait une lettre de Francis... Elle n'avait encore reçu aucune nouvelle du prisonnier.

Mais ce n'était pas Agathe.

Sur le seuil de la mansarde apparut Mme Bluteau accompagnée de M. Raymond.

Régine, en apercevant sa soi-disant protectrice, fit un mouvement où la joie n'entrait pour rien... Elle se sentait mal à l'aise, agitée, troublée, en face de cette femme !

La présence de ces visiteurs, qu'elle toisa du haut de sa grandeur, décida la comtesse à précipiter les choses...

— Allons ! ma nièce, dit-elle avec fermeté, mettez votre chapeau, votre manteau, et venez !

— Sa nièce, murmura Diane.

— Votre tante ! balbutia Raymond qui lâcha avec stupéfaction la main de la jeune fille qu'il venait de serrer naturellement.

— Qu'est-ce que cela signifie ? reprit Mme Bluteau. Elle avait remarqué, en arrivant, ainsi que son compagnon, la voiture armoriée qui stationnait à la porte, et dont le. cocher et le valet de pied portaient une livrée de deuil.

— Cela signifie, madame, que les journaux de ce matin m'ont enfin appris la retraite d'une jeune parente dont notre famille avait perdu la trace depuis de longues années, et que je me hâte de venir chercher Mlle Lafontaine de La Guyon, ma nièce.

M. Raymond et Diane laissèrent échapper un même mouvement de joie, et se mirent à féliciter chaleureusement la jeune fille, sur ce brillant changement de fortune et de situation.

L'une voyait dans l'existence nouvelle qui allait s'ouvrir devant Régine une garantie de la fidélité désormais forcée de Francis... Elle connaissait fort bien le nom du comte de La Guyon, et ne doutait pas que la noble héritière de demain, si pauvre qu'elle pût être personnellement, n'oubliât bientôt le misérable employé à quinze cents francs, qui, la veille, s'était si généreusement dévoué pour elle.

L'autre avait une préoccupation moins égoïste ; il était à la fois heureux et inquiet ; inquiet, en songeant à l'amour désormais sans espoir de son jeune ami ; heureux, en pensant que cet événement et cette découverte permettraient de faire réparer l'erreur judiciaire dont Roger était la victime volontaire.

— Pardonnez-moi, madame, dit-il à la tante de Régine, veuillez me permettre une question et une observation.

— Parlez, monsieur...

— M. Raymond, ma tante, interrompit Mlle Lafontaine en le présentant ; un brave et digne cœur, le chef de l'usine où est employé...

L'émotion l'empêcha d'achever, et ce fut Raymond qui acheva sa phrase..

— ...L'héroïque et admirable jeune homme qui hier, madame, a sauvé, au prix du sien, l'honneur de votre nièce... Ainsi, madame, Mlle Régine...

— Est la fille du marquis Lafontaine de La Guyon, mon beau-frère, disparu depuis plus de douze ans !

— Je vous remercie, madame la comtesse, car je suppose que c'est bien à la comtesse de La Guyon que j'ai l'honneur de parler ?

Celle-ci fit un geste d'assentiment.

— Je vous remercie du fond du cœur, madame la comtesse, et je vous serai éternellement reconnaissant...

— Reconnaissant, monsieur ?... Reconnaissant de quoi ?... En recueillant ma nièce, je remplis une obligation stricte... Rien de plus... Et mon unique regret est de n'avoir pu le faire plus tôt... Je n'ai nul besoin, pour un devoir aussi naturel, des remerciements des étrangers...

— Ce n'est pas de mademoiselle votre nièce que je parle ! repartit M. Raymond, un peu piqué de cette froideur hautaine.

— Ma tante, dit à son tour Régine d'un ton de reproche, M. Raymond n'est plus et ne sera jamais un étranger pour moi... ni pour vous, je l'espère. Si ma mère a eu des funérailles décentes, c'est à lui que je le dois ! à lui, qui ne me connaissait pas, qui ne m'avait jamais vue !... Si elle n'a pas été jetée dans la fosse commune et si je puis aller prier sur sa tombe, c'est lui qui a généreusement acheté et payé le terrain où elle repose !...

Et, se précipitant avec effusion vers le patron de son cher Francis :

— Monsieur Raymond !... mon bienfaiteur !... mon ami !... souffrez que je vous embrasse !

— Mon enfant ! murmura-t-il avec attendrissement en la prenant dans ses bras et déposant un baiser sur son front... Ce n'est pas à moi, vous le savez, que doit s'adresser votre gratitude !

— Mlle de La Guyon a raison, madame la comtesse ! ajouta Diane... Mon ami, M. Raymond, a été admirable de bonté et de dévouement...

— Et vous aussi, madame ! reprit Régine, chez qui la répulsion qu'elle éprouvait pour sa parente étouffait momentanément le sentiment de défiance qui s'était éveillé en elle à l'égard de sa rivale... Je ne suis pas assez ingrate pour l'oublier.

Elle l'embrassa chaleureusement ; puis, parlant à voix bien basse :

— Pour lui, cette fois ! balbutia-t-elle.

Toute son âme se fondit dans un second baiser, plus tendre, plus ardent, tandis qu'elle essayait de refouler les sanglots qui ne demandaient qu'à s'échapper de sa poitrine.

Confuse, humiliée, irritée de voir sa nièce, si indifférente pour elle, et qui avait paru subir ses caresses, prodiguer aux autres des témoignages d'affection, la comtesse essaya pourtant de faire bonne contenance.

— Elle aime tout le monde ici... Tout le monde, excepté moi !... pensa-t-elle avec dépit... Enfin, qu'importe ? Elle ne reverra plus ces gens-là.

Et, cherchant à dissimuler sous un sourire aussi gracieux qu'affecté sa rougeur, sa gêne, son embarras :

— Madame, et vous, monsieur, je ne sais vraiment en quels termes vous remercier des bontés que vous avez eues pour ma nièce... qui est désormais ma fille mon unique héritière. J'en suis touchée au delà du possible !... Mon mari, du reste, vous exprimera lui-même notre reconnaissance...

Puis, s'adressant à Raymond, et non sans une certaine hésitation :

— Dans tous les cas, monsieur, vous nous permettrez de vous rembourser tous les frais que...

— Oh ! madame la comtesse !... interrompit-il vivement, surpris, presque indigné de voir agiter cette mesquine et misérable question d'argent.

— Oh ! ma tante ! fit Régine d'un ton suppliant.

— M. Raymond, sans être riche, est au-dessus d'une pareille bagatelle ! dit à son tour Mme Bluteau, heureuse d'abaisser un peu l'orgueil de la grande dame... Et puis, des services de ce genre ne se règlent pas par *Doit* et *Avoir*...

— Je n'insiste pas ! reprit la comtesse toute honteuse... Croyez bien, du reste, que nous n'oublierons jamais... que même en vous remboursant je ne me serais pas tenue quitte envers vous, monsieur !...

— Vous avez un moyen de vous acquitter, madame la comtesse ! Non pas envers moi, certes, — la chose n'en vaut vraiment pas la peine — mais envers *un autre,* à qui vous devez bien davantage, ce me semble...

Il échangea avec Régine un regard plein d'éloquence, et continua :

— Vous allez emmener votre nièce dans votre hôtel, lui servir de mère, assurer son sort : c'est fort bien ! Mais ce n'est pas tout... Cela ne suffit pas. Vous avez, vous et M. le comte de La Guyon, un impérieux devoir à remplir... Vous n'y faillirez pas, j'en suis sûr...

— Où veut-il en venir ? se dit avec inquiétude et en pâlissant Mme de La Guyon. Est-ce qu'il songerait à me demander la main de Régine pour... Oh ! par exemple ! Ce serait trop d'impudence...

— Un impérieux devoir, je le répète...

— Je ne saisis pas bien, monsieur, ce que... Nous serons disposés à faire tout ce qui sera compatible avec les convenances, avec ce qu'exigent notre rang, notre situation, notre monde...

— C'est précisément au nom de tout cela que votre intervention est aussi nécessaire qu'elle sera puissante, irrésistible...

— Veuillez vous expliquer ! De quoi s'agit-il ?

— C'est bien simple, et vous me permettrez de m'étonner que vous ne l'ayez pas encore deviné. Il s'agit de rendre à M. Roger l'honneur qu'il a volontairement sacrifié pour sauver Mlle Régine.

— Il serait temps, en effet, de nous occuper un peu de lui ! dit Mme Bluteau...

Mlle de La Guyon se taisait. Mais ses yeux, son trouble, son agitation parlaient pour elle.

— Sans doute ! sans doute ! dit la comtesse... Et nous sommes prêts à faire toutes les démarches...

— Merci, madame la comtesse ! répondit Raymond. Il est évident que les choses sont singulièrement simplifiées par l'événement d'aujourd'hui ; que tout ce qui était obscur devient clair. La possession légitime d'un joyau de prix, suspect chez de pauvres ouvrières, chez celles que les magistrats appelaient hier : la *femme* et la *fille* Lafontaine, s'explique, au contraire, très bien chez la veuve et chez la fille du marquis de La Guyon. Il vous sera facile, à vous et à M. le comte, d'établir que cette bague était un souvenir de famille, de prouver à ces juges qu'ils sont des ânes, des misérables, qu'ils ont commis une épouvantable erreur, une infamie judiciaire !... Ce soir même, Francis interjettera appel, et devant la cour la vérité éclatera, brillante comme la lumière du soleil..., accablante pour la justice borgne ou aveugle qui n'a pas su protéger l'innocent contre lui-même, qui a lâchement et bêtement accepté son sublime sacrifice, qui n'a pas eu assez d'intelligence ou assez d'honnêteté pour deviner le martyr sous le condamné !

— De grâce, monsieur, soyez plus calme ! Ne vous emportez pas comme cela : vous me faites peur ! dit la comtesse.

Elle était effrayée, en effet. Non pas du ton exalté de Raymond, ni du feu sombre qui jaillissait de ses yeux, ni de l'écho d'ardente sympathie que trouvaient ses paroles, elle le voyait bien, dans le cœur de sa nièce.

Elle était effrayée des perspectives peu rassurantes que venait de lui présenter le chimiste ; de ce procès en appel et du rôle qu'elle et son mari auraient à y jouer comme principaux témoins, ainsi que Régine elle-même, qui, cette fois, ne serait plus l'humble modiste de la rue de Lancry, portant ses dernières hardes au mont-de-piété, mais la fille du marquis de La Guyon !

Son nom traîné devant la cour, livré à la chronique judiciaire des journaux, aux commentaires indécents des courriéristes parisiens, aux réflexions philosophiques des articles de fond sur la dégringolade de la noblesse, et l'irrémédiable décadence de l'aristocratie.

Son odieuse conduite envers sa belle-sœur révélée au grand jour ; toutes les plaies secrètes d'une grande famille mises à nu ; l'unique héritière des La Guyon découverte sous les traits d'une pauvre enfant accusée de vol, tandis que sa mère expirait dans une mansarde ! Quel tableau ! Quel scandale ! Quelle honte !

Et quelle bonne fortune pour ces gredins de républicains, que M. le maréchal de Mac-Mahon et le gouvernement de combat étaient justement en train de mettre à la raison ! Quel parti n'allaient-ils point tirer de cette déplorable aventure !

Qu'allait penser le faubourg Saint-Germain ? Que dirait Monseigneur le comte de Chambord, auprès de qui M. de La Guyon s'était rendu naguère, comme membre d'une députation chargée de supplier Sa Majesté de daigner enfin sauver la France ?

Que diraient surtout, au fond de leurs tombes, tous les ancêtres de la comtesse, depuis ceux qui étaient morts en Palestine, à la première croisade, jusqu'à ceux qui s'étaient battus à Fontenoy, sous le maréchal de Saxe, ou qui s'étaient distingués dans l'armée de Condé, en luttant contre l'*infâme Révolution,* contre les *bourreaux du roi-martyr ?* comme la noble dame appelait les héros de 1793.

— Oh ! j'en mourrais ! et mon mari ne survivrait pas non plus à un pareil désastre ! se disait-elle avec terreur.

Que lui importait, après tout, la condamnation ou la justification d'un obscur prolétaire ? Que faisait l'honneur d'un petit employé auprès de l'honneur des La Guyon ? C'était sa faute, en somme, et personne ne lui avait demandé de s'accuser lui-même et n'avait exigé son généreux sacrifice.

Mais Régine eût été condamnée. Soit ! dans ce cas, la comtesse se fût bien gardée de la revendiquer comme sa nièce ; elle l'aurait laissée au fond du gouffre... Et la dignité du nom et de la famille était sauve !

Ah ! pourquoi n'était-elle pas arrivée un quart d'heure plus tôt rue de Lancry ? Pourquoi avait-elle eu l'imprudence de découvrir prématurément à Régine le mystère de sa naissance ? Elle aurait dû d'abord l'emmener chez elle sous un prétexte quelconque... Mais qui pouvait se douter que cette petite sotte ferait tant de façons pour reprendre son rang, pour redevenir noble, heureuse, riche, adulée ?...

Toutes ces réflexions s'étaient mêlées confusément. dans l'esprit de Mme de La Guyon, en vingt fois moins de temps qu'il n'en faut, à moi, pour les exprimer, et à mes lecteurs pour les lire.

En réalité, et malgré son égoïsme de race et de caste, elle n'était pas dépourvue de tout bon sentiment. Certes, elle se sentait disposée à agir en faveur de ce brave et loyal jeune homme, à obtenir, par son influence, sa grâce immédiate, à tenter auprès du garde des sceaux une discrète et confidentielle démarche, qui ne compromettrait personne.

— Soyez sans inquiétude, monsieur, reprit-elle en souriant et par un de ces efforts de dissimulation dont les femmes seules sont capables : Si vous me voyez pensive, c'est que je réfléchissais au meilleur moyen de tirer de là votre jeune ami...

— Le meilleur moyen, madame la comtesse ? Je n'en connais qu'un. C'est la voie de l'appel... Et je vais aller de ce pas trouver Roger pour...

— Sans doute ! sans doute ! Mais il est possible d'arranger l'affaire, de sauvegarder tous les intérêts...

— Tous les intérêts ? Je ne vois ici qu'un seul intérêt à sauvegarder, celui de l'innocent et de sa réhabilitation éclatante !...

— Parfaitement, c'est ce que je voulais dire... Et tenez, je suis très liée avec Mme la Maréchale ; mon mari est l'intime ami du ministre de la justice, et je suis sûre que nous parviendrons sans scandale et sans bruit...

— Sans bruit ?... y pensez-vous, madame la comtesse ? Il faut qu'il y ait beaucoup de bruit, au contraire !... Ce n'est pas sous le manteau de la cheminée que Francis a été condamné hier...

— M. Raymond a raison ! s'écria Régine avec force. Et je veux crier sur les toits son innocence et son sublime dévouement !... Conduisez-moi chez Mme la Maréchale, ma tante ! Conduisez-moi chez le ministre... Et je leur dirai ce qu'est Francis. — M. Francis, veux-je dire !

Elle s'arrêta, rougissante, Mme de La Guyon rougit aussi, mais de colère concentrée.

Les choses se gâtaient. Elle sentit le besoin de donner le change à ses interlocuteurs. Il serait toujours temps d'aviser.

— Enfin, nous ferons ce que vous voudrez, monsieur, reprit-elle... Moi, je n'entends rien aux affaires de la justice... Vous réglerez cela avec le comte, qui sera heureux de vous remercier lui-même et de se mettre à votre disposition... Veuillez me donner votre adresse ?

Raymond remit sa carte à la tante de Régine.

— Merci d'avance, madame la comtesse !... Permettez-moi de prendre congé de vous et de ne pas retarder plus longtemps vos effusions de famille... J'ai hâte de voir Roger pour lui faire interjeter appel...

Mme Bluteau échangea avec Mme de La Guyon un salut cérémonieux, embrassa la jeune fille et se retira avec M. Raymond, qui se contenta d'envoyer à Mlle Lafontaine un sourire affectueux. Il n'osait même pas lui serrer la main, de peur de déplaire à l'orgueilleuse tante.

— A bientôt, monsieur, dit gracieusement celle-ci, à bientôt !

Ils sortirent. Mais, au moment où la porte allait se refermer sur eux, Régine n'y tint plus. Elle avait le cœur trop gonflé ! Avant que sa tante eût pu songer à la retenir, elle était dans le couloir. Elle se jeta au cou de Raymond, sans mot dire, et rentra précipitamment dans la mansarde...

— Décidément, pensa la comtesse, cela est plus grave que je ne pensais !

Et, sans lui adresser aucune observation sur cette incartade, elle lui dit avec douceur :

— Allons, venez, mon enfant.

Elle lui donna à peine le temps et la permission d'emporter quelques légers souvenirs, quelques-uns de ces riens auxquels on tient tant :

— A quoi bon ! disait-elle en haussant les épaules. Laissez donc toutes ces guenilles... Vous abandonnerez ce grabat à la concierge, je suppose ?...

Tout son bagage tenait dans un carton à chapeau !

En passant devant la loge, et sous le prétexte de remettre sa clef, sa tante ne put l'empêcher d'adresser de courts adieux à Agathe, et même d'embrasser Mme Patouillard, qui lui dit en pleurnichant :

— Eh quoi ! vous partez, mam'zelle Régine ?

— Je reviendrai ! dit-elle à voix basse...

Une minute plus tard, le riche équipage l'emportait au trot de deux pur-sang. Mme Patouillard ne revenait pas de son ébahissement en suivant des yeux la voiture.

— Je te disais bien, maman, dit Agathe, qu'elle était d'une famille huppée !...

Cependant, après avoir conduit, dans son coupé, M. Raymond à la préfecture de police, Diane était revenue à l'hôtel, et s'était empressée de raconter à sa mère ce qui venait de se passer.

Dès qu'elle eut prononcé le nom de La Guyon, Berthe la Champenoise poussa un cri :

— Répète donc le nom que tu viens de prononcer ! dit-elle avec stupeur.

— La comtesse de La Guyon !... Régine est la fille du marquis de La Guyon, son beau-frère !...

— Ah ! par exemple !... En voilà une aventure ! reprit Mme Garnier, avec une extrême agitation... du marquis Victor Lafontaine de La Guyon ?...

— Précisément !

Mme Garnier levait les bras au ciel et ne revenait pas de sa stupéfaction :

— La fille de Victor de La Guyon ! balbutiait-elle... Ah ! je croyais pourtant que ces choses-là n'arrivaient que dans les romans et dans les cinquièmes actes de l'Ambigu !... Ah !... mon Dieu ! Ah ! mon Dieu !...

— Mais qu'as-tu donc, maman ? reprit Diane avec impatience... Pourquoi tous ces soupirs et ces interjections ?... Ce n'est pas la première fois qu'une pauvre ouvrière se trouve être la fille d'un marquis. Tu n'as pas besoin de t'évanouir pour cela...

— Ce n'est pas cela !... Tu ne comprends pas, ma fille ! Ce qui m'épate, vois-tu, Diane...

— M'*épate ! m'épate !* interrompit Diane brusquement. Tu parleras donc toujours argot ?

— Ah ! laisse-moi tranquille à la fin, avec tes bégueuleries... Eh bien, oui, ça m'*épate !*... Et je ne puis pas trouver d'autre mot, puisque c'est réellement épatant !... Tu ne devines donc pas que ce La Guyon, je l'ai connu...

— Eh bien, après ? Quoi d'étonnant à cela ?... Moi aussi je connais ce nom... Je le lis assez souvent dans le *Figaro*...

— Mais, petite sotte, ce n'est pas du comte que je parle ! C'est de son frère le marquis !... du père de Régine !... Ah ! si tu savais ! je te dis que je l'ai connu... beaucoup connu !... C'était un de mes meilleurs amis... Ah ! vraiment, quelle prodigieuse histoire ! Écoute-moi, Diane : il faut que je te raconte...

— Fais-moi grâce de tes racontars ! dit Mme Bluteau avec une mauvaise humeur évidente.

— Mais, ma chérie, il se passe des choses si extraordinaires !... Il est indispensable que je t'apprenne...

Diane se dressa devant sa mère, et d'un ton de sourde colère :

— Maman, dit-elle, dispense-moi d'entendre toutes tes histoires !...

— Tu es folle ! il faut absolument...

— Tais-toi ! te dis-je... Il avait été convenu entre nous que tu ne ferais jamais la moindre allusion à ton passé...

— Si tu savais, cependant, ma chérie...

— J'en sais déjà trop !... Je ne veux pas en apprendre davantage, Est-ce que je ne devine pas, d'ailleurs, ce que tu tenais tant à me dire ?... Le marquis a été ton amant ; n'est-ce pas ?... Hélas ! il a eu cela de commun avec tant d'autres !...

— Oui, mais tu ne te doutes pas...

— Je t'en supplie, maman ! une fois pour toutes : tais-toi !... tu me fais honte, tu me fais rougir !... veux-tu que je te prenne en grippe, en horreur, en dégoût !

— Diane ! Diane !... c'est indigne ce que tu dis là, s'écria en pleurant Mme Garnier.

— Pardonne-moi, chère mère !... je t'adore, malgré tout... Aussi tu ne devrais pas m'exciter, me pousser à bout !... Il est certaines questions que je t'ai priée de ne jamais aborder, certains souvenirs qui me révoltent... Brisons là.

— Ah ! si tu m'écoutais seulement une minute ! s'écria Mme Garnier, avec une étrange exaltation, tu cesserais de m'imposer silence !...

— Non ! non ! pas un mot de plus, je t'en conjure !... Ne réveille pas dans ma mémoire certains tableaux qui s'y sont gravés ineffaçablement dès ma première enfance !... Ne me rappelle pas ce que je voudrais pouvoir oublier au prix de mon sang ! Ne me rappelle pas que je suis la fille d'une... Tiens !.... je n'achève pas.... j'aime mieux m'en aller !... ;

Elle se retira en refermant violemment sur elle la porte du salon, laissant sa mère éplorée et tremblante.

— Ah ! que je suis malheureuse ! s'écria Berthe la Champenoise en se cachant le visage de ses mains... Méprisée par ma propre fille !... Je m'explique maintenant pourquoi elle ne m'a pas permis, hier, de l'accompagner au Palais de justice... Elle a honte de moi !...

A dater de ce jour, il ne fut plus question entre les deux femmes de l'événement qui avait provoqué cette scène. Une convention tacite s'établit entre la mère et la fille de ne parler entre elles ni de Francis Roger, ni de leur ami commun Raymond, ni de Régine, ni du marquis de La Guyon.

— Pauvre Victor ! se disait souvent Berthe, en étouffant un soupir... Il ne me mépriserait pas, lui !... Il serait, comme toujours, indulgent et bon autant que généreux et noble !... Ah ! c'est bien le seul homme que j'aie réellement aimé !...

Cependant, la comtesse et sa nièce, pendant cette orageuse conversation entre l'ancienne cocotte et la veuve du procureur impérial, étaient arrivées à l'hôtel de La Guyon, situé à l'extrémité de la rue de Varenne, près du boulevard des Invalides.

Le comte avait accueilli à bras ouverts et le cœur plein de joie la fille de son frère. Il ne se lassait pas de l'embrasser, de la contempler, de retrouver dans les lignes de son visage tous les traits du marquis...

D'un caractère faible, entièrement dominé par sa femme, dont la fortune était de beaucoup supérieure à la sienne, et qui le lui faisait assez sentir, il avait cruellement souffert de l'abandon où il avait dû laisser, de longues années auparavant, la femme et la fille unique de son cher Victor. Aussi se promettait-il de faire oublier à Régine tout ce qu'elle avait souffert.

Mais quand Mme de La Guyon lui eut fait connaître l'explication qu'elle avait eue, rue de Lancry, avec le chimiste, les projets de celui-ci, l'éclat judiciaire qu'il préparait et les pénibles révélations qui allaient, devant la cour d'appel, jeter une tache sur le blason immaculé des La Guyon, le comte qui, plus que sa femme, si c'était possible, avait pour son nom un culte ridicule, frémit à la seule pensée d'un pareil scandale, et jura que, jamais, de son plein gré, les La Guyon ne seraient traînés devant les tribunaux.

A la suite d'une longue et mystérieuse conférence entre les deux époux, une résolution décisive fut prise d'un commun accord.

Après une démarche confidentielle, faite le jour même auprès de la plupart des, directeurs de journaux dans le but de gagner leur bienveillance et d'obtenir la promesse éventuelle d'un silence absolu, on était décidé à quitter, sans délai, et sous un prétexte quelconque, Paris et la France.

Le lendemain soir, M. Raymond trouva, en rentrant chez lui, un bronze d'art d'une grande valeur, acheté chez Barbedienne, accompagné d'une carte où M. de La Guyon n'avait même pas pris la peine d'ajouter à son nom une ligne de remerciements banals. Le fier gentilhomme se croyait désormais quitte envers lui !

Quand, vingt-quatre heures plus tard, il se rendit à L'hôtel de la rue de Varenne, Raymond apprit avec désespoir que le comte, la comtesse et Régine étaient partis le matin, par la gare de l'Est, se rendant, selon toutes probabilités, en Autriche.

Les domestiques ignoraient et le but et la destination de leur voyage, projeté depuis longtemps, disait-on, ainsi que l'époque de leur retour !

Les La Guyon avaient fui pour échapper au payement d'une dette sacrée !

---

1 IMPÉRIAL, 2 volumes in-18. Première partie : Jules Rouff, *éditeur* Deuxième partie : Le *Condamné,* chez

LIVRE DEUXIÈME

I

LE MARQUIS DE LA GUYON

Certes, le comte et la comtesse, en prenant la résolution de fuir, ne se dissimulaient pas que cet expédient désespéré ne les mettait pas complètement à l'abri du danger qu'ils redoutaient.

C'était un coup de tête ; ce n'était pas une solution.

Si leur absence dérangeait le plan de Raymond elle ne le détruisait pas. Il n'en était pas moins établi que Régine Lafontaine, au lieu d'être une humble ouvrière, comme on l'avait cru, touchait de près à une des plus riches et des plus grandes familles de France ; et il y avait là, pour Francis Roger, qui, devant la cour d'appel, ne manquerait pas de revenir sur ses aveux, il y avait pour son avocat un excellent système de défense.

Si la justification et l'acquittement étaient certains, la divulgation du mystère qu'il importait à leur orgueil de cacher n'était pas moins inévitable, Et leur départ précipité serait, sans doute qualifié sévèrement par l'opinion publique.

Ils n'évitaient un mal que pour se heurter à un mal pire. Ils tombaient de Charybde en Scylla. Leur égoïsme et leur lâcheté apparaîtraient à tous les yeux. Après avoir abandonné leur nièce, ils abandonnaient son sauveur ! C'était odieux.

Mais la vanité aristocratique l'emportait sur toute autre considération. Comme toutes les peurs, la peur du scandale ne raisonne pas. D'ailleurs ne s'étaient-ils pas assuré, avant de partir, le silence des principaux journaux ? Le compte rendu du procès ne paraîtrait donc que dans les feuilles révolutionnaires, dont la malveillance systématique ferait suspecter, aux yeux du *high life,* la sincérité et la bonne foi de leurs récits.

Avant toutes choses, ils voulaient se soustraire à une comparution personnelle devant la justice. Au lieu de cacher leur tête sous leur aile pour ne pas voir le péril, selon le procédé d'un échassier bien connu, ils allaient la cacher au fond de l'Autriche !

Et puis enfin, deux témoins seulement connaissaient l'identité de Mlle Lafontaine : cette dame inconnue et ce M. Raymond, que la comtesse avait rencontrés dans la mansarde de la rue de Lancry. En l'absence de Régine elle-même, un certain doute ne planerait-il pas sur toute cette affaire ?

La disparition de la jeune fille leur semblait sauver la situation :

— Partons d'abord ! répondait Mme de La Guyon à toutes les objections de son mari ; nous aviserons ensuite ! J'aimerais mieux mourir que de rester ici, que de recevoir une assignation, que d'avoir à affronter les insolentes questions des magistrats, les insinuations ou les attaques ouvertes du substitut ou de l'avocat, et les regards curieux du public !...

— Vous avez raison, Germaine, répliquait le comte en frissonnant à cette seule pensée... Avouer devant tout le monde que nous avons laissé mourir de faim ma propre belle-sœur et ma propre nièce ; que nous sommes des parents sans entrailles !... Ah ! tenez, c'est affreux !... Vous avez raison, ma chère amie, partons ! partons !... S'il y a de l'éclat, il n'en parviendra du moins jusqu'à nous qu'un écho affaibli... Partons !

Et ils étaient partis !

Les préparatifs avaient été bientôt faits. Comme, depuis la mort de leur unique enfant, le comte avait plus d'une fois manifesté le désir d'arracher sa femme à ses funèbres préoccupations, à ses visites quotidiennes au cimetière, de chercher dans un long voyage à l'étranger une diversion à sa douleur, cette soudaine détermination ne surprendrait personne.

Le plus difficile, c'était de décider Régine ; et il fallut toute la diplomatie féminine de la comtesse, et tout un echafaudage de mensonges, pour vaincre ses résistances.

Pendant les quarante-huit heures qui précédèrent le départ, elle fut presque gardée à vue. Deux lettres, qu'elle avait écrites, en cachette, à Raymond et à Francis, et confiées à une camériste, furent interceptées, grâce à la complicité de celle-ci... Et comme elle ne voulait pas quitter Paris avant d'avoir été sur la tombe de sa mère, sa tante prit soin de l'accompagner...

On lui fit habilement entendre que sa piété filiale était intéressée dans ce voyage, et qu'il s'agissait surtout de faire des recherches pour retrouver le marquis, dont la mort n'était nullement prouvée. On inventa toute une histoire que la pauvre enfant accepta sans difficulté.

Elle ignorait d'ailleurs où on la conduisait. Et ce fut seulement à la frontière qu'elle apprit qu'elle allait mettre le pied sur le sol allemand.

Mais, avant d'aller plus loin et tandis que le chemin de fer les emporte dans la direction de Munich et de Vienne, il nous faut revenir en arrière, faire un long retour sur le passé ; apprendre au lecteur dans quelles circonstances et à la suite de quelles péripéties le marquis Victor de La Guyon était parti pour l'Amérique, douze années auparavant, et comment depuis dix ans sa femme avait cessé de recevoir de ses nouvelles et avait dû le considérer comme mort.

Il importe également de reprendre, au point où je l'avais laissée dans le *Procureur impérial*, l'histoire de Diane Bluteau et de sa mère Berthe la Champenoise, ainsi que des divers personnages dont j'ai raconté précédemment les dramatiques aventures.

Le cas de Victor Lafontaine, marquis de La Guyon, n'avait rien de particulièrement extraordinaire et ressemblait à celui d'une foule de riches fils de famille, — ainsi nommés sans doute parce qu'eux seuls ont une famille et que les familles, pauvres n'ont pas le droit d'avoir des fils ! — Il appartenait à la race nombreuse des gens dont le rôle en ce monde est de consommer ce que les autres produisent.

Né un peu plus tôt ou un peu plus tard, ou dans un autre milieu, il eût comme un autre et plus qu'un autre occupé sa place au sein des classes dirigeantes. Il eût été député sous la Restauration ou ambassadeur sous le second Empire, qui n'avait pas de plus constantes préoccupations que de se rallier les représentants des vieilles maisons et de s'attacher la fine fleur du parti légitimiste.

Mais il était arrivé à l'âge d'homme en pleine floraison de la monarchie de Juillet, à une époque où quiconque était lié par son passé ou par sa parenté à l'état de choses renversé en 1830, tenait à honneur de bouder le nouveau régime et de *briser son épée,* de ne servir ni l'usurpateur ni le pays qui se l'était laissé imposer. Le devoir des jeunes gentilshommes d'alors, comme celui des fils de millionnaires d'aujourd'hui, était de dévorer, le plus brillamment et le plus vite possible, la fortune paternelle. Tandis que Guizot criait sur tous les tons à la bourgeoisie : « Enrichissez-vous ! » le clan légitimiste semblait avoir adopté pour devise la doctrine contraire et arboré par esprit d'opposition la maxime : « Appauvrissez-vous ! » Il était devenu de bon goût de se ruiner ; et le nombre des quartiers de noblesse se comptait par le chiffre des créanciers. Les dettes étaient un signe d'aristocratie, comme la banqueroute était jadis la marque de la monarchie traditionnelle.

Jeune, beau, élégant, spirituel, oisif et désœuvré comme l'exigeait absolument son rang, l'aîné des fils du vieux marquis de La Guyon avait déjà largement écorné son héritage, quand la mort de son père le laissa, à vingt-deux ans, maître d'un patrimoine d'un demi-million que le jeu et les femmes ne tardèrent pas à engloutir.

Bientôt ses *espérances* maternelles elles-mêmes furent entamées, escomptées, absorbées, pour satisfaire aux exigences d'une de ses maîtresses, qu'il avait disputée à un prince de la famille royale, et dont le luxe, les diamants et les équipages éblouissaient tout Paris. La naissance d'un enfant dont elle le disait père avait rivé davantage cette lourde et onéreuse chaîne, qui ne tarda pas à consommer sa ruine.

Bientôt, toutes ses terres, criblées d'hypothèques, furent successivement vendues, ainsi que le vieil hôtel de la rue de Varenne que racheta son jeune frère, dont les habitudes sages et régulières contrastaient avec l'existence désordonnée de son aîné, et dont un opulent mariage venait de quadrupler la fortune.

On devine le reste.

Victor de La Guyon n'avait pas su s'arrêter à temps sur le bord du gouffre. D'expédients en expédients, d'usuriers en usuriers, d'huissiers en huissiers, il était Venu échouer à la prison pour dettes de Clichy. Aux temps heureux de la contrainte par corps, cet âge d'or de Shylock et de Gobseck, un premier écrou, même pour une somme insignifiante, entraînait fatalement toute une série de ce que l'on nommait : des *recommandations*. Le créancier appelait le créancier comme l'abîme appelle l'abîme. Ce fut au greffe une véritable procession, une avalanche de jugements en bonne forme, dûment exécutoires. Le marquis ne pouvait plus sortir sans payer un total de deux cent quatre-vingt mille francs, non compris les frais ! Et non seulement il n'en avait pas le premier sou, mais les recors lui avaient, à leur insu, rendu un éminent service. La veille même du jour où ils étaient venus le surprendre dans son lit, il avait perdu, sur parole, vingt-cinq mille francs, qu'il était certain de ne pouvoir pas payer dans le délai de rigueur. Il ne pouvait plus recourir à la bourse fraternelle, dont la comtesse, souveraine maîtresse au logis, avait désormais et d'une manière irrévocable serré les cordons.

Étrange bizarrerie du sort ! la captivité le sauvait du déshonneur et du suicide. Une fois en sa vie, Shylock avait, sans le vouloir, commis une œuvre charitable, en fournissant tout à point à son débiteur un cas de force majeure.

En face de ce passif énorme, qui risquait de s'augmenter encore, car, en pareil cas, on ne connaît jamais que par à peu près l'effectif réel de cette horrible légion qu'on appelle les créanciers, il restait à M. de La Guyon, en tout et pour tout, quelques misérables centaines de francs... Ses amis, depuis quelque temps refroidis, se raréfiaient de plus en plus. Le comte qui, dans une première visite, lui avait apporté mille francs, n'était plus revenu, en apprenant qu'il les avait joués le jour même à un de ses codétenus, et que naturelle ment il les avait perdus !... L'heure approchait où, en outre du logement gratuit, il serait heureux de devoir à ses usuriers sa pitance quotidienne, et où il n'aurait plus pour vivre que les quarante-cinq francs déposés mensuellement au greffe par la sollicitude obligatoire de ses incarcérateurs.

Au bout de quinze jours, tant est puissante l'influence délétère du milieu ambiant, tant était abrutissante et démoralisatrice cette atmosphère de Clichy, au bout de quinze jours, dis-je, le noble marquis, qui avait été l'un des lions les plus enviés de Paris, jouait au loto, le soir, dans la grande salle, ou au bouchon, le jour, dans le jardin, avec des Auvergnats, à *deux chous* la partie !

Encore quelques mois de cette vie, et l'infortuné, qui n'avait été qu'insouciant et léger, allait devenir abject... La dégradation ferait son œuvre : il était entré là joueur, il en sortirait coquin ! Lui, si charmant, si pétillant de verve, il se retrouverait énervé, hébété, sur le trottoir de la rue de Clichy, en voyant se rouvrir, quand il plairait à Dieu, au diable ou à ses *incarcérateurs,* la lourde petite porte à guichet qui s'était un matin refermée sur lui ! Lui, si chevaleresque, et dont les vices mêmes étaient couverts du plus séduisant vernis, il allait perdre cette fleur de délicatesse, ce rayon de courage qui font oublier tant de faiblesses et illuminent les recoins les plus obscurs de l'âme humaine ! Il allait devenir vil, il allait devenir lâche !

On ne lui réclamait pas, comme au débiteur du hideux *Marchand de Venise,* une livre de sa chair ; on levait lambeaux par lambeaux son intelligence, on lui déchiquetait les lobes cérébraux : on lui arrachait sa vitalité, sa volonté, son énergie, son cœur.

Ce n'est point un paradoxe : l'emprisonnement pour dettes, supprimé à la fois, dans la même année 1867, en France et en Angleterre, exerçait sur l'homme une action plus corrosive et plus funeste que la détention de droit commun, que la maison centrale et le bagne, bien qu'il fût cent fois moins rigoureux.

Le prisonnier ordinaire, le reclusionnaire, le forçat se sent écrasé par une force toute-puissante, irrésistible, que le châtiment soit, d'ailleurs, mérité ou immérité. Innocent ou criminel, il est un Titan foudroyé par ce despote à trente-six millions des têtes, par ce monstre à soixante-douze millions de bras, plus terrible, plus odieux, plus brutal et plus bête que Dieu, Jupiter ou Jéhovah : la société ! C'est un infusoire étouffé par un taureau.

Le, détenu pour dettes n'était pas l'esclave d'une collectivité aveugle et irresponsable ; il était l'esclave d'un seul homme, d'un être semblable à lui, souvent plus faible, plus chétif, plus méprisable que lui. Aussi, quelle humiliation ! quel abaissement ! quelle conscience douloureuse de son infériorité, de sa servitude !

Être écrasé par un lion : soit ! Mais être pris entre les pattes visqueuses d'un insecte et du plus repoussant de tous les insectes !...

Croyez-moi ! la démolition de cet *ergastulum* moderne qui, en apparence et matériellement, n'avait rien d'effrayant ; où l'on ne manquait ni d'air, ni de lumière, ni d'espace ; où l'on respirait à pleins poumons par de larges fenêtres, dont le seul tort était d'être garnies de barreaux de fer ;

Où l'on avait la jouissance d'un vaste et ombreux jardin, sur les murailles duquel on pouvait écrire au charbon toutes sortes d'imprécations ou d'outrages contre les incarcérateurs ;

Où l'on faisait du matin au soir et du soir au matin ce que l'on voulait, où l'on festinait, où l'on buvait du champagne en narguant les huissiers, les recors et les créanciers ;

Où les plus pauvres étaient assurés du gîte de la nuit et du pain du lendemain ; où les petits débiteurs, les marchands de charbon et les porteurs d'eau se faisaient pauvres par spéculation et pour mettre de côté des économies, en servant de domestiques aux prisonniers tant soit peu aisés ;

Où les plus, madrés faisaient mine de s'installer pour l'éternité, afin d'inspirer à ceux qui leur fournissaient le vivre et le couvert de salutaires réflexions et de fatiguer leur patience, leur obstination et leur bourse ; où c'était sans cesse un duel de dissimulation et de ruse entre le détenu et le *déteneur ;* où l'on riait, où l'on chantait, où l'on jouait, où l'on recevait, où l'on touchait du piano, où l'on soufflait du trombone ou de la clarinette ;

Où, fût-on député ou ancien ministre, on descendait au fourneau banal faire cuire une côtelette ou deux œufs sur le plat ; où l'on était libre de se verrouiller dans, sa cellule pour embrasser tout à. son aise et à l'abri des importuns sa femme ou sa maîtresse ; où l'on appréciait combien sont plus doux, plus ardents, plus enivrants, plus tendres, plus passionnés, plus voluptueux... et plus féconds, les baisers de la captivité ; eh bien, croyez-moi : en dépit de, tous ces avantages relatifs, de toutes ces fiches de consolation, la démolition de cet, *ergastulum* moderne, de cette prison de la rue de Clichy, a été, au, point de vue moral, une plus grande, une plus utile, une plus salutaire conquête que la démolition de la Bastille.

Une prison politique, une prison d'État n'a rien d'avilissant. Clichy avilissait ; et la preuve, c'est que, parmi les innombrables pensionnaires, de tout rang, de toute condition, grands seigneurs ou prolétaires, financiers ou marchands de peaux de lapin qui s'y sont succédé, il ne s'est rencontré aucun Sylvio Pellico pour raconter à ses contemporains et à la postérité *Le mie prigioni !*...

Aucun ! pas même le marquis de Foudras, l'écrivain, le romancier de, talent, qu'il fallut, au lendemain du 24 février, qui avait aboli la contrainte par corps, arracher de sa cellule par la force !

Cette intelligence était atrophiée à ce point, qu'elle ne sentait plus la joie et n'éprouvait plus le besoin de la liberté !

II

UN MARIAGE A CLICHY

Le comte, s'il refusait de faire pour son frère de nouveaux sacrifices, et si l'idée ne pouvait même pas lui venir de désintéresser ses créanciers, de payer les trois cent mille francs qui formaient à peu près le total de ses dettes, le comte pourtant s'était occupé sérieusement des moyens de le libérer.

Il n'en avait trouvé qu'un, auquel il s'était arrêté de concert avec sa femme ; et ce moyen, c'était un mariage ! Un de ces mariages d'argent, un de ces marchés où un gentilhomme donne son nom et son titre, en échange d'une dot.

Certes, en raison de la situation du fiancé projeté, l'entreprise était difficile ; mais elle n'avait rien d'impossible. Un marquisat ; même un marquisat *in vinculis,* un marquisat écroué, est un capital convoité par plus d'une jeune fille riche, qu'elle possède ou non elle-même cet autre capital dont parlait naguère M. Alexandre Dumas.

Les transactions de ce genre sont fréquentes. Les agents matrimoniaux ont toujours un brillant répertoire de nobles décavés, d'une part, et d'opulentes futures, de l'autre ; de fils de croisés ne demandant qu'à céder leurs ancêtres à beaux deniers comptants, et de filles de commerçants enrichis dans les peaux de lapin, désireuses de poser sur leurs sacs une étiquette aristocratique et de remplacer le Grand-Livre paternel par des parchemins bien en règle.

Victor de La Guyon n'avait que trente-six ans. Il s'agissait de lui trouver une de ces *orphelines* à millions, *jeunes, jolies, gracieuses, bien élevées, bonnes musiciennes,* pour lesquelles on demande un mari à la quatrième page des journaux. Grâce au plus célèbre des intermédiaires conjugaux, on n'eut pas de peine à lui trouver son affaire. Et comme il ne fallait pas songer à ménager une entrevue fortuite à l'Opéra ou ailleurs, entre les parties contractantes, la demoiselle se contentait d'un portrait du candidat à sa main et à sa fortune. Elle le déclara charmant.

Le comte accourut, tout joyeux, à la maison d'arrêt de la rue de Clichy, monta à la chambre qu'occupait son frère au premier étage :

— Je t'apporte le salut ! s'écria-t-il d'un air radieux. Je t'apporte la liberté ! Je t'apporte trois millions qui ne doivent rien à personne !

Ils ne sont pas comme moi, alors, puisque je dois à tout le monde ! interrompit le marquis en hochant tristement la tête... Puisqu'il serait plus facile de compter les étoiles au firmament que mes créanciers au greffe du tribunal de commerce.

— Bah ! demain tu n'auras plus de créanciers ! Demain tu pourras sortir le front haut, et te moquer des recors... Et dans quinze jours tu seras riche, heureux... A la condition expresse, cependant, que tu changeras de vie, que tu ne joueras plus... Du reste...

— Ah ! ça, qu'est-ce que tu me chantes là ? Qu'est-ce que c'est que cette histoire de liberté, de salut, de millions ?... C'est mal à toi de me bercer d'illusions décevantes, de me nourrir d'espérances irréalisables... Je ne sortirai d'ici que dans cinq ans, mon ami... Hélas ! Je le sais bien...

Et l'avare *Clichy* ne lâche pas sa proie !

— Tu es fou, mon frère !... Quand je te dis que tout est arrangé, et je n'ai pas voulu t'en parler avant d'avoir conclu virtuellement... L'écrou sera levé demain. Il ne manque plus que ton consentement. Et je ne doute pas une minute que...

— Mon consentement ? Mon consentement à quoi ?

— A ton mariage, parbleu !

— Quel mariage ? Finis-en avec tous ces logogriphes. Je jette ma langue aux chiens.

— Comment ! tu ne comprends pas que je te sauve, que je te délivre, que je t'enrichis... et que je te marie ?

Le comte tira de sa poche une grande enveloppe, y prit une carte photographique, qu'il plaça triomphalement sous les yeux de son frère...

— Tiens ! regarde ! Vois-tu cela ?

Le prisonnier jeta un regard distrait sur la photographie.

— Cela ? C'est une femme... une femme, par parenthèse, qui a l'air assez effronté, qui n'est ni belle ni laide, et qui a des yeux très polissons...

— Tu es injuste. Elle est ravissante... Elle n'a que vingt-sept ans...

— Moi, je lui en donnerais dix de plus au moins... Mais ça ne me regarde ni ne m'intéresse. Qu'elle triche de quinze ans si elle veut,, qu'est-ce que ça peut me faire ?

— Sois donc sérieux, Victor ! Cette photographie, vois-tu, ce n'est pas seulement une femme ; cette photographie, c'est la liberté, c'est, la quittance de toutes tes dettes, c'est la fin de tes épreuves, c'est la richesse... Cela représente trois millions !.. songe donc que Mlle Sidonie Louchon...

— Louchon ? s'écria Victor en riant aux éclats... Cet *on* est de trop, mon bon petit frère ! Appelons-la : Mlle *Louche,* et brisons là, je te prie !

Puis, relevant la tête avec fierté, et d'une voix grave :

— Tu me crois donc bien avili ! dit-il ; bien démoralisé ? Aussi à court de dignité que je suis à court d'argent ?

— Voyons, Victor ! tu as tort de te fâcher... C'est pour ton bien, en somme !... Il n'y a pas pour toi d'autre solution, d'autre issues à l'horrible situation où tu te trouves par ta faute...

— Tes reproches sont inutiles, inopportuns et cruels. Bref, je refuse !... Pas un mot de plus, je t'en prie. Si tu as pu me faire l'injure de supposer que j'étais à vendre, tu t'es trompé, voilà tout !

— Comme il te plaira ! répliqua le comte avec désappointement et avec colère...

— Eh bien, il ne me plaît pas de tomber à ce degré d'abaissement...

— Il n'y a pas d'abaissement., Ça se voit et ça se fait tous les jours.

— Aurais-tu accepté, toi, ce que tu as le triste courage de me proposer ?

— Moi, moi ! c'est différent... D'abord, je ne me serais pas mis dans le cas de n'avoir plus d'autre voie de salut... Je ne suis pas joueur, moi !

Le marquis courba la tête. La réplique était sévère et méritée.

— Tu as raison, dit-il tristement. Tu possèdes toutes les vertus, mon frère ! Et ton aîné a tous les vices, n'est-ce pas ?

— Je ne dis pas cela.

— Enfin, tu le penses, puisque ta m'as cru capable d'accepter le rôle de mari entretenu...

— Mais, malheureux, que comptes-tu faire ?

— J'attendrai que mes incarcérateurs se fatiguent...

Je commence déjà à m'habituer singulièrement ici... On finit par s'y trouver comme poisson dans l'eau... Je suis résigné. Tiens ! quand tu es arrivé, j'allais descendre au jardin jouer au tonneau ou aux quilles... Je raffole des quilles surtout... Des paris s'engagent sur un minimum de quilles à abattre avec une seule boule... Cela me rappelle le derby d'Epsom... où j'ai perdu tant d'argent... Il est vrai que le *betting* ici est moins ruineux... Dix centimes d'enjeu, par exemple... Les joies et les émotions de l'aléa n'en sont pas moins vives... Il y a un tas de charbonniers qui sont d'enragés parieurs : « *Deux chous chix ! mochieu le 90 ?* » Et moi je réponds : *Deux chous pas chix !* C'est étonnant comme j'ai mordu vite à l'auvergnat !... Oh ! tu ne saurais croire combien c'est drôle !...

— Mon pauvre Victor ! murmura douloureusement le comte... Quoi ! tu en es là ?

— Ne me plains pas ; je m'amuse beaucoup... Cela me change.

— Et le jour où tu sortiras, que deviendras-tu ?... Tu seras abruti... Ce que je deviendrai ?... Que m'importe ! D'ailleurs, j'aurai le temps d'y songer.

— Je t'en prie, Victor, réfléchis un peu... La chose en vaut la peine... Je reviendrai demain.

— Inutile ! C'est tout réfléchi ! Je refuse ton marché, ton mariage, tes trois millions, ta Sidonie et ta Louchon... Varions la conversation, si tu le veux bien. Nous ferions mieux d'aller au jardin... Tu me verrais dans l'exercice de mes fonctions, le corps penché sur le jeu de quilles... — *Deux chous chix !* — *Deux chous pas chix !*...

Et il partit d'un éclat de rire saccadé, nerveux, plus forcé que sincère.

— Non ! merci ! répondit le comte avec un soupir étouffé et un geste de désespoir... Un La Guyon descendre jusque-là !...

— Tu oublies, petit frère, que tout à l'heure tu voulais me contraindre à descendre plus bas encore.

Et, comme le visiteur tirait de sa poche son porte-monnaie dans la visible intention de lui remettre, avant de s'en aller, un billet de banque :

— Oh ! non ! non ! ajouta-t-il avec une dignité simple et froide... Je te dois trop déjà... Non ! non ! n'insiste pas... Tu me froisserais, tu me blesserais... Je n'accepterai plus rien de toi... Ne me crois donc pas plus démoralisé que je ne le suis réellement... Tu me demandais comment je vivrais quand je serai libre. Je l'ignore... J'en serai peut-être réduit à casser des cailloux sur les routes. Mais, rassure-toi : je n'aurai pas recours à ta bourse... Allons ! embrasse-moi... et adieu !

— Monsieur le *quatre-vingt-dix !* criait en ce moment dans le vaste couloir la voix d'un gardien... Au greffe le *quatre-vingt-dix !*

— Voilà que l'on m'appelle !... Car je n'ai plus de nom dans ce lieu maudit ! plus de titre ! plus de personnalité !... Je ne suis qu'un numéro ! Laisse-moi faire en hâte un peu de toilette... C'est une *recommandation* nouvelle, sans doute, dont on va m'aviser ! un créancier de plus ! un barreau de plus à la ferraille de ma fenêtre !...

L'employé de la prison ouvrit la porte de la cellule 90, et, d'un air souriant :

— Si monsieur le marquis voulait bien descendre tout de suite au greffe, dit-il avec mystère... pour une communication très importante...

— Bien ! bien ! j'y vais... Oh ! je la connais, la communication !

Après avoir reconduit son frère jusqu'à la porte et lui avoir serré la main, il se dépouilla de sa robe de chambre, remplaça par du linge blanc sa chemise de flanelle, et ses pantoufles, qu'il ne quittait jamais qu'en pareille occasion, par des bottines vernies ; son bonnet grec par un chapeau de soie, et, correctement vêtu de noir, se dirigea à pas lents vers le greffe.

Au moment où il franchissait la porte séparant la prison proprement dite du corps de logis occupé par l'administration, le brigadier lui dit avec une physionomie radieuse et obséquieuse :

— Dépêchez-vous donc, monsieur le marquis Bonnes nouvelles aujourd'hui.

— Ah ça, qu'est-ce qu'ils ont donc tous ?... Monsieur le marquis par-ci, monsieur le marquis par-là !...

Le greffier se montra encore plus aimable que ses surbordonnés :

— Monsieur le marquis, j'ai à la fois le plaisir et le regret de vous annoncer que vous allez nous quitter.

— Moi !... Mais non, monsieur le greffier... Vous vous trompez sûrement...

— Je me trompe si peu que je vous ai fait appeler pour la levée de l'écrou...

— Impossible, monsieur !... Je sais ce que vous voulez dire... Je ne sortirai pas ; je refuse... Je ne veux pas tomber dans le piège indigne qui m'est tendu...

Il supposait naturellement que cette libération se rattachait aux projets de son frère, et que sur la dot de Mlle Sidonie Louchon on avait avancé la somme nécessaire pour le rendre libre.

— Il n'y a pas de pièges L dit le greffier tout surpris.

Puis il ajouta avec un sourire en se tournant vers une dame assise dans un fauteuil de l'autre côté de son bureau et qui se cachait le visage derrière son éventail :

— Dans tous les cas, ce serait un piège charmant... Jugez-en vous-même...

La dame s'était levée ; elle s'avança vers lui, et avant qu'il eût songé même à la regarder, lui prit vivement et familièrement la main :

— Oh ! cher marquis ! dit-elle d'un ton de reproche. Je suis donc bien vieillie que vous ne me reconnaissez pas ?...

Victor de La Guyon poussa une exclamation, et, après quelques secondes d'hésitation, prit l'inconnue dans ses bras et l'embrassa sur les deux joues.

Ce n'était pas, on le pense bien, la dame au portrait.

— Comment ! c'est vous ! Vous qui ne m'oubliez pas dans mon malheur. Oh ! merci de votre bonne visite ! Merci !

— C'était bien le moins, mon ami. Et je serais bien ingrate... car enfin, si vous êtes ici, c'est un peu, c'est beaucoup ma faute. N'est-ce pas moi qui vous ai ruiné pour les trois quarts au moins ?...

— Bah ! Ne parlons pas de ça.... C'est égal, je suis bien heureux de vous revoir...

— Parlons de ça, au contraire, reprit-elle gravement, puisque c'est *pour ça* que je suis venue... Est-ce que vous croyez que j'aurai le cœur de vous laisser dans la *dèche*... ?

En entendant ce mot, d'une pureté académique douteuse, le greffier sourit involontairement...

— De vous laisser dans la *dèche,* vous le seul homme que j'aie vraiment aimé... Car je vous aimais bien, Victor, et depuis huit ans que vous avez voulu rompre avec moi, je vous ai bien regretté.... Mais nous causerons du passé plus tard... Ce qui presse, c'est de vous arracher de cette prison....

— Encore ! Vous aussi ! murmura le marquis... Tout le monde conspire donc contre moi aujourd'hui... Ma chère Berthe, est-ce que vous viendriez aussi m'offrir vos millions et votre main.

La visiteuse rougit.

— Ma main ?... Non ! dit-elle en secouant tristement sa jolie tête...
Et elle ajouta à voix basse :

— Je vous estime trop pour cela... Vous le savez bien, monsieur le marquis !

— A la bonne heure ! Que je vous embrasse encore pour celte parole-là !...

— Non, Victor, — car enfin je puis vous appeler ainsi, n'est-ce pas ? puisque l'aimable greffier a eu la discrétion de nous laisser seuls ! — Non, Victor, je ne viens pas vous importuner. Je désirais même ne pas vous voir aujourd'hui... J'aurais préféré remettre pour vous au greffier les cinq cent mille francs que je vous apporte, en un chèque sur la Banque de France...

Le marquis était muet d'étonnement, d'émotion, de reconnaissance. Il n'eut même pas la pensée de s'indigner de l'offre généreuse de son ancienne maîtresse, que d'ailleurs il entendait bien ne pas accepter.

— Berthe ! Berthe ! lui dit-il avec attendrissement ; vous ne saurez jamais combien je suis touché de votre démarche...

— Ne me remerciez pas, mon ami... C'est une simple restitution. Et je ne fais que vous rendre une faible partie de ce que vous m'avez donné... Je le répète : c'est moi qui vous ai ruiné... Sans les folies dont j'ai bénéficié, vous ne seriez pas en prison... Et si vous êtes pauvre, c'est parce que je suis riche...

— Non ! non ! dit-il avec force, ce n'est pas vrai... Ce que vous possédez est bien à vous... C'est égal, vous me réconciliez avec l'humanité en général et avec les femmes en particulier... Eh bien, franchement, votre délicatesse ne m'étonne pas... Vous êtes bien telle que je vous jugeais jadis...

— Au temps de nos amours ! soupira Berthe la Champenoise, — car le lecteur a déjà reconnu dans la visiteuse de Clichy notre ancienne connaissance...

— Je vous savais aussi bonne que vous étiez belle... et que vous l'êtes toujours... je le vois.

— Et que j'étais bête, n'est-ce pas ?

— Non, ma chère, on n'est jamais bête quand on a l'esprit du cœur... Vous manquiez d'éducation première, voilà tout.

— Hélas ! mon cher marquis, j'ai toujours la tête aussi dure, et je n'ai pu encore me réconcilier avec la grammaire et l'orthographe...

— Qu'importe ! Tu n'en étais pas moins charmante, adorable... Et si tu avais été un peu plus fidèle.

— Alors, vous vous imaginez encore que je vous trompais, ingrat...

— Crois-moi, Berthe, ne parlons pas de ça, c'est de l'histoire ancienne... Du reste, tu me prouves aujourd'hui que tu n'es pas infidèle à tes souvenirs, que tu n'oublies pas tes amis...

— Infidèle à mes souvenirs ! Est-ce que c'était possible ? N'ai-je pas gardé de toi un souvenir, mon Victor ?... Car enfin, tu sais bien que ma Diane est ta fille....

— En effet, tu me le jurais....

— Et je te le jurais, parce que c'était la vérité.... Si tu voyais comme elle te ressemble, comme elle est jolie, intelligente, vive, pétillante de grâce et de malice.... Elle est grande maintenant, et je suis à la veille de la marier.... Il faut bien que tu sois libre pour venir à la noce.... Car j'espère que tu ne me refuseras pas cette joie.... Elle est tout ton portrait...

Le front de M. de La Guyon se rembrunit quelque peu. Elle avait dû chanter la même antienne à beaucoup de ses amants, et leur affirmer qu'elle était leur portrait *tout craché,* selon sa locution habituelle.

Berthe devina sans doute les défiances involontaires qui s'éveillaient dans l'âme du marquis ; elle se hâta d'ajouter :

— Oh ! rassurez-vous, mon ami !... Je ne vous demande pas de la reconnaître... Et pourtant, si je suis indigne d'être votre femme, elle est innocente et pure, elle !... Elle est un ange, et c'est bien, je vous le répète, le sang des La Guyon qui coule dans ses veines... Elle ne serait pas indigne de porter votre nom !... Mais ce n'est point un mobile intéressé qui m'a conduite ici. Je ne réclame rien, ni pour elle, ni pour moi. Je ne sollicite qu'une faveur, celle de vous délivrer, celle de vous rendre quelques bribes de votre patrimoine... Acceptez ce demi-million, cher Victor, et je serai la plus heureuse des femmes... Il me semble que je serai presque réhabilitée à mes propres yeux...

— Tu es déjà réhabilitée aux miens, Berthe ! répondit le marquis en lui pressant les mains. L'intention n'est-elle pas tout ici-bas ? Seulement tu n'es pas seule à avoir besoin de réhabilitation. Moi aussi, j'ai à reconquérir l'estime de moi-même. Tu as fait une noble action en m'apportant, avec une aussi touchante spontanéité, ces cinq cent mille francs. Moi, je commettrais une bassesse en les recevant. Tu comprends cela, n'est-ce pas ? Et la preuve, c'est que tu voulais les glisser furtivement entre les mains du greffier, et t'enfuir ensuite.

— Comme une voleuse prise de remords, et qui restitue en cachette. C'est vrai, mon ami... Je vous connaissais trop pour ne pas craindre un refus... Cependant, vous ne pouvez pas rester ici... Encore une fois, je vous en conjure, Victor... Laissez-vous fléchir, laissez-vous sauver...

— Non ! reprit-il avec une inflexible fermeté. Tu ne me sauverais pas ; tu me perdrais... Permets-moi de garder jusqu'au bout le respect de mon nom. Si je n'ai plus le sou et si je suis criblé de dettes, j'ai encore assez de dignité pour ne rien devoir à une ancienne maîtresse, comme j'en ai eu assez tout à l'heure pour repousser un splendide et honteux mariage que l'on m'offrait.

Le retour du greffier vint mettre fin à l'entretien, et M. de La Guyon en profita pour couper court à de nouvelles insistances. Berthe la Champenoise se retira tout affligée de son insuccès, et il s'en alla arpenter à grands pas, dans tous les sens, le jardin de la prison, avec un trouble et une agitation qui ne lui étaient pas habituels.

Il ne songeait plus à chercher l'oubli du présent dans les tristes distractions et dans les jeux vulgaires que, la veille encore, il partageait si volontiers avec ses codétenus. Il était devenu un autre personnage ; il avait repris conscience de lui-même. Il acceptait avec courage, et comme une expiation nécessaire l'horrible situation qu'il s'était faite. Le viveur avait disparu : l'homme d'honneur reprenait ses droits...

Mais il était écrit que cette journée compterait dans son existence de prisonnier ; que les visites succéderaient aux visites, les épreuves aux épreuves, les tentations aux tentations.

Tandis qu'il se livrait à l'abîme de ses réflexions, ne daignant même pas répondre à ceux des autres prisonniers qui cherchaient à lier conversation avec lui, la voix stridente d'un gardien se fit entendre de nouveau à la porte du jardin :

— Monsieur le *Quatre-vingt-dix* ! On demande le *Quatre-vingt-dix* !...

— Qui est-ce donc encore ? demanda-t-il avec impatience au gardien. On ne veut donc pas me laisser tranquille aujourd'hui ?

— Monsieur, c'est une dame. Je l'ai conduite chez vous, où elle vous attend.

— La peste soit des femmes ! marmotta-t-il entre ses dents. Je parie que c'est ma pie-grièche de belle-sœur qui espère être plus éloquente que son mari. Elle trouve plus économique de faire payer mes dettes par les autres que de les payer elle-même. Ah ! je vais joliment lui river son clou !

Et il demanda à l'employé de la prison :

— C'est une jeune femme, n'est-ce pas ?

— Oui, monsieur... vingt-quatre ou vingt-cinq ans.

— C'est bien cela. C'est la comtesse !... Grande, sèche, laide, revêche, n'est-il pas vrai ?

— Oh ! non, monsieur... C'est une dame de taille moyenne, assez rondelette. Et jolie !... Ah ! monsieur, qu'elle est jolie !... Autant que j'ai pu en juger à travers sa voilette... Et timide, honteuse !... Elle paraissait toute tremblante, en traversant la grande salle, de sentir les yeux des détenus braqués sur elle !... M. le *Quatre-vingt-dix* a rudement de la chance de recevoir d'aussi belles personnes !...

— Ah ! ça, mais, ce n'est pas ma belle-sœur !... se dit Victor de La Guyon, en montant quatre à quatre le large escalier conduisant au premier étage... Qui cela peut-il être ?... Pourvu que ce ne soit pas Mlle Sidonie Louchon elle-même, qui veuille m'enlever de force !... ou bien la femme d'un de mes incarcérateurs... Ah ! ceci serait plus drôle !...

En pénétrant dans sa chambre, il ne reconnut pas d'abord, à travers l'épaisse voilette qui lui couvrait la figure, la jeune femme qui était debout devant lui, et qu'il salua profondément en lui offrant un siège :

— Pardon, madame... Mais je cherche vainement... Veuillez donc prendre la peine de vous asseoir... Qui peut me procurer l'honneur de...

Il s'arrêta... Une émotion extraordinaire s'était emparée de lui, sans qu'il pût deviner pourquoi...

L'inconnue ne bougeait pas, ne répondait pas, et se bornait à le regarder fixement... Deux yeux ardents brillaient derrière les mailles de la dentelle noire qui dissimulait ses traits.

— Vous suis-je devenue à ce point inconnue, monsieur le marquis ? murmura enfin une voix douce et triste, qui fit tressaillir le prisonnier.

— Cet accent !... balbutia-t-il... Je ne me trompe pas... Il n'y a qu'une personne au monde qui ait...

— Vous vous souvenez donc un peu, monsieur le marquis ? interrompit-elle... Non ! vous ne vous trompez pas !... C'est bien vrai !

Et, par un geste rapide, elle se découvrit le visage.

— Henriette ! s'écria-t-il, en pâlissant et rougissant alternativement.

L'émotion ne lui permettait de rien ajouter. Il se laissa tomber sur une chaise. Il était humilié, confus...

La visiteuse lui prit la main !

— Pourquoi ne me regardez-vous pas ? reprit-elle d'un ton de reproche... Est-ce que je vous fais peur ? Est-ce que ma présence vous déplaît ?...

— Vous savez bien que non, Henriette ! répondit-il avec une tendresse contenue... Mais vous comprenez que je n'ose plus lever les yeux sur vous... Vous avez dû me trouver bien lâche ?...

— Ne parlons plus du passé, monsieur le marquis...

— Vous m'avez donc pardonné mon indigne conduite dans cette nuit fatale.

— Il le faut bien, puisque je suis ici !... Quand je vous ai résisté, quand je vous ai fui, vous étiez heureux et riche. Aujourd'hui que vous êtes pauvre et malheureux, j'accours !... Et je serais venue plus tôt, si j'avais connu votre catastrophe qui m'a été révélée par les journaux d'hier.

— Chère Henriette ! Ne voyez-vous pas que vous renouvelez mes regrets et mes remords !... Ah ! pourquoi n'ai-je pas su apprécier tout ce qu'il y avait d'élévation dans votre âme et de noblesse dans votre cœur ? Quel trésor j'ai perdu par ma faute, et par la faute de préjugés stupides, et d'une légèreté de caractère que j'ai si cruellement expiée... Imbécile ! J'ai passé auprès du bonheur ; je l'avais sous la main ; il ne tenait qu'à moi de le saisir !... Et maintenant il est trop tard...

— Il n'est pas trop tard, mon ami ! Et la preuve, c'est que me voilà !

Le marquis secoua la tête :

— Il est trop tard, vous dis-je !... Un ridicule orgueil de caste m'aveuglait. Je n'admettais pas, idiot, que la demoiselle de compagnie de ma mère pût être digne de moi ! Et maintenant c'est moi qui ne suis plus digne de vous !... D'autant moins digne que j'ai agi plus grossièrement envers là pure et pauvre jeune fille que sa situation semblait mettre à ma discrétion... Voilà comme nous sommes, nous autres !... La plus honnête enfant est considérée par nous comme une proie qui nous appartient... Et quand nous nous sentons aimés d'elle, quand nous nous voyons le héros du petit roman d'amour qui s'est ébauché dans son cœur, quand nous nous apercevons qu'elle se trouble à notre approche, que sa main frissonne dans la nôtre, et qu'à force d'artifices, de ruses, de séductions, nous sommes parvenus à lui arracher un demi-aveu, nous n'admettons pas que notre conquête rencontre le moindre obstacle, la moindre résistance !... Elle est notre chose, notre butin ! Et nous la traitons comme nous traiterions une femme perdue...

— Taisez-vous ! taisez-vous, marquis ! A quoi bon revenir sur tout cela ?...

— Et quand nous la jugeons suffisamment ébranlée, fascinée, nous sommes assez misérables pour ne pas reculer devant les moyens les plus honteux pour la posséder ! Nous nous introduisons comme des malfaiteurs et nuitamment dans sa chambre virginale... Et nous sommes tout étonnés que la faible enfant défende énergiquement son honneur... et que la force elle-même soit contrainte de battre honteusement en retraite et d'avouer sa défaite.

— Je vous en prie ! interrompit-elle d'un ton suppliant.

— Ah ! si vous saviez comme vous étiez sublime cette nuit-là ! Je vous vois encore, frémissante d'indignation, luttant à la fois contre moi et contre vous-même, et me criant avec désespoir : « Oui, Victor, je vous aime ! Oui ! je n'aimerai jamais qne vous ! Mais sachez-le bien, si je ne puis être votre femme, je ne serai jamais votre maîtresse !... » Ah ! le lendemain, dès que j'appris votre départ furtif, vous ne sauriez croire combien je me faisais horreur, combien je me maudissais... et quels efforts j'ai tentés pour retrouver vos traces, pour solliciter mon pardon et vous supplier de devenir marquise de La Guyon !... Ah ! Henriette ! pourquoi avez-vous fui ?

— Pourquoi ? Parce que je vous aimais ! Et parce que j'aurais dû refuser votre main si vous me l'aviez, offerte alors ? Parce que vous auriez vu dans mes résistances je ne sais quel calcul intéressé ! Aujourd'hui, je bénis le sort qui vous a frappé, qui vous a rendu pauvre comme moi, plus pauvre que moi peut-être... Je bénis cette prison où je vous retrouve après, quatre années, pendant lesquelles votre souvenir n'a pas quitté un seul instant ma pensée... Oui, je les bénis, puisque je pais enfin venir vous dire : « Victor, je t'aime ! Victor, veux-tu partager avec moi tes épreuves, tes chagrins, ta captivité ? Victor, veux-tu que je sois ta femme ? »

Et sans attendre la réponse, sans lui laisser le temps de se reconnaître, Henriette se précipita dans les bras du prisonnier, qui, muet d'émotion et affolé de bonheur, la pressa contre son cœur, tandis que deux grosses larmes coulaient silencieuses sur ses joues.

Il y eut un long et ineffable silence. Et ce n'était pas des paroles que pouvaient échanger leurs bouches collées l'une à l'autre !

Victor de La Guyon s'arracha le premier à cet enivrement :

— Égoïste que je suis, s'écria-t-il, ai-je bien le droit d'accepter de vous un pareil sacrifice ? Ai-je bien le droit de vous associer à ma ruine ? Non, non. Si, plus tard, je parviens à me relever, à me remettre à flot, il sera temps alors de songer à...

Et s'interrompant, avec un geste désespéré :

— Pauvre enfant, ma position est plus affreuse que vous ne supposez...

— Qu'importe ! Je t'en aimerai davantage, mon Victor !...

— Mais. je n'ai même pas le moyen de nourrir une femme ! Je n'ai à vous offrir que la misère en perspective !

— Tant mieux ! La misère que l'on supporte à deux devient de la richesse... Si vous ne pouvez pas me nourrir, eh bien, je vous nourrirai, moi !... Du reste, j'ai quelques économies... La famille anglaise dans laquelle je suis entrée comme institutrice en sortant de chez votre mère m'a fait un don de 400 livres sterling... Avec cela, on ne meurt pas de faim... Et s'il le faut, je travaillerai... Je donnerai des leçons de piano... Vous ne rougirez pas, je l'espère, de recevoir quelque chose de moi... de votre femme ?.... Car je serai votre femme, n'est-ce pas ?

— Vous êtes un ange, Henriette !... Oui, tu seras ma femme ! Puisque tu ne dédaignes pas de descendre jusqu'à moi... Oh ! comme je travaillerai, quand il s'agira de te faire une existence heureuse... Je me sens déjà régénéré... Je ne manque, après tout, ni d'intelligence ni de courage... J'ai gâché bêtement ma fortune : eh bien, je m'en referai une autre par mes efforts... Oui, tu seras ma femme, je te le jure... Et dès que j'aurai pris des arrangements avec mes créanciers et obtenu ma liberté...

— Qu'est-ce que vous dites donc là, mon ami ?... Attendre ? Pourquoi ajourner, pourquoi retarder ?... N'ai-je pas assez attendu ?...

Elle lui prit la tête dans ses deux mains, le dévora de baisers...

— Marions-nous tout de suite, aussitôt que le permettront les formalités légales... Ah ! ne me résistez pas, monsieur le marquis, ajouta-t-elle d'un ton câlin... J'ai tant de hâte d'être à vous, d'acquérir le droit de vous entourer de ma sollicitude, d'embellir votre captivité, et de chercher les moyens d'y mettre un terme...

— Quoi ! vous voudriez...

— Je ne voudrais pas ; je veux !... Ne faites pas d'objections... J'ai pris mes renseignements... à l'avance... Oh ! je savais bien que vous ne repousseriez pas mon amour !... Tenez ! regardez ceci...

Elle lui montra une bague en brillants qu'elle portait au doigt, et qu'il lui avait donnée jadis :

— Vous rappelez-vous cette bague... où nos chiffres sont entrelacés ?

Elle ouvrit le chaton et lui mit sous les yeux un V et un B.

— Oui, dit-il, *Victor... Bichette...* Car c'est le petit nom familier que vous avait donné ma pauvre mère. Et nous ne vous appelions pas autrement dans la maison...

— Appelez-moi encore Bichette comme autrefois... quand vous m'avez dit pour la première fois que vous m'aimiez... Je vous croyais, moi ! et j'étais trop heureuse, et je vous adorais trop moi-même pour douter de vous. Oh ! si vous saviez quelle douleur vous m'avez causée quand j'ai dû ne plus voir en vous qu'un infâme séducteur ! Combien il m'a coûté de vous fuir ! Quelles luttes atroces se sont engagées dans mon âme entre le devoir et l'amour ! Quelles larmes j'ai versées, ingrat !...

— Ne m'accablez pas, Henriette !...

— Ne voyez-vous pas que, même en ce cruel moment, je vous ai pardonné, puisque j'ai gardé cette bague ? puisque je n'ai pu me résigner à vous la renvoyer en partant ? puisque je ne m'en suis jamais séparée, et que je la garderai précieusement, je vous le jure, jusqu'à mon dernier soupir ?... C'était alors, dans ma pensée, une bague de fiançailles... Si je me trompais, alors, me trompé-je maintenant, mon ami ?...

Une nouvelle étreinte fut la seule réponse du marquis. Son abattement avait fait place à une joie délirante. Il oubliait ses malheurs, sa ruine, sa captivité. Cette cellule étroite, dont l'unique fenêtre était garnie de lourds barreaux de fer, prenait l'aspect et les dimensions d'un palais féerique... La prison n'existait plus ; le spectre de la dette s'évanouissait ; les fantômes de ses créanciers ne hantaient plus son esprit !... Les affres de la pauvreté ne le tourmentaient plus. N'était-il pas désormais assez riche, et le cœur qui se donnait à lui ne valait-il pas tous les trésors de la terre ? Il aimait ; il était aimé : que lui importait tout, le reste ?

Cependant deux amoureux, deux fiancés, enivrés d'une commune passion si longtemps contenue, surexcitée par des années d'attente, ne peuvent rester impunément pendant plusieurs, heures l'un près de l'autre, la main dans la, main et la poitrine contre la poitrine, échangeant avec des projets d'avenir des protestations de tendresse, des serments ; et des baisers !...

Le, sang s'échauffe à ce contact ! Les désirs et les ardeurs de la chair s'éveillent et s'enflamment... La nature, tenue en échec par les fictions sociales et par ce sentiment conventionnel qu'on nomme la pudeur, la nature finit toujours par reprendre ses droits... Un prisonnier condamné depuis plusieurs semaines à une continence forcée, et une vierge de vingt-cinq ans que le souci de son honneur et de sa dignité a protégée jusqu'ici contre toute défaillance, ne peuvent impunément sentir le contact de leurs lèvres brûlantes...

Ce n'est point, en définitive, une vaine cérémonie, de banales formalités, ni l'écharpe d'un maire, ni l'étole d'un curé qui unissent deux créatures qui s'aiment.

C'est l'amour, ce n'est pas l'article 213 d'un code quelconque : qui fait les époux...

On devine le reste... A mesure que se prolongeait la visite, et surtout après le déjeuner de fiançailles qu'ils avaient partagé, le marquis et la jeune fille se serraient de plus en, plus près l'un contre l'autre ; leurs yeux devenaient plus ; langoureux, plus tendres... Le prisonnier était plus pressant, plus suppliant. Henriette ne se sentait ni la force, ni le courage, ni la cruauté de résister...

— Oui ! Je t'aime !... Je t'aime, murmura-t-elle d'une voix éteinte... Je suis à toi !... Je suis ta femme !... Je suis ta femme !... Je t'appartiens...

Neuf mois après, jour pour jour, la marquise de La Guyon donnait le jour à une petite fille !... Conçue dans la ; cellule, d'une prison transfigurée en chambre nuptiale Régine avait fait, même avant de naître, le rude et poignant apprentissage de l'existence !

Cependant, puisque le mariage était consommé, c'était bien le moins qu'il fût célébré dans le plus bref délai ; et dès le lendemain on s'occupa de la publication des bans.

Ce ne fut pas un mince étonnement et un médiocre scandale, dans le faubourg Saint-Germain, quand on vit affichée à la mairie du Xe arrondissement, devenu depuis le VIIe, la promesse de mariage entre M. Victor Lafontaine, marquis de La Guyon, et Mlle Henriette Voisin ! Le comte, qu'il avait bien fallu prévenir l'un des premiers de l'événement, pour qu'il procurât à son frère les papiers, indispensables, avait, vainement essayé d'empêcher ce qu'il appelait une sotte union. Quand il vit que la résolution du détenu de Clichy était inébranlable, il l'abandonna à son malheureux sort, jura de ne plus lui parler de sa vie ; la comtesse, plus furieuse encore, jetait des hauts cris et appelait sur la tête du gentilhomme indigne, qui ternissait son blason et déshonorait la famille, toutes les malédictions de ses ancêtres.

Épouser une institutrice, une ancienne dame de compagnie, une aventurière sans feu ni lieu, une vile intrigante qui avait si habilement manœuvré depuis tant d'années pour se faire épouser, qui avait joué autrefois la comédie de la vertu pour mieux enlacer dans ses filets le cœur du gentilhomme ! N'était-ce pas l'abomination de la désolation ?

Une mésalliance ne pouvait s'expliquer et se justifier que par la circonstance atténuante d'une riche dot. Mlle Sidonie Louchon, à la bonne heure ! Ses trois millions lui tenaient lieu de quartiers de noblesse... On n'encanaille ses parchemins qu'à la condition de les fourvoyer dans un sac !...

Victor, de l'avis de ses proches et de ses amis, était bien décidément perdu, et devenait impuissant à se relever jamais. C'était un homme à la mer !

Et quelle cérémonie nuptiale ! Quelles noces funèbres ! Mme de La Guyon en rougissait de honte et en pleurait de rage.

Un matin, une voiture de grande remise s'était arrêtée à la porte de la prison, et le marié y était monté, sous la garde de deux recors, qui devaient remplir le double office d'agents de police et de témoins, pour se rendre à la mairie de la rue de Grenelle, puis à Saint-Thomas-d'Aquin. Bien que les *gardes du commerce* eussent fait un peu de toilette pour la circonstance, ils n'étaient pas précisément les témoins qu'eût choisi le descendant d'une des plus aristocratiques maisons de France !

Aussi le *Figaro* s'empara-t-il de l'aventure pour en faire l'objet d'une piquante chronique qui avait l'apparence d'un article nécrologique. N'était-ce pas, en effet, comme on le disait au Jockey-Club, un enterrement de dernière classe ? N'était-ce pas le convoi matrimonial du pauvre ?

Qu'importait aux jeunes époux ? Que leur faisaient ces railleries et ces quolibets ? M. de La Guyon était plus fier et plus heureux que s'il avait conduit à l'autel l'héritière d'un des plus beaux noms de l'armorial de France.

Par malheur, ce mariage touchant et bizarre n'avait pas plus ému les créanciers qu'il n'avait lassé leur patience. Ils n'y voyaient qu'une de ces ruses familières aux débiteurs incarcérés. Ils refusaient d'admettre qu'un homme aussi richement apparenté pût mourir dans l'insolvabilité finale, et que son illustre famille ne se décidât pas à lui venir en aide.

Les mois succédaient aux mois, sans que les incarcérateurs oubliassent jamais cette *consignation des aliments* dont l'absence ou le retard équivalait à la libération du détenu. Les démarches tentées auprès d'eux par la nouvelle marquise n'avaient pas peu contribué à entretenir leur ténacité et leurs illusions.

III

MADAME LAFONTAINE

Pendant une année entière, Mme de La Guyon vint passer ses journées dans la cellule de son mari, qui n'avait le droit d'être époux que de dix heures du matin à cinq heures du soir ! La loi anglaise, beaucoup plus respectueuse du sentiment sacré de la famille, permettait, au contraire, à la femme et aux enfants du détenu de partager d'une manière complète son logement, sinon sa captivité. Et les lecteurs de Charles Dickens ont présents à la mémoire les curieux tableaux qu'il a tracés de l'intérieur de la prison pour dettes de Ludgate, aujourd'hui démolie comme notre Clichy, et où grouillaient, naissaient, mouraient, des générations entières de pauvres gens.

L'aspect de la prison française était moins repoussant, moins sordide. Mais combien beaucoup plus navrant en réalité ! Quel déchirement chaque soir, au moment de la séparation ! Et quels drames intimes a produits souvent cette fatalité de la dette qui laissait la femme ou la fille à la merci ! des tentations, des séductions, des défaillances de toutes sortes, et le mari en proie aux angoisses de l'isolement et aux tortures de la jalousie.

Combien de fois l'emprisonnement du mari n'a-t-il été pour le créancier qu'un odieux et lâche moyen de tenir la femme à la discrétion de ses convoitises !

Le dévouement et la tendresse d'Henriette ne s'étaient pas démentis un seul instant. La jeune et charmante marquise était devenue légendaire dans la maison, et les anciens la montraient aux nouveaux arrivants comme la principale curiosité de l'établissement...

Mais, peu à peu, le petit avoir de la jeune femme n'avait pas tardé à disparaître. Le produit des leçons de musique et d'anglais qu'elle donnait le soir, et des travaux d'écriture auxquels s'était courageusement résigné le marquis ne pouvaient procurer des moyens suffisants d'existence. Il fallait entamer secrètement le capital de la communauté.

L'avenir apparaissait sous les couleurs les plus sombres. L'espoir de la libération se reculait dans un lointain de plus en plus obscur. Et ce fut encore sous l'escorte de deux escogriffes à la redingote crasseuse. au chapeau avachi, que le prisonnier put aller assister à l'accouchement de sa femme...

Un jour arriva pourtant où l'endurcissement des incarcérateurs dut fléchir devant la conviction de l'inutilité d'une plus longue épreuve... La mensualité de 45 francs manqua à l'appel. Shylock se déclarait vaincu... Le marquis de La Guyon était libre !

Le lecteur voudra bien me pardonner de m'étendre aussi longuement sur ces détails, de faire languir sa légitime impatience et de laisser en suspens les événements qui font l'objet principal de mon récit.

Ce retour en arrière, ce bond de dix-sept années fait dans le passé était nécessaire à l'intelligence de l'histoire, trop véridique, que je raconte ici, et dont les péripéties ne s'expliqueraient pas sans cet indispensable prologue.

Dans les choses de ce monde, les antécédents, les origines, les milieux, les circonstances, les parentés, décident de l'existence entière. Toute la vie de chacun de nous est en germe dans notre berceau. Il y a une prédestination fatale qui, le jour même où nous ouvrons les yeux à la lumière, décide de notre sort et de notre avenir.

Le Destin, le *Fatum,* comme disaient les Romains, ou l'*Ananké* comme disaient les Grecs, ou la Providence, comme disent les catholiques, le Destin n'est point aussi aveugle qu'il en a l'air. Il sait où il va, et il va où il veut ; et il a tracé rigoureusement d'avance l'orbite où doit se mouvoir, sans s'en écarter jamais, toute créature humaine.

Les Orientaux ont une locution frappante de vérité : « C'était écrit ! » et qui dégage la responsabilité de tous les êtres et fait de je ne sais quel libre arbitre dont prétend s'affubler notre sot orgueil la plus grotesque des fictions et la plus mauvaise des plaisanteries !

Le dogme de l'Immaculée conception, si l'on prend la peine de l'examiner de haut et de le généraliser, est peut-être moins absurde qu'il ne semble à première vue. Le seul tort de ceux qui l'ont inventé est de l'avoir appliqué, par le plus injuste des privilèges, à une femme déterminée.

Au point de vue philosophique il a sa raison d'être et sa légitimité comme la célèbre *opération du Saint-Esprit,* qui sert à justifier la naissance de tous les bâtards de la terre. Ce que les cléricaux ont appelé le mystère de l'Incarnation devrait s'appeler le mystère de la séduction. L'ange Gabriel de la légende n'est autre chose qu'un fils de bourgeois qui fait un enfant à une fille du peuple de Jérusalem ; c'est un étudiant de première année ou un chef de rayon des magasins du Louvre. Supposez que la fille-mère n'ait pas rencontré un brave homme de charpentier pour fermer les yeux sur sa grossesse et servir de père à son bébé, peut-être la vierge Marie eût-elle passé en cour d'assises, peut-être eût-elle été condamnée pour infanticide !

L'opération du Saint-Esprit, c'est l'opération nécessaire et sacrée de la nature elle-même. Toute conception est immaculée, comme tout homme est vertueux et saint. Les préjugés sociaux ont seuls pu créer des catégories, et décider que tel serait un héros, que tel autre serait un scélérat. Le parricide est l'égal du plus tendre des fils : celui-là n'a pas plus, la responsabilité de son forfait que celui-ci n'a le mérite de sa piété filiale. L'un et l'autre obéissent à des impulsions irrésistibles auxquelles il n'est pas en leur pouvoir de résister.

Je demande grâce pour cette digression, et je reviens à l'ex-détenu de Clichy, dont la fille, l'infortunée Régine, conçue sur le lit de fer d'une prison pour dettes, était, par ce fait même, fatalement destinée à la captivité et à la misère.

Victor de La Guyon était libre ; mais le difficile problème de l'existence n'était pas pour cela résolu, ni pour lui ni pour les siens, ni pour son Henriette adorée, ni pour son enfant. L'air pur de la liberté ne supplée pas au pain quotidien et à une foule d'autres choses plus coûteuses et d'une utilité non moins obligatoire.

Tous les privilèges de la naissance, du nom, du rang, de la position sociale devenaient pour lui autant d'obstacles, autant de causes d'infériorité. Avec son éducation son intelligence, la connaissance superficielle qu'il avait d'une foule de choses, il était propre à tout et il n'était bon à rien. Son titre de marquis l'écartait de tous ces emplois, qu'eût obtenus sans difficulté un simple prolétaire. On le regardait avec défiance. Il était un déclassé, un bohème aristocratique. Le *high life,* la vie de désœuvrement et de dissipation est une mauvaise école, et l'on aime mieux employer des gens rompus au. travail et à la rude discipline de la médiocrité.

Il sollicita vainement du gouvernement un consulat sur quelque côte lointaine ; sa réputation de joueur effréné n'était pas de nature à lui concilier la confiance du ministère des affaires étrangères ; en même temps que son mariage sentimental permettait difficilement de le considérer comme un homme pratique.

Pourquoi s'était-il mis, par son étourderie, par sa folie, dans l'impossibilité de recourir à la ressource ordinaire des gentilshommes ruinés : le mariage ?

Que l'on dissipe son patrimoine : passe encore ! Mais on n'aliène pas ainsi son capital nobiliaire, que diable !

Pendant qu'il perdait son temps et ses peines en démarches infructueuses, les ressources du ménage s'épuisaient avec une rapidité inquiétante et vertigineuse. L'admirable économie de sa femme, son abnégation, les prodiges d'équilibre budgétaire qu'elle réalisait, le soin qu'elle prenait de faire elle-même ses robes et ses chapeaux, pour n'avoir point à payer une couturière et une modiste : tout cela n'empêchait pas sa petite dot de se fondre insensiblement... Qu'allait-on faire ? Qu'allait-on devenir quand il n'y aurait plus rien ?... On entrevoyait déjà l'horrible détresse, avec son cortège de privations et de dures épreuves...

Et pourtant ni le mari ni la femme ne se décourageaient. Les sourires de la petite Régine ne suffisaient-ils pas pour les réconforter ? Henriette, avec cette délicatesse exquise qui est le propre des âmes élevées, dissimulait avec soin ses angoisses, rassurait son mari, affectait une sérénité et un espoir qu'elle commençait à ne plus éprouver.

Plus d'une année s'était écoulée depuis sa sortie de Clichy, sans que le marquis fût parvenu à se créer une situation. Il était trop fier pour faire appel à la bourse fraternelle, et il avait dignement refusé les offres amicales que lui avait adressées à plusieurs reprises son ancienne maîtresse, Mme Garnier, plus connue sous le nom de Berthe la Champenoise.

Il fallait pourtant sortir de là à tout prix ! C'était navrant !

Sur ces entrefaites, une société financière et industrielle en formation, pour l'exploitation d'un commerce, en grand de pelleteries et de fourrures, proposa à M. de La Guyon de l'envoyer comme représentant en Amérique, avec vingt-cinq mille francs d'appointements. On pense s'il pouvait hésiter à accepter !

C'était la solution si longtemps attendue ! C'était le le salut ! C'était le bonheur !

Sa première pensée fut de partir aussitôt avec sa femme et sa petite fille. Toutes les épreuves étaient finies. C'était un premier pas sur le chemin de la fortune.

Mais un ami à qui il avait communiqué la bonne nouvelle lui inspira de tels doutes sur la solidité de l'entreprise, sur l'honorabilité de ceux qui l'avaient lancée, sur le redoutable aléa au-devant duquel il courait, que le marquis jugea plus sage d'aller voir par lui-même ce qu'il y avait de sérieux dans l'affaire, et de venir chercher ultérieurement sa famille, s'il y avait lieu.

Il partit donc seul pour New-York.

Si douloureuse que fût cette séparation momentanée, il fallait bien s'y résigner, et d'autant plus que la santé délicate de l'enfant, à peine relevée d'une maladie assez grave, exigeait de grands ménagements et qu'une aussi longue traversée pouvait lui être fatale.

Au moment des adieux, sur le pont du paquebot qui allait emporter son mari — car elle avait voulu l'accompagner jusqu'au Havre — et un peu plus tard, quand son œil anxieux eut vu, du haut de la jetée, le navire, dont il suivait le sillage, disparaître à l'horizon, Mme de La Guyon éprouva un de Ces terribles serrements de cœur, qui sont parfois une poignante intuition de l'avenir.

— Oh ! mon Dieu ! s'écria-t-elle en sanglotant, en pressant contre sa poitrine la petite fille... J'entends une voix intérieure qui me dit que je l'ai embrassé pour la dernière fois... que je ne le reverrai jamais !

Hélas ! nous le savons déjà, ses pressentiments ne la trompaient pas !

A peine débarqué à New-York, le marquis s'aperçut qu'on lui avait fort exagéré l'importance de l'entreprise, et qu'il ne s'agissait en réalité que d'une affaire assez précaire, fort aléatoire et quelque peu véreuse, derrière laquelle il n'y avait d'autres capitaux que ceux qu'apporterait la naïveté du public.

Il se garda bien pourtant, dans ses premières lettres, de décourager sa femme en lui communiquant ses doutes et ses craintes. Il se montra plein d'espoir et de confiance dans les résultats futurs. Mais, au bout de quelques mois, il ne lui fut plus permis ni possible de l'entretenir dans cette décevante illusion. Et la jeune femme se mit à ménager comme la prunelle de ses yeux la somme de trois mille francs qu'il lui avait laissée en partant, sur les six mille que la société lui avait remise comme entrée en campagne.

Il reconnut avec terreur que l'on avait voulu surtout exploiter son nom et son titre, bien connus aux États-Unis, où son arrière-grand-père avait pris part à la guerre de l'Indépendance, aux côtés de Rochambeau et de La Fayette, et qu'il risquait de se voir compromis éventuellement dans un scandale financier. Il était trop honnête et trop loyal pour s'associer à des opérations qui, selon lui, frisaient l'escroquerie, et s'empressa de donner sa démission.

Il se trouva donc sur le pavé, sans argent, sans ressources, ayant à peine de quoi payer son passage pour revenir en France. Qu'y viendrait-il faire, d'ailleurs ? Le plus sage n'était-il pas de rester, et de se créer une autre situation ?

Sans se laisser abattre, il se mit à l'œuvre, consacra une partie des cent cinquante dollars qui constituaient tout son avoir à des annonces dans les journaux. Pendant deux ans, il vivota péniblement, faisant tous les métiers, tantôt donnant des leçons de français, tantôt entrant comme précepteur chez un riche négociant de Philadelphie, tantôt devenant reporter au *Courrier des États-Unis,* tantôt commis chez un marchand de vins en gros... Si peu qu'il gagnât, il ne manquait jamais d'envoyer un peu d'argent à sa chère Henriette, qui le suppliait vainement de l'appeler auprès de lui...

Il retardait toujours l'heure bienheureuse de cette réunion... Ne fallait-il pas que sa position fût un peu plus assurée, et qu'il eût à lui offrir autre chose que les privations et la misère ?

Et puis, un jour vint où la marquise ne reçut plus ni argent ni nouvelles... Dans sa dernière lettre, Victor lui avait annoncé son départ pour le *Far- West,* et, depuis lors, de longs mois s'étaient écoulés sans qu'il eût donné signe de vie. L'inquiétude et le chagrin la dévoraient... La gêne devenait plus pressante... Elle écrivait lettres sur lettres, sans recevoir de réponse. L'ambassade américaine, à laquelle elle s'était adressée, ne put, après enquête, lui donner aucun renseignement. M. de La Guyon avait été vu, en dernier lieu, dans un hôtel de Chicago et, depuis lors, on n'avait pu retrouver ses traces...

La pauvre femme espérait encore contre toute espérance, et il fallut que les années succédassent aux années pour qu'elle pût croire enfin à un malheur irréparable...

Et, pendant ce temps-là, la détresse s'accroissait. Les appels les plus émouvants faits au cœur de son beau-frère et de sa belle-sœur étaient restés infructueux. Ce n'était pas pour elle-même qu'elle implorait leurs secours, mais pour leur nièce... La comtesse lui avait proposé d'adopter Régine, de l'élever avec sa propre fille. Mais pouvait-elle consentir à se séparer de son unique consolation ? Devait-elle tout perdre à la fois : son mari et son enfant ?

S'armant de résolution et d'énergie, la jeune mère vit bien qu'elle ne devait compter que sur elle-même. Les quelques leçons de piano qu'elle avait pu trouver jusque-là — à un franc le cachet — ne pouvaient la faire vivre. Il importait de songer à quelque chose de plus solide.

Le besoin rend ingénieux et habile. Depuis longtemps déjà elle avait pris l'habitude, comme je l'ai dit précédemment, de faire elle-même ses robes, ses chapeaux, et elle en était arrivée à acquérir un vrai talent de couturière et de modiste. Pourquoi ne travaillerait-elle pas pour les autres, comme elle avait travaillé pour elle ?

Son nom et son titre ne pouvant que lui être nuisibles et formant un trop étrange contraste avec les demandes d'ouvrage qu'elle irait présenter dans les magasins, elle se décida à les jeter de côté. Était-il admissible qu'une marquise, qu'une La Guyon fût une excellente ouvrière, sût tailler un costume ou chiffonner un chapeau ?

Elle quitta donc le faubourg Saint-Germain, où elle occupait depuis son mariage un très modeste appartement, pour aller louer au centre de Paris un petit logement de deux pièces, sous le nom roturier de Mme Lafontaine, et en se présentant comme la veuve d'un humble employé.

C'était dans sa pensée une rupture complète avec le passé, c'était une vie nouvelle qui allait commencer. Destinée à la pauvreté, Régine, qui était trop jeune pour se rendre un compte exact de son rang, Régine ne serait plus qu'une fille du peuple. A quoi bon une brillante éducation à qui n'avait en perspective qu'une existence pénible et serait un jour forcée de gagner son pain ? Elle ignorerait toujours son origine et sa naissance et n'aurait point de regrets amers et de convoitises dangereuses.

Grâce à l'honnêteté native empreinte sur ses traits, à son air sérieux et digne, Mme Lafontaine n'eut pas de peine à se procurer de l'ouvrage. Elle se mit à l'affût de toutes les petites affiches manuscrites ou imprimées que l'on voit souvent sur les murailles : « On demande des ouvrières, » se présenta, et, au seul aspect de sa physionomie, sans même aller aux renseignements, on n'hésita pas à lui confier de l'ouvrage. Son exactitude à le rendre, sa ponctualité, le soin et la conscience qu'elle apportait à sa besogne lui conquirent du premier coup l'estime des fabricants.

Bientôt elle dut demander elle-même de jeunes ouvrières pour l'aider, car elle ne pouvait suffire seule à toutes les commandes, et elle se vit ainsi à la tête d'un petit atelier.

Une sorte de prospérité relative entrait dans le petit logement ; elle pouvait élever son enfant, payer ses mois d'école dans un externat. Si le passé se dressait constamment à sa mémoire et si l'image chérie de son mari ne quittait pas sa pensée, l'avenir, du moins, apparaissait sous des couleurs moins sombres.

Parfois, le dimanche, quand elle avait été reporter aux magasins qui l'occupaient ses travaux de la semaine et qu'elle pouvait prendre un peu de repos, elle restait de longues heures en contemplation devant le portrait de l'absent, et se prenait à rêver, à espérer.

— Oui ! se disait-elle, quelque chose me dit que mes épreuves finiront, et qu'il reviendra !... Je ne puis me faire à l'idée que nous soyons séparés pour toujours !... N'est-ce pas, Victor, que je reverrai tes traits adorés, et que tu pourras encore embrasser notre enfant ?... N'ai-je pas assez lutté, assez souffert ?... Oui, tu me reviendras, et tu me retrouveras digne de toi !... Mais, mort ou vivant, que tu sois au ciel ou perdu dans les déserts de l'Amérique, je te jure, mon Victor, que jamais aucun homme ne te remplacera dans mon cœur !

Et elle avait tenu parole !

Malgré sa jeunesse, sa beauté, son isolement, et les mille dangers qui menacent la vertu d'une pauvre ouvrière, les tentatives de séduction dont elle est infailliblement l'objet, les pièges semés à chaque instant sous ses pas, dans une société où la femme du peuple est considérée comme la victime naturelle et obligatoire des passions du bourgeois ; où l'on ne suppose même pas qu'elle puisse avoir un honneur à garder, une dignité à défendre ; malgré les incitations des sens et le besoin d'aimer qui commande si impérieusement au cœur de toute créature humaine, Mme Lafontaine était restée fidèle au souvenir de son mari.

Si, parfois, la misère était trop grande, la tentation trop forte ; si elle se sentait prête à défaillir et incapable de lutter plus longtemps — car elle n'était pas de marbre après tout ! — un regard et un baiser de sa fille suffisaient pour la protéger contre sa faiblesse.

Pas un des patrons pour qui elle travaillait qui n'eût jeté sur elle un regard de convoitise, qui ne lui eût fait, plus ou moins brutalement, des propositions que paraissait autoriser sa situation ! Pas un qui n'eût été forcé de se retirer avec perte. On ne séduit, en somme, que les femmes qui le veulent bien ; et l'ex-marquise savait, d'un seul coup d'œil, imposer le respect et forcer l'estime de ceux qui l'outrageaient.

La résistance était souvent bien pénible. Il y avait de longues périodes de chômage, où le buffet était vide, où l'on ne mangeait pas tous les jours, où le propriétaire montrait les dents pour les deux ou trois termes qui pouvaient lui être dus, puis insinuait galamment qu'avec une jolie personne il y avait moyen de s'arranger, qu'il n'était pas un tigre, et qu'il ne tenait qu'à elle d'obtenir sa quittance sans bourse délier...

— Faites saisir mon chétif mobilier, monsieur ! répondait-elle froidement ; jetez-moi dans la rue avec mon enfant... Vous en avez le droit. Mais il n'est pas en votre pouvoir de m'obliger à me vendre !

Courtauds de boutique ou propriétaires, avocats ou médecins, magistrats ou financiers, gentilshommes ou parvenus, nous tous, dirigeants de tout ordre et de toute catégorie, nous ne voyons dans la femme, la sœur ou la fille du prolétaire, qu'une esclave créée pour nos plaisirs, et que nous achetons pour un morceau de pain, pour un léger service, pour une recommandation ; pour une quittance, si nous sommes propriétaire ; pour un engagement, si nous sommes directeur de théâtre ; pour un bout de rôle, si nous sommes auteur dramatique ; pour cinq lignes de réclame, si nous sommes journaliste ; pour un peu d'ouvrage, si nous sommes boutiquier...

Plaignons-nous donc que cette esclave prenne parfois sa revanche et qu'il se trouve, tant de courtisanes effrontées pour séduire, ruiner, perdre et déshonorer à leur tour les fils de ceux qui les ont déshonorées et perdues elles-mêmes ! C'est de bonne guerre et justice. Elles ne nous rendront jamais le mal que nous leur avons fait !

Pour une héroïne qui, de temps à autre et par miracle, est assez forte pour résister, combien de millions d'infortunées qui succombent et vont s'engloutir dans le gouffre de la prostitution ou dans les flots de la Seine !

Cependant la maladie était venue. Les privations, le froid, la faim, l'excès de travail, les nuits passées l'aiguille à la main, à la lueur tremblotante d'une lampe, et par-dessus tout le découragement et le chagrin, avaient fait leur œuvre, et, au moment où a commencé cette histoire, il y avait plus d'une année que Régine était seule à nourrir deux personnes. On sait le reste, et l'on comprend avec quel désespoir la marquise de La Guyon s'était séparée du talisman qui l'avait protégée elle-même, du seul héritage qu'elle pût laisser à sa fille !

IV

L'APPEL DE FRANCIS

Après ce retour en arrière et ce long récit rétrospectif, reprenons la suite des événements ; revenons au point où nous en étions restés à la fin de la première partie.

Si le départ ou plutôt l'enlèvement de sa rivale avait causé à Bluteau une joie involontaire ; si son amant lui appartenait désormais sans partage, — elle le pensait du moins, — elle ne pouvait se dissimuler que cette circonstance compromettait singulièrement Le succès de l'appel interjeté par le condamné.

Se croyant sûre d'un cœur dont elle s'était emparée par surprise et par effraction, et que ne serait plus en état de lui disputer Mlle de La Guyon ; convaincue que le comte et la comtesse devenaient pour elle, à leur insu, des auxiliaires et des complices ; que d'ailleurs le jeune employé n'oserait plus aspirer à la main d'une riche héritière, et qu'il serait trop heureux de se consoler dans ses bras, elle dissuada Raymond de se mettre à la recherche des importants témoins dont la déposition devait jouer, devant la cour, un rôle décisif.

Elle promit d'y suppléer par ses démarches et par son influence. N'avait-elle pas l'oreille de la magistrature ? Si elle n'avait pu sauver Régine, elle jurait de sauver Francis.

Celui-ci n'avait point appris sans une profonde inquiétude le changement de fortune et de position sociale de sa fiancée. Et sa disparition soudaine, sans qu'elle eût daigné même lui adresser un mot d'adieu, l'avait plongé dans un accablement absolu.

Non pas qu'il eût un seul instant la pensée de l'accuser d'indifférence et d'ingratitude ! Il la connaissait trop bien pour éprouver le moindre sentiment de doute. Son silence n'était pas volontaire, à coup sûr, et lui attestait la profondeur de l'abîme qui allait le séparer d'elle. Dans le milieu où elle était appelée à vivre, et grâce à la pression qu'on ne manquerait pas d'exercer sur elle, ne finirait-elle pas par oublier son sauveur ?

Avait-il bien le droit, maintenant, lui, misérable employé à quinze cents francs, de porter ses vues sur la fille du marquis de La Guyon ? La délicatesse et la loyauté ne lui ordonnaient-elles pas de renoncer à son rêve ?...

Il y eut dans tout son être un mouvement de révolte : — Non ! s'écria-t-il en frappant du poing sur la tablette de chêne de sa cellule, non ! celle à qui j'ai sacrifié mon honneur ne m'oubliera pas ! Un lien sacré nous unit à jamais... Elle saura m'attendre et je saurai me rendre digne d'elle... S'il faut être riche, je deviendrai riche... S'il faut combler la distance qui vient de se creuser entre nous, je la comblerai.

Avant toutes choses, il fallait être libre, et surtout relevé de la flétrissure imméritée au-devant de laquelle il avait couru. Le mois de prison auquel il avait été condamné lui aurait été indifférent, et, par amour pour Régine, il aurait subi une captivité cent fois plus longue, s'il l'avait fallu. Mais la tache était indélébile. Elle le suivrait toute sa vie ; elle brisait son avenir et anéantissait sa carrière.

Or, plus que jamais il devait se préoccuper de sa carrière et de son avenir. Quand il les avait si spontanément sacrifiés pour celle qu'il aimait, il ne se doutait guère que son sacrifice même se retournerait contre lui, et qu'à son insu il creusait un abîme entre Régine et lui.

Au fond de tous les dévouements, il y a un grain d'égoïsme. Il s'était immolé pour Mlle Lafontaine afin de la posséder plus sûrement. Il n'en savait rien, en réalité ; il avait obéi à une impulsion involontaire, comme tous ceux qui se dévouent, comme la mère qui sauve la vie de son enfant au péril de la sienne, comme le médecin qui affronte la mort en soignant des pestiférés, comme Decius, se livrant aux dieux infernaux, et Curtius se précipitant dans le gouffre pour sauver la patrie ; comme le chevalier d'Assas, comme Bara, comme Damon et Pythias, comme Nisus et Euryale, comme Léonidas et ses trois cents Spartiates aux Thermopyles.

Comme eux tous, il ne s'imaginait nullement avoir accompli un acte d'héroïsme en sauvant Régine. Le dévouement qui raisonne n'est plus du dévouement ; c'est du calcul, c'est de l'usure.

C'était sa fiancée, c'était sa femme qu'il avait arrachée à la prison et au déshonneur, sans prévoir que son abnégation même contribuerait à le séparer de cette fiancée, de cette femme ; à faire retrouver à l'ouvrière, à l'orpheline de la rue de Lancry, une orgueilleuse famille du faubourg Saint-Germain, un nom, un titre, un blason, des armoiries...

La veille encore, s'il était pauvre, il pouvait se draper dans son honnêteté ; et maintenant il n'était plus juridiquement qu'un misérable voleur ! C'était épouvantable.

Non seulement il perdait le modeste emploi qui le faisait vivre ; il perdait aussi toute chance de s'élever au-dessus de sa position, d'acquérir un nom et un rang moins disproportionnés au rang et au nom de Mlle de La Guyon !

Aussi, quand M. Raymond vint lui apprendre les événements de la journée, la visite de la comtesse, les brillantes perspectives qui se dressaient devant l'humble modiste de la veille, s'était-il empressé d'interjeter appel.

Il pouvait, sans rougir, avouer à la justice son admirable mensonge. Son aveu seul l'avait fait condamner. Régine n'avait plus rien à craindre. Tout s'expliquait. Son acquittement était forcé, sa réhabilitation éclatante.

Le surlendemain, les choses changeaient d'aspect ; le départ prémédité de la famille de La Guyon remettait tout en question, et il fallait toute la puissance de la passion, toute la force de la jeunesse, et la foi ardente qu'il avait en Régine pour l'empêcher de succomber au découragement.

C'était en vain que Raymond essayait de le réconforter, que Mme Bluteau lui promettait son appui. L'intervention de Diane lui répugnait. Il commençait à penser que cette femme lui avait porté malheur, que son amour lui était fatal. Il se reprochait plus encore que par le passé de s'être laissé séduire et fasciner par cette sirène, d'avoir été infidèle à son premier et unique amour, de n'avoir pas su dominer ses sens, résister aux chaudes et enivrantes effluves qui s'échappaient du corps voluptueux de celte bacchante. Il avait envie de la détester, de la maudire, de la repousser, de refuser le concours de ses relations et de son influence

Si encore la belle veuve ne l'avait vu qu'à travers le double grillage du parloir ordinaire, ou le grillage simple de ce qu'on appelle, par un dérisoire euphémisme, le parloir *de faveur* ! — étrange faveur qui permet tout au plus au prisonnier de baiser le bout du doigt des êtres chéris dont il reçoit les visites, — il aurait eu peut-être l'énergie nécessaire pour lutter contre la fascination exercée sur lui, contre les défaillances de la chair.

Mais Diane avait obtenu aisément du préfet de police ce que ce fonctionnaire eût refusé impitoyablement à la plus irréprochable des épouses sollicitant la permission de voir son mari détenu ; et c'était dans un petit salon dépendant de l'appartement du directeur qu'elle avait la faculté de s'entretenir avec lui...

Que vouliez-vous qu'il fît, le pauvre amoureux de Régine, contre ces deux bras qui l'enlaçaient, qui l'étreignaient ; contre cette poitrine opulente et palpitante qui se pressait contre la sienne, contre ces lèvres passionnées, brûlantes, qui se collaient aux siennes ? Que vouliez-vous qu'il fît contre les larmes sincères qui coulaient de ces yeux languissants, contre Vénus *tout entière à sa proie attachée,* comme la Phèdre de Racine ? Que vouliez-vous qu'il fît ? — Qu'il se déclarât une fois de plus vaincu, pantelant, esclave docile de celte tendresse tyrannique que subissait son corps, tandis que son âme ne cessait de s'envoler vers Régine...

Hélas ! il était fort heureux que le directeur eût deviné bien vite une maîtresse dans la protectrice omnipotente du jeune prisonnier, et que par discrétion il se fût bien gardé de venir troubler leur scabreux tête-à-tête !

Il y a des choses qu'un fonctionnaire intelligent sait deviner à demi-mot ; et il n'est point assez oublieux de ses intérêts pour gêner, dans ses expansions et dans ses transports, une dame assez influente pour obtenir d'emblée ce que l'on n'accorde à personne, et devant qui les portes semblent s'ouvrir comme par enchantement.

Quand elle sortit du petit salon du directeur, et qu'elle se dirigea vers le Palais de justice pour plaider la cause de son amant, Diane, rouge comme un coquelicot, heureuse et triomphante, ne craignait plus guère la rivalité de la pauvre petite Régine, et n'avait plus qu'un souci, qu'un désir, qu'une préoccupation : obtenir la mise en liberté provisoire, immédiate, en attendant la justification prochaine de l'homme dont elle était plus follement éprise que jamais.

Francis rentrait dans sa cellule triste, pensif, énervé, honteux de lui-même et de sa faiblesse...

— Régine ! Régine ! murmurait-il, tu sais bien que je n'aime, que je n'ai jamais aimé, que je n'aimerai jamais que toi !

Diane ne pouvait songer à intéresser au sort de son protégé le chef du parquet de la Seine. Elle n'avait pas suffisamment récompensé son ancien amant de la docilité avec laquelle il s'était mis à ses ordres dans le procès correctionnel de Mlle Lafontaine.

Les bizarres contradictions de la jeune femme, qui, après avoir pris si chaudement la défense de Régine, s'était subitement retournée contre elle, n'avaient pu manquer d'exciter sa jalousie. Il n'y a qu'une chose que les femmes soient impuissantes à dissimuler : c'est leur amour. Elles se trahissent toujours malgré elles.

Le galantin du ministère public ne pardonnait pas à Mme Bluteau l'évanouissement qui, en pleine audience, avait révélé pleinement son secret.

Aussi aurait-elle eu mauvaise grâce à venir le solliciter en faveur de Francis Roger :

— Son acte de dévouement et sa condamnation volontaire sont votre œuvre ! pouvait-il lui répondre. Il ne tenait qu'à vous de la rendre inutile. C'est vous qui avez perdu votre amant. J'ai obéi à vos désirs en laissant poursuivre l'affaire de cette jeune fille, comme j'étais prêt à vous obéir quand vous me demandiez un non-lieu en sa faveur. Je n'entends pas continuer aujourd'hui le rôle ridicule que vous m'avez fait jouer... Vous vous êtes moquée de moi, ma chère !

Elle préféra s'adresser directement au procureur général et au président de la chambre des appels correctionnels, et n'invoquer auprès d'eux que l'intérêt suprême de la justice et la nécessité de réhabiliter un innocent.

Mais les deux magistrats l'accueillirent l'un et l'autre avec une froideur singulière, et une sécheresse de mauvais augure. Ils avaient déjà reçu, au sujet de l'appel du nommé Roger, des instructions confidentielles de la chancellerie. Le comte, du fond de sa retraite, s'était empressé d'écrire au garde des sceaux, son ami, le suppliant de lui épargner un scandale retentissant ; et le ministre de la justice en avait conféré avec ses subordonnés, assis et debout.

Certes, le cas était délicat. Mais l'enquête sommaire à laquelle on s'était livré sur l'un des deux témoins qui seuls avaient reçu les confidences de Mme de La Guyon avait été peu satisfaisante pour lui. On n'avait pu être fixé d'une manière certaine sur son identité, et l'on avait des raisons de croire que ce nom de Raymond n'était pas le sien.

Les rapports de police le soupçonnaient d'avoir été compromis d'une manière quelconque dans l'insurrection de la Commune. Le mouchard avec qui il s'était rencontré au lit de mort de Mme Lafontaine, le lendemain de l'arrestation de Régine, affirmait que ses souvenirs ne le trompaient pas, et qu'il était sûr — pour employer son propre langage — d'avoir rencontré *cette binette-là,* il ne pouvait se rappeler où, quand, ni dans quelles circonstances ; ça devait être un communard, supposait-il.

Il y avait bien un moyen d'approfondir ce mystère présumé, c'était de l'arrêter sous le premier prétexte venu. Par malheur, ses allures étaient si correctes, ses habitudes si régulières, et le chef de l'usine de Grenelle, dont il avait la direction scientifique, donnait sur lui des renseignements si parfaits, qu'on était obligé d'hésiter. D'ailleurs, la Chambre allait voter la loi sur la cessation des poursuites pour tous les faits se rattachant au soulèvement communaliste de 1871, et le gouvernement voulait éviter de fournir plus ample matière aux criailleries de la presse républicaine, de donner lieu à une interpellation de l'extrême gauche.

Bref, toutes réflexions faites, on avait résolu d'attendre et de surveiller ses agissements. La permission de voir le prévenu lui avait été accordée sans difficulté ; et un mouchard était chargé de recueillir les moindres paroles échangées entre eux, tandis qu'un autre avait pour tâche de le filer.

Seulement ce dernier avait affaire à forte partie, et Raymond prenait un malin plaisir à dépister son policier. Il savait trouver toujours à point une maison à double issue pour se débarrasser de cette ombre importune et hideuse qui s'attachait à ses pas.

L'inspecteur, pour faire semblant de gagner son argent, n'avait d'autre ressource que d'adresser à ses chefs des rapports de pure fantaisie.

L'inamovible qui devait présider les débats reçut Mme Bluteau, ainsi que je viens de le dire, avec une réserve, une défiance, une hauteur, qui pourtant ne réussirent pas à la décourager ni à l'intimider. Dès qu'elle eut exposé l'objet de sa visite et plaidé avec chaleur la cause de son jeune client, le magistrat fronça les sourcils, fit une grimace de mauvaise humeur.

— Mais alors, dit-il brusquement, ce garçon-là a trompé la justice !

— Oh ! monsieur le président, dites plutôt qu'il s'est dévoué, qu'il s'est immolé, qu'il s'est offert en sacrifice !... Il n'y a jamais eu là rien d'injurieux pour les interprètes de la loi et les représentants de la société.

— Bah ! bah ! Cette immolation est une insulte à la magistrature... Ce que je vois de plus clair en tout cela, c'est qu'il s'est moqué de nous. C'est qu'il nous a fait une situation désagréable... Il n'a qu'à s'en prendre à lui-même de ce qui lui est arrivé... Du reste, rien ne prouve...

— Qu'il soit innocent ? interrompit Diane... Voyons, monsieur le président : M. Roger...

— A qui vous paraissez vous intéresser bien vivement, madame ?

— Je ne le cache pas... Mais je m'intéresse surtout au prestige de la magistrature, et je veux empêcher une erreur judiciaire de plus...

— La justice ne commet jamais d'erreur, madame, reprit-il solennellement. Si vous saviez le latin, je vous dirais : *Res judicata pro veritate habetur.*

— Vous oubliez, monsieur le président, dit-elle avec fermeté, que la justice a condamné Mme Doise comme parricide, et qu'elle a dû plus tard reconnaître sa... méprise...

— C'était la faute de cette femme. Pourquoi avait-elle avoué, puisqu'elle était innocente ? Elle aussi, elle avait trompé les magistrats... Tant pis pour elle ! Elle méritait un châtiment pour avoir menti à ses juges...

— Sous la pression d'une torture morale... Mais laissons là Mme Doise... Vous oubliez aussi et surtout, mon cher et vénéré président, que j'ai des raisons personnelles de ne pas admettre cette infaillibilité que vous vous arrogez !... Vous oubliez que je suis — et je n'ai pas lieu d'en être fière, hélas ! — que je suis la veuve du procureur impérial Bluteau, d'un homme qui avait fait condamner un innocent pour des crimes commis par lui-même...

— Ne parlons donc pas de cela...

— Parlons-en, au contraire. Est-ce que la victime de l'infamie de mon mari s'était avouée coupable, elle ?... Est-ce que M...

— Jetez donc un voile sur cette vieille histoire... Eh bien, oui, cet homme était coupable — juridiquement du moins. — Est-ce qu'il n'y a pas eu chose jugée ?

— Savez-vous bien, monsieur le président, que c'est là une doctrine monstrueuse, et que la justice est décidément une bien belle chose !...

— Madame Bluteau ! dit le président d'un ton sévère, il me semblait que vous étiez venue solliciter cette même justice, que vous raillez ! Ce n'est pas un bon moyen de m'intéresser à votre protégé, à votre... *ami*... ; car, soit dit entre nous, vous épousez sa cause avec une ardeur singulière...

— Sa cause est celle de la vérité et de l'équité ! reprit Diane en rougissant...

— Eh bien ! s'il en est ainsi, répondit le magistrat avec un léger haussement d'épaules, vous n'avez pas besoin d'intercéder pour lui... Si son innocence est démontrée à l'audience, la cour infirmera le jugement qui l'a condamné et l'acquittera. Que craignez-vous ?... On entendra les témoignages, on les pèsera... Croyez-moi, chère madame..., ne vous posez pas en redresseuse de torts, et dispensez-vous de donner à la magistrature des leçons dont elle n'a que faire.

Il se leva majestueusement pour inviter sa visiteuse à ne pas prolonger l'entretien, la reconduisit jusqu'à la porte avec force politesses, puis se dit à part lui :

— Décidément, le respect de la magistrature s'en va !... Et si des veuves de magistrats elles-mêmes doutent de notre intégrité, où allons-nous ? où allons nous ?

Diane était sortie de son cabinet, découragée et indignée :

— Je sais bien qu'ils sont tous les mêmes, pensait-elle avec rage, et qu'ils ne valent pas mieux que mon mari. Eh bien, à nous deux, monsieur le président !... Je saurai bien vous arracher votre proie, vous empêcher de flétrir mon amant !... Raymond et moi, nous ferons, s'il le faut, un éclat, et nous leur jetterons à la face, s'il est besoin...

Elle s'arrêta, hésitante et troublée, à la pensée de déshonorer le nom qu'elle portait.

— Eh bien, oui ! Pourquoi pas, après tout ?... Je veux sauver Francis, et si l'on m'y oblige, je révélerai en pleine audience les forfaits du procureur impérial Bluteau !...

V

INCIDENT INATTENDU

Cependant le jour de l'audience était arrivé.

Mme Bluteau, malgré l'insuccès de sa première démarche, en avait tenté de nouvelles auprès de tous les membres de la chambre correctionnelle et de l'avocat général qui devait occuper le siège du ministère public.

Partout elle avait rencontré la même courtoisie, la même et froide réserve, les mêmes sourires sur les mobiles de son intervention, Elle vit bien qu'elle ne devait compter que sur elle-même. Elle était décidée à casser les vitres ; et comme on ne lui permettrait pas sans doute de s'écarter des faits de la cause, et qu'on lui couperait la parole à la première allusion au scandale qu'avait étouffé, cinq ans auparavant, la mort tragique de son mari ; comme Raymond ne serait pas plus libre de sortir, dans sa déposition, du cercle étroit du procès, ils comptaient l'un et l'autre sur les immunités du barreau, sur le droit sacré de la défense, pour mettre la justice en garde, par l'évocation d'un souvenir encore présent à toutes les mémoires, contre une nouvelle erreur judiciaire.

L'avocat, initié à tous les détails de l'affaire, avait embrassé avec un absolu dévouement la cause de son client, qu'il avait déjà défendu d'office devant la police correctionnelle. Puisque toutes ses recherches pour découvrir la retraite du comte de La Guyon, et pour le faire toucher par l'assignation étaient demeurées infructueuses, il avait résolu de se passer de son témoignage, ainsi que de ceux de la comtesse et de Régine.

A défaut des preuves directes qui lui étaient enlevées par le départ des principaux témoins, il se rabattrait sur des présomptions morales non moins décisives. La présence aux débats de Mme Bluteau et de Raymond allait devenir, entre ses mains, pour des motifs que le lecteur ignore encore et qu'il a sans doute devinés, un argument formidable.

Longtemps à l'avance il avait préparé ses moyens et avait étudié soigneusement un coup de théâtre, un effet d'audience, une péroraison, qui feraient époque dans les annales judiciaires.

— Le président essayera peut-être de m'arrêter, se disait-il avec enthousiasme, de me renfermer dans la question !... Mais, au risque d'encourir des peines disciplinaires, je passerai outre... On me rayera du tableau... ou on me suspendra pour trois ou six mois ? Qu'importe !... J'aurai appelé sur moi l'attention et les sympathies publiques ; j'aurai fait preuve d'énergie et d'indépendance. — Il se trouvera bien quelque collège électoral pour m'envoyer à la Chambre. — Ce procès assure ma réputation et ma fortune... Je n'en serai plus réduit à quémander des dossiers chez les avoués... Je deviens du coup populaire..., célèbre, député... Ah ! je ne donnerais pas ce petit procès-là pour une mine d'or !... Bravo, maître Z... Te voilà sorti de l'obscurité ! Te voilà riche ! Te voilà un personnage ! Et tu auras le mérite d'avoir vengé et réhabilité à la fois deux innocents !...

Il se mettait devant sa glace, essayait ses attitudes, ses gestes, ses inflexions de voix, ses trémolos, ses gradations de timbre, et terminait par le coup de foudre final !... Ce serait merveilleux !... Et jamais l'éloquence n'aurait atteint à cette hauteur d'émotion, de surprise, d'imprévu, de véhémence.

Il y avait surtout un : « Prenez garde, messieurs de la cour ! », dont l'intonation émouvante était tout à fait réussie. Il y avait aussi un certain mouvement du bras droit dont il. était enchanté et qui aurait un succès fou, Il est vrai qu'il lui avait fallu huit jours pour le trouver. Chacun de ses mouvements oratoires lui avait coûté des jours et des nuits d'efforts, de tâtonnements, d'essais réitérés.

Bref, il arrivait ce matin-là, au Palais de justice, armé de toutes pièces, fier, l'œil confiant, le front haut, comme un homme qui a une noble mission à remplir, et qui va faire en même temps une bonne action et une bonne affaire. Jamais il n'avait arpenté d'un pas plus dramatique et plus solennel la salle des Pas perdus, et il s'assit au banc des avocats avec l'air mystérieux d'un orateur qui ménage à ses contemporains d'incroyables étonnements.

Enfin l'heure est venue. On entend grincer l'organe aigre et sec de l'huissier audiencier !...

— La Cour, messieurs !... Découvrez-vous !

On expédie d'abord au pied levé et avec la prestesse habituelle une foule de menues affaires, qui toutes, après un semblant de débats ou même sans débats, se terminent par une confirmation pure et simple.

Les mois de prison et les amendes coulent de la bouche du président comme l'eau tombe du robinet d'une fontaine Wallace. On se demande ce que sont venus faire là tous ces pauvres diables, innocents ou coupables, et s'il n'eût pas été plus simple de les dispenser de vaines formalités et de nouvelles épreuves, qui ne servent qu'à allonger en pure perte leur captivité et à augmenter le chiffre des frais, si même ils ne voient pas doubler le montant de la peine primitive.

— Ah ! tu n'es pas satisfait de tes trois mois de prison, imbécile ? Ah ! tu prétends avoir le droit d'être innocent ? Tiens ! voilà six mois !... Attrape ! Cela t'apprendra à abuser des sacrés moments de la cour, à douter de la sagesse de tes premiers juges et du bien fondé de leur sentence ! Mais si l'on t'acquittait maintenant, malheureux, ne vois-tu pas que l'on infligerait un soufflet à ceux qui t'ont condamne ? Entre camarades de la même *partie,* entre robes rouges et robes noires, entre toques à galons d'or et bonnets à galons d'argent, on ne s'inflige pas de ces démentis-là, mon ami !

On appelle enfin la cause de Francis Roger. L'un des sept dominos attablés derrière le tapis vert tient à la main et feuillette d'un air ennuyé le rapport qu'il va marmotter tout à l'heure et dont l'auditoire n'entendra pas un traître mot.

L'avocat tressaille de plaisir et sent se gonfler son orgueil, en faisant mentalement une répétition générale de son fameux effet d'audience si laborieusement préparé. Il sourit à son client et lui murmure une parole d'encouragement et de confiance.

Mais, à sa vive surprise, Roger ne semble ni l'entendre ni se préoccuper de ce qui se passe. Il y a dans son attitude et dans sa physionomie quelque chose de singulier : un mélange bizarre de tristesse et de bonheur. Au regard mystérieux qu'il lance à M. Raymond, celui-ci devine aussitôt qu'il s'est produit quelque chose d'extraordinaire.

Le prévenu tient dans ses doigts un petit papier qu'il paraît contempler avec une sorte d'extase, et la vue de Mme Bluteau provoque en lui une impression de gêne, de trouble et lui fait involontairement détourner la tête.

— Qu'est-ce que cela signifie ? se dit Diane avec anxiété. Pourquoi ses yeux évitent-ils les miens ? Qu'est-ce que c'est que cette lettre, qu'il remet avec tant d'émotion dans sa poche au moment où le président lui dit de se lever ?

Le défenseur, qui se disposait à réclamer par des conclusions motivées l'audition des témoins, qui n'a pas lieu d'ordinaire en appel, et en cas de rejet à lire dans sa plaidoirie des déclarations écrites de Raymond et de Mme Bluteau, le défenseur ne comprenait rien au changement qui s'était accompli chez l'accusé, depuis la dernière entrevue qu'il avait eue la veille avec lui. Il lui demanda la cause de son agitation, l'engagea à ne se laisser point abattre, à se fier à son innocence et aux efforts de son avocat.

— Je ne suis ni agité ni abattu ! répondit-il avec calme. Jamais je n'ai été aussi ferme, aussi résolu. Je suis à la fois le plus désespéré et le plus heureux des hommes.

— Que voulez-vous dire, mon ami ?

— Rien, monsieur... Vous le saurez tout à l'heure... ; Je ne puis en dire davantage.

On procéda aux questions préliminaires ; et, après la constatation d'identité, le président demanda :

— Roger, persistez-vous dans votre appel et dans la rétractation de vos précédents et spontanés aveux ?

— Je déclare, monsieur le président, que j'avais menti en me déclarant coupable. Je suis innocent, je le jure !...

— Bien ! Bien ! Ainsi vous maintenez votre appel ?... Francis eut une minute d'hésitation, posa ses deux mains sur son cœur pour en comprimer les battements, puis d'une voix tremblante et grave :

— Non, monsieur le président, dit-il, je me désiste ! Mme Bluteau était frappée de stupeur ; et Raymond balbutiait d'un air hébété...

— Que dit-il ? serait-il devenu fou ?

— Que faites-vous, malheureux ? lui dit à l'oreille son défenseur.

Puis, s'adressant à la cour :

— Mon client n'a pas compris la question de M. le : président, messieurs, ou bien sa langue l'a trahi. Il a voulu dire : *persister* au lieu de *désister*. C'est un simple *lapsus*.

— Prévenu, vous entendez l'explication de votre avocat ? Pour qu'il n'y ait ni méprise ni surprise, je vais réitérer ma question : Persistez-vous dans votre appel ?

— Non, monsieur le président !...

— C'est impossible ! reprit avec force Me Z...

— Je l'ai dit et je le répète : je me désiste... Mais j'affirme, mais je jure que je suis innocent, et que j'avais trompé la justice en m'avouant coupable !...

— Pourquoi vous désistez-vous, si vous êtes innocent et si vous vous êtes accusé à tort ?

— J'ai mes raisons, monsieur le président. Permettez-moi de les garder pour moi...

— Vous reconnaissez, alors, que vous vous êtes impudemment moqué de la justice..., que vous avez commis une cynique mystification, dont on a le droit de vous demander compte ?...

— Je n'ai voulu mystifier personne ! reprit-il d'un ton digne. Je ne puis dire à la cour que deux choses : c'est que je suis innocent d'abord, et ensuite que je me désiste ! Libre à vous, messieurs, de me condamner si vous le voulez !

— Réfléchissez donc ! lui disait son avocat. Ne vous perdez donc pas ainsi de gaieté de cœur, quand je suis sûr d'obtenir un acquittement !... Monsieur le président, veuillez, je vous prie, suspendre un moment l'audience pour que je puisse conférer avec ce malheureux... J'ai les mains pleines de son innocence...

— Défenseur, nous ne pouvons être ainsi aux ordres et aux caprices du prévenu... Je ne souffrirai pas qu'il ose mystifier la cour, comme il prétend avoir mystifié le tribunal.

— Ma résolution est inébranlable, reprit solennellement Francis. Je suis aussi décidé à proclamer mon innocence qu'à maintenir mon désistement !

Diane tremblait de tous ses membres ; Raymond était atterré. L'avocat ne pouvait se consoler de perdre son effet d'audience, ses mouvements oratoires, sa dramatique péroraison et le mot final qui devait être irrésistible !

VI

DE LA PRISONNIÈRE AU PRISONNIER

Francis était retombé sur son banc et essuyait les gouttes de sueur qui coulaient de son front. Ce n'était pas sans une violente lutte intérieure qu'il avait pris la détermination qui rendait impossible sa justification et son acquittement.

Il n'ignorait pas les conséquences de son désistement ; et, pour le sauver, il eût fallu que le ministère public, devinant les mobiles secrets de ce qui ressemblait à un acte de démence, interjetât appel à son tour et voulût faire la lumière sur cette étrange conduite d'un homme qui, en affirmant si hautement son innocence, repousse l'unique moyen qui lui reste de la prouver.

Mais le rôle des représentants de la vindicte publique est de chercher des coupables et non de réhabiliter les victimes volontaires d'un dévouement insensé. Ni la cour ni l'avocat général ne songèrent à voir, dans la conduite de l'appelant, autre chose qu'un excès d'impudence.

Que s'était-il donc passé depuis la veille, où, dans une dernière conférence avec son avocat, Roger paraissait très résolu à se défendre ? Un détail bien simple : il avait reçu une lettre de Régine !

C'était ce précieux et cher billet qu'il tenait à la main au début de l'audience, qu'il regardait avec amour, comme pour lui demander un refuge contre toute défaillance et contre les obsessions de son avocat. Elle était conçue en ces termes :

« Cher, bien cher Francis,

Ces lignes, écrites du fond d'un couvent où je suis soumise à une surveillance rigoureuse, gardée à vue, où presque tout le monde ne parle qu'allemand, où je n'ai personne à qui me confier, à qui demander appui et protection, ces lignes parviendront-elles jusqu'à vous ?

Pourront-elles franchir les hautes murailles qui entourent ma prison ? Trouverai-je une occasion de les faire porter à la poste ? Je l'ignore. Je les écris à tout hasard, en cachette, trop heureuse de pouvoir un moment m'entretenir avec vous par la pensée, vous conter mes chagrins, vous dire combien je vous suis reconnaissante, combien je vous aime !...

Vous savez déjà, par la lettre que j'ai pu vous écrire avant mon départ, et qu'une femme de chambre de ma tante s'était chargée de vous faire porter — on se rappelle que cette lettre avait été interceptée — vous savez déjà que, le surlendemain du jour doublement fatal où vous vous êtes sacrifié pour moi, où j'ai retrouvé, hélas ! une famille — si l'on peut appeler ainsi des parents qui me traitent en prisonnière — j'ai dû me préparer à un long voyage, dont on ne disait exactement ni la destination ni le but.

Il s'agissait, m'affirmait-on, d'aller voir un ami de mon père, qui, l'ayant jadis accompagné en Amérique, pourrait nous, renseigner sur son sort et nous aider à retrouver ses traces, s'il est encore vivant, ou à nous donner la nouvelle certaine de sa mort.

Il ne fallait rien moins qu'un pareil motif pour me décider à suivre le comte et la comtesse ; car, sans cela, on aurait dû me traîner de force à la gare de l'Est... Hélas ! mon pauvre ami, ce n'était qu'un prétexte, qu'un odieux mensonge...

Ce que l'on voulait uniquement, c'était me séparer de vous ! Ce que l'on espérait, c'était de me rendre ingrate, oublieuse et de me faire perdre le souvenir de mon sauveur...

Rassurez-vous, Francis !... Ils me connaissent bien mal s'ils ont pu s'imaginer que le temps et la distance affaibliraient mon affection pour vous !... Ils se sont trompés, comme ils m'ont trompée moi-même !...

Vous m'étiez bien cher ; vous m'êtes devenu plus cher encore, et je sens bien que votre image est à tout jamais gravée en traits ineffaçables au fond de mon âme, et que rien ne pourra l'en arracher.

Ah ! que je regrette ma mansarde de la rue de Lancry ! Que j'échangerais avec joie l'opulence que l'on m'impose pour la misère, les privations et le pénible travail d'autrefois ! Avec quelle impatience je guette l'occasion et les moyens de m'évader pour retourner auprès de vous, pour me jeter dans vos bras et vous crier : « Francis, je serai votre femme ! »

Oui ! Je puis vous le dire maintenant sans crainte et sans honte, à vous qui avez souffert et qui souffrez encore pour moi : Je vous aimais, mon ami... et depuis bien longtemps !

Et ma bonne mère voyait avec bonheur l'attachement secret que vous paraissiez avoir pour moi... Bien souvent, au milieu de nos tristesses et de notre dénuement, nous faisions ensemble des rêves, des projets d'avenir auxquels était mêlé votre nom...

En vous aimant, en vous restant fidèle, je crois obéir à ses sentiments et à ses dernières volontés... Et la fille du marquis de La Guyon ne sera jamais pour vous, quoi qu'il arrive, que votre petite voisine, que l'humble ouvrière, la pauvre Régine Lafontaine !

Dès que nous eûmes quitté la France, mon oncle et ma tante ne prirent plus la peine de dissimuler avec moi, et ils s'efforcèrent, tantôt par la douceur, tantôt parla menace, de me détacher de vous, de me ramener à ce qu'ils osent appeler : de *meilleurs sentiments,* à des sentiments plus conformes à ce rang, à cette situation nouvelle, dont j'ai horreur : Que m'importe leur fortune ! — qui m'est destinée, disent-ils. — Et comme j'aimerais mieux un morceau de pain sec et un verre d'eau partagés avec vous !...

Que m'importe de remplacer auprès d'eux la fille qu'ils ont perdue et d'être leur héritière, s'ils exigent qu'en échange de leur prétendue et égoïste tendresse, je me brise le cœur pour satisfaire leur orgueil ; et que je renonce au seul homme que j'aimerai jamais au monde !

On m'a fait comprendre la nécessité d'entrer en pension pour compléter mon éducation ; et si j'y ai consenti, c'est pour devenir plus digne de vous, Francis : et je me suis laissée conduire dans un couvent des environs de Vienne, où je pensais qu'il me serait plus aisé de correspondre avec vous.

Hélas, je ne suis pas en pension, mon ami ; je suis en prison ! Et l'on a recommandé aux religieuses la plus grande surveillance. On m'a présentée comme une petite folle, un cerveau brûlé, ayant de mauvais penchants.

Est-ce que vous me jugez ainsi, vous, mon bien-aimé Francis ?

Ce qui épouvante surtout le comte et la comtesse, c'est l'appel que vous avez interjeté, et la crainte des révélations qui en seront le résultat, du scandale et du bruit qui se feront autour de leur nom. »

La lettre de Mlle de La Guyon, qui ne remplissait pas moins de quatre pages d'une écriture fine et serrée se terminait ainsi :

La première semaine de mon séjour dans cet affreux couvent, j'ai cru que je mourrais de chagrin ; je pleurais le jour et la nuit ; je ne pouvais ni manger, ni boire, ni dormir ; je faisais, tout éveillée, des rêves épouvantables ; il me semblait que j'étais toujours à Saint-Lazare ou au Dépôt de la préfecture de police.... J'avais le frisson, et l'on a dû m'envoyer à l'infirmerie.

Peu à peu la raison et le courage me sont revenus. La pensée que vous êtes vous-même prisonnier m'a fait prendre en patience ma captivité... Je suis presque heureuse de souffrir puisque vous souffrez !... N'est-il pas juste que je partage toutes vos peines et toutes vos épreuves ? Et puis j'entends une voix secrète qui me dit d'avoir confiance, qui m'assure que nous ne serons pas toujours séparés...

Ma plus vive douleur, c'est de n'être pas là-bas pour veiller sur vous ; c'est de songer qu'une autre femme vous entoure de sa sollicitude... Oh ! vous l'avouerai-je, mon ami ? Je suis jalouse !... C'est bien ingrat à moi, n'est-ce pas ? Eh bien, je suis tentée de haïr celle qui a été pourtant si bonne pour nous deux... Je ne sais pourquoi, et c'est un mauvais sentiment que je me reproche, mais c'est plus fort que moi : elle me fait peur... Pardonnez à votre pauvre petite Régine ; qui n'est pas maîtresse de ses inquiétudes... Ah ! c'est que Mme Bluteau est si belle !...

J'ai tort ; je suis injuste. N'est-ce pas elle qui va vous défendre et vous justifier ? Elle n'est pas à quatre cents lieues de vous ; mes parents ne pourront pas la séquestrer pour lui fermer la bouche... Et moi, hélas, je suis impuissante ! Ah ! si je pouvais franchir les murailles qui m'étouffent, aller à pied jusqu'à Paris, me présenter devant vos juges, leur jurer que vous êtes innocent, que vous êtes le plus honnête et le plus généreux des hommes, que vous vous êtes sacrifié pour me sauver du déshonneur !...

Dites-leur tout cela, mon ami ! N'hésitez pas à réclamer le témoignage du comte, de la comtesse et le mien... Montrez-leur ces lignes... Ils n'oseront pas vous condamner !... Ma prison en deviendra peut-être plus étroite. Qu'est-ce que cela me fait, pourvu que vous soyez libre ! Pourvu que mon bien-aimé puisse relever la tête !...

Mais voici que le papier me manque... Et d'ailleurs, j'aperçois une de mes geôlières... Je n'ai que le temps de fermer ma lettre...

Adieu, ou plutôt, au revoir, cher Francis ! Quoi qu'il arrive, comptez sur l'éternel attachement de celle qui est si fière de se dire :

Votre fiancée, votre femme !
Régine LAFONTAINE. »

La jeune pensionnaire, après avoir gardé plusieurs jours la lettre dans sa poche, avait enfin trouvé l'occasion favorable qu'elle guettait ; elle l'avait confiée à l'une de ses compagnes qui retournait dans sa famille, et qui devait la jeter à la poste. Elle était adressée, à tout hasard, au Dépôt de la préfecture, d'où elle ne pouvait manquer de suivre le destinataire à la prison où il avait dû être transféré.

Francis l'avait reçue la veille de son procès en appel.

La joie délirante qu'il éprouva en reconnaissant l'écriture ; l'avidité avec laquelle il la dévora d'un trait, puis la relut encore, la relut toujours ; les mille baisers dont il couvrit la signature ; la pénible impression qu'il ressentit en voyant le bienheureux papier souillé par le visa d'un greffier, en songeant qu'il n'avait pas été le premier à le lire, et qu'il avait été profané par les regards indiscrets d'un guichetier : tout cela se devine, sans que j'aie besoin de le dire,

Francis était ivre et fou de bonheur. Ah ! comme il se souciait peu en ce moment des magistrats devant lesquels il comparaîtrait le lendemain et de l'arrêt, quel qu'il fût, qu'ils devaient prononcer ! Comme il oubliait le monde entier, et comme il dormit peu cette nuit-là !

— Elle m'aime ! elle m'aime ! se disait-il avec transport, en arpentant fiévreusement, entre deux lectures, l'étroit périmètre de sa cellule... Elle m'aime ! Elle est à moi ! Son âme et son cœur m'appartiennent pour la vie ! Ah ! je puis braver mes juges, maintenant ! Et j'achèterais volontiers cette lettre au prix de dix ans de prison ! Qu'ils m'acquittent ou qu'ils me condamnent ; qu'ils confirment ou qu'ils infirment, cela m'est bien égal ! N'ai-je pas pour moi le témoignage de ma conscience et l'amour de Régine ?... Vraiment, je ne changerais pas de place et de rôle avec eux !

Il parcourut de nouveau — c'était la vingtième fois au moins, — la dernière page.

— Non, ma Régine ! dit-il, je ne compromettrai pas ton nom devant la cour ! Non, surtout, je ne traînerai pas ta lettre chérie sous les yeux de ces hommes ; je ne livrerai pas mes épanchements en pâture à la curiosité des journalistes qui se hâteraient d'en remplir leurs colonnes. Je respecterai les répugnances de tes proches, je leur éviterai le scandale qu'ils redoutent. Qui sait s'ils ne finiront pas par être touchés de mon abnégation ?... Dans tous les cas, j'aurai fait mon devoir envers toi, plus que mon devoir envers eux. Et je t'épargnerai de nouvelles persécutions. S'ils persistent à t'éloigner de moi, le jour viendra où tu seras libre, où tu pourras disposer de toi-même. Je saurai attendre !

Et, prenant une résolution décisive :

— Eh bien, non ! je ne me défendrai pas ! La cour fera ce qu'elle voudra. Tant pis pour elle, si elle ne sait pas me comprendre et deviner la vérité !

VII

DÉLIT D'AUDIENCE

En présence du désistement de l'appelant, et du silence du ministère public, qui aurait pu seul modifier le dénouement malgré le prévenu, il n'y avait juridiquement qu'une solution possible : une confirmation pure et simple du jugement *dont est appel,* comme ils disent dans leur baroque phraséologie.

Le défenseur découragé agitait les bras avec désespoir et se démenait comme un possédé. Mme Bluteau était devenue blême. Le greffier allait appeler une autre cause, quand tout à coup une voix stridente se fit entendre dans l'auditoire.

— C'est horrible ! c'est une infamie ! Ce jeune homme n'est pas coupable ! Vous venez de condamner un innocent !...

Avant que le président et ses six collègues fussent revenus de leur surprise, et que l'avocat général se fût levé de son siège pour prendre les réquisitions que commandait la circonstance, les gendarmes de service avaient appréhendé au collet M. Raymond et l'avaient brutalement amené devant la cour.

— Oh ! vous n'avez pas besoin de me maltraiter ainsi, leur dit-il avec calme... Je ne veux ni m'enfuir ni échapper à la responsabilité de mes actes...

Le président était rouge de colère :

— Vous venez de manquer de respect à la justice, dit-il d'une voix tremblante d'émotion ; vous avez commis un délit d'audience. Quels sont vos noms et prénoms ?

— Je suis, monsieur le président, l'un des témoins cités à la requête du prévenu, et que M. le défenseur vous aurait prié de vouloir bien entendre, si M. Roger ne s'était pas désisté...

— Le témoin Raymond ! fit l'avocat, le chef de l'usine où est employé mon jeune client...

— Défenseur, interrompit aigrement le magistrat, ce n'est pas vous que j'interroge, ce me semble !...

— C'est vrai, monsieur le président, et je demande pardon à la cour ; mais M. Claude Raymond, s'il a eu tort d'exprimer tout haut ses impressions, n'a pas eu, j'en suis sûr, l'intention d'outrager la justice...

— Laissez-le répondre lui-même... Prévenu, — car vous n'êtes pas témoin en ce moment, vous êtes prévenu, — quel est votre âge ?

— Trente-neuf ans !

Cette réponse produisit un étonnement général dans l'auditoire. Le magistrat crut avoir mal entendu et reprit :

— Vous dites ?

— J'ai dit : trente-neuf ans, monsieur le président.

— C'est invraisemblable, c'est impossible. Vous paraissez beaucoup plus âgé...

— C'est pourtant l'exacte vérité.

— Soit ! c'est ce que nous verrons.

— Le malheur vieillit vite, monsieur le président, répliqua Raymond avec un sourire amer.

— Vous n'êtes pas ici pour émettre des réflexions philosophiques, mais pour répondre à mes questions... Quelle est votre profession ?

— Chimiste...

Et il ajouta, à demi-voix, en regardant fixement le président :

— Ancien professeur à la Faculté des sciences de Paris.

En écoutant ces derniers mots, l'interrogateur éprouva un trouble involontaire, dont il ne se rendait pas compte.

Plus il examinait cet homme, et moins il lui semblait inconnu. Il s'imaginait qu'il ne le voyait pas pour la première fois.

— Ce doit être un repris de justice, dit-il à l'oreille de l'un des conseillers.

— C'est probable, répondit celui-ci.

— Où êtes-vous né ?

— A Chartres (Eure-et-Loir), en 1836.

— A Chartres, se murmura le président en portant la main à son front, comme pour chercher un souvenir... Décidément, j'ai eu à juger déjà cet homme-là !

Il plongeait les yeux dans ceux de Raymond, qui supportait ces regards bravement et sans être le moins du monde intimidé...

— Ce sont bien là vos vrais noms et qualités ? dit-il avec une grimace d'incrédulité.

— Voyez plutôt l'assignation que j'ai reçue, monsieur le président.

— Bah ! Cela ne prouve rien... Monsieur l'avocat général, veuillez donc faire demander le sommier judiciaire de cet homme.

— Nous avons des raisons de supposer, répondit l'organe du ministère public, que cet individu cache sa véritable identité, et que ce nom de Raymond est un faux nom...

— Quoi qu'il en soit, reprit d'un ton dégagé le magistrat assis, et c'est ce que nous aurons à rechercher ; quoi qu'il en soit, prévenu Raymond, — si tant est que vous vous appeliez ainsi, — vous venez de commettre un délit d'audience.... Nous verrons plus tard si vous n'avez point d'autres comptes à rendre à la justice... A propos, où étiez-vous pendant la Commune ?

— J'étais à Paris, monsieur le président.

— C'est cela ! marmotta l'avocat général, en lançant au président un coup d'œil significatif...

— Est-ce que vous n'auriez pas joué un rôle quelconque dans l'insurrection, comme j'ai plus d'un motif de le supposer ?

— Ce n'est pas avec des suppositions que l'on juge, messieurs ! Du reste, permettez-moi de vous faire observer que, si j'avais été mêlé d'une manière quelconque aux événements de 1871, je ne pourrais plus être poursuivi de ce chef... Vous savez mieux que moi qu'une loi votée l'autre jour a mis fin à l'œuvre des conseils de guerre...

— Oui, mais cette loi n'empêche pas de punir un délit d'audience. Avant que je donne la parole au ministère public, avez-vous des explications à fournir, des regrets à exprimer ?... Est-ce donc la certitude de l'impunité, pour votre participation probable aux crimes de la Commune, qui vous autorise à venir insulter et braver la justice jusque dans son sanctuaire ?...

— Dans son antre ! grommela entre ses dents Raymond.

Et il répondit tout haut avec une tranquillité parfaite :

— J'ai eu tort, je le confesse, monsieur le président, de ne pas rester maître de moi, et j'adresse à la cour mes plus humbles excuses. J'ai obéi à une impulsion plus forte que ma volonté en face de ce qui était pour moi une déplorable erreur...

— Il n'y a pas d'erreur ici ! La justice ne commet pas d'erreurs. Je vous préviens que vous aggravez votre situation, et que vous perdez le bénéfice de vos excuses...

— J'en supporterai les conséquences..., répliqua-t-il avec une douceur narquoise...

— Quand la justice frappe ceux qui se sont mis dans le cas de comparaître devant elle, c'est qu'ils l'ont mérité, entendez-vous ?

— En êtes-vous bien sûr, monsieur le président ?

Il prononça ces mots avec une gravité, une solennité et d'un accent étrange qui causèrent une profonde sensation dans toute la salle.

Il y avait dans l'attitude de Raymond, dans sa voix, dans son geste, dans sa physionomie, quelque chose qui stupéfiait ses juges.

C'était par trop d'audace, et ils se promettaient sans doute de lui faire payer cher son insolence.

Et pourtant le président était mal à l'aise et se sentait envahi par une certaine anxiété... Quel était donc cet homme qui, sous le coup d'une condamnation éventuelle à cinq ans de prison, à dix ans de surveillance, au maximum de la peine, avait la témérité de le narguer aussi effrontément ?

Ce fut avec un embarras involontaire qu'il s'écria :

— Monsieur l'avocat général, vous avez la parole. Tout à coup la lumière se fit dans son esprit. Raymond venait de se détourner vers Mme Bluteau, qui, fort surexcitée elle-même par l'incident, non moins que par la condamnation de Francis qui en avait été l'occasion, avait l'air d'applaudir à l'énergie de son ami et de l'encourager à briser les vitres.

Déjà le représentant du parquet s'était levé et ouvrait la bouche :

— Pardon, monsieur le président, dit Raymond, je vous prie de daigner m'accorder la parole.

— Taisez-vous, asseyez-vous... C'est trop d'impudence !

— J'ai une révélation à vous faire, monsieur le prédent.

— Quelle révélation ? demanda d'un ton brusque l'avocat général.

— Vous allez le savoir, monsieur, si la cour veut bien me permettre de parler...

— C'est mutile ! s'empressa de dire le président, au front duquel était montée une rougeur subite. C'est une défaite. Vous n'avez d'autre but que de gagner du temps... Le ministère public a la parole.

— Cependant, insista Raymond, il me semble que...

— Taisez-vous, où je vous fais sortir de la salle, et vous serez jugé en votre absence...

— Oh ! c'est trop fort ! murmura le défenseur en agitant les bras.
Se levant et se découvrant :
— Je ferai observer à la cour..., dit-il.
— Maître Z... interrompit le président, vous n'avez pas la parole. Je suis seul chargé ici de la direction des débats... Et je vous engage à conserver devant la justice une attitude plus décente... Vous venez de faire un geste inconvenant. Je n'ai pas cru devoir le relever. Mais n'y revenez plus... Monsieur l'avocat général, vous pouvez développer vos conclusions.

Le défenseur se tut, s'inclina, se rassit, comptant bien reprendre sa revanche après le réquisitoire. Le prévenu souriait et se tournait du côté de Mme Bluteau, qui, moins maîtresse d'elle-même, paraissait exaspérée et ne dissimulait nullement son indignation...

L'organe du parquet se leva :
— Messieurs, dit-il, je n'abuserai pas des instants de la cour. Le scandale qui vient de se produire à votre audience appelle une prompte, immédiate et énergique répression. Le délit est constant ; je pourrais me borner à vous demander une application rigoureuse au prévenu des articles 222 et 223 du code pénal et de la loi du 13 mai 1863, et je n'aurais plus qu'à me rasseoir. Mais je crois devoir pourtant ajouter quelques mots...

Il releva les manches de sa robe, prit une pose solennelle, se passa la main gauche dans les cheveux, tandis que son bras droit se dirigeait vers Raymond, comme pour le foudroyer :

— Cet homme, reprit-il, n'est point un coupable ordinaire...
— Vous avez bien raison, monsieur l'avocat général ! s'écria le chimiste...
— Si vous interrompez une fois de plus, fit le président hors de lui... Ou plutôt, non !... La patience de la cour est épuisée... Gendarmes, emmenez...

Mais un murmure sourd qui se produisit dans l'auditoire et les marques d'improbation qui se lisaient sur le visage des avocats et des reporters firent hésiter le magistrat...

— Je vous avertis pour la dernière fois, Raymond, que si...

— Hé ! Je ne m'appelle pas Raymond ! reprit celui-ci avec force.

Mouvement général de stupéfaction. Les conseillers s'entre-regardent ; le ministère public triomphe de la perspicacité dont il a fait preuve tout à l'heure en révoquant en doute l'identité du prévenu. Seul, le président a l'air contrarié de cet aveu. Ses doigts distraits jouent avec les paperasses étalées devant lui.

— Vous ne vous appelez pas Raymond ? balbutia-t-il.

— Non ! Et vous le savez mieux que personne, monsieur le président !

— Que voulez-vous dire ? Est-ce une nouvelle offense !.. Décidément cela devient intolérable... Que l'on fasse sortir ce misérable ! ajouta-t-il en écumant de rage.

Les deux gendarmes entre lesquels il était assis le prenaient déjà au collet pour l'emmener et mettre fin à cette scène, quand les autres conseillers se consultèrent avec leur chef... L'avocat général quitta sa place pour conférer avec l'irascible président, qui donna contre-ordre aux agents de la force publique.

— Puisque vous nous avez trompés et que vous ne vous appelez pas Raymond, quel est donc votre véritable nom et pourquoi l'avez-vous caché ?

— Pour laisser dans l'ombre des antécédents déplorables évidemment ? Et votre casier judiciaire ? dit à son tour l'organe de l'accusation.

— Précisément ! reprit le faux Raymond. Mais ce n'est pas moi qui ai lieu de rougir ! Et ce n'est pas sur moi que retombe une flétrissure imméritée...

— Bref, quel est votre nom ? rugit le chef de la cour.

— Je vous l'ai dit : vous n'en êtes plus à ignorer... En dépit de ma barbe et de mes cheveux blanchis par votre faute à tous, et par la vôtre en particulier, monsieur le président, vous n'avez pas eu de peine tout à l'heure à reconnaître en moi l'homme que, comme président de la cour d'assises de la Seine, vous avez jadis condamné à quatre ans de prison, pour un crime commis par un des vôtres, par un de vos collègues, monsieur l'avocat général !

— Taisez-vous, misérable !

— Je ne me tairai pas !... Vous m'entendrez jusqu'au bout... Vous ne pouvez pas me condamner sans savoir mon nom... Voilà un quart d'heure que vous m'empêchez de le dire. S'il y a un misérable ici, ce n'est pas moi.

— En présence de ces excès d'effronterie, messieurs de la cour, je dois prendre de nouvelles et plus sévères réquisitions...

— Requérir contre moi ? répliqua-t-il d'une voix tonnante... Ah ! Je vous en défie !.... Gendarmes, ne me touchez pas... Il faut que je parle, et il vous faudra m'étrangler pour étouffer ma parole...

Et, se tournant vers l'auditoire :

— J'en appelle à vous tous, messieurs ! Souffrirez-vous que l'on m'expulse, que l'on ferma la bouche d'un innocent injustement et odieusement condamné ?

Un tonnerre d'applaudissements se fit entendre. Le président, atterré par tant d'audace, ouvrit vainement ses lèvres pour ordonner l'évacuation de la salle. Sa langue lui refusait son service. Les autres magistrats étaient interdits.

— Qui je suis ? reprit le faux Raymond, je vais vous le dire : Je m'appelle Fulbert Lodier, ancien professeur de chimie à la Faculté des sciences de Paris ! Monsieur le président, me reconnaissez-vous ?

— Fulbert Lodier !... dit l'avocat général...., l'infanticide de Châtenay, l'homme qui a étranglé l'enfant de sa sœur et l'a enterré dans son jardin ?... Fulbert Lodier, l'assassin !... Mais vous avez été convaincu, condamné, et il n'y a plus à y revenir. Il y a chose jugée...

Et, s'adressant à la cour :

— Je supplie la cour de mettre fin à cette scène et d'infliger à cet incorrigible repris de justice le maximum de la peine.

— Que m'importe votre chose jugée ! hurla Lodier, si je vous fournis la preuve de mon innocence, si je puis vous nommer le coupable, si je puis invoquer l'autorité du témoin le moins suspect et le plus sûr !...

— Et ce témoin ? demanda le conseiller rapporteur. Aussitôt retentit de l'hémicycle une voix stridente, une voix de femme :

— Ce témoin, c'est moi ! s'écria-t-elle, moi, la veuve du scélérat qui a rejeté sur un innocent le crime commis par lui, moi, la veuve du procureur impérial Bluteau !

VIII

L'HISTOIRE DE RAYMOND

Cette brusque intervention de Diane compliquait la situation et augmentait l'embarras des magistrats. On ne pouvait pourtant faire arrêter et juger aussi, séance tenante, la jeune veuve d'un confrère, une femme charmante que l'on avait souvent rencontrée dans le monde ! On n'allait pas donner l'ordre à un agent de la force publique de poser sur cette ravissante épaule sa main brutale et de l'amener aux pieds de la cour !

C'était bien assez de scandale comme cela ! Et le président en était à regretter de n'avoir pas laissé passer sans la relever la protestation de Raymond et le cri de colère qui lui avait échappé.

Les rôles se trouvaient intervertis, au grand détriment du prestige de la justice. L'accusé se transformait en accusateur, et pour peu qu'on l'y excitât et qu'on lui en fournît l'occasion, Mme Bluteau ne demandait pas mieux que de faire un éclat et de traîner la mémoire de son mari dans la boue, dont les éclaboussures rejailliraient sur la magistrature tout entière.

Le plus sage était d'étouffer, à force de sang-froid et de présence d'esprit, un incident qui menaçait de prendre les plus fâcheuses proportions, et qui serait inévitablement exploité par la presse radicale.

Par un mouvement rapide, Diane s'était avancée jusqu'au bas de l'estrade du haut de laquelle la justice humaine domine les justiciables.

— Moi aussi j'ai troublé l'audience et commis un délit, monsieur le président ! dit-elle avec calme..., je suis aussi coupable que M. Raymond... — que M. Lodier, veux-je dire — et je dois partager son sort !

— Retournez à votre place, madame, dit-il avec une sévérité mitigée par un accent quelque peu paternel, et ne nous obligez pas à sévir... La cour veut bien tenir compte de votre état de surexcitation et n'attachera pas plus d'importance qu'elle ne mérite à votre inconvenante interruption... Mais n'abusez pas de son indulgent dédain... Allez vous asseoir !...

— Je ne demande pas d'indulgence, monsieur le président ; je demande justice ! Justice pour les innocents ! Justice pour les victimes ! Justice pour M. Lodier et pour M. Roger !...

— Encore une fois, taisez-vous...

Et il ajouta à demi-voix, afin de n'être pas entendu de l'auditoire :

— Vous êtes bien peu soucieuse de l'honneur de votre nom, madame veuve Bluteau, et vous servez bien mal, *bien mal* les intérêts de ceux que vous protégez !...

Le ton avec lequel ces mots étaient prononcés et le regard significatif qui les accompagnait firent comprendre à Diane qu'on lui proposait une sorte de transaction tacite et que son silence pouvait payer la rançon de Fulbert Lodier...

Elle ne devait pas hésiter. Le cas était grave pour le pauvre Raymond. Il n'y allait pas de moins que de cinq ans de prison peut-être... Et la justice serait d'autant plus inexorable qu'elle avait eu plus de torts envers lui et qu'elle n'ignorait pas l'erreur judiciaire commise cinq années auparavant.

Diane accepta donc le traité de paix qu'on avait l'air de lui offrir. Puisque l'inexplicable désistement de Francis ne lui avait pas permis d'utiliser en faveur de son amant l'arme comminatoire qu'elle possédait, il fallait au moins que son intervention réussît à sauver Raymond d'une seconde condamnation.

Elle ne donnerait pas suite à ses menaces de révélations ; elle permettrait même aux magistrats, fidèles à leur habitude, en pareille circonstance, d'attribuer l'explosion de vérités qu'ils avaient dû subir, à l'état morbide d'une femme hystérique n'ayant plus la responsabilité complète de ses actes... En revanche, la cour passerait l'éponge sur la violente sortie de Raymond. Elle était depuis trop longtemps initiée aux affaires du Palais pour ne pas deviner les choses à demi-mot.

Le président se trouvait dans une situation particulièrement délicate. C'était lui qui avait eu la plus lourde part de responsabilité dans l'erreur dont Fulbert Lodier avait été victime ; et son résumé, encore plus partial et plus passionné qu'il ne l'est d'ordinaire, avait pesé d'un poids énorme dans la balance du jury. L'outrage de Raymond visait en lui bien plus l'ancien conseiller, président des assises, que le président actuel de la chambre des appels correctionnels. C'était une injure personnelle, et il pouvait user d'une apparente générosité, sans compromettre la justice elle-même dans un acte de faiblesse.

Il était facile d'ailleurs d'insinuer que cet homme ne jouissait pas de la plénitude de ses facultés ; que son attitude à l'audience, la violence de ses paroles attestaient un commencement de démence ; et qu'il avait la monomanie de la persécution, le délire de l'innocence ; que sa folie consistait à croire qu'il avait été frappé d'une condamnation imméritée, que ses paroles et ses actes, dès lors, devaient échapper à toute pénalité, et qu'il ne relevait plus que de la médecine légale, n'était plus justiciable que des aliénistes !

Ce fut sur ce terrain que se plaça le président pour sortir le plus honorablement, ou le moins honteusement possible de l'impasse où il était acculé.

Lodier l'interrompait à chaque mot en des termes qui ne dénotaient pas la moindre trace d'aliénation mentale, et le public n'était pas dupe de l'ingénieux moyen imaginé pour renvoyer indemne un récidiviste que l'on n'osait pas condamner ! Mais, enfin, la dignité du président et de la magistrature était à peu près sauve ; et le double soufflet, qu'ils avaient reçu à la fois de la main d'un homme et de la main d'une femme, ne laisserait pas de traces durables sur la joue de la justice.

L'expédient imaginé par le président pour se tirer d'un pas difficile ne provoqua chez Raymond qu'un imperceptible sourire.

Il voyait bien que cette imputation de folie n'était prise au sérieux par personne. Aussi, bien loin de se fâcher, de s'indigner, comme n'eût pas manqué de le faire un véritable aliéné, il se hâta de venir en aide à ses juges et de leur faciliter la retraite en bon ordre qu'ils voulaient opérer, et leur tâche de prudente miséricorde pour l'homme qui les avait si gravement offensés.

Il triomphait, en somme, et la générosité lui était rendue facile par cette reculade.

Par l'intermédiaire de son défenseur improvisé, il demanda la permission d'ajouter quelques mots d'explication...

— C'est inutile ! fit avec impatience le président qui craignait une nouvelle scène... L'incident est clos et a déjà trop duré. La cause est entendue... Cet homme peut se retirer...

— Pardonnez-moi d'insister, monsieur le président.. Mais c'est une raison de plus pour Raymond de remercier la cour de sa bienveillance...

— Il n'y a en cette affaire ni bienveillance ni malveillance. Il y a tout simplement du dédain pour une offense qui, en aucun cas, ne saurait nous atteindre, venant surtout d'un individu à demi-irresponsable... Enfin, parlez ! Qu'avez-vous à dire ?...

— Une seule chose, répondit Lodier, c'est que, quel que soit mon état mental, sur lequel je ne me permettrai pas de discuter les appréciations de M. le président... il n'y a jamais eu dans ma pensée une intention offensante pour les magistrats qui venaient de condamner mon jeune ami... Je n'ai point obéi à une préoccupation personnelle, et je songeais beaucoup moins à me réhabiliter moi-même — j'estime n'avoir pas besoin de réhabilitation...

— Nous ne sommes pas ici pour procéder à la revision de vieux procès sur lesquels il y a d'ailleurs chose jugée ! interrompit l'avocat général en haussant les épaules.

— Je répète, monsieur l'avocat général, que je songeais beaucoup moins à me réhabiliter moi-même qu'à signaler à votre attention les dangers d'une erreur judiciaire...

— Eh ! que parlez-vous d'erreur !... Francis Roger, en se désistant, n'a-t-il pas avoué que le tribunal avait bien-jugé ? N'a-t-il pas accepté sa condamnation ?

— Pardon, monsieur l'avocat général, vous oubliez que son désistement a été accompagné d'une nouvelle et énergique protestation d'innocence...

— Pas de colloques avec le ministère public ! Parlez à la cour. Bref, vous exprimez le regret d'avoir troublé l'audience par une interruption inconvenante ? dit le président. Nous prenons acte de vos excuses.

— Veuillez surtout prendre acte de la prière que je vous adresse en faveur de Roger, monsieur le président !

— Et à laquelle je joindrai la mienne ! ajouta Mme Bluteau.

L'organe du ministère public se leva, et avec une extrême animation dans laquelle entrait peut-être le désir secret d'être désagréable au magistrat qui présidait et à qui il ne pardonnait pas de s'être replié en bon ordre :

— Nous ne pouvons tolérer plus longtemps que l'on revienne ainsi sur l'arrêt confirmatif rendu par la cour... Roger s'est rendu justice en retirant spontanément son appel. C'est une affaire vidée... Je supplie monsieur le président de mettre fin à ce scandale.

— Alors, répliqua M. Raymond avec feu, s'il était convaincu d'avoir volé les tours de Notre-Dame ; et si, condamné en première instance, il se désistait en appel, vous lui opposeriez la chose jugée !... Et vous appelez cela de la justice !...

— Taisez-vous, Raymond ! lui murmura le défenseur.

Et s'adressant à l'avocat général :

— Ce qui serait un scandale, me permettrai-je de faire observer au ministère public, ce serait qu'un innocent fût irrévocablement condamné...

— Nous ne pouvons pourtant pas le défendre et le justifier malgré lui ! Quand on n'est pas coupable, on ne se désiste pas...

— M. Fulbert Lodier lui, non plus, n'était pas coupable et il refusa de se pourvoir en cassation... Aussi, j'espère que M. le garde des sceaux et M. le procureur général ne partageront pas la doctrine de M. l'avocat général ; j'espère qu'ils se pourvoiront dans l'intérêt de la loi, et que la cour suprême ne se laissera pas arrêter même par le désistement de Roger...

Le débat menaçait de se troubler, et la scène de se renouveler. Jamais un tel incident ne s'était produit devant aucune cour d'appel ! Le président se décida enfin à présider, ce qu'il ne faisait plus depuis quelques instants...

— M. le procureur général agira comme il l'estimera convenable ! dit-il. Nous n'avons point à intervenir dans ses décisions. Notre mission est de rendre des arrêts dictés par notre conscience. Donc, pas un mot de plus sur ce sujet. Raymond... ou Lodier, retirez-vous... Messieurs, l'audience est levée.

Il se leva et se retira, suivi par ses collègues, laissant les avocats, les témoins et le public profondément impressionnés par cette aventure, sans précédents dans les annales judiciaires.

— Oh ! nous le sauverons, n'est-ce pas ? dit Diane à son ami, en lui prenant le bras pour sortir de la salle.

Fulbert Lodier hocha tristement la tête :

— Hélas ! répondit-il... Vous connaissez ces gens-là autant et mieux que moi !...

— Je verrai le ministre ; je n'aurai pas de peine à le convaincre... Et la cour de cassation fera le reste... Il y a des juges à Berlin, après tout !...

— A Berlin, oui !... Et encore au siècle dernier !... Ma pauvre amie, ce que je vois de plus clair en ceci, c'est que j'aurais aussi bien fait de me taire !... C'est la lutte du pot de terre contre le pot de fer ! Pauvre Francis !...

— Qu'importe, après tout ! pensa Mme Bluteau, tandis qu'une foule sympathique les suivait respectueusement du regard dans la salle des Pas perdus et les accompagnait jusqu'à leur voiture... Dans un mois, il sera libre ! Dans un mois, je le presserai dans mes bras, et mes baisers le consoleront amplement.

Et, s'adressant à Raymond :

— Mais comment expliquez-vous son désistement ? A-t-il été saisi d'un accès de folie ? Car c'est l'acte d'un insensé...

— Non ! c'est l'acte d'un amoureux...

Diane frissonna de la tête aux pieds.

— D'un amoureux ? balbutia-t-elle.

— Sans doute ! Il se sacrifie pour ménager l'orgueil des La Guyon, comme il s'était dévoué pour Mlle Régine...

Raymond sentit trembler et frémir le bras qu'il tenait sous le sien...

Mais, avant de poursuivre, il nous faut revenir une fois de plus en arrière.

Si pressé que soit le lecteur de reprendre avec moi la suite des événements et d'arriver le plus tôt possible aux dramatiques péripéties qu'il prévoit et qu'il attend, je lui demande encore un peu de patience. L'histoire de Raymond est indispensable à l'intelligence de ce qui va suivre.

Une courte parenthèse en donnera le résumé à ceux qui l'ignorent et la continuation à ceux qui en ont lu le commencement dans le *Procureur Impérial*.

Ces derniers se rappellent que Marcel Bluteau, fils d'un riche manufacturier en déconfiture, avait séduit la sœur de son frère de lait, Fulbert Lodier, qui, par son travail et son intelligence, et parti des rangs les plus humbles de la société, s'était élevé à une haute situation scientifique.

Ils savent comment le fils de famille, joueur, libertin, avait débuté par le faux pour arriver à l'assassinat compliqué du vol ; comment, pour refaire, par un mariage d'argent une fortune anéantie par la ruine de son père, il n'avait pas hésité à étrangler, immédiatement après sa naissance, l'enfant qu'il avait eu de sa maîtresse, et à l'enterrer dans le propre jardin de Fulbert ; comment le crime découvert, huit ans plus tard, avait été naturellement attribué au jeune savant, qui avait toujours ignoré le déshonneur de sa sœur, devenue folle en apprenant à la fois la mort de son enfant et le mariage de son amant.

Délivré à la fois de la mère et du petit être auquel elle venait de donner le jour, l'étudiant en droit Marcel Bluteau avait pu épouser, grâce à l'intermédiaire d'un agent d'affaires, la fille d'une ancienne cocotte, enrichie par la prostitution, et dont l'influence et les relations dans le monde officiel avaient réussi à le faire entrer dans la magistrature.....

Le mari de Diane Garnier, le gendre de la millionnaire *Berthe la Champenoise*, était substitut au tribunal de la Seine, quand le hasard avait fait découvrir, dans une maison du village de Châtenay, près de Sceaux, qu'avait habitée autrefois avec sa sœur le jeune professeur de chimie, le cadavre d'un enfant.

De l'enquête judiciaire ouverte à ce sujet, des recherches opérées, des coïncidences de dates et de l'époque du crime, déterminée parles médecins légistes chargés de l'autopsie, résultaient contre Fulbert Lodier des présomptions accablantes.

Lui qui, absorbé par ses préoccupations scientifiques, aveugle et naïf comme tous les savants, n'avait même pas su remarquer la grossesse de sa sœur Clotilde, dont l'accouchement avait eu lieu pendant un voyage fait par lui à l'étranger, il fut arrêté sous l'accusation d'infanticide.

Privée de sa raison, enfermée dans un asile d'aliénés, la victime du magistrat n'était pas en état de défendre son frère, de désigner le vrai coupable — qui avait su d'ailleurs s'entourer des plus minutieuses précautions. — Marcel Bluteau, sous les apparences d'une bienveillance perfide pour son frère de lait, avec lequel il était brouillé depuis de longues années, avait habilement manœuvré pour rendre inévitable une condamnation.

Les prières de sa mère, les supplications de sa sœur, fiancée à l'accusé, et celles de sa propre femme n'avaient pu obtenir de lui une intervention sincère et active en faveur de son camarade d'enfance.

Pour se prémunir lui-même contre toutes révélations ultérieures, qu'un retour de Clotilde à la raison pouvait, un jour ou l'autre, rendre possibles, Bluteau, alors procureur impérial à Chartres, avait sourdement travaillé à influencer la justice, en feignant de solliciter l'indulgence de la cour d'assises...

Bref, à la suite d'un résumé partial du président à qui, comme toujours, appartenait le dernier mot dans les débats, le jeune professeur à la Faculté des sciences, au moment même où il allait entrer à l'Institut, s'était vu condamner à quatre ans d'emprisonnement.

Cependant, le procureur impérial ne devait pas jouir en paix de son infamie. Sa sœur Hélène n'avait pas voulu survivre à l'honneur de celui qu'elle aimait. En apprenant la vérité de la bouche d'un ancien complice de Bluteau, aujourd'hui son domestique, et dans l'impossibilité morale où elle était de dénoncer son frère, elle s'était suicidée, et sa mère l'avait accompagnée dans sa mort volontaire. A dater de ce jour, sa femme, qui ne l'avait jamais aimé, l'avait pris en horreur.

L'heure du châtiment approchait. Vainement il s'était débarrassé par un nouvel assassinat du domestique qui avait dû jadis l'aider à faire disparaître les traces d'un précédent forfait, et qui, saisi de remords, menaçait de le livrer à la justice... Un hasard vengeur obligea le chef du parquet de Chartres à diriger lui-même une enquête qui allait révéler à tous les yeux sa scélératesse...

Au moment où se dressait devant lui le cadavre accusateur d'un riche Anglais, son ami, qu'il avait tué dix ans auparavant, pour le dépouiller, où les révélations et les preuves s'accumulaient, où son propre substitut et le juge d'instruction qui l'accompagnaient allaient être forcés de le mettre en état d'arrestation, il avait vu surgir inopinément devant lui son ancienne maîtresse, Clotilde Lodier, qui s'était évadée de l'asile d'aliénés où il la croyait à tout jamais enfermée.

Son épouvante et sa terreur avaient achevé de le trahir et de le dénoncer...

Mais la folle ne devait pas laisser à la magistrature le soin de punir le plus indigne de ses membres.

Lui jetant à la face tout son passé, lui réclamant à la fois son enfant qu'il avait étranglé, son frère qu'il avait déshonoré ; le saisissant à la gorge avec une vigueur centuplée par l'aliénation mentale, Clotilde, par un effort surhumain et avant que personne eût pu l'en empêcher, Clotilde l'avait précipité dans l'espace, du haut de la galerie supérieure du clocher de Chartres où se passait cette scène émouvante. Et, après avoir rebondi de saillie en saillie, de clocheton en clocheton, de gargouille en gargouille, le procureur impérial n'était plus qu'une masse informe de chairs et d'os quand il était tombé aux pieds du monument !

Justice était faite au coupable. Il restait à faire justice à l'innocente.

IX

L'INCENDIAIRE

Ce drame saisissant, qui se passait à cent vingt mètres au-dessus du sol, dans la galerie qui entoure la chambre des guetteurs de nuit du clocher de Chartres, n'avait d'autres témoins que le substitut du procureur impérial, le juge d'instruction, un médecin et le greffier qui les accompagnaient et l'un des veilleurs, le vieux Lodier, père de Clotilde et de Fulbert.

La scène avait été si brusque, l'expiation si rapide, qu'aucun des spectateurs n'avait eu le temps de la prévenir et de l'empêcher.

Marcel Bluteau était déjà broyé sur le pavé du cloître de la cathédrale, et les fragments de sa cervelle étaient disséminés çà et là, que les magistrats n'étaient pas revenus de leur stupeur. Tout le monde était atterré. Le père Lodier s'arrachait les cheveux de désespoir, en songeant aux complications nouvelles que pouvait entraîner cette terrible aventure.

Avec l'égoïsme invétéré des vieillards, il ne voyait que la terrible responsabilité qui pesait sur lui. Il se reprochait de n'avoir écouté que sa tendresse paternelle en cachant dans le clocher l'évadée de la maison de fous, au lieu de la livrer à l'autorité administrative. Il était le complice involontaire du meutre, et redoutait avant toutes choses les terribles conséquences qui allaient en résulter pour lui.

— Eh bien, monsieur le substitut, qu'allons-nous faire ? demanda en tremblant de tous ses membres le juge d'instruction, qui avait quelque peine à reprendre son sang-froid.

— Ce que nous allons faire ? Notre devoir, évidemment, répondit le jeune magistrat d'un ton sombre. Il est pénible et douloureux, je l'avoue.

— Notre devoir ! notre devoir ! reprit le juge d'instruction en branlant son chef dénudé... Le difficile, ce n'est pas de le remplir, c'est de le connaître !

— Il est pourtant bien simple, ce me semble. Nous n'avons qu'à dresser un procès-verbal exact de ce qui s'est passé.

— *Exact,* dites-vous ?

— Naturellement. Et sans déguiser ni oublier aucun détail.

Le juge d'instruction fit une grimace :

— La chose n'est pas aussi facile que vous le croyez ! Cela demande quelque réflexion, beaucoup de réflexion !...

Clotilde qui, l'expédition accomplie, était revenue à elle et, en apercevant le cadavre de son ancien amant, avait repris instantanément la plénitude de sa raison, Clotilde éclata en sanglots, s'arracha les cheveux et s'abandonna à l'explosion de son désespoir :

— Marcel ! Marcel ! s'écriait-elle... Mon Dieu, pardonnez-lui... Et pardonnez-moi ! Marcel ! Je vais te rejoindre !...

Elle allait enjamber la balustrade et se précipiter à son tour.

— Malheureuse ! dit le substitut en se jetant sur elle en la retenant par sa robe, tandis que le vieux Lodier, muet, hébété, à demi mort d'épouvante, semblait cloué à sa place et ne faisait pas le moindre mouvement pour sauver sa fille.

Mlle Lodier se débattait avec rage. Elle voulait mourir.

— Aidez-moi donc à sauver cette pauvre folle, messieurs !

On parvint à se rendre maître d'elle.

— Je ne suis plus folle ! dit-elle d'un air sombre... Je l'ai tué... Je dois le suivre... Je veux le suivre... Laissez-moi ! Laissez-moi... Marcel ! Tu as été bien infâme, bien scélérat !... Mais je t'aimais tant !... Au nom du ciel, laissez-moi le rejoindre !...

Quatre bras vigoureux la tenaient ; on réussit à lui lier les bras et les jambes.

— Vous voyez bien qu'elle est plus folle que jamais, monsieur le substitut ! reprit le juge d'instruction avec un coup d'œil significatif. Nous ne devons donc tenir aucun compte des paroles incohérentes qui ont pu lui échapper... Elle est irresponsable, vous dis-je, ajouta-t-il, en voyant le geste d'incrédulité de son collègue... Donc, si vous m'en croyez, pas un mot qui puisse ternir la mémoire de M. le procureur impérial !...

— Quoi ! monsieur, vous voudriez plaindre et défendre ce misérable !...

— Je ne plains personne ! Je ne défends personne ! Je ne défends que l'honneur du corps auquel vous et moi nous appartenons !...

— Que cette femme soit ou non en démence, vous voyez bien qu'il y a en toute cette affaire quelque chose de mystérieux. Il faut que la lumière se fasse, et pour ma part, je n'hésiterai pas à...

— Pour votre part, mon jeune confrère, vous allez de gaieté de cœur perdre votre avenir... Moi, je vous le déclare, je n'entends pas compromettre le mien...

Et s'adressant au médecin :

— N'est-ce pas, monsieur le docteur, que nous avons affaire à une aliénée ?...

— Évidemment ! dit celui-ci, qui comprenait du premier coup la portée de la question.

— Et que si nous venons d'assister à une catastrophe, nous ne sommes point en face d'un crime, puisqu'il n'y a pas de responsabilité ?

— Je suis tout à fait de votre avis, monsieur le juge d'instruction !

— Et moi aussi ! dit également le greffier, sans qu'on lui demandât son opinion.

Se trouvant seul contre tous, le substitut courba la ête. Le souci de son intérêt et la crainte de perdre sa position l'emportèrent sur les scrupules de sa conscience.

Il était assez jeune encore, et comme homme et comme magistrat, pour avoir une conscience ! Il se résigna à ne contrarier en rien la version du juge d'instruction, du greffier et du docteur...

— Après tout, se disait-il, pour se justifier à ses propres yeux, il n'était pas inamovible, lui ! Et il n'avait nulle envie de briser sa carrière !...

Il importait avant toutes choses que le prestige de la magistrature ne fût pas atteint, et que l'indignité trop tragiquement constatée de l'un de ses membres ne rejaillît pas sur la corporation entière.

Il importait que la mort de M. Marcel Bluteau fût un terrible accident et non une expiation, et que Clotilde Lodier fût regardée comme irresponsable, pour épargner à la mémoire du procureur impérial du tribunal de Chartres de nombreuses et odieuses responsabilités.

Aussi, d'après les rapports officiels adressés sur l'événement au procureur général et au ministre de la justice, le chef du parquet de Chartres était-il présenté comme un martyr, assassiné sans motifs par une malheureuse aliénée.

La justice n'avait point à intervenir ; Clotilde Lodier ne relevait que de la science ; et, conformément à l'avis motivé des médecins légistes commis pour examiner son état mental, il ne restait qu'à la réintégrer dans l'asile d'où elle s'était évadée naguère.

Les déclarations confidentielles des magistrats chartrains étaient en contradiction absolue avec ce système, et la justice dut reconnaître en son for intérieur que la culpabilité de Fulbert Lodier n'était plus aussi clairement établie, et que, selon toutes les vraisemblances, il expiait à la maison centrale de Melun le crime d'un autre...

Mais cet autre étant un magistrat, il y avait deux motifs au lieu d'un pour que l'erreur ne dût être ni reconnue, ni avouée, ni réparée !

Le lendemain, tous les journaux reproduisaient la note suivante, qui leur était communiquée par l'Agence Havas :

« Nous avons parlé de la vive émotion causée à Chartres par la découverte, au fond d'une vieille citerne, ménagée dans l'épaisseur des murailles de l'un des clochers de la cathédrale, d'un cadavre paraissant remonter à une dizaine d'années.

L'enquête ouverte à ce sujet par l'autorité judiciaire a été interrompue hier par un épouvantable et dramatique événement. Le chef du parquet, M. le procureur impérial Bluteau, au moment où il dirigeait avec son zèle et son intelligence habituels d'actives recherches à travers les nombreux recoins du clocher, a été tout à coup assailli par une pauvre folle, récemment évadée de l'asile d'aliénés de Bonneval (Eure-et-Loir).

Cette malheureuse, fille de l'un des veilleurs de nuit, était venue se réfugier dans la chambre occupée par son père au sommet du clocher neuf. Prise subitement d'un accès de démence furieuse en voyant sa retraite découverte, elle se jeta comme une bête féroce sur l'honorable magistrat, et, avant que les personnes qui l'accompagnaient aient pu songer à le défendre, cette femme, dont l'aliénation décuplait les forces, souleva sa victime jusqu'à la hauteur de la balustrade de la galerie extérieure et la précipita dans l'espace... Inutile de dire que la mort a été instantanée.

Cette catastrophe a produit dans toutes les classes de la population une sensation profonde. C'est un deuil navrant pour la ville entière, où l'infortuné procureur impérial avait su se concilier l'estime et les sympathies générales. Les obsèques auront lieu demain. Toute la population suivra le convoi...

L'auteur inconsciente et irresponsable de ce meurtre, immédiatement arrêtée et revêtue de la camisole de force, a été reconduite ce matin par la gendarmerie à l'asile d'où elle avait réussi à s'échapper.

Il avait été question, un moment, de poursuivre son père, comme civilement responsable de cette terrible aventure, et il a été mis tout d'abord en état d'arrestation. Mais cet homme, à demi idiot lui-même, a été remis en liberté au bout de quelques heures.

Impossible de se figurer l'horrible désespoir de la jeune veuve, qui adorait son mari... On craint pour sa raison ou pour sa vie. »

Ce dernier paragraphe, au moins, était inexact. Diane avait accueilli d'un œil sec, avec une complète indifférence, l'affreux accident qui rendait son fils orphelin et qui la délivrait d'une chaîne odieuse.

— C'est le doigt de Dieu ! monsieur le président, dit-elle au premier magistrat du tribunal, qui s'était chargé de lui annoncer la funèbre nouvelle. Il y a donc une Providence !

Le président, qui s'attendait à une explosion de sanglots, était atterré et indigné d'un tel sang-froid, d'une pareille insensibilité.

— Ne m'avez-vous pas compris, madame Bluteau ? balbutia-t-il avec surprise... Quoi ! C'est là tout ce que vous inspire cette fin aussi terrible que prématurée de celui dont vous portez le nom...

Diane releva la tête, regarda fixement le magistrat :

— Monsieur le président ! dit-elle avec solennité... Nous sommes seuls ici ; personne ne nous entend... Je puis donc vous dire en confidence ce que j'ai dû, hélas ! garder pour moi jusqu'à ce jour... Eh bien, vous l'avouerai-je ? Ce n'est pas cette mort-là que j'avais lieu de redouter pour lui...

— Que voulez-vous dire ?

— Ce que je veux dire ? Ah ! tenez, monsieur le président... je dois presque me féliciter qu'il soit mort ainsi !...

— Oh ! madame Bluteau ! madame Bluteau !... Je sais que vous ne viviez pas en très bonne intelligence... Mais la haine vous entraîne trop loin... C'est odieux, ce que vous dites là !...

— Non ! C'est juste et c'est sage. Je suis sûre maintenant qu'il ne mourra pas sur l'échafaud !... mieux vaut qu'il succombe sous la main d'une femme, plutôt que de périr par la main du bourreau...

— Malheureuse ! avez-vous perdu la tête ?...

— Plût au ciel que je fusse folle, moi aussi ! — Si tant est que la fille Lodier soit folle, ce que je ne crois pas !...

— Je n'aurais pas à rougir pour mon fils et pour moi, d'avoir eu, lui un tel père, moi un tel mari !...

— Taisez-vous ! taisez-vous ! Vous êtes donc une épouse dénaturée et une mère sans cœur ?... Votre langage est monstrueux !

— Ce qui est monstrueux, monsieur le président, c'est la vie entière de cet homme. Si terrible que soit l'expiation, elle n'est pas à la hauteur de ses crimes...

— Ses crimes ? quels crimes ?... Est-ce que vous avez jamais pris au sérieux les calomnies infâmes sourdement répandues contre lui ?

— Des calomnies ? Ah ! monsieur, il n'était guère possible de le calomnier... Je sais bien que ce n'est pas à moi de l'accuser, de le déshonorer... Depuis de longues années, j'ai renfermé en moi les secrets qu'il ne m'appartenait pas de révéler. Mais vous ne voyez donc pas que la vérité m'étouffe et que je ne puis m'empêcher de la dire à un honnête homme comme vous !... Croyez-moi, dispensez-vous de poursuivre l'enquête commencée sur le cadavre du clocher... Je puis, à coup sûr, vous nommer l'assassin, maintenant qu'il a expié ce forfait-là... avec tant d'autres !...

— Quoi ! vous oseriez supposer que...

— Je ne suppose pas : j'affirme !... Et ce n'est là qu'une peccadille en comparaison du reste 1...

— Du reste ? Savez-vous que ce que vous dites là est bien grave, madame...

— C'est précisément pour cela que je crois remplir un devoir sacré en vous le disant... Ne vous rappelez-vous donc plus : le double suicide de ma belle-mère et de ma belle-sœur ? Est-ce que deux femmes se tuent ainsi sans motifs ?...

— Oui... C'était, si je me souviens bien, un chagrin d'amour chez Mlle Bluteau, à qui sa mère n'a pas voulu survivre ?

— Vous vous trompez, monsieur le président. Elles sont mortes de douleur et de honte, pour n'être pas forcées de dénoncer, l'une son fils, l'autre son frère !... Ah ! il y a d'épouvantables mystères dans notre famille ?...

— Quoi qu'il en puisse être, reprit le magistrat, la divulgation en serait devenue aujourd'hui inutile, sans objet, sans but...

— Vous oubliez, ou plutôt vous ignorez, monsieur le président, qu'il y a quelque part, au fond d'une prison, au milieu de la promiscuité hideuse d'une maison centrale, un brave, honnête et digne jeune homme, un savant éminent, Fulbert Lodier, qui expie un infanticide dont il est innocent et qui a été commis par M. Bluteau... Trouvez-vous donc inutile et sans objet de réhabiliter ce martyr ?

Le président secoua tristement la tête :

— Hé ! la justice humaine n'est point infaillible... Elle se trompe quelquefois...

— A qui le dites-vous ?

— S'il en est ainsi, soyez assurée que l'on emploiera en faveur de cet homme la seule voie de réparation qui soit possible La mort du vrai coupable empêche toute revision du procès... Il reste un moyen, la grâce. Et je ne doute pas que l'empereur...

— La grâce ! s'écria Diane en haussant les épaules. Et vous vous imaginez qu'un innocent injustement frappé ; sollicitera ou même acceptera sa grâce !

Malgré l'extrême discrétion que l'esprit de corps imposait au dépositaire de ces compromettantes confidences, il ne pouvait manquer d'en transpirer quelque chose dans le monde judiciaire et même dans le public.

Il planait sur toute cette affaire un vague mystérieux et effrayant, dont se ressentirent les discours prononcés sur la tombe de Bluteau. Il y régnait une réserve, une froideur de nature à autoriser bien des commentaires. Le président prétexta une indisposition pour se dispenser d'assister aux funérailles et de faire entendre des paroles d'éloges et des regrets qu'eût désavoués sa conscience.

Quant à la veuve, elle ne prenait même pas la peine d'affecter devant ses domestiques une douleur qu'elle ne pouvait ressentir. Et, tandis que l'on enterrait son mari, elle s'occupait avec un calme glacial de ses préparatifs de départ. Dès le lendemain elle revenait s'installer à Paris, dans l'hôtel de sa mère.

Fort ému des révélations de la jeune femme, et selon la promesse qu'elle avait exigée de lui, le président du tribunal de Chartres s'empressa de tout raconter à ses chefs hiérarchiques. Mais la chancellerie ne lui sut qu'un gré médiocre de son intempestive communication.

On lui fit comprendre, avec une mauvaise humeur significative, qu'il aurait mieux fait de garder pour lui des secrets qui mettaient la justice dans la situation la plus délicate et la plus embarrassante, et qu'en pareille circonstance un membre de la magistrature n'avait qu'un devoir : le devoir de se taire.

Bref, au lieu du siège de conseiller à la cour impériale qui lui était promis depuis longtemps et auquel il avait des droits incontestables, il n'obtint du garde des sceaux qu'une mercuriale bien sentie, et l'on se hâta de déchirer le décret de nomination qui n'attendait plus que la signature de Sa Majesté. Cela lui apprendrait à ne plus se mêler de ce qui ne le regardait pas, et à réserver son zèle pour la fermeté de la répression !

Diane, qui avait sollicité et obtenu une audience du ministre ne fut guère mieux accueillie, et toutes ses démarches, toutes ses prières en faveur de Lodier vinrent se briser contre la même fin de non - recevoir, contre le même parti pris de ne laisser entamer le prestige du corps judiciaire et l'autorité de la chose jugée.

Cependant, et dans la crainte que l'aventure ne s'ébruitât et ne fit l'objet d'une interpellation au Corps législatif, on décida que le condamné serait porté, le 15 août, sur le tableau des grâces dont la fête de l'empereur — ce devait être la dernière — était chaque année l'occasion. Et Fulbert Lodier, quelques jours avant le 4 septembre, sortit de la maison centrale de Melun. On poussa cette bienveillance tardive jusqu'à l'exonérer spontanément de la surveillance de la haute police.

Il se trouvait donc jeté sur le pavé de Paris, libre, mais toujours flétri ; sans ressources, sans avenir, sans le moindre espoir de reprendre dans le monde savant la place éminente qu'il y avait occupée ; avec une sœur folle et un vieux père hébété !

Si sa carrière et sa position étaient brisées, les ressorts de son âme ne l'étaient pas. Son caractère s'était trempé dans les épreuves. La captivité lui avait élargi l'esprit et fortifié le cœur. Jusqu'alors la chimie avait été son unique préoccupation ; elle ne devait plus occuper dans sa pensée que la seconde place. Il avait beaucoup médité ; de nouveaux horizons s'étaient ouverts à son activité. Au lieu de découvrir des corps simples, il songeait désormais à résoudre les problèmes compliqués de la science sociale.

Le jour où on l'avait appelé au greffe pour lui annoncer sa mise en liberté, il n'avait témoigné ni joie, ni surprise, ni reconnaissance. Et comme le directeur lui faisait entrevoir, dans le lointain, l'espoir de se réhabiliter par le travail :

— Me réhabiliter ! répondit-il avec un sourire. Ce n'est pas moi, monsieur le directeur, qui ai besoin de réhabilitation, c'est la justice ! J'ai le droit de la regarder en face, et j'en userai !...

Puis, rentré dans sa cellule et tout en faisant ses préparatifs de départ :

— Ah ! la société me pardonne ! s'écria-t-il avec ironie... Elle est vraiment bien bonne ! Mais, moi, je ne lui pardonne pas ! Qu'elle tremble désormais devant moi !... Je suis plus fort qu'elle, car j'ai la sérénité de la conscience, car elle se sent coupable, et je me sais innocent ! Je la domine de toute la hauteur de mes deux années de martyre !... Malheur à elle si jamais l'occasion se présente de l'écraser sous mes pieds, de lui faire payer par des flots de sang chacune de mes larmes...

Les trésors de haine amassés par Fulbert et qui composaient à peu près tout son bagage, n'allaient pas tarder à trouver leur emploi. Lui, si doux, si généreux, si absorbé jadis par la recherche de la vérité, il était devenu féroce, impitoyable, implacable. Il n'avait plus qu'un désir, qu'une aspiration, qu'un but : la vengeance.

Si le misérable, dont sa sœur, sa fiancée et lui-même avaient été les victimes, était désormais à l'abri dans la mort, et s'il avait expié ses crimes, l'ordre social qui les avait tolérés, rendus possibles, et qui ne permettait même pas qu'ils fussent dévoilés au grand jour, l'ordre social n'était-il pas son complice, un complice aussi coupable, sinon plus coupable que Bluteau lui-même ? Ne fallait-il pas et n'était-il pas juste qu'il expiât à son tour les vices de son organisation, comme l'ancien régime avait expié en 1793 les forfaits de vingt générations ; comme Louis XVI avait payé sur l'échafaud du 21 janvier les dettes accumulées par ses prédécesseurs ?

C'est dans ces dispositions d'esprit que l'explosion du 18 mars trouva le libéré de Melun. Il vit dans le mouvement communaliste l'aurore d'un monde nouveau, la continuation et l'achèvement de l'œuvre commencée par la Révolution française. Et il s'y jeta résolument et à corps perdu.

Laissant à d'autres les naïves et puériles jouissances du pouvoir, le luxe ridicule des écharpes officielles, les satisfactions de la vanité, la manie des oripeaux et des quintuples galons d'or ; refusant un commandement en chef, un poste de délégué à un ministère quelconque, ou un mandat électif, il se réserva un rôle à part, moins en vue et plus redoutable.

Des coulisses où il se tenait, non par prudence, mais par abnégation, il conseilla tout, dirigea tout, surveilla tout. Grâce au précieux concours que prêtaient aux chefs apparents de l'insurrection ses connaissances scientifiques, il exerça tout le temps que dura la bataille, une sorte de pouvoir occulte, la plus sûre et la plus effective des dictatures.

D'autres étaient le bras, Fulbert Lodier fut l'âme de la Commune de Paris, et le pivot de la résistance.

Sa haine implacable, et, on l'avouera, légitime, contre la société qu'il avait le droit de considérer comme une ennemie, et dont il était incontestablement le créancier, n'excluait chez lui ni la générosité ni la grandeur d'âme. Il la méprisait plus encore qu'il ne la détestait. Et pendant les deux mois de cette sanglante épopée, il eut l'occasion d'en donner plus d'une preuve éclatante,

Que, dès le début de l'insurrection, il eût protégé et rendu inviolable la demeure de Mme Bluteau et de sa mère, c'était naturel, et il ne faisait que payer une dette sacrée envers Diane, dont les sympathies ne lui avaient jamais fait défaut, et qui l'avait constamment défendu contre son mari et contre la justice.

Mais un jour il eut entre les mains, il tint à sa merci la vie de l'un des principaux auteurs de son infortune, et l'idée d'une vengeance personnelle ne lui entra même pas dans l'esprit.

Parmi les individus arrêtés en vertu du décret sur les otages dont il avait été l'inspirateur, et qu'il reprochait à la Commune de ne pas exécuter, il vit arriver à la préfecture de police et amener devant Raoul Rigault, avec qui il était en conférence, un pauvre diable, dont les dents claquaient de peur, et qui tremblait de tous ses membres...

En l'apercevant, Fulbert Lodier fit un bond en arrière, poussa un rugissement sauvage, comme un tigre prêt à se précipiter sur sa proie ; et, se tournant vers le Procureur général de la Commune :

— Je vous défends de toucher à cet homme ! dit-il avec feu. Il m'appartient, je le réclame... J'ai le droit exclusif de disposer de son sort... Rigault, livrez-moi ce misérable !... C'est la seule faveur que j'aie demandée à la Commune : Me la refuserez-vous ?...

Et il lui glissa quelques mots à l'oreille :

— Très bien ! très bien ! répondit Raoul Rigault ; fais-en ce que tu voudras... Comment s'appelle-t-il donc ce cadet-là ?

— Ce cadet-là, reprit-il avec un ricanement terrible qui ne présageait rien de bon pour le prisonnier, c'est X..., l'ex-conseiller à la ci-devant cour impériale de Paris.

— Ah ! ah ! Dis donc, mon gaillard, *tu n'en mènes pas large !* fit Rigault d'un ton goguenard... Tu n'es pas aussi bien que sur ton siège ici, hein !... Chacun son tour, mon bonhomme !... Sois tranquille ! les chassepots vont te confectionner un joli petit résumé !

Lodier, lui, ne plaisantait ni ne raillait ; il était grave, sévère, menaçant :

— Me reconnaissez-vous, monsieur ? lui demanda-t-il d'une voix sourde.

Le magistrat le regardait d'un air égaré :

— Non... monsieur !..., balbutia-t-il.

— Dites : citoyen !... Le « monsieur » est bon pour vous, qui n'êtes pas digne d'être citoyen... Examinez-moi bien. Contemplez mon visage amaigri, mes yeux cernés, mes traits étirés par de longues tortures, mes cheveux blanchis par le chagrin... Dites ! Me reconnaissez-vous ?... Répondez !... Voyons ! répondrez-vous ?

— Non !... répéta le malheureux, plus mort que vif... Non, je n'ai pas l'honneur de...

— Comment ! Vous ne vous souvenez pas de m'avoir jamais vu ?... Ah ! ça ! mais ! monsieur l'ancien président des assises de la Seine, vous avez donc, dans votre triste carrière, condamné bien des innocents, que vous ne sachiez même plus les distinguer dans le tas !... Eh bien, monsieur le magistrat, je m'appelle Fulbert Lodier...

L'ex-conseiller frissonna et devint livide.

— Je vois que la mémoire vous revient... Ah ! c'est que je suis un peu changé, n'est-ce pas ?... La prison ne rajeunit guère ! Aussi je vais vous l'épargner... Venez avec moi... Je vous emmène...

— Oh ! pas très loin, va ! ajouta en éclatant de rire le Procureur général de la Commune... Tu n'auras pas le temps de te fatiguer, mon garçon !

Le magistrat se sentait perdu. Muet de terreur, n'ayant même plus la force de murmurer un mot de justification, ne pouvant plus se faire aucune illusion sur le sort qui l'attendait, il suivit machinalement et en titubant son juge qui allait devenir son bourreau.

Fulbert le fit monter dans sa voiture et, sans prononcer un seul mot durant tout le trajet, le conduisit jusqu'à la porte Maillot, n'eut qu'un geste à faire pour que le pont-levis s'abaissât pour laisser passer le véhicule. Et dès qu'il fut arrivé aux premières maisons de Neuilly :

— Descendez ! dit-il d'un ton brusque.

— Qu'allez-vous faire de moi ? s'écria le prisonnier en se pelotonnant dans la voiture... Vous allez me faire fusiller !... Je ne veux pas !... Grâce ! grâce !...

— Imbécile ! répondit Lodier en haussant les épaules, ne voyez-vous pas que je vous sauve ? Vous m'avez perdu : nous sommes quittes !... Tenez, prenez ce laissez-passer pour traverser les avant-postes... vous n'avez plus rien à craindre...

Et, sans attendre les remerciements de l'ennemi qu'il dédaignait de frapper, il fit rebrousser chemin à la voiture et rentra dans Paris.

C'est le souvenir de cette scène qui, naguère, avait si fortement ému et troublé le président de la chambre des appels de police correctionnelle.

Cependant la lutte approchait de sa fin. L'armée de Versailles était entrée dans l'enceinte des fortifications : Lodier combattit jusqu'au bout et voulait que Paris, vaincu, s'ensevelît sous ses décombres et ne laissât plus aux vainqueurs que des ruines fumantes.

Ce fut lui qui fit mettre le feu au Palais de justice, aux Tuileries, à l'Hôtel de ville, partout ; et si ses conseils avaient été suivis et ses ordres exécutés, si l'on avait établi la gigantesque ceinture de flammes dont il voulait faire à la Commune écrasée un dernier rempart et une épouvantable auréole, la capitale de la France ne serait plus aujourd'hui qu'un immense monceau de cendres.

Il avait découvert une nouvelle force destructive auprès de laquelle la dynamite elle-même n'était qu'une substance anodine et inoffensive, et proposé nettement dans les derniers conseils de faire sauter tous les quartiers. L'offre avait été acceptée... Mais, au dernier moment, Fulbert recula devant l'horrible sacrifice qu'il venait de méditer et de préparer.

De même que Coriolan s'était laissé fléchir par les larmes de sa mère, et avait épargné Rome, Fulbert fut vaincu par les prières et les supplications de Diane Bluteau. Les sentiments d'humanité reprirent en lui le dessus sur la soif inextinguible de vengeance dont il était dévoré et sur l'affolement de la défaite et du désespoir. La douce et insinuante influence d'une femme, qui éprouvait pour Lodier une sympathie et une admiration voisines de l'amour, triompha une fois de plus de la haine.

Le terrible justicier comprit qu'il n'était pas juste que l'expiation englobât à la fois les innocents et les coupables. N'y avait-il pas d'ailleurs assez de désastres, assez d'incendies, assez de victimes ?

Le savant chimiste renonça au rôle d'ange exterminateur qu'il voulait assumer et, après avoir recommandé à la sollicitude des deux dames son vieux père et sa sœur aliénée, il prit congé d'elles, quitta le déguisement sous lequel il avait pu arriver à traverser les lignes versaillaises jusqu'à leur hôtel des Champs-Élysées, regagna non sans peine les hauteurs de Belleville où s'étaient concentrés les derniers efforts de la résistance, et se prépara à mourir.

Mais la mort ne voulait pas de lui. Tandis que tant d'autres, en ce moment suprême, n'avaient d'autre préoccupation que de sauver leur vie, il ne pouvait parvenir à sacrifier la sienne.

La balle qu'il cherchait et qu'il finit par trouver n'accomplit qu'imparfaitement sa tâche... Et deux amis qui le virent tomber auprès d'eux purent le transporter tout sanglant dans une retraite sûre qu'ils s'étaient d'avance préparée pour eux-mêmes dans une petite maison des Lilas... Une semaine plus tard, il était secrètement installé, par les soins de Diane, qui avait été prévenue, dans l'hôtel de *Berthe la Champenoise,* où il n'avait plus à craindre les investigations de la police et la justice sommaire des conseils de guerre.

Rien n'est éternel ici-bas, ni le chagrin, ni le découragement, ni le désespoir, ni le plus ardent besoin de mourir :

Fulbert, entouré des attentions dévouées des deux dames, s'habitua peu à peu, à mesure que la santé lui revenait, que ses blessures se fermaient, à envisager le présent avec plus de calme, l'avenir avec plus de confiance.

L'impitoyable répression dont les échos arrivaient jusqu'à son lit de douleur n'était pas de nature à l'abattre, et contribuait au contraire à lui rendre le désir de vivre. Il entrevoyait dans un lointain plus ou moins vague l'occasion de nouvelles luttes, devant lesquelles il ne songeait nullement à déserter. Il sentait que sa mission n'était point finie ; que son intelligence, son courage, sa science pouvaient être utiles encore à la cause de la rénovation sociale.

Les dernières épreuves l'avaient rendu méconnaissable ; sa longue barbe et ses cheveux blancs, qui lui donnaient l'apparence d'un vieillard, lui permettaient enfin de sortir de sa cachette, de se refaire une situation, de se montrer, de travailler, sans avoir à redouter de poursuites pour sa participation à la révolution du 18 mars.

Pourvu qu'il fît peau neuve et changeât de nom, l'ancien professeur de chimie à la Faculté des sciences, qui pouvait d'autant mieux passer pour mort qu'il avait été fusillé trois fois, n'était même pas dans l'obligation de franchir la frontière, comme il en avait eu d'abord l'intention, et d'aller chercher à l'étranger la sécurité et des moyens d'existence.

Grâce aux relations de ses amies, qui le présentèrent comme un de leurs parents, et sous le faux nom de *Monsieur Raymond, il* était entré, comme directeur, avec de fort beaux appointements, dans l'usine de produits chimiques de Grenelle, où nous l'avons trouvé au commencement de ce récit.

Se consacrant entièrement à ses travaux scientifiques et industriels, renonçant momentanément à la politique ; se renfermant dans le plus complet isolement, ne voyant personne en dehors de Mme Bluteau et de sa mère, il était à l'abri de toutes inquiétudes ultérieures ; et sans le mouvement d'indignation qui l'avait saisi, comme nous l'avons vu, à l'audience de la cour d'appel, en voyant condamner son jeune ami Francis Roger, par le même magistrat qui l'avait jadis condamné lui-même non moins injustement, et dont il s'était vengé en lui sauvant noblement la vie, il est probable qu'il n'eût pas de sitôt trahison incognito, et arraché le masque que le vote de la loi sur la cessation des poursuites relatives au 18 mars rendait, du reste, moins indispensable.

Diane, avec le tempérament de feu que nous lui connaissons, et la fougue des passions qui la dominaient, n'avait pu manquer de voir son amitié pour Raymond faire place à un sentiment plus tendre. Mais elle se heurta, cette fois, à une froideur et à une indifférence qui ne lui permettaient pas d'insister... Fulbert donnait exclusivement au souvenir de sa chère Hélène tout ce qui dans sa vie n'appartenait point à la science et aux revendications populaires.

Son cœur n'était-il pas à jamais glacé, brisé ? Cadavre lui-même, il vivait avec un cadavre. Dans son âme il n'y avait plus de place pour l'amour. La haine seule suffisait à l'absorber.

Diane n'avait pas tardé à le comprendre et à s'apercevoir qu'elle ne réussirait point à galvaniser cette ruine vivante, à aiguiser ses sens émoussés, à rendre quelque jeunesse, quelque chaleur, quelque passion à ce vieillard de moins de quarante ans. Elle s'était depuis longtemps résignée à n'être pour lui qu'une amie, quand le hasard l'avait mise en présence du fiancé de Régine Lafontaine.

Mais, après ce long retour sur le passé, pour lequel je demande grâce à la légitime impatience de mes lectrices, l'heure est venue de reprendre la suite de cette histoire, de revenir à Francis Roger, à Mlle de La Guyon, au comte et à la comtesse, à qui le dévouement du condamné volontaire avait permis, enfin, de rentrer en France, sans livrer à la publicité d'un scandale judiciaire le nom de leurs nobles ancêtres.

LIVRE TROISIÈME

I

LA FEMME ADULTÈRE

Il était deux heures du matin ; la nuit était brumeuse et sombre. Pas un rayon de lune, pas une étoile au ciel. Tout semblait dormir dans l'un des hôtels les plus aristocratiques de la rue de Varenne, qui était plongée dans une obscurité complète.

A peine aurait-on pu distinguer, à travers les jalousies de l'une des chambres du premier étage donnant sur le jardin, la lueur tremblotante d'une veilleuse.

Cependant il y avait au moins une personne qui ne dormait pas dans l'hôtel.

Une autre fenêtre était entre-bâillée, juste assez pour laisser voir la silhouette d'un homme qui, debout, immobile, paraissait sonder du regard les profondeurs du jardin.

On eût dit qu'il attendait quelque chose ou plutôt quelqu'un. Sa main crispée serrait avec une sorte de rage un revolver de fort calibre. De temps à autre il essuyait son front brûlant où perlaient de grosses gouttes de sueur. Un soupir s'échappait parfois de sa poitrine. Il prêtait l'oreille, retenait sa respiration pour mieux écouter. Le moindre bruissement des feuilles agitées par la brise redoublait son agitation... Il avançait la tête et son œil anxieux interrogeait l'espace.

Rien ! murmura-t-il d'une voix sourde, au moment où deux heures sonnaient à toutes les pendules de la maison. Rien encore !... Décidément, ce n'est pas vrai. C'est une infâme calomnie... Et je joue ici depuis minuit un rôle aussi lâche que ridicule... Et pourtant cette lettre ! cette lettre !... Ah ! si je pouvais tenir ce misérable anonyme !... Allons ! Je suis un imbécile de m'être laissé prendre à cette odieuse mystification... Car c'est une mystification, sans nul doute... Pourquoi n'ai-je pas déchiré avec mépris ce billet ? Ne ferais-je pas mieux d'aller me coucher, au lieu de me morfondre ici comme un niais ? Je suis honteux, vraiment, d'avoir pu soupçonner une seule minute...

Il allait refermer sa fenêtre et se retirer tout confus du triste métier qu'il venait de faire, quand tout à coup il tressaillit.

— Ah ! cette fois, je ne me trompe pas... Je né suis pas le jouet d'une illusion d'acoustique... Ce n'est pas le vent que j'entends !... C'est bien le grincement du sable sous des pieds humains...

Il tendait l'oreille... Le bruit se rapprochait et devenait plus distinct... Puis il vit déboucher d'une allée, derrière les ormes séculaires de la princière demeure, une ombre qui s'avançait vers la pelouse ménagée devant la façade intérieure de l'hôtel.

Quittant son poste d'observation, gagnant à pas de loup l'escalier, il descendit précipitamment...

Il avait eu soin d'entr'ouvrir au préalable toutes les portes pour ne point trahir prématurément sa présence par le bruit des serrures et des verrous...

Au moment où il arrivait au jardin, l'inconnu montait les premières marches d'un perron extérieur donnant accès à l'appartement de la comtesse de La Guyon...

Le comte ne pouvait plus douter de son malheur... Le flagrant délit était constant. Le dénonciateur anonyme n'avait pas menti... Sa femme avait un amant !...

Son premier mouvement de douloureuse stupeur ne dura qu'une seconde... Son sang bouillait dans ses veines. La colère l'emportait en lui sur la crainte d'un épouvantable scandale.

— Je vais les tuer tous les deux ! pensait-il... Oh ! l'infâme ! l'infâme !...

Mais son état d'exaspération ne lui permit pas de prendre les précautions que lui commandait la prudence. L'étranger, entendant du bruit, s'aperçut qu'il était découvert, qu'il était perdu, et redescendit, quatre à quatre les quinze ou seize marches du perron dérobé par lequel il avait l'habitude de pénétrer chez sa maîtresse. On devine que la comtesse lui avait remis une clef de la petite porte du jardin. Il s'enfuit à toutes jambes... Le comte de La Guyon, moins agile en raison de son âge, se mit à sa poursuite :

— Arrête ! misérable ! si tu fais un pas de plus, je fais feu !

L'autre courait toujours, espérant atteindre sans être reconnu la petite porte qu'il avait eu le soin de ne pas refermer...

— Coquin ! Tu ne m'échapperas pas ! hurla le comte d'une voix tonnante...

Deux coups de feu retentirent dans le silence de la nuit, suivis par un cri d'effroi poussé par la comtesse.

Mais la main du mari outragé avait mal secondé sa vengeance ; les balles s'étaient perdues dans le vide. Toutefois, l'amant, saisi de frayeur, au lieu de continuer sa course, ce qui l'exposait à de nouvelles décharges qui pouvaient être moins inoffensives, se jeta de côté et s'abrita derrière un arbre.

— Ne tirez pas, monsieur le comte, murmura-t-il d'une voix troublée... Je ne fuis plus... Je suis à vos ordres... Vous êtes gentilhomme : vous n'allez pas massacrer un homme désarmé !...

En reconnaissant, au timbre de la voix, l'individu qui était à sa merci et qu'il avait le droit de tuer comme un chien, ou comme un voleur de nuit :

— Quoi ! C'est vous, monsieur le vicomte ! s'écria-t-il avec stupéfaction... C'est vous, misérable ! vous que j'ai accueilli à mon foyer comme un ami, comme un fils ; c'est vous qui venez lâchement apporter dans ma maison le déshonneur et la honte !

Et, le saisissant à la gorge, sans que le jeune homme pût songer à résister et à se défendre :

— Eh bien, votre vie m'appartient, et j'use du plus sacré des droits...

Et tandis que sa main gauche lui serrait le cou comme dans un étau, sa droite lui posait sur le front le canon d'un revolver.

— Lâchez-moi ! balbutia le vicomte d'une voix rauque, à peine intelligible... Vous n'allez pas me tuer ainsi... Je vous ai dit que je suis à vos ordres... Vous êtes un gentilhomme et non un assassin.

— Je suis un justicier ! reprit M. de La Guyon... Je trouve, la nuit, chez moi, un malfaiteur, et je le tue !...

Il allait lâcher la détente, quand, par un mouvement rapide, le séducteur détourna l'arme et tenta de la lui arracher.

Une lutte désespérée s'engagea entre les deux hommes.

Mais, en ce moment, l'hôtel sortit de son obscurité. Les coups de feu avaient réveillé tout le monde ; les fenêtres s'étaient subitement éclairées ; Régine s'était levée toute tremblante et s'était mise à son balcon, tandis que la comtesse, qui, seule, ne dormait pas et avait tout entendu, accourait, éperdue, dans le jardin :

— Arrêtez ! Au nom du ciel ! Arrêtez ! criait-elle.

Le comte lâcha son ennemi, se recula de deux pas, et le tint en respect...

— L'infâme ! murmura-t-il... Elle a l'impudeur de venir au secours de son amant !...

Cependant cet excès d'audace le déroutait un peu et le faisait hésiter... Le vicomte s'en aperçut et voulut tenter de sauver au moins sa complice...

— Il n'y a ici qu'un coupable, monsieur le comte ! dit-il en reprenant un peu d'assurance...

La comtesse, tenant un bougeoir à la main, arrivait auprès d'eux, tout essoufflée, et essayant de jouer la surprise :

— Qu'y a-t-il. mon ami ? dit-elle... Qu'est-ce que cela signifie ?... Quel est cet homme ?

— Ce qu'il y a, madame ? hurla-t-il en s'avançant vers elle et lui arrachant des mains la lumière, qu'il approcha du visage du vicomte, ce qu'il y a ?... Il y a que je vais tuer votre amant et vous tuer après !...

Mme de La Guyon fit un pas en arrière et jeta un cri d'effroi... Mais ce n'était pas le cri d'une femme coupable qui tremble devant l'expiation.

— Vous êtes fou, mon ami ! dit-elle... Reprenez vos sens !...

— Je ne suis pas fou ; et vous êtes la dernière des femmes... Osez-vous dire que cet homme n'est pas votre amant ?...

— Mme la comtesse est innocente, je vous le répète, et je vous le jure ! reprit le vicomte avec force en se jetant entre le mari et la femme...

Jusqu'alors, Mme de La Guyon avait pu feindre de ne pas reconnaître, à la lueur vacillante d'une bougie, le visiteur nocturne. Elle ne pouvait, en entendant le son de sa voix, jouer plus longtemps l'ignorance.

— M. de Saint-Aubin ! dit-elle avec une sincérité d'étonnement dont ne pouvait manquer d'être dupe le plus outragé des maris... Monsieur de Saint-Aubin !... ; Vous ici, à pareille heure !... Comment avez-vous pénétré dans ce jardin ? Par escalade ou par effraction sans doute !... Oh ! c'est indigne !...

Et, se rapprochant de son mari avec la fierté et la juste colère de l'innocence :

Monsieur le comte, au lieu de m'outrager et de me menacer, vous feriez bien mieux de chasser cet homme, ce malhonnête homme..., qui ne mérite plus d'entrer dans une famille honnête. Vous saurez tout, mon ami... Et je me reproche amèrement de n'avoir pas parlé plus tôt, comme c'était mon devoir !...

M. de La Guyon commençait à respirer plus librement. Hélas, comme tous les maris, il ne demandait pas mieux que de ne pas croire, même en face de l'évidence et du flagrant délit, à l'infidélité de celle qui portait son nom. On ne saurait s'imaginer combien il est facile à l'épouse la plus clairement coupable de se justifier et de donner le change au plus féroce des jaloux, au plus implacable des tigres du Bengale !

Dès le début de l'événement, et en constatant que son secret était trahi — elle ne savait pas au juste jusqu'à quel point et dans quelle mesure — il lui était venu une inspiration lumineuse, et elle se croyait sûre de sauver la situation. Le procédé n'était pas nouveau, et il avait déjà servi bien des fois dans la vie réelle comme au théâtre et dans le roman. Mais il est toujours infaillible.

A l'attitude prise par elle en arrivant sur le lieu de la scène, M. de Saint-Aubin avait aussitôt compris vaguement qu'elle avait un plan, un système de défense de nature à les protéger tous les deux. Il attendait, anxieux, se demandait où elle voulait en venir.

— Oui, ajouta-t-elle, j'aurais dû vous mettre au courant de tout... Mon excusé, c'est que je regardais M. le vicomte comme un homme d'honneur... Et je vois que je me suis trompée.

Et, se tournant vers le jeune homme.

— Je m'aperçois, monsieur, que vous n'êtes qu'un vil coureur de dots...

— Un coureur de dots ? répéta machinalement M. de La Guyon, qui ne comprenait pas...

Mais le vicomte avait saisi au bond la planche de salut qu'on lui tendait...

— Madame la comtesse, je suis bien coupable... Et pourtant je vous jure qu'aucun mobile intéressé ne m'a poussé et que l'excès de la passion seul...

— Ah ! ça, qu'est-ce qu'ils chantent donc là ? se disait à part lui le comte...

— J'espère, au moins, monsieur, reprit-elle, que Mlle Régine n'est pas votre complice et qu'elle ignorait...

— Régine !... s'écria le mari avec une explosion de. joie... Quoi ! c'était pour Régine que...

— Mais naturellement, monsieur le comte ! répliqua d'un ton calme Saint-Aubin... Pour qui donc serais-je venu ?

II

LES FIANÇAILLES FORCÉES

— Sans doute ! sans doute ! marmotta le comte, à la fois heureux d'en être quitte pour la peur et confus de sa méprise.

Et, s'adressant à sa femme :

— Pardonnez-moi, Germaine, j'avais perdu la tête ; j'étais insensé. Quant à vous, monsieur le vicomte, retirez-vous... Ce n'est ni le lieu ni l'heure de régler les comptes sévères que j'ai à vous demander.

— Il n'y a pas de comptes à régler avec monsieur, dit-elle d'un ton sec. Quand un homme veut s'introduire par d'aussi méprisables moyens dans une famille, cherche à compromettre une jeune fille dans l'espoir d'obtenir plus aisément sa main et surtout sa dot, on ne discute pas avec lui, on ne lui demande aucune réparation : on le chasse !... M. de Saint-Aubin, partez ! L'hôtel de La Guyon vous est à tout jamais fermé...

— Je n'ai qu'à courber la tête, madame la comtesse ! répondit-il avec humilité... Toutes les apparences sont contre moi, je l'avoue...

— Les apparences et la réalité, monsieur !... Vous m'aviez déclaré que vous aimiez ma nièce, qui, elle, ne vous aime pas, je suppose ?...

— Hélas ! non ! je le crains....

— Espériez-vous donc vous faire aimer à l'aide d'un scandale et en la perdant de réputation ?... Et qui sait ? peut-être méditiez-vous un crime !

— Oui ! comme le lieutenant La Roncière ! dit le comte, faisant allusion à un procès célèbre...

Le vicomte se couvrit le visage de ses deux mains et fit semblant de sangloter... Il trouvait que sa complice poussait un peu trop loin la démonstration de son innocence, et qu'elle voulait trop prouver ; il se demandit si, en l'accablant ainsi, elle n'était pas bien aise de rompre une liaison déjà vieille de deux ans, et si elle ne lui avait pas tendu un guet-apens...

— Les femmes sont si scélérates ! pensait-il. Qui sait si ce n'est pas elle qui a fait prévenir son mari ?... Mais non ! ce n'est pas possible. Elle n'a d'autre but que de se justifier... Continuons à lui donner la réplique...

Relevant la tête et d'une voix émue :

— Oh ! madame la comtesse ! dit-il, vous à qui j'ai confié l'aveugle et violente passion que j'éprouve pour Mlle votre nièce, comment pouvez-vous me juger aussi mal ?... Est-ce que l'amour n'explique pas, s'il ne saurait les justifier, les actes les plus condamnables ?...

— Qu'espériez-vous donc en pénétrant nuitamment dans le jardin et peut-être dans l'hôtel ? dit à son tour le comte.

— Ce que j'espérais ? Rien !... Puisque Mlle Régine n'a daigné répondre à aucune de mes lettres...

— Qu'elle n'a jamais lues ni reçues, monsieur ! interrompit Mme de La Guyon, car c'est moi qui les ai trouvées sous la porte du perron donnant accès à sa chambre et à la mienne...

— Et vous ne m'en avez pas parlé ! s'écria le comte...

— Non ! Je voulais découvrir quel était l'intermédiaire de cette correspondance furtive, et lequel de nos gens M. de Saint-Aubin avait acheté... Je ne pouvais supposer qu'il se fût procuré aussi une clef de la petite porte, et qu'il eût l'impudence de venir en personne apporter ses insolents billets...

— Qui vous a remis cette clef, monsieur ? s'écria le comte avec colère... Vous ne sortirez pas avant de m'avoir nommé le domestique corrompu par vous...

Il se précipitait pour le saisir de nouveau à la gorge...

— Quel est le valet infidèle qui vous a livré, qui vous a vendu l'entrée de ma maison ?...

— Daignez vous calmer, comte..., dit-il à demi-voix. Il y a là-bas tous vos gens qui écoutent... Ce n'est pas moi pourtant qui les ai réveillés avec des coups de feu !...

— Le nom de ce misérable, vous dis-je ! afin que je l'expulse sur-le-champ !...

— Je vous jure que personne de l'hôtel ne m'a remis cette clef, et que je n'ai initié qui que ce soit à...

— Comment est-elle en votre possession alors ? dit sèchement la tante de Régine. Vous avez pris les empreintes de la serrure probablement, selon l'usage des voleurs... Oh ! ne vous indignez pas. Un voleur de réputations n'est pas plus honnête qu'un voleur d'argent.

— Le hasard est seul coupable avec moi, je l'affirme... Cette clef était restée intérieurement à la serrure, un jour que je fumais un cigare avec vous sous la charmille, monsieur le comte... J'avoue que je n'ai pu résister à la tentation.

— C'est-à-dire que vous l'avez volée ?

— Je l'ai prise ! dit-il en baissant la tête...

— Volée ! je maintiens le mot !...

M. de Saint-Aubin ne pouvait pourtant pas lui apprendre qu'il avait reçu la clef des propres mains de la comtesse ! En somme, l'explication, si orageuse qu'elle eût été, ne se terminait pas d'une manière aussi tragique qu'il le redoutait au début. La présence d'esprit de sa maîtresse avait évité un dénouement fatal... La comédie était admirablement jouée ; ils avaient l'un et l'autre tenu leur rôle à merveille... Si l'affaire se compliquait, comme c'était vraisemblable, il aurait le temps d'aviser... Mieux valait recevoir un coup d'épée d'un oncle indigné vengeant l'honneur de sa nièce que d'un mari outragé lavant dans le sang la plus irrémissible des injures !...

— Brisons là ! reprit gravement M. de La Guyon... Cette scène a déjà trop duré... Je vous retrouverai demain, monsieur de Saint-Aubin !

— Je suis à votre disposition, monsieur le comte ! Et il se retira lentement, non sans avoir au préalable rendu la bienheureuse clef qui lui avait procuré tant d'heures de volupté.

Les deux époux reprirent en silence le chemin de l'hôtel ; il leur fut facile d'entendre de loin les ricanements étouffés des laquais et des servantes, qui, à leur approche, se hâtèrent de rentrer clandestinement et de regagner sans bruit leurs chambres respectives.

— Vous aviez bien besoin de faire un tel éclat ! dit avec mauvaise humeur Mme de La Guyon. C'était bien la peine d'ébruiter la chose !

— Que voulez-vous, Germaine ? Pouvais-je rester maître de moi ?...

— Eh ! monsieur, quand on croit avoir du linge sale, on le lave en famille !... Avec votre sotte fureur et vos absurdes soupçons, vous avez compromis irrévocablement, aux yeux de toute la maison, ou votre nièce ou moi-même. Je n'oserai plus regarder nos gens en face ! Nous allons être la fable du quartier... Comment retenir la langue de la valetaille ? Vous verrez qu'avant quarante-huit heures les journaux à scandale auront raconté l'aventure...

Le comte était plus effrayé que sa femme de cette peu rassurante perspective. Il se voyait déjà livré à la risée publique...

— Nous réfléchirons demain à ce qu'il faut faire... Avant toutes choses, il faut interroger Régine, et je veux savoir au juste... Allez la chercher...

— Gardez-vous-en bien ! répondit avec anxiété la comtesse... La pauvre petite ne se doute de rien, et il est vraiment inutile...

— Si cependant elle vous avait trompée, si elle était moins innocente que vous ne le pensez ?...

— Vous êtes fou !... Je vous répète qu'elle a Saint-Aubin en horreur... Je réponds d'elle comme de moi-même...

La garantie était à coup sûr un peu suspecte et fort insuffisante ; mais le comte acceptait avec trop de confiance les explications de sa femme pour avoir l'idée d'insister.

— Du reste, ajouta-t-elle, il y a une excellente raison pour que Régine n'aime pas le vicomte, c'est...

— Il faut qu'elle l'aime ! interrompit vivement M. de La Guyon, ou tout au moins qu'elle l'épouse... Et j'entends que Saint-Aubin vienne avant vingt-quatre heures demander officiellement sa main !

— Sa main ! Y pensez-vous ? reprit la comtesse, qui devint pourpre à la [pensée de jeter sa nièce dans les bras de son amant.

— Il n'y a pourtant pas à hésiter...

Quoi ! Malgré la conduite indigne de ce jeune homme, et après le scandale de cette nuit ?

— Justement en raison de ce scandale. Ne voyez-vous pas que c'est l'unique solution acceptable ? Ne disiez-vous pas vous-même que nous allions être la fable de Paris ?... Il y a ici une femme compromise ; une réparation est indispensable... Il y a un honneur à venger ou à restituer.

Vous avez tort, monsieur, de prendre les choses au tragique...

— Au tragique ! Vraiment, Germaine, vous les prenez, vous, avec une philosophie au moins singulière. Tel est le cas que vous faites de la réputation de notre nièce, d'une La Guyon !...

— La réputation de Régine n'est point atteinte.

— C'est la vôtre, alors, madame, qui sera perdue !

— Monsieur le comte ! Je vous prie de ne pas renouveler vos outrageantes hypothèses...

— Je ne t'outrage pas, ma chère Germaine, reprit-il en lui saisissant la main qu'il porta à ses lèvres... Je sais que tu es la plus pure et la plus fidèle des épouses ; et je te demande, une fois de plus, pardon de mes violences de tout à l'heure. Je ne doute ni ne douterai jamais de toi. Seulement, il n'en sera pas de même de nos gens, qui ont entendu une altercation nocturne, des coups de feu, une lutte entre leur maître et un inconnu, et qui vont crier sur les toits l'aventure dont ils ont été témoins !...

— Que nous importent les commérages des valets ?

— Il m'importe à moi de n'être pas montré au doigt comme un mari trompé, de ne pas être exposé aux commentaires ironiques des chroniqueurs et aux sourires furtifs des antichambres. Bref, après ce qui s'est passé, nous nous trouvons enfermés dans ce dilemme : le vicomte de Saint-Aubin est l'amant de ma nièce ou l'amant de ma femme ; il n'y a pas de milieu... Il faut donc qu'il épouse Régine ou que je le tue !...

La comtesse frissonna ; les deux alternatives lui étaient également douloureuses, et elle commençait à regretter l'expédient sauveur qui, au lieu de simplifier, compliquait la situation. Elle s'apercevait avec terreur qu'elle s'était jetée dans une impasse.

Cependant elle était bien forcée de dissimuler ses angoisses...

— C'est vrai ! dit-elle. Vous avez raison... Mais pour sauvegarder votre amour-propre...

— Dites mon honneur, Germaine ! Dites ma dignité !...

— ... Convient-il de sacrifier peut-être cette enfant ? De bâcler un mariage qui peut faire son malheur ?

— Son malheur ? Et pourquoi ? Le vicomte porte un beau nom. Les Saint-Aubin-des-Bois sont alliés aux meilleures maisons de France... C'est un parti superbe... Il est vrai qu'il est ruiné, qu'il n'a pas le sou ; qu'il est joueur, qu'il est pétri de vices — comme mon pauvre frère, hélas ! — Et que ce n'est pas là le mari que j'aurais choisi pour Régine... Mais, puisqu'il l'aime, il se corrigera... Et puis, enfin, nous n'avons pas le choix... Il l'a compromise, il doit l'épouser.

— Encore faut-il qu'elle y consente, ce qui me paraît improbable.

— Vous la déciderez... C'est votre affaire !

— Si vous croyez que ce soit facile, avec l'obstination de caractère que vous lui connaissez ! Une jeune fille que nous avons dû enfermer pendant deux années au couvent, d'où elle s'est échappée trois fois...

Grâce à Dieu, on a pu toujours la rattraper à temps, sans quoi elle aurait été courir la pretentaine et mener je ne sais quelle vie de gourgandine avec ce repris de justice, avec ce Roger, dont elle s'était amourachée...

— Soit ! seulement elle est devenue plus raisonnable ; et, depuis trois mois qu'elle est sortie des Oiseaux, elle ne vous a donné aucun sujet de plainte... Elle est plus docile, et elle semble avoir renoncé à sa ridicule passion pour ce va-nu-pieds... Vous me le déclariez vous-même hier encore, si je ne me trompe ?...

— J'ai peur, je ne vous le cache pas, qu'elle ne soit tombée de Charybde en Scylla...

— Que voulez-vous dire ?

— Je veux dire qu'un autre homme pourrait bien avoir remplacé dans son cœur ce Francis Roger.

— Qui donc ? Puisque vous prétendez que ce n'est pas Saint-Aubin. Serait-ce, par hasard, M. Briconville ?

La comtesse eut un léger haussement d'épaules...

— Vous n'y êtes pas. Est-ce que cette fille-là peut avoir autre chose que des goûts vulgaires et des amours de bas étage ? Ah ! franchement, nous aurions mieux fait de la laisser dans les ruisseaux d'où nous l'avons tirée...

— De qui parlez-vous, enfin ? Je voudrais bien voir que la fille du marquis de La Guyon se fût permis de faire un second choix aussi indigne d'elle que le premier ?... Ainsi, d'après vous, elle se serait jetée à la tête de... ?

— Oh ! je n'affirme rien... Dans tous les cas, je la surveille d'assez près pour éviter chez elle toute inconséquence... J'ai cru m'apercevoir depuis quelques jours, qu'elle a un certain faible pour votre secrétaire.

— Gilbert ?

— Lui-même ! Et je comptais vous proposer de vous priver de ses services.

Nous ferons bientôt connaissance avec M. Gilbert Martin, et nous saurons dans quelle mesure la comtesse avait deviné juste et jusqu'à quel point ses craintes étaient peu fondées.

Quant à Régine, qui avait assisté de loin à la scène du jardin et qui, depuis trois mois qu'elle était revenue du couvent, n'avait pas été sans remarquer les assiduités suspectes du vicomte auprès de sa tante, elle s'était hâtée d'éteindre sa lumière, de fermer sa fenêtre et de se rendormir en songeant à son bien-aimé.

Sans vouloir accuser et juger Mme de La Guyon, elle n'avait pas été extraordinairement surprise de l'événement. Il régnait entre les deux femmes une froideur glaciale, que la conduite équivoque de l'une n'était pas de nature à dissiper. Régine, en revanche, s'était mise insensiblement à aimer son oncle, qui, en dehors de ses idées bien arrêtées en fait de mésalliance, se montrait pour elle affectueux et bon. Si Régine n'avait jamais pu consentir à retrouver dans la comtesse une mère, le comte avait retrouvé en elle une véritable fille.

Ni cette longue séparation, ni l'absence, ni le temps, ni les conseils de ses maîtresses ou plutôt de ses geôlières, ni les pratiques énervantes de la dévotion auxquelles elle s'était peu à peu habituée, n'avaient pu affaiblir sa tendresse pour Francis et sa résolution de n'avoir jamais d'autre mari que lui. Le milieu ambiant d'aristocratie bigote n'exerçait sur elle, pas plus à l'hôtel de la rue de Varenne qu'aux Oiseaux, aucune influence.

L'hiver approchait ; on comptait la présenter dans le monde, lui trouver un parti sortable. Les deux époux, pour des raisons différentes, étaient également désireux de la marier : l'un par affection, et pour faire sauter sur ses genoux des petits-neveux ; l'autre pour n'avoir plus auprès d'elle cette belle jeune fille alors dans toute la fraîcheur et tout l'éclat de ses dix-neuf ans et dont la présence la faisait paraître plus vieille et plus laide. Mlle de La Guyon allait être la reine de la saison, et de nombreux soupirants se disputeraient incontestablement sa main.

Toutes les fois que l'on touchait, devant elle, à cette question de mariage, et que son oncle lui promettait en souriant qu'elle serait duchesse, Régine accueillait ces ouvertures avec indifférence, mais sans protester.

Elle dissimulait, et pour ne point affliger son excellent oncle, et pour mieux tromper Mme de La Guyon.

Mais, dès qu'elle était seule dans sa chambre et qu'elle n'avait plus à craindre les regards inquisiteurs qui cherchaient sans cesse à lire au fond de sa pensée, elle s'abandonnait sans contrainte à ses souvenirs, à ses espérances, bien souvent à ses larmes.

Parfois aussi, elle passait une partie de la nuit à lire et à relire cent fois un bienheureux chiffon de papier, dont l'écriture était à la fin presque effacée par ses baisers.

— Non ! non, Francis ! non ! je ne t'oublie pas ! s'écriait-elle avec exaltation... Je suis ta fiancée, je suis ta femme devant Dieu et devant ma mère ! Jamais il, n'y aura dans mon cœur une pensée qui ne soit pas pour toi !... Que me font les titres, le rang, la fortune ?... Non ! je ne serai pas duchesse... Je t'appartiendrai ou je n'appartiendrai à personne !

Cependant, pour M. de Saint-Aubin, la nuit avait porté conseil.

En rentrant dans l'entresol de garçon qu'il occupait rue de Lille, il s'était mis à réfléchir.

D'abord il n'avait pensé qu'à préparer son attitude en face de la visite attendue du comte. Mais bientôt ses préoccupations avaient changé d'objet. Et, au lieu de choisir d'avance ses témoins en vue d'un duel, il commençait à se demander si une autre solution n'était pas possible et probable.

La diversion imaginée par sa maîtresse, dans l'effarement du premier moment et grâce à laquelle ils avaient évité tous les deux une catastrophe, lui apparaissait sous un autre aspect.

Jusqu'alors, c'était à peine s'il avait remarqué Mlle de La Guyon. Il n'avait vu en elle qu'une pensionnaire sans conséquence, et que la comtesse, pour écarter une concurrence et une comparaison trop redoutable, traitait volontiers en enfant. Pour la première fois, il s'apercevait que cette enfant était une femme, qu'elle approchait de sa vingtième année, qu'elle était infiniment plus appétissante qu'une matrone de quarante ans passés ; qu'elle était-jolie, spirituelle, ravissante à tous égards, et que, par-dessus le marché, elle serait, selon toutes les vraisemblances, richement dotée, et qu'elle était l'unique héritière d'une fortune de plusieurs millions....

— Tiens ! tiens ! tiens ! se dit-il en arpentant son petit salon. Étais-je bête de n'avoir pas encore songé à cela ! Mais c'est qu'elle est adorable, cette petite ! Adorable ! Ma parole d'honneur ! Puisque Germaine me l'a ainsi jetée à la tête, pourquoi donc ne répondrais-je pas à l'invite ? Pourquoi ne prendrais-je pas au sérieux le rôle d'amoureux fou que m'a fait jouer, avec tant de présence d'esprit, ma maîtresse ? Ne suis-je pas d'âge à me ranger, à faire une fin... Je suis perdu de dettes, et Germaine ne me vient plus en aide aussi généreusement que par le passé... Elle est avare, cette femme-là... Elle me fait parfois des reproches... Au lieu de vivre à ses crochets, il est bien plus simple et plus honorable de me marier...

Une réflexion subite l'arrêta :

— La comtesse ne consentira jamais ! Notre chaîne lui est moins lourde qu'à moi !... Quand elle verra le résultat de son expédient, il y aura des pleurs et des grincements de dents !... Bah !... Tant pis pour elle !... C'est sa faute, après tout ! Je n'y songeais pas, moi ! Elle a voulu que je me déclare, pour la sauver, passionnément épris de sa nièce ; eh bien, je la prends au mot ; et, ma foi, je vais remplacer la fiction par la réalité...

Il ne put dormir le reste de la nuit. Il dressait ses batteries et machinait son plan.

Le lendemain, il attendit fiévreusement toute la matinée la visite de M. de La Guyon.

— Pourvu que Germaine ne se mette pas à la traverse, se disait-il avec inquiétude, et ne me nuise pas dans l'esprit de son mari ! Pourvu qu'elle ne cherche pas à lui démontrer que le remède est pire que le mal !... Non ! non ! elle n'oserait pas !... Ma foi ! si elle me jouait ce tour-là, je serais capable de révéler au comte toute la vérité, au risque de me couper la gorge avec lui !

III

LE VICOMTE

Raoul de Saint-Aubin-des-Bois était un de ces jeunes inutiles, pour qui les courses de chevaux, le jeu, les actrices des petits théâtres constituent le but unique de l'existence.

Devenu maître, à vingt-deux ans, par la mort de ses parents, d'une fortune relativement modeste, il lui avait suffi de deux ou trois années pour dissiper son patrimoine. Au moment où il avait rencontré dans une ville d'eaux d'Allemagne la comtesse de La Guyon, il était déjà depuis longtemps ruiné, réduit aux expédients, aux emprunts plus ou moins honnêtes. La roulette et le baccarat formaient le plus clair de ses ressources.

Il était devenu bien vite l'ami du mari, et, naturellement, l'amant de la femme, qui n'avait pas tardé à se consoler de son deuil maternel. Assez joli garçon, tout juste assez spirituel pour rabâcher le vocabulaire habituel des gommeux, il avait séduit surtout la comtesse par ses grands yeux noirs au fond desquels on apercevait un vague mystérieux, qui, pour un observateur sagace, ne disait rien de bon.

Il y avait dans sa physionomie quelque chose d'équivoque, de faux, de louche, qu'augmentait encore un perpétuel sourire laissant voir avec affectation les plus belles dents du monde.

Escomptant avec habileté l'héritage aléatoire d'un vieil oncle, qui devait plus tard anéantir ses espérances en se mariant à soixante ans avec une jeune femme, il n'avait pas hésité à emprunter de l'argent à sa maîtresse et à s'en faire offrir par M. de La Guyon lui-même.

Son grand nom, qui avait été porté par un maréchal de France au siècle dernier, l'ancienneté de sa famille, avaient aveuglé les deux époux sur l'indélicatesse de ses procédés et sur le caractère énigmatique de son existence. Bref, il était presque passé peu à peu à l'état d'amant entretenu...

A l'époque où en arrive ce récit, Raoul était au bout de son rouleau. Le flot de ses dettes montait toujours ; le mariage inattendu de l'oncle à héritage, annoncé à grand fracas par les journaux du *high life*, lui avait fermé la caisse des usuriers et le crédit des fournisseurs... Il était littéralement aux abois, et cette nuit même, en se rendant furtivement comme d'habitude dans la chambre de sa maîtresse, il comptait faire une fois de plus appel à sa bourse, et lui imposer un nouveau sacrifice...

L'aventure tournait donc au mieux de ses intérêts, et il attendait avec beaucoup moins d'anxiété que d'impatience la sévère explication qu'allait lui demander l'oncle de Mlle Régine. Il était bien trop avisé pour ne pas voir que le drame commencé dans le jardin de l'hôtel de la rue de Varenne se terminerait en vaudeville et finirait par un mariage.

Au besoin, et avec l'absence de scrupules qui lui était devenue familière, il n'hésiterait pas à rendre public le scandale, si on tentait d'étouffer l'affaire. Il se réservait d'envoyer au *Figaro,* sous le voile de l'anonyme un *Écho de Paris* qui mettrait le feu aux poudres et, sans nommer personne, désignerait clairement les héros de l'histoire.

— Le moyen est peut-être d'une honnêteté douteuse ! se disait-il ; mais, bah ! je n'ai pas le choix des moyens. Je suis perdu, il faut que je me sauve à tout prix !... Allons ! allons ! Raoul, tu vas te remettre à flot... Une dot superbe, doublée d'une femme ravissante ! C'est plus que tu ne mérites, mon ami ! A tout prendre, est-ce que je ne suis pas un brillant parti... Mlle de La Guyon sera-t-elle si malheureuse de s'appeler vicomtesse de Saint-Aubin-des-Bois !...

Son monologue fut interrompu par les vibrations du timbre de l'appartement.

— On sonne ! ce doit être le comte... Oh ! comme mon cœur bat... Il me semble que je vais comparaître devant un juge !...

Il sortit de sa chambre à coucher, se dirigeant vers la porte.

— Quel malheur que cet animal de François m'ait brusquement lâché hier..., sans même daigner faire ses huit jours..., sous le prétexte que je lui dois quinze mois de gages, sans compter l'argent prêté !... Comme si le drôle ne m'avait pas assez volé pour attendre patiemment la fin de ma déveine !... Comme c'est humiliant d'aller soi-même ouvrir sa porte !...

Un second coup du timbre se fit entendre.

— Enfin, j'en serai quitte pour dire que mon valet de chambre est sorti !...

Et il se décida à aller ouvrir.

En apercevant le visiteur qui se permettait ainsi de sonner en maître, Raoul fit un geste de désappointement et poussa une exclamation d'ennui et de dégoût :

— Encore toi ! s'écria-t-il, tandis que le nouveau venu traversait sans façon l'antichambre, le chapeau sur la tête, pénétrait dans le salon et s'étendait les jambes croisées sur le canapé.

— Eh bien, oui, c'est moi !... Sais-tu que ton observation n'est pas aimable ?... Est-ce ainsi que l'on accueille un vieux camarade ?

— C'est que, vois-tu..., ce matin...

— Je te dérange ?... Si je te gêne, dis-le tout de suite, et je me hâterai... de ne pas m'en aller !...

— Qu'est-ce que tu veux encore ?

— Tu le demandes, mon beau Raoul, mon ami, mon copain, mon frère ?

— De l'argent, n'est-ce pas ? Encore de l'argent ? toujours de l'argent ?... Tu sais bien que je n'en ai pas !

— Bah ! bah ! tu me répètes toujours-la même chanson... Si tu n'en a pas, trouves-en... Je n'aime pas que l'on me fasse poser...

— Mais où veux-tu que je t'en trouve, malheureux ?... Tiens, regarde ce papier timbré... C'est un commandement. Je serai saisi demain...

Et il étendait les bras avec désespoir.

— Et c'est dans un pareil moment que tu viens me demander...

— Oh ! je ne suis pas exigeant, ce matin... un louis, rien qu'un louis !... Je n'ai pas de quoi déjeûner... Donne-moi aussi quelques habits... Vois comme je suis fait !...

Et il lui montrait le bas tout effiloché de son pantalon et les taches de son paletot râpé !...

— Des vêtements tant que tu voudras. Ce sera autant de pris sur l'ennemi, sur l'huissier... Mais ne me réclame pas un sou !...

— Il est impossible que tu n'aies pas un louis à la disposition d'un ami de collège..., d'un compagnon de tes succès et de tes déveines...

Et le bohême soulignait ces derniers mots par un clignement d'yeux significatif...

Raoul tira son porte-monnaie, y prit une pièce de deux francs et la tendit avec impatience à l'importun quémandeur, qu'il eût voulu voir à tous les diables... Celui-ci fit une grimace de dédain, tout en glissant la pièce dans la poche de son gilet.

— Quarante sous ! Te moques-tu de moi, par hasard ? Qu'est-ce que tu veux que je fasse de ça ?

Et se recoquillant sur le canapé, il paraissait moins que jamais disposé à évacuer le salon...

— Au nom du ciel ! va-t'en, Hector ! s'écria Saint-Aubin avec angoisse... Je te jure que je n'ai plus que vingt francs, — vois plutôt le fond de ma bourse ! — et qu'ils me sont absolument nécessaires...

— Ils me sont, à moi, indispensables !... Quoi ! tu as encore un louis et tu as le toupet de m'offrir quarante sous...

— Je te conjure de t'en aller... Ta présence me ferait manquer une affaire superbe peut-être...

— Une affaire ? Eh bien, dis donc ! pourquoi n'y serais-je pas de moitié ?... Est-ce qu'à Nice, l'an dernier, nous n'avons pas partagé en frères ?

— Tais-toi ! tais-toi ! fit le vicomte en pâlissant.

— Partagé en frères ? répéta l'impitoyable gêneur... Sauf pourtant, les six mois de prison que j'ai faits tout seul... Car tu avais pris tes précautions, mon cher vicomte, et tu avais été assez habile pour ne pas te faire pincer... Ce sont toujours les manants de mon espèce qui payent les pots cassés pour les grands seigneurs comme toi... Tu en as été quitte pour prendre de la poudre d'escampette ; et c'est par défaut que l'on t'a condamné à deux ans de prison pour escroquerie... Et encore sous un faux nom dont tu t'étais affublé et que tu avais volé à un de nos camarades de Louis-le-Grand.

— Te tairas-tu, Hector Lambinot ? Pourquoi rappeler cette histoire ?... S'il faut payer ton silence, je pourrai bientôt l'acheter richement...

— Donne-moi toujours un petit acompte... Je suis las de jouer le rôle de Bertrand, monsieur le vicomte Robert-Macaire de Saint-Aubin...

— Raoul le saisit par le bras :

Encore une fois, va-t'en !... Si tu le veux absolument, je vais me dépouiller pour toi de mon dernier louis...

— Ah ça, pourquoi tiens-tu si fort à te débarrasser de moi ? Ça me semble louche...

— Tu ne devines donc pas que j'attends quelqu'un ?

— Un créancier ? Eh bien, je t'aiderai à le flanquer à la porte...

— Mais non ! Ce n'est pas un créancier...

— Raison de plus pour que je reste ! Si la personne que tu attends ne vient pas te réclamer de l'argent, c'est qu'elle t'en apporte... Ne m'as-tu pas parlé d'une affaire ?... Un usurier, probablement ? Tu es assez malin pour en avoir mis dedans un de plus... Dans ce cas, il me faut ma part...

— C'est bien d'un emprunt qu'il s'agit ! Voyons, mon cher, sois bon garçon, et tu n'auras pas à t'en repentir... Je vais sans doute me marier, et très richement... Et c'est justement pour cela que...

— Te marier ! Fort bien !... Je serai ton garçon d'honneur !...

— Tu es fou ! dit Raoul en haussant les épaules.

— Tu me méprises parce que je ne suis qu'un roturier, parce qu'en fait de parchemins je n'ai qu'un casier judiciaire ! Je n'insiste pas... On ne fait pas le bonheur et on n'est pas le garçon d'honneur des gens malgré eux... Sois tranquille, je ne songe point à te faire rougir, à compromettre tes quartiers de noblesse et ceux de l'illustre famille dans laquelle tu vas entrer...

Et le regardant d'un air narquois :

— Peut-on, au moins, sans indiscrétion, te demander le nom de ton futur beau-père ?...

— Je n'ai pas de futur beau-père... et c'est une orpheline que...

— Parfait ! Pas de belle-mère, non plus, alors ?... De mieux en mieux... Et une fortune bien liquide et bien rondelette ? C'est admirable... Seulement, ta fiancée doit avoir un nom, je suppose......

Raoul de Saint-Aubin tressaillit et se reprocha amèrement d'en avoir trop dit... Il voyait déj4 se dresser devant lui un horrible système de chantage ; il allait être mis en coupe réglée par son ancien complice !...

— Écoute-moi, Hector... Ne me demande rien aujourd'hui... Ce n'est encore qu'un projet... Ne me compromets pas, ne me perds pas...

Tu penses que je ne t'oublierai pas si je réussis...

— Certes, je l'espère bien ! Au besoin, j'ai de quoi te rafraîchir la mémoire... Oh ! je ne suis pas inquiet sur ton compte. Il n'y a que les gens titrés pour se tirer d'affaire... Je n'aurai pas une pareille chance, moi !... Comment s'appelle-t-elle ?...

— Que t'importe ? Je te le dis, je t'affirme qu'il n'y a rien de fait...

— Ta ! ta ! ta ! marmotta Hector Lambinot avec un geste de défiance... Je te connais, mon bon !... Et je veux me garder à carreau avec toi... Jouons cartes sur table.

Le jeune gentilhomme était sur des charbons ardents. Qu'adviendrait-il si M. de La Guyon le trouvait en tête-en-tête avec ce déclassé mal vêtu, dégingandé, et qui *marquait* si mal ?

Il lui présenta son unique pièce d'or, en le suppliant de s'en aller. L'autre l'empocha comme la pièce de quarante sous, et se coucha de tout son long sur le canapé...

— Merci ! dit-il... Mais cela ne suffit pas... Alors, nous disions donc que tu espères épouser mademoiselle... ? Oh ! rassure-toi, je ne songe nullement à lui conter la petite et édifiante histoire, à lui apprendre que tu possèdes deux titres de noblesse au lieu d'un ; que tu es à la fois vicomte de Saint-Aubin et chevalier d'industrie !...

— Misérable ! s'écria Raoul, aurais-tu l'infamie... ?

— Mais non, mais non, mon bon !... pas plus que je ne voudrais aller trouver notre vieux copain Gilbert Martin, pour...

Il s'interrompit... Le timbre venait de retentir...

— Ah ! voilà ton mystérieux visiteur, dit-il en se levant et en mettant un peu d'ordre dans sa toilette plus qu'incorrecte et en caressant son faux col.

IV

DÉTOURNEMENT DE MINEURE

Le vicomte regarda le bohème d'un air anxieux :

— Tu ne comptes pas rester ici, je suppose ?

— Pour qui me prends-tu ? Je suis discret, mon ami, et je ne veux pas gêner tes expansions matrimoniales... Je vais...

— Tu vas t'en aller par l'escalier de service...

— Ni par l'escalier de service — je ne suis pas encore ton laquais, que diable ! — ni par le grand escalier.

Raoul avait bien envié de l'étrangler ; mais, outre : qu'il était moins fort que son compromettant ami, il ne pouvait compliquer la situation par une scène de violence.

— Eh bien ! passe dans ma chambre à coucher... Et puisque tu as besoin de vêtements, tu feras ton choix dans ma garde-robe.

— C'est justement ce que j'allais te proposer... Allons ! va donc ouvrir...

Tandis qu'Hector Lambinot passait dans la pièce voisine, où il n'allait pas tarder à faire main basse sur le costume le plus frais, le plus élégant, et sur le pardessus le plus riche de Saint-Aubin, le vicomte se dirigea avec émotion vers la porte d'entrée.

C'était bien M. de La Guyon.

— Veuillez m'excuser, monsieur le comte, de vous avoir fait attendre ! J'ignorais que mon domestique fût sorti... Il est probablement monté chez lui, ou descendu dans la cour...

— Tiens ! c'est un comte ! se dit à part lui Hector, qui, faisant un détour, avait entre-bâillé la porte de la salle à manger... Le tuteur de la demoiselle, sans doute ?... Ce farceur de Saint-Aubin ne m'avait donc pas menti... Enfin, j'ai l'oreille fine, et j'espère bien ne rien perdre de la conversation... Mais d'abord, faisons en hâte un peu de toilette...

Il retourna, sur la pointe du pied, dans la chambre à coucher, pendant que les deux hommes entraient dans le salon.

Il y eut un long silence... Le visiteur et le visité étaient également troublés et embarrassés, l'un par la pensée que Lambinot avait l'oreille collée à la serrure, l'autre par la difficulté d'aborder avec franchise l'objet de sa démarche.

Il avait suffi au comte de jeter un coup d'œil sur son valet de chambre, quand il était entré chez lui le matin, pour comprendre que la maison entière était au courant de l'aventure de la nuit. Il y a dans le mal qui arrive à leurs maîtres quelque chose qui ne déplaît point aux domestiques. Il était aisé de deviner, à l'attitude contrainte de cet homme, que l'on avait dû fortement jaser à la cuisine et à l'office. Il se mêlait à son respect ordinaire une pointe de pitié qui ne pouvait tromper M. de La Guyon.

Toutes les apparences ne le dénonçaient-elles pas comme un mari trompé ? La lettre anonyme, qui l'avait mis en éveil, n'attestait-elle pas qu'aux yeux de ses gens sa femme avait un amant ?

La maturité de la comtesse ne faisait que rendre son rôle encore plus ridicule. S'il n'est jamais agréable d'être... ce. qu'étaient Sganarelle et Georges Dandin, l'humiliation est plus cruelle, quand l'épouse coupable a dépassé depuis longtemps l'âge de la première jeunesse, et qu'elle en est arrivée à ce qu'on pourrait appeler l'*automne* de la Saint-Martin.

Aussi, quelque persuadé qu'il pût être personnellement de l'innocence de sa femme, l'affaire ne pouvait en rester là ; il fallait absolument que la lumière se fît pour tout le monde comme pour lui ; il fallait que Régine fût compromise pour que Mme de La Guyon cessât de l'être.

C'est dans ces dispositions d'esprit, et après s'être énergiquement expliqué à cet égard avec la comtesse, qu'il arrivait dans l'entresol de la rue de Lille.

Faisant des efforts surhumains pour paraître irrité et terrible, alors qu'il ne demandait qu'à jeter imprudemment sa nièce dans les bras d'un misérable dont la conduite était de tous points sans excuses :

— Monsieur le vicomte, dit-il, je vous avais toujours cru un parfait gentilhomme... Je m'aperçois avec douleur que vous êtes indigne du nom que vous portez... Un Saint-Aubin-des-Bois n'agit pas comme le dernier des manants...

— Ne m'accablez pas, monsieur le comte ! interrompit vivement le jeune homme... Je mérite tous les reproches, et vous ne m'en adresserez jamais autant que je m'en adresse à moi-même. S'il vous faut tout mon sang pour laver l'outrage bien involontaire dont vous avez à vous plaindre...

— Votre sang ! votre sang ! Que voulez-vous que j'en fasse ? Ce n'est pas votre sang qui rendra à ma nièce une réputation perdue, et qui l'empêchera d'être la victime d'un épouvantable scandale... Si vous aimiez Mlle de La Guyon comme vous l'affirmez...

— Si je l'aime, monsieur le comte !... s'écria-t-il avec une exaltation de commande...

— Eh bien, vous aviez un moyen régulier, honnête, d'essayer d'obtenir ce que vous avez demandé à des procédés honteux... Qui vous empêchait de solliciter sa main ? Vous étiez reçu dans la maison... Que ne m'avez-vous ouvert votre cœur ?

— Je l'ai ouvert à Mme la comtesse. Hélas ! Elle m'a découragé... Et c'est alors que j'ai tenté de me faire aimer de Mlle Régine, que je lui ai écrit furtivement... J'ai eu tort, cent fois tort, mille fois tort...

— Mais non ! mais non ! Pas si tort que cela, mon bon ! se disait à part lui Hector, qui entendait tout à travers la serrure... Ah ! il s'agit d'une La Guyon !... C'est un parti superbe... Raoul n'est pas dégoûté... Tu m'avais caché cela, grand hypocrite !... Heureusement que je suis là pour veiller au grain ! Tu ne garderas pas la dot pour toi seul, égoïste !... Comme cela se trouve ! Et quelle heureuse coïncidence ! Notre camarade Gilbert Martin qui est justement le secrétaire du comte !... Je n'aurais qu'à prononcer ce nom-là pour faire trembler Raoul...

— Oui, j'ai mille fois tort ! reprit le vicomte, et j'en suis assez puni, puisque aucune de mes lettres n'est parvenue à son adresse, et que Mlle Régine ignore elle-même ma malheureuse passion.

— Diable ! diable ! ce n'est pas là notre affaire, murmurait Lambinot. Le maladroit ! S'il ne l'a pas compromise, on va le congédier... Adieu la dot ! adieu mes espérances !

Cependant, à mesure que se poursuivait l'entretien, le déclassé, qui n'en perdait pas une syllabe, paraissait se rassurer. Il se frottait les mains avec joie.

— Décidément, ce bonhomme n'est point un tigre ! se dit-il... Allons, allons, ça va bien, ça va bien... Nous irons à la noce... Car je prétends être garçon d'honneur... Je verrai bien s'il osera me refuser ! N'est-il pas à ma merci ? Et ne suffira-t-il pas d'un mot de moi pour le mettre à la raison ?

L'accord, en effet, n'avait pas tardé à se faire entre le comte et celui qui ne demandait qu'à devenir son neveu. Ni l'un ni l'autre ne s'inquiétaient même de savoir si la jeune fille se prêterait à ce projet de mariage. C'était le moindre de leurs soucis.

A vrai dire, M. de La Guyon croyait peu à la complète ignorance de sa nièce, dont il s'imaginait combler les vœux en sauvegardant son honneur de mari. Elle avait dû, supposait-il, encourager, dans une mesure quelconque, ne fût-ce que par d'innocentes coquetteries, une passion aussi ardente, aussi profonde que paraissait l'être celle du vicomte. Il était persuadé que Régine était une petite sournoise qui les avait trompés, lui et sa femme, et s'était jouée de leur surveillance.

— Il n'était que temps, peut-être ! se disait-il avec inquiétude. Qui sait ce qui aurait pu advenir de ces rendez-vous nocturnes ? Enfin, tout est bien qui finit bien. Le vicomte n'a pas le sou ; c'est un écervelé, un mauvais sujet... Bah ! Il faut bien que jeunesse se passe !... Nous en serons quittes pour payer ses dettes, pour liquider son passé... Le mariage lui mettra du plomb dans la tête.... Et puis, il porte un beau nom, un nom historique !... C'est en somme une alliance fort sortable... Et puis enfin, il l'adore !...

Il fut convenu que Saint-Aubin viendrait dès le lendemain faire officiellement sa demande, et que l'union serait célébrée sans autre retard que les. délais légaux.

Il était important de couper court à tous les commérages, à toutes les médisances...

La comtesse était, cela va sans dire, un peu moins pressée que son mari. Une femme de son âge, qui avait su si bien mener de front la dévotion et la galanterie, ne se résignait qu'à contre-cœur à céder ainsi son amant à une autre. Elle ne doutait pas, d'ailleurs, du refus de Régine, chez qui elle avait cru remarquer une inclination secrète et inconvenante pour le secrétaire du comte...

Si Mlle de La Guyon, pour conquérir sa liberté, donnait à ce mariage improvisé un consentement banal, elle frémissait de perdre son cher Raoul. Et si elle refusait, quelles complications allaient surgir ? quels soupçons ne se glisseraient pas dans l'esprit du comte ?

Il y aurait bien eu un moyen de tout concilier. C'eût été un mariage de pure forme, qui ne donnerait à Régine que la main, en lui laissant à elle le cœur de M. de Saint-Aubin. Régine ne manquerait pas de trouver des consolations ailleurs, ne fût-ce qu'auprès de M. Gilbert Martin. Il n'y a pas de mésalliance dans l'adultère. Et quand on voit tant de grandes dames s'abaisser jusqu'à leurs laquais, pourquoi la future vicomtesse de Saint-Aubin-des-Bois ne serait-elle pas la maîtresse d'un secrétaire ?

Cet arrangement aurait l'avantage de mettre d'accord leurs sentiments respectifs, et son amant ne serait plus obligé de risquer un scandale et des coups de revolver pour pénétrer la nuit chez elle.

Par malheur, ces calculs allaient être déjoués, et elle s'était trop hâtée de compter sur l'acceptation de ce honteux marché. Afin de donner le change aux domestiques sur le véritable caractère de la scène violente du jardin, la comtesse avait habilement laissé transpirer la nouvelle du très prochain mariage de Mlle Régine. Il avait suffi d'un demi-mot glissé à sa camériste pour que la rumeur fût aussitôt répandue dans l'hôtel.

La jeune fille elle-même n'ignorait déjà plus l'affaire, lorsque le vicomte se présenta, selon la permission qui lui en avait été donnée la veille...

Elle avait refoulé son indignation, quand, le matin même, sa tante l'avait fait appeler dans sa chambre pour la préparer à l'événement.

— Ma chère Régine, lui avait dit la comtesse, vous n'êtes plus une enfant. Vous approchez de votre vingtième année... Votre excellent oncle et moi, nous avons dû nous préoccuper de votre avenir.

— De mon avenir, ma tante ?

— Oui... Vous ne comptez pas rester fille, je suppose. Vous êtes d'âge à vous marier, et je dois vous dire que nous vous avons trouvé un très bon parti... Beau nom... Un joli garçon, bien élevé... Pas riche ; mais la dot que je vous destine suffira...

— Ma tante, répondit sèchement Régine, je vous remercie de vos bonnes intentions... Mais, de grâce, dispensez-moi d'en entendre davantage... Je ne veux pas me marier...

Elle s'exprimait en termes si formels et d'un ton si catégorique ; il y avait dans ses traits, dans son accent, dans ses yeux une résolution si énergique que Mme de La Guyon tressaillit.

— Vous ne voulez pas vous marier ? dit-elle... Et vous ne savez pas encore quel époux je vous donne, et qui va venir aujourd'hui même demander votre main ? Qu'est-ce à dire ?... C'est votre oncle qui a pris la peine de vous choisir un mari... Il a engagé sa parole. Et je crois que toute résistance de votre part viendra se briser contre sa volonté.

— Mon oncle m'aime trop ; il a toujours été, depuis deux ans, trop bon pour moi, pour me rendre malheureuse...

— Et pourquoi malheureuse ? Je vous assure que ce jeune homme vous plaira...

— Et moi, je vous affirme que non, ma tante !...

— Ah ! ça, petite effrontée, il faut donc que vous ayez en tête quelque amourette ?... Je m'en étais un peu doutée... Mais cela n'est pas sérieux... Et quand vous saurez que le fiancé qui sollicite votre main s'appelle...

— Oh ! le nom importe peu, dès lors que j'entends rester fille...

— S'appelle, dis-je, le vicomte de Saint-Aubin...

— Le vicomte de Saint-Aubin ! s'écria Régine en rougissant et pâlissant tour à tour...

En entendant prononcer ce nom ; en rapprochant de l'aventure nocturne de l'avant-veille les vagues soupçons qu'elle avait conçus précédemment, Régine avait aussitôt tout deviné, tout compris. Le rôle qu'on lui destinait ; dans une comédie odieuse, lui apparaissait dans toute son horreur.

Il s'agissait pour elle de servir de paravent à de coupables amours et de contribuer à tromper le comte, à lui donner le change...

Elle se cacha le visage de ses deux mains :

— Oh ! c'est affreux ! murmura-t-elle avec des sanglots dans la voix...

— Affreux ! Vous êtes folle, ma petite ; ou vous avez au cœur quelque passion inavouable, comme celle d'autrefois, dont je vous croyais guérie...

Mlle de La Guyon releva la tête :

— Dans toute ma vie, dit-elle, il n'y a jamais rien eu que je ne puisse avouer, et j'espère qu'il en sera toujours ainsi à l'avenir.

Elle avait bien envie de compléter sa pensée en ajoutant que tout le monde peut-être ne pouvait pas en dire autant ; mais elle se contint.

La comtesse se troubla et feignit de n'avoir pas saisi l'insinuation...

— Il n'en est pas moins bien étrange que vous refusiez si énergiquement un excellent parti... Il faut que vous aimiez quelqu'un !...

— Et quand cela serait, ma tante ? dit-elle avec fermeté... Je ne serais pas obligée de le cacher... moi !...

Et, regardant fixement Mme de La Guyon :

— Voyons, madame la comtesse ! Ce n'est pas sérieusement que vous me proposez d'épouser... Qui ?... M... de... Saint...-Aubin... ! Vous savez bien... Vous savez mieux que personne... que ce n'est pas possible !... Et que l'on me tuerait plutôt que de me faire épouser cet homme !

Cette fois, il n'y avait plus à s'y méprendre... Ce n'était pas une vague insinuation ; c'était une accusation en règle ! Pas le moindre doute : sa nièce connaissait son secret, soit que le hasard le lui eût révélé, soit qu'elle en eût été instruite par des cancans de domestiques, soit même qu'elle eût aperçu, parfois, de sa fenêtre, le vicomte traverser, la nuit, le jardin, monter l'escalier extérieur qui ne donnait accès qu'à l'appartement particulier de la comtesse ou à sa propre chambre...

Qui sait si ce n'était pas elle qui avait prévenu son mari et écrit, en déguisant son écriture, la lettre anonyme... ?

Mme de La Guyon devint livide. Muette, tremblante, elle ne savait que répondre... D'un mot Régine pouvait la perdre... Lutter contre elle, la menacer, c'était provoquer un éclat... amener une catastrophe...

Elle eut recours au vulgaire expédient qui ne fait jamais défaut à une femme adultère. Elle chancela et se laissa tomber dans un fauteuil en fondant en larmes...

En face de cet involontaire aveu, la jeune fille se sentit prise de pitié. Elle oublia toutes les duretés dont elle avait eu tant à souffrir, et le marché hideux qu'on venait de lui imposer... Ses justes ressentiments s'effacèrent... Elle était bien trop généreuse et trop bonne pour abuser des avantages de la situation... Elle ne voyait plus devant elle qu'une femme, coupable certainement, mais malheureuse, compromise, affligée... Elle lui prodigua ses soins avec un empressement presque filial, et s'efforça de la rassurer...

— Ma tante ! Ma chère tante, dit-elle en pleurant à son tour. Revenez à vous... Si j'ai dit quelque chose qui vous ait fait de la peine, je vous en demande pardon... Pourtant, je ne suis pas méchante !... Ah ! mon Dieu ! mon Dieu !

Ces bonnes paroles suffirent pour mettre fin à la défaillance factice de la comtesse. Elle feignit de rouvrir péniblement les yeux. Les sympathies spontanées de sa nièce dissipaient toutes ses craintes...

— Régine, ma chère enfant ! dit-elle en l'attirant vers elle et en l'embrassant, je vois que tu sais tout...

— Je ne sais rien, ma tante, rien ! Et je ne veux rien savoir..., sauf une seule chose, c'est que je n'épouserai jamais... jamais... M. le vicomte de Saint-Aubin-des-Bois...

— Tu ne veux pas me perdre, n'est-ce pas ?... Je n'ai peut-être pas été pour toi toujours ce que j'aurais dû être...

— Je ne vous fais aucun reproche, ma tante...

— Mais... je t'en conjure... Ne refuse pas aussi nettement... Fais semblant d'accepter... Ton oncle est très excité... Une résistance trop brusque lui paraîtrait louche... Dissimule un peu...

— Je ne sais pas dissimuler, ma tante. Et je ne pourrai cacher l'aversion instinctive que m'a toujours, je ne savais pourquoi, inspirée cet homme.

— Demande à réfléchir... Tu n'es pas forcée de te prononcer tout de suite... Cela ne t'engage à rien... Sauve-moi, Régine, sauve-moi !

— Madame la comtesse, reprit avec calme la fiancée de Roger, si je vous comprends bien, vous me demandez ce à quoi il m'est impossible de consentir... Vous voulez que je mente ?... Je n'ai jamais menti... Et même, pour vous éviter un chagrin, je ne trahirai pas mon oncle... J'entrevois je ne sais quelle trame ourdie contre son repos, contre son bonheur... Si M. de La Guyon m'interroge, je lui dirai la vérité !...

— La vérité, malheureuse !... s'écria la comtesse avec effroi.

— Soyez sans crainte... Je dirai la vérité... sur mes sentiments à l'égard du vicomte ; rien de plus. Je me tairai sur tout le reste...

— Pourtant, ma chérie, insista la comtesse avec anxiété, il serait si simple, si peu compromettant de te tenir sur la réserve... Plus tard, il sera temps de déclarer qu'il te déplaît ; et quand il te fera la cour, tu n'auras qu'à le décourager par ton indifférence et tes dédains...

La jeune fille, à la seule idée de supporter, ne fût-ce qu'un instant, les assiduités apparentes de l'amant de la comtesse, eut un mouvement d'indignation...

— La cour ! dit-elle. Me laisser faire la cour par... Elle allait dire : « par votre amant. » Elle se retint, et se contenta d'ajouter :

— Non ! N'espérez pas que je puisse me prêter à cette comédie, et que...

Elle fut interrompue par l'arrivée du comte de La Guyon, qui n'avait pu résister à son impatience... Il avait chargé sa femme de préparer Régine, de la sonder, et il avait hâte de connaître le résultat des confidences échangées entre les deux femmes.

— Eh bien, ma chère Germaine, avez-vous annoncé à notre enfant... — car tu es notre enfant, notre fille, puisque, hélas ! nous n'en avons plus d'autre ! — la bonne nouvelle... ?

Il s'arrêta en voyant devant lui deux visages bouleversés, portant les traces de larmes récentes, à peine séchées...

— Mais, qu'avez-vous donc toutes les deux ?... Pourquoi ces figures d'enterrement !... Il s'agit d'un mariage, ce me semble ? Germaine, qu'avez-vous donc ?...

— Je n'ai rien, mon ami, répondit-elle avec embarras... Seulement...

— ...Seulement ; quoi ? Est-ce que Régine...

— Demandez-le-lui à elle-même... puisque, moi, je n'ai pu obtenir d'elle aucune réponse satisfaisante... Elle ne tient pas à se marier... Elle veut réfléchir... Plus tard peut-être...

— Bah ! bah ! bah ! bah ! dit M. de La Guyon... Toutes les fillettes disent la même chose... Et tu feras comme les autres, ma petite Régine... Tu seras bientôt vicomtesse de Saint-Aubin... Quand tu verras comme Raoul t'adore...

Un flot de sang afflua aux joues de la pauvre enfant :

— Non ! se dit-elle mentalement, je ne serai pas plus complice que je ne suis dupe... Il se passe ici des choses indignes...

Et, s'adressant au comte avec une fermeté froide :

— Mon cher oncle, dit-elle, je vous suis trop reconnaissante de vos bontés pour ne pas vous ouvrir mon cœur... Je vous répondrai avec une franchise entière... Je n'ai pas besoin de réfléchir... Jamais, jamais, jamais, je ne serai la femme de M. de Saint-Aubin...

Le comte, stupéfait, fit un bond en arrière...

— Et pourquoi, s'il vous plaît, mademoiselle ? murmura-t-il avec une colère sourde.

— Parce que... parce que...

Elle hésitait ; sa tante la regardait d'un air suppliant.

— Parce que !... je ne l'aime pas !

— Ce n'est pas une raison, cela !... L'amour viendra plus tard... Il n'y a pas besoin d'amour dans le ménage... Votre tante non plus ne m'aimait pas quand elle m'a épousé... Et nous avons été très heureux...

— Et de plus, parce que...

— Elle n'achevait pas... Mme de La Guyon frissonna.

— Parce que, mademoiselle ? reprit le comte d'un ton sévère..

— Parce que j'en aime un autre !

La comtesse se sentit soulagée et rassurée. Elle avait un moment tremblé en voyant l'hésitation de sa nièce. M. de La Guyon, en revanche, entra dans un véritable accès de fureur. La hardiesse avec laquelle s'exprimait Régine et ce refus si formel anéantissaient tous ses plans et faisaient peut-être renaître tous ses soupçons. Il s'étonnait, à bon droit, que sa femme prît aussi tranquillement son parti de cette audacieuse résistance.

Exaspéré, hors de lui, il se précipita sur Régine et leva la main.

— Effrontée ! s'écria-t-il...

Il se contint pourtant :

— J'ai mal entendu, n'est-ce pas ?... Répétez donc un peu ce que vous avez dit.

Elle ne broncha pas et ne parut pas redouter le coup prêt à la frapper...

— J'ai dit : J'en aime un autre ! répondit-elle froidement et en appuyant sur chaque mot.

Le comte était atterré. Il laissa retomber son bras. Un soufflet sur la joue de cette enfant n'était pas une solution. Le scandale du jardin et la lettre anonyme qui l'avait provoqué lui revenaient en mémoire : les ricanements étouffés de ses domestiques tintaient encore à son oreille. L'affaire s'était déjà ébruitée ; un journal du matin y faisait une allusion des plus claires, la qualifiait de « drame de famille » et annonçait à la fois un duel entre le vieux, mari et le jeune amant et un procès en séparation de corps.

Ces reporters sont impitoyables et ne se font aucun scrupule de retourner le poignard dans le cœur d'un honnête homme outragé !

Le mariage projeté aurait étouffé dans son germe la calomnie. Au lieu d'un Paolo séduisant une Francesca de Rimini et déshonorant un époux, on n'avait plus que les amours furtives d'un Roméo et d'une Juliette, qu'aucun obstacle n'empêchait de légitimer.

Et voilà que le caprice de Régine venait renverser l'échafaudage dressé par la triple collaboration du mari, de la femme et de l'amant, et de donner un corps aux hypothèses de la presse légère et aux fantaisies odieuses des chroniqueurs !...

C'était affreux, c'était intolérable. Le comte ne voulait à aucun prix accepter le rôle humiliant qui lui était imposé :

— Eh bien ! Vous ne dites rien, madame, dit-il à la comtesse avec une fureur à peine contenue ! Vous trouvez naturel que cette petite nous brave avec une telle audace !...

— Que voulez-vous que je fasse, monsieur le comte ? Je ne puis pourtant pas lui arracher de force son consentement !... C'est votre faute. Vous avez toujours encouragé ses mauvais penchants... Si vous m'aviez écoutée, elle serait encore aux Oiseaux !...

Ces derniers mots furent un trait de lumière pour M. de La Guyon :

— C'est cela ! se murmura-t-il à lui-même... Voilà un moyen tout indiqué... Ce sera une explication naturelle... C'est la seule solution qui puisse sauver mon honneur... Raoul congédié, la jeune fille au couvent... ces infâmes journalistes et nos valets eux-mêmes seront contraints de reconnaître qu'ils se sont trompés ; que leurs suppositions étaient absurdes.

Et, s'adressant d'un ton sec à sa nièce :

— Mademoiselle, je vous accorde deux heures de réflexion : ou bien vous épouserez M. le vicomte de Saint-Aubin, ou bien vous serez reconduite aux Oiseaux, pour y rester iusqu'à votre majorité. Choisissez !

— Je n'ai pas besoin de délai, mon oncle. Mon choix est fait, je préfère le couvent. Je préférerais la prison ; je préférerais la mort !...

— Malheureuse ! taisez-vous ! Ne me poussez pas à bout... Je ne puis pas rester plus longtemps maître de moi... Rentrez dans tre chambre ; je vous défends d'en sortir jusqu'au moment du départ... Madame la comtesse, vous la reconduirez demain matin... Dites à vos femmes de chambre de préparer son trousseau... Allons, sortez, mademoiselle !...

Une réaction se produisit aussitôt dans le cœur de Régine. Sans rien perdre de sa fermeté, et justement parce qu'elle venait de prendre instantanément une résolution suprême elle était désespérée d'affliger le comte : elle ne voulait pas le quitter ainsi... Et cependant elle ne pouvait pas lui dire la vérité, lui ouvir les yeux, aggraver son malheur. Mieux valait qu'il la traitât durement elle-même que de savoir sa femme coupable.

— Je vous obéis, mon bon oncle... Je me retire, dit-elle en pleurant... Pour tout au monde je voudrais ; vous épargner un chagrin... Ma conscience est tranquille ; je n'ai manqué en rien à mon devoir... Pardonnez-moi ! Embrassez-moi !...

Elle s'avançait vers lui ; mais il la repoussa avec une sorte de brutalité :

— Non ! non ! Laissez-moi... Vous êtes indigne de notre affection... Je rougis de voir en vous la fille de mon frère... Allez-vous-en !

Elle sortit, suffoquée par les larmes, en balbutiant d'une voix étranglée :

— Adieu, mon bon adieu !... Plus tard vous me rendrez justice...

Dès qu'elle eut quitté la chambre, une explication des plus vives eut lieu entre les deux époux. Le comte rendait sa femme responsable de l'entêtement de la jeune fille ; il lui reprochait de n'avoir pas veillé sur elle, de n'avoir pas su empêcher une correspondance secrète qu'elle avait renouée sans doute depuis son retour à l'hôtel, avec son ancien voisin de la rue de Lancry.

Mme de La Guyon haussa les épaules, affirma que le danger n'était plus de ce côté, qu'il était à l'hôtel même dans la personne du jeune secrétaire, avec qui Régine avait échangé parfois des regards d'intelligence. Elle insistait pour que Gilbert Martin tût immédiatement chassé. Mais le comte s'y opposa énergiquement.. Il avait besoin que la mesure de rigueur prise envers sa nièce eût ostensiblement pour cause une intrigue amoureuse avec Saint-Aubin... On aviserait plus tard en ce qui regardait Gilbert... En attendant, Raoul, en se présentant tout à l'heure, recevrait un congé formel et ne remettrait plus les pieds dans la maison...

Cependant, après la courte visite du vicomte, qui avait été sèchement et irrévocablement éconduit, la journée avait été tout entière employée aux préparatifs du départ de Mlle de La Guyon. Son trousseau était emballé, ses malles étaient faites ; la supérieure du couvent des Oiseaux avait été prévenue, et la comtesse devait, le lendemain matin, reconduire la jeune fille à son ancienne prison.

Régine s'était montrée résignée, calme, presque indifférente. Elle n'était pas sortie de sa chambre où on lui avait monté son dîner.

La comtesse avait fait épier et surveiller elle-même les allures et les démarches de Gilbert sans découvrir rien de suspect. Le jeune secrétaire s'était absenté de l'hôtel tout l'après-midi et, quand il était rentré, son visage n'avait pas trahi la plus légère émotion.

— Me serais-je trompée dans mes conjectures ? commençait à se demander Mme de La Guyon...

Mais, le matin, vers huit heures, elle vit entrer chez elle, toute bouleversée et l'œil hagard, la cameriste de Régine.

— Madame la comtesse ! Madame la comtesse ! oh ! si vous saviez !...

— Qu'avez-vous, ma fille ? Que se passe-t-il ?... Est-ce qu'il serait arrivé malheur au comte ?...

— Ce n'est pas M. le comte... mais mademoiselle...

— Mademoiselle est malade ?...

— Hélas ! non, madame la comtesse !... reprit-elle avec embarras...

— Eh bien ! alors ?... parlerez-vous enfin ?... Qu'y a-t-il ?

Il y a que mademoiselle a disparu... qu'elle est partie cette nuit...

— Partie ! s'écria la comtesse en sautant, en bas de son lit. La petite misérable !...

— Tout à l'heure, en entrant chez elle pour la réveiller et l'habiller, j'ai trouvé sa chambre vide... Le lit n'était pas défait... Nous l'avons cherchée partout inutilement...

Le comte, immédiatement prévenu, monta aussitôt ! dans la petite chambre qu'occupait, au second étage, son jeune secrétaire...

Gilbert n'y était pas... Son lit non plus n'était pas défait... Et pourtant on était sûr qu'il était rentré la veille, à dix heures du soir...

La pièce était en complet désordre. L'armoire et les tiroirs de la commode étaient vides. Gilbert avait opéré le déménagement complet de tous ses effets... Et l'on finit par apprendre que, vers onze heures du soir, il avait fait porter sa malle, par un valet d'écurie, dans une voiture de remise qui stationnait rue de Varenne, à une courte distance de la porte de l'hôtel.

Cet homme avait supposé que le jeune secrétaire partait en voyage, et, comme la plupart des domestiques étaient déjà montés dans leurs chambres respectives, il n'avait eu ni la possibilité ni l'occasion de communiquer à personne ses réflexions, alors même qu'il en aurait fait.

— Eh bien ! que vous avais-je dit ? murmura tristement la comtesse à son mari, quand cette disparition simultanée de Régine et de Gilbert eut été bien et dûment constatée. Avais-je assez bien jugé cette petite hypocrite ?... Vous ne vouliez pas me croire !

— Il est bien temps de récriminer ! Vous auriez mieux fait de l'empêcher de fuir avec son amant !...

Mme de La Guyon ne répondit rien. Elle réfléchissait.

— Imbécile que je suis ! se disait-elle. Voilà ce que j'aurais dû faire moi-même... J'aurais dû fuir avec Raoul !... Pourvu que le comte n'aille pas deviner la vérité ! Cette enfant de vingt ans a plus d'esprit et d'énergie que moi.

— La petite misérable ! reprit le comte avec fureur... Je la renie pour ma nièce. Il est impossible que nous ayons dans la famille un sang aussi vicié !... Je la déshérite ! Je la maudis !

— Vous feriez mieux de courir à la préfecture de police et au parquet et de rattraper la fugitive et son complice !

— Vous avez raison, Germaine !... Je n'aurai pas de peine à les faire arrêter. Leur signalement va être télégraphié à toutes les gares. Ils ne peuvent être bien loin encore... Et moi qui avais pleine confiance dans ce scélérat de Martin !... Ah ! coquin !... je cours à la préfecture. Nous retrouverons bien les traces du ravisseur...

Au moment où il allait sortir un laquais lui apporta une lettre qui venait d'arriver par le courrier du matin. Un seul coup d'œil sur la suscription suffit pour lui faire reconnaître l'écriture de son secrétaire

« Monsieur le comte, lui écrivait Gilbert, pardonnez-moi de quitter votre service si brusquement et presque clandestinement... »

— *Presque !* s'écria M. de La Guyon en interrompant sa lecture. Ce vaurien dépasse les bornes de l'impudence ! à continua :

« Des circonstances toutes personnelles ne m'ont pas permis de vous prévenir ni de prendre congé de vous... Une séparation de ce genre est préférable pour tout le monde, même pour vous... »

— Le bandit ! s'écria le comte, tandis que la comtesse se troublait et pâlissait.

Elle seule pouvait comprendre le sens de ces dernières paroles.

Il avait fallu, en effet, à Gilbert, une forte dose d'honnêteté et de délicatesse pour se défendre contre les avances effrontées de la femme de son maître, qui, ne pouvant, paraît-il, se contenter de ses relations avec le vicomte, avait joué auprès de lui le rôle de Mme Putiphar. Sans oser l'avouer, elle était enchantée de cette fuite qui coupait court à toute explication.

« Nous n'avons, du reste, ajoutait Gilbert en finissant, aucun compte à régler. Vous m'avez payé, il y a quatre ou cinq jours, mon dernier trimestre d'appointements. Nous sommes quittes... »

— *Quittes !* Oh ! que non pas, fourbe ! serpent que j'ai réchauffé dans mon sein...

Le billet se terminait ainsi :

« Veuillez m'excuser. Je ne puis malheureusement vous en dire davantage. Je garderai éternellement le souvenir de la bienveillance que vous m'avez témoignée et des bontés que vous avez eues pour moi... »

— Il m'en récompense bien, le polisson !

« Daignez agréer, avec mes vifs regrets, monsieur le comte, l'hommage de mon profond respect et de ma reconnaissance.

GILBERT MARTIN. »

M. de La Guyon sortit furieux de la chambre de sa femme, monta dans son coupé et se fit conduire à la préfecture de police...

Dès qu'il eut été introduit auprès du préfet et qu'il lui eut raconté l'aventure :

— Très bien, monsieur le comte ! dit froidement le magistrat. Rassurez-vous ; j'aurai bien vite mis le grappin sur vos fugitifs. Mais vous jugerez sans doute plus convenable d'étouffer le scandale ; Mlle votre nièce sera irrévocablement compromise, et peut-être serait-il plus sage, même au prix d'une mésalliance... — Ah nous sommes initiés, par la nature de nos fonctions, à bien des drames de famille ; — peut-être serait-il plus sage de réparer par un mariage l'accroc...

— Un mariage ? Y pensez-vous, monsieur le préfet ? Jamais !... Jamais je ne consentirai...

— Comme il vous plaira... Mais c'est un cas grave... C'est un détournement de mineure... Une affaire de cour d'assises... Et quand vous aurez fait condamner ce jeune homme à deux ans de prison...

— Deux ans de prison, ce n'est pas assez !... Une pareille infamie mérite les travaux forcés à perpétuité.

Le préfet de police sourit légèrement. Il ne pouvait pas deviner que, si l'enlèvement de Régine était un péché véniel, c'était un forfait irrémissible d'avoir rendu impossible la combinaison matrimoniale qui sauvait l'honneur du comte. Ah ! si le ravisseur eût été M. de Saint-Aubin, l'oncle de Mlle de La Guyon n'aurait pas réclamé pour lui les travaux forcés à perpétuité ! Il l'aurait remercié de son rapt comme d'un service, comme d'une bonne action.

Le préfet mit en campagne les plus habiles limiers de la police de sûreté... Le soir même, Gilbert Martin était arrêté chez son père, modeste employé des finances. Il répondit sans trouble aux inspecteurs. Il ne se. cachait pas ; on le trouvait à table avec sa famille...

— Fort bien ! dit l'un des agents. Voilà le tourtereau. Maintenant où est la tourterelle ?

— Quelle tourterelle, monsieur ? demanda Gilbert avec calme.

— Mais la jeune fille, parbleu ! La jeune fille que. vous avez enlevée ce matin ?... Votre maîtresse ?

— Je n'ai pas de maîtresse.

— Mlle de La Guyon !... Allons ! ne jouez pas l'ignorance... Elle doit être cachée, quelque part ici...

— Mlle de La Guyon est la plus honnête et la plus pure des filles...

— Il n'y a aucune femme cachée ici, dit à son tour avec énergie M. Martin père... Vous pouvez vous en assurer... Et je vous jure que mon fils n'est ni l'amant ni le ravisseur de la jeune nièce de son ancien maître...

Une perquisition faite dans toutes les pièces de l'appartement n'amena aucun résultat.

— Eh bien ! c'est que vous l'avez cachée ailleurs, Dans tous les cas, j'ai un mandat d'amener en bonne forme. Jeune homme, suivez-moi... Vous êtes prévenu de détournement de mineure. Vous vous expliquerez à la Permanence, s'il y a lieu.

V

LA CONTAGION DE L'EXEMPLE

La lettre de Gilbert n'était pas la seule qu'eût apportée ce matin-là le facteur. Il y en avait une seconde, adressée, celle-ci, à la comtesse. Mais on avait attendu, pour la lui remettre, que son mari fût sorti de sa chambre.

Dans un ménage de petites gens, de simples bourgeois, deux époux, sauf les cas où des circonstances particulières l'exigent, n'ont pas de secrets l'un pour l'autre, et monsieur ne se gêne pas plus pour décacheter le courrier de madame que madame pour ouvrir le courrier de monsieur. Dans le grand monde, il n'en est point ainsi ; on fait correspondance à part, comme on fait lit à part et domestiques à part.

Dès que le comte fut parti pour la préfecture de police, Germaine reçut des mains de sa femme de chambre un pli dont elle rompit fiévreusement le cachet.

C'était un court billet de Régine, ainsi conçu :

« Madame la comtesse,

L'existence qui m'est faite depuis deux ans était pénible et douloureuse ; elle est devenue intolérable. Placée entre deux alternatives également odieuses, j'ai le droit de reprendre ma liberté et de me soustraire par la fuite à la nouvelle séquestration que l'on veut me faire subir ou à l'infâme mariage que l'on prétend m'imposer et dont *j'aurai la générosité de paraître ignorer la vraie cause.*

Je redeviens pour vous ce que j'ai été pendant les seize premières années de ma vie : une étrangère. Je rentre dans ma pauvreté, en attendant que je sois, dans quelques jours, la femme de l'homme que j'aime, et que je puis, *moi*, aimer sans honte et sans crime.

RÉGINE LAFONTAINE. »

Elle déchira la lettre avec colère et se hâta d'en jeter les morceaux au feu. Il y avait dans ces quelques lignes trop d'insinuations dangereuses pour qu'elle pût avoir la pensée de les communiquer au comte.

Si indignée qu'elle fût du ton méprisant avec lequel sa nièce prenait congé d'elle, elle n'était pas désolée outre mesure de ce départ clandestin qui lui évitait peut-être bien des explications et des complications. Elle supposait que les fugitifs seraient assez habiles pour échapper aux recherches de la police : elle faisait des vœux secrets en leur faveur. Aussi fut-elle fort effrayée quand le comte, à son retour, lui annonça, avec une sorte de joie cruelle, que les fugitifs seraient certainement rejoints et arrêtés dans les vingt-quatre heures. Le préfet et le chef de la sûreté lui en avaient donné l'assurance formelle.

Quand, le lendemain matin, elle sut par une communication de l'autorité, que l'auteur de l'enlèvement était déjà sous les verrous, elle eut un accès de désespoir et se vit perdue. S'efforçant de dissimuler son trouble et son anxiété, persuadée que Régine et son complice ne manqueraient pas, pour se justifier et pour légitimer jusqu'à un certain point leur fugue, de présenter les faits sous leur véritable jour, et n'hésiteraient pas à lever tous les voiles, à la trahir et à la perdre pour se sauver eux-mêmes, elle se demanda si son unique ressource n'était pas de fuir à son tour, d'aller se jeter dans les bras de Raoul, de se faire enlever, et de demander à un sol étranger la sécurité de ses adultères amours...

Scandale pour scandale, ne valait-il pas mieux qu'elle eût au moins le bénéfice d'un déshonneur qui, de toutes façons, allait devenir public et d'un éclat à peu près inévitable ?

Et puis il y avait dans cette aventure un côté romanesque qui la séduisait... Depuis que, à l'inverse de ce qui se passe d'ordinaire, la dévotion avait fait place chez elle à la galanterie, elle était devenue sentimentale à l'excès ; elle tâchait de se rajeunir à force de tendresses juvéniles. Elle regrettait d'être parvenue à l'âge respectable de quarante-deux ans sans avoir été l'héroïne d'un de ces drames émouvants capables d'inspirer les romanciers ; on eût dit qu'elle ne voulait pas mourir sans avoir été enlevée au moins une fois en sa vie. Elle avait soif d'émotions inconnues, de péripéties saisissantes. Elle en venait à jalouser Régine, et à reprocher intérieurement à Saint-Aubin la tiédeur de sa passion, qui n'avait jamais su s'élever jusqu'au rapt.

Quand parfois, dans leurs entrevues nocturnes, alors que son amant était dans sa chambre, dans son lit, et qu'elle le pressait dans ses bras, avec l'ardeur farouche d'une maîtresse insatiable pour qui la volupté n'a plus de secrets et qui lui en demande encore ; quand parfois, dis-je, elle avait exprimé la crainte que son mari ne finît par concevoir de vagues soupçons et que leurs rendez-vous ne devinssent trop périlleux, sinon impossibles, Raoul s'était bien écrié avec une exaltation plus ou moins sincère : « Eh bien ! Germaine, je t'enlèverai, ma chérie ! et nous irons, comme dans la *Favorite*, cacher notre bonheur *dans une autre patrie,* à l'abri des yeux jaloux et des vengeances d'un mari ! » Et cette perspective, loin de l'épouvanter, lui causait involontairement un titillement de plaisir. Aujourd'hui, cette solution devenait une nécessité :

— Le moment est venu ! se dit-elle... Oui, nous n'avons plus à hésiter... Demain peut-être il sera trop tard.

Et, feignant d'aller chez Worth, ce fameux prétexte fait homme et fait tailleur pour dames, munie de tous ses diamants et d'une forte liasse de billets de mille francs, elle renvoya sa voiture, monta dans un fiacre et se rendit haletante à l'entresol de la rue de Lille.

Sans parler à la concierge, et, en évitant autant que possible d'être vue et surtout reconnue, elle se faufila dans le vestibule, monta rapidement l'escalier. Ce n'était pas la première fois qu'elle visitait l'appartement de garçon du vicomte ; elle y avait, jadis, fait plus d'une mystérieuse apparition. Mais depuis longtemps, s'enhardissant peu à peu dans la sécurité de l'adultère, elle avait trouvé plus simple et plus commode de recevoir son amant au domicile conjugal.

Elle sonna trois fois, coup sur coup, pour se faire reconnaître. C'était un signal convenu. Raoul et son valet de chambre étaient ainsi sûrs d'avance qu'ils n'allaient pas avoir à affronter une visite de créancier.

On ne la fit pas attendre une minute. Dès qu'elle eut aperçu la personne qui lui ouvrait la porte, Mme de La Guyon tressaillit, recula de trois pas, craignant de s'être trompée d'étage...

Ce n'était ni Raoul ni son domestique. L'inconnu était un jeune homme fort élégant, de bonnes manières, sous lesquelles perçaient pourtant à première vue une certaine vulgarité et un excès d'aisance de mauvais goût.

— Pardonnez-moi, monsieur, balbutia-t-elle. Je me suis méprise...

— Peut-être que non, madame, répondit-il d'un ton gracieux, en s'inclinant profondément... Le vicomte de Saint-Aubin est sorti ; il va revenir d'un moment à l'autre... Et si c'est lui que vous demandez...

Elle fit un geste d'assentiment...

— Veuillez donc vous donner la peine d'entrer, madame la comtesse... Car c'est bien à Mme de La Guyon que j'ai l'honneur de parler ?...

Elle se troubla, rougit... Mais dès lors qu'elle se voyait reconnue, et, bien que cet étranger, un ami de Raoul sans doute, n'appartînt pas au cercle de ses relations, elle pouvait difficilement songer à se retirer... Il valait mieux se confier à sa discrétion... Quel qu'il fût, ce devait être un homme du monde, et Saint-Aubin avait assez de confiance en lui pour lui laisser la garde de son appartement... Elle franchit la porte sans mot dire, et pénétra dans le salon...

— Vous êtes probablement, monsieur, demanda-t-elle d'une voix timide et quelque peu inquiète, dès qu'elle eut pris place sur le canapé, vous êtes probablement un ami, un parent, un cousin de M. le vicomte ?...

— Mieux que cela, madame la comtesse ! dit-il avec assurance. Je suis pour ce bon Raoul un *alter ergo,* un autre lui-même, un confident de toutes ses joies et de toutes ses douleurs ; un frère, enfin. Et même plus encore... Je suis Hector Lambinot...

La comtesse ne put dissimuler un mouvement de surprise. Jamais Raoul n'avait prononcé ce nom devant elle, et il n'avait pas de frère...

— Ce doit être un. frère de lait ? pensa-t-elle. Et l'on rencontre souvent, chez le fils de la femme du peuple dont on a sucé le sein, un dévouement à toute épreuve.

— Oui, madame la comtesse, reprit-il avec une emphase presque comique, Raoul n'a pas de secrets pour moi... Et c'est ainsi que j'ai deviné tout de suite qui vous êtes et quel motif vous amène.

Et clignant de l'œil d'un air d'intelligence, il ajouta :
— Je suis au courant de tout !

En réalité, le bohème n'était au courant de rien, ne savait rien. Jamais son aristocratique ami et complice ne lui avait dit un mot de son intrigue avec la comtesse. Il était venu précisément pour savoir quelque chose, pour apprendre le résultat de la demande en mariage que devait formuler officiellement le jeune homme. Et, ne l'ayant pas trouvé, il s'était fait remettre la clef par la concierge, disposé à l'attendre jusqu'au soir s'il le fallait.

Cette visiteuse, dans laquelle il avait deviné du premier coup la tante probable de la future vicomtesse, ne pouvait venir plus à propos.

Cependant, laissant Mme de La Guyon en tête à tête avec son bizarre interlocuteur, qui ne faisait pas trop mauvaise figure sous les vêtements empruntés à la garde-robe du vicomte, il nous faut revenir à Gilbert Martin et savoir ce qu'était devenue Régine.

VI

SUR LE PAQUEBOT

Malgré les recommandations faites à tout le personnel de l'hôtel de la rue de Varenne, et le silence absolu que l'on réclame toujours de ses domestiques en pareille circonstance, il va sans dire qu'il avait suffi d'une heure pour répandre dans tout le faubourg Saint-Germain la nouvelle de l'enlèvement.

Dans l'après-midi, c'était le secret de Polichinelle, et les journaux bien informés se disputaient, le soir même, la primeur de ce petit roman en action.

« Un grand scandale dans le monde aristocratique ! lisait-on partout en *Dernière heure*... Une jeune fille, appartenant à l'une des plus nobles familles de France, se serait enfuie cette nuit avec le jeune secrétaire de son père, le comte de * * *. Cet événement faisait l'objet de toutes les conversations dans les couloirs de la Chambre et du Sénat. Par respect pour la douleur et le désespoir des parents, nous nous abstiendrons d'en dire davantage et de citer les noms. La police est sur les traces des fugitifs, qui n'ont sans doute pas encore quitté Paris. Ce drame intime se terminera probablement, comme un simple vaudeville, par un mariage. »

Les feuilles de huit heures rectifiaient certains détails inexacts donnés par leurs confrères de quatre heures, et croyaient pouvoir affirmer que l'héroïne du roman n'était pas la fille, mais seulement la nièce du noble personnage en question, qui appartenait, ajoutait-on, à la fine fleur du parti légitimiste.

On devine que les indiscrétions ne pouvaient en rester là. Une nuée de reporters s'abattirent sur le théâtre de l'aventure, chacun voulant renchérir sur les renseignements de ses camarades. Les uns, plus timides, se contentaient de guetter les *larbins* au moment où ils vont prendre un vermouth chez le mastroquet du coin, ou faire un cent de piquet ou une partie de billard dans un des petits cafés fréquentés spécialement par les gens de maison. D'autres, plus hardis, se risquaient jusque chez le concierge de l'hôtel ou trouvaient le moyen de s'introduire dans l'antichambre ou dans les cuisines, et de délier les langues à l'aide de quelques pièces de cent sous glissées furtivement dans la main d'un valet de chambre ou d'une camériste, ou d'une promesse de billets de théâtre.

L'un d'eux, plus audacieux, et dans l'espoir de dégoter tous ses rivaux, s'avisa de faire passer sa carte à M. de La Guyon et de lui demander un entretien confidentiel pour une *communication de la plus haute importance*. C'était un petit homme à la mine éveillée, à la langue bien pendue, qui n'hésiterait pas, le cas échéant, à pénétrer jusqu'auprès de Dieu le père et de lui tirer les vers du nez, en lui promettant d'être muet comme la tombe. Il se fit fort à lui tout seul de retrouver la fugitive et de la ramener, confuse et repentante. Le comte, dont la première pensée avait été de le faire éconduire, fut tellement séduit par son bagout, qu'il lui raconta toute l'affaire sans même s'en apercevoir, et, au lieu de l'importante comunication qu'il attendait, fournit bénévolement, et à son insu, cent cinquante lignes de *copie* à l'entreprenant roi des reporters.

La police, de son côté, n'était pas fâchée de prouver la rapidité et l'efficacité de ses recherches ; et l'arrestation de Gilbert Martin fut connue de la presse privilégiée quelques instants après avoir été opérée. Aussi, certains journaux du matin, de peur d'être devancés, firent assaut de révélations et ne jugèrent plus nécessaire de les abriter sous le voile prudent des astérisques ou sous les demi-réserves des initiales. Le comte faillit avoir une attaque d'apoplexie et la comtesse une attaque de nerfs, en se voyant imprimés en toutes lettres et livrés en pâture à la malignité publique.

Cette divulgation et la crainte d'indiscrétions ultérieures et plus graves, où elle tremblait de voir son nom joint à celui de son amant, ne contribuèrent pas peu à la résolution qu'avait prise Mme de La Guyon de chercher dans la fuite un refuge contre la fureur de son mari. Et quand l'inconnu qui l'avait reçue dans l'entresol de la rue de Lille avait fait allusion aux secrets de son ami Saint-Aubin, elle n'avait pas douté un instant qu'il ne fût dans la confidence de ses amours. Hector Lambinot, en fait, les ignorait complètement, comme il ignorait les détails fournis par la presse du matin. Sans cesse occupé à chasser la pièce de vingt francs, il n'avait guère le temps de lire les journaux.

Cependant Gilbert Martin, interrogé aussitôt par le chef de la sûreté et par le préfet de police, pressé de questions, prié instamment, puis sommé de faire connaître la retraite de Régine, s'était renfermé dans un mutisme absolu. Il prétendait ne rien savoir, attribuant à une pure coïncidence fortuite son départ et l'escapade de la jeune fille.

— Je puis vous donner ma parole d'honneur, répondit-il avec une assurance qui déroutait les magistrats administratifs, je puis vous jurer sur la tête de mon père et de ma mère que je ne sais pas où est Mlle de La Guyon, et que mes parents sont encore plus ignorants que moi, si c'est possible, à ce sujet.

Il s'exprimait, en tenant ce langage, avec le plus parfait accent de sincérité. Gilbert ne mentait pas.

Vingt-quatre heures plus tard s'embarquait pour Newhawen, sur le paquebot le *Bordeaux*, une famille de quatre personnes : un homme de cinquante et quelques années, une dame vêtue de noir, pâle, amaigrie, qui avait été présentée comme sa femme à l'hôtel Victoria, où ils avaient passé la nuit, et leurs deux enfants, un jeune homme et une jeune fille d'une vingtaine d'années.

Quelques instants avant que le *Bordeaux* levât l'ancre et s'engageât dans l'étroite passe qui fait communiquer l'avant-port avec la haute mer, un commissaire de police était monté à bord du paquebot et avait procédé aux constatations fictives d'identité qui remplacent aujourd'hui la formalité du passeport : constatations dérisoires, qui ne rendent pas plus de services à l'autorité qu'elles ne causent d'inquiétudes à ceux qui ont un intérêt quelconque à se cacher.

L'agent de l'administration écrit sur une feuille de papier tous les noms plus ou moins fantaisistes qu'il plaît aux voyageurs de lui donner, et semble s'acquitter avec ennui de son ingrate besogne ; il sait d'avance que les déclarations sont plus ou moins mensongères et ne paraît attacher à sa mission qu'une importance fort minime.

C'est seulement dans les grandes circonstances, et quand il y a des ordres précis de surveillance venus de Paris, que l'on prend la peine de contrôler un peu les affirmations des passagers et d'examiner leurs visages.

La veille, peut-être, la visite réglementaire eût été plus sévèrement accomplie. Une dépêche, arrivée de Paris, avait signalé un jeune homme et une jeune fille d'une grande famille en rupture de foyer paternel et qu'il importait d'arrêter à tout prix s'ils cherchaient à gagner l'étranger. Un télégramme analogue avait été expédié à tous les ports de la Manche, et à toutes les villes de la frontière.

Mais le commissaire de police de Dieppe, ayant appris par les journaux que l'auteur de l'enlèvement avait été arrêté et que Mlle de La Guyon n'avait pas, selon toutes vraisemblances, quitté Paris, s'était relâché de sa surveillance, et avait jugé inutile de procéder en personne à la revue quotidienne des voyageurs en partance pour l'Angleterre.

Bien que le personnage principal qu'il s'agissait d'atteindre ne fût pas là, et qu'il n'eût été nullement question dans la dépêche ministérielle d'une famille de quatre personnes, peut-être nos quatre fugitifs se fussent-ils trahis par leur trouble, par leur embarras. Fort heureusement pour eux la mer était si mauvaise, ce jour-là, et la santé de la plus âgée des voyageuses si débile, qu'il avait fallu ajourner au lendemain l'embarquement.

Les représentants de l'autorité ne conçurent aucun soupçon sur ces deux vieillards accompagnés de leurs enfants. Dix minutes plus tard, le *Bordeaux* avait quitté Dieppe à toute vapeur, et Régine, qui avait fait des efforts surhumains pour dissimuler ses appréhensions, se jeta en sanglotant dans les bras de son fiancé :

— Francis ! mon bon Francis ! Nous sommes sauvés ! Nous sommes libres !

Et elle tomba presque inanimée sur le pont. La joie et l'émotion l'étouffaient.

La crise n'était pas dangereuse. On ne meurt pas de bonheur. Les soins empressés de Roger, de Raymond et de sa sœur Clotilde l'eurent bientôt rappelée à elle.

Ils restèrent longtemps debout sur le pont se tenant entrelacés et regardant fuir les côtes de France. On a beau n'avoir rien à regretter sur le sol de la patrie ; on a beau avoir, comme Raymond, — ou plutôt Fulbert Lodier, — comme son infortunée sœur, la victime et la justicière du procureur impérial Bluteau ; comme Francis et comme Mlle de La Guyon elle-même, une foule de motifs de le haïr et de le maudire, on éprouve malgré soi un étrange serrement de cœur quand on le quitte, et peut-être pour longtemps, peut-être pour toujours.

Tout à l'heure il leur semblait que le paquebot ne partirait jamais assez vite ; ils avaient hâte de fuir, d'échapper à la fatalité qui les poursuivait depuis si longtemps. Et maintenant ils avaient envie de pleurer et suivaient d'un œil humide cette ligne de falaises qui, bientôt, allait s'effacer à l'horizon !

Et pourtant, à quelles angoisses ne se sentaient-ils pas soustraits désormais. Que de terreurs depuis deux jours !

Au moment où le comte de La Guyon, dans son égoïsme de mari qui voit son honneur menacé, avait mis sa nièce dans l'alternative d'épouser le vicomte de Saint-Aubin ou de retourner au couvent, Régine, avant de s'enfermer dans sa chambre, comme on le lui avait ordonné, s'était rapidement et furtivement glissée jusqu'à la chambre de Gilbert, et avait frappé d'un doigt timide à la porte :

— Monsieur Martin ! s'était-elle écriée, sauvez-moi ! sauvez-moi !

— Que je vous sauve, mademoiselle ! Que se passe-t-il ? Aurait-on surpris les lettres de Francis ? Je vous avais supplié pourtant de les brûler dès que je vous les ai remises et que vous les avez lues.

Régine l'avait mis en deux mots au courant de la situation. Depuis longtemps déjà, le secrétaire du comte, ayant rencontré, par un de ces hasards étranges qui semblent invraisemblables dans un roman, et qui se produisent tous les jours dans la vie réelle, son camarade de collège, Francis Roger, lui avait offert ses bons offices pour correspondre secrètement avec Mlle de La Guyon. Bien que Gilbert fût plus âgé de quelques années que son ancien condisciple de Louis-le-Grand, il avait conservé un sympathique souvenir de leurs relations d'enfance.

Depuis que celle qu'il regardait comme sa fiancée était sortie des Oiseaux, les lettres, auparavant si rares, avaient été plus fréquemment échangées entre les amoureux. Francis attendait qu'il se fût fait une position pour proposer à Régine de partager son sort.

— Allez trouver Francis, lui dit la jeune fille. Il faut que ce soir j'aie abandonné cette maison maudite. Monsieur Gilbert, puis-je compter sur votre amitié, sur votre dévouement ?

— En pouvez-vous douter, mademoiselle ? répondit Gilbert. Ne vous ai-je pas prouvé déjà que j'appartiens corps et âme à vous et à Francis ?

— Brave et loyal coeur ! Je sais combien vous êtes bon. Je sais qu'avant même que vous eussiez renouvelé connaissance avec votre camarade de collège et alors que vous ignoriez le mutuel attachement qui nous unit, je sais que vous étiez ici, en dehors de mon oncle, la seule personne qui me fût sympathique. Quand les vacances faisaient cesser la séquestration du couvent, et : que je ne sortais de ma prison que pour être à peu près gardée à vue dans cet hôtel, je lisais sur votre visage la pitié que vous éprouviez pour la pauvre orpheline. N'est-ce pas par vous enfin, que, pour la première fois, j'ai reçu des nouvelles de mon bien-aimé... Aussi croyez que ma reconnaissance...

— Ne parlez pas de reconnaissance, mademoiselle Régine ! J'ai été trop heureux de pouvoir servir d'intermédiaire entre les deux plus nobles cœurs que je connaisse au monde, entre deux victimes, entre deux martyrs !... Vous rappelez-vous le jour où, profitant de la confiance que l'on avait en moi, ou plutôt du peu d'importance que l'on attachait à un pauvre diable de ma sorte, et qui permettait au comte et à la comtesse de me laisser seul avec vous dans le salon, — on me jugeait si peu dangereux ! — vous rappelez-vous le jour où, m'approchant de vous avec un mystère qui vous effraya d'abord, je vous dis tout bas à l'oreille, tandis que vous étiez au piano, que vous jouiez l'ouverture du *Barbier de Séville,* et que je tournais vos feuillets : « Mademoiselle, prenez ce billet ! »...

— Pourquoi rappelez-vous cela, mon ami ? car je puis vous donner ce nom, n'est-ce pas ? — Je me reprocherai toujours d'avoir été injuste envers vous, de m'être levée avec indignation en vous lançant un regard sévère et en m'écriant : « Retirez-vous, monsieur. Je n'ai que faire de vos billets.... Ce que vous faites là est indigne ! »

— Oui ! Je m'en souviens bien ! Oh ! que vous étiez admirable en parlant ainsi ! Mais je n'oublie pas non plus combien fut court et fugitif ce mouvement de légitime colère...

Régine, au milieu de ses angoisses, ne put s'empêcher de sourire :

— Prenez donc ! me dîtes-vous... Soyez sans crainte. Vous vous êtes méprise sur mon rôle et mes intentions... Prenez donc ! C'est une lettre de Francis !... — Ah ! mademoiselle Régine, j'ai cru que vous alliez vous évanouir de bonheur... Mais ne nous attardons pas à rappeler le passé... C'est du présent qu'il s'agit, et c'est l'avenir qu'il importe de conjurer... Hâtons-nous... Il n'y a pas de temps à perdre...

— Je le crois bien, hélas ! C'est demain matin que l'on me reconduit au couvent, si je ne consens pas à cet odieux mariage...

— Et quel est l'homme que l'on veut vous faire épouser ?

— Un ami de la maison... J'oserais presque dire : un ami de ma tante !... dit-elle avec un geste de mépris... Et je puis ajouter : un de vos amis à vous, car il parait qu'il a été votre condisciple.

Gilbert fit un mouvement.

— Le vicomte de Saint-Aubin ! s'écria-t-il en frémissant... Cet homme, qui passe aux yeux de tous les domestiques pour l'amant de la comtesse !... Cet homme dont j'ai été, à Louis-le-Grand, en effet, le condisciple et le souffre-douleurs, sous le prétexte que je n'étais qu'un pauvre boursier et qu'il était, lui, un gentilhomme ! Oh ! si vous saviez quels trésors de haine j'ai amassés depuis l'enfance contre ce misérable... Il me torturait au collège et il a fallu que la fatalité nous remît en présence dans cet hôtel, où je ne suis qu'un inférieur, un salarié, où il m'écrase de sa supériorité sociale pour se venger de son infériorité intellectuelle... Car, au lycée, il n'était qu'un cancre, et moi j'ai eu le prix d'honneur de rhétorique au concours général.

Gilbert s'interrompit et fit une grimace chagrine :

— Vous voyez que cela ne m'a pas servi à grand'chose, puisque je ne suis rien et que cet imbécile est tout ; puisqu'après m'avoir martyrisé dans mon enfance et mon adolescence, il peut prendre avec moi de grands airs, me traiter presque comme un domestique, m'appeler d'un ton cavalier : « Mon cher », quand moi, je suis obligé de lui donner du : « Monsieur le vicomte » gros comme le bras !... Ah ! mademoiselle, je ne l'ai pas seulement en horreur, ce Saint-Aubin... Le sentiment qu'il m'inspire tient de l'épouvante.... Et pourtant je ne suis pas lâche, je vous le jure !... Moi qui n'ai peur de rien, ni de personne, eh bien ! je ne sais pourquoi j'ai peur de lui...

— Pauvre et cher monsieur Gilbert !...

— Mademoiselle Régine, j'ai trois motifs pour un de devenir contre lui votre allié, votre protecteur, votre défenseur : j'aime Roger, je vous suis dévoué, et j'abhorre le vicomte... Pardonnez-moi de bavarder ainsi... L'heure presse... Rentrez vite dans votre chambre pour n'éveiller aucun soupçon... Ce soir, à onze heures, tenez-vous prête... Votre tante se couche de bonne heure... Glissez-vous jusque chez moi... Nous descendrons par le petit escalier de l'aile gauche... Francis nous attendra dans la rue avec une voiture... Donc, à ce soir, onze heures, mademoiselle !

— A ce soir, mon ami ! répondit la jeune fille en lui serrant la main avec effusion. Je me confierai à la garde de Dieu, de Francis et de vous !

— Dieu ! reprit-il tristement en hochant la tête. J'ignore, mademoiselle, si vous pouvez compter sur lui !... Mais, je vous le jure, et c'est là l'important, vous pouvez compter sur votre fiancé et sur moi ! Ce soir, à onze heures, vous serez libre !

Il avait été trouver Francis et lui communiquer le projet d'enlèvement convenu avec Mlle de La Guyon. Roger s'était bien toujours douté qu'il faudrait, un jour ou l'autre, en arriver à cette solution. La majorité de Régine était encore trop éloignée pour qu'ils eussent l'un et l'autre la patience d'attendre.

Une seule considération l'avait empêché jusqu'alors de proposer à la jeune fille ce moyen suprême : il était pauvre ; et, en dépit de tous ses efforts, il n'avait qu'une position précaire. Le retentissement de son procès et de sa condamnation lui avait fait perdre, bien entendu, l'emploi qu'il occupait à l'usine de Grenelle, dont Fulbert Lodier lui-même n'avait gardé la direction, que parce que les propriétaires auraient pu difficilement remplacer un chimiste de cette valeur, un ancien professeur à la Faculté des sciences, qui avait été sur le point d'entrer à l'Institut. Mais Lodier était parvenu à lui trouver une autre position, lui permettant de vivre et de continuer les études médicales qu'il avait antérieurement commencées, de prendre des inscriptions et de passer ses examens. Le jour où il serait docteur, il n'hésiterait plus à épouser Régine, dût-il recourir à un enlèvement. *Patiens quia æternus !* Les deux jeunes gens pouvaient attendre, puisque leur amour était éternel !

Les circonstances forçaient Francis à fouler aux pieds les scrupules honorables qui l'avaient retenu jusqu'à ce moment. C'était Mlle de La Guyon qui réclamait de lui sa délivrance, qui se donnait à lui. Comment aurait-il hésité ? et ce fut seulement pour la forme qu'il alla consulter son maître et son ami, Fulbert Lodier, qui, bien loin de le détourner d'une résolution si grosse de périls, lui offrit son concours et son appui.

Il fut décidé que le jeune homme conduirait sa fiancée chez M. Lodier, sous la garde de Mlle Clotilde, qui, sortie depuis longtemps de l'asile d'aliénés, vivait avec son frère, et qu'ils partiraient ensemble pour l'Angleterre, où, par une heureuse coïncidence, une importante affaire industrielle appelait le chimiste, pour le compte de sa maison.

Une fois là, le mariage célébré, avec les facilités que fournissent la loi et les usages britanniques, on aviserait à fléchir le comte et la comtesse de La Guyon, si toutefois ils ne reculaient pas devant le scandale, désormais inutile, d'une dénonciation en détournement de mineure.

Nous avons vu que le plan avait admirablement réussi. Quelques heures après leur embarquement à Dieppe, Fulbert, Clotilde et les deux amoureux arrivaient à Londres et descendaient à l'hôtel Morley, dans Trafalgar-square.

Selon la loi britannique, deux jeunes gens, sans consentement paternel ou maternel, sans formalités préalables, sans papiers authentiques, sans actes de naissance, sans témoins, sans publications, sans aucun de ces obstacles qui se dressent chez nous sur le chemin des amoureux, peuvent contracter mariage devant un ministre ou un prêtre quelconque.

Il suffit de se procurer, moyennant une faible somme, ce que l'on appelle une *licence,* chez le *registrar* — officier de l'état civil — du district. C'est une simple mesure fiscale. Il faut payer une licence pour prendre une femme, comme pour avoir une voiture ou un cheval, ou pour ouvrir un café ou un bal public. Seulement, il est infiniment plus difficile de devenir *mastroquet* — *publican,* en anglais — que de devenir époux. Les conditions d'âge même sont très larges. La femme est apte au mariage à douze ans et l'homme à quatorze.

Il y a pourtant une petite restriction. L'obtention de la *licence* exige un séjour de vingt et un jours dans la localité où l'union doit être célébrée. Du reste, nulle constatation d'identité, et l'on peut, à la rigueur, se marier sous un faux nom, sans que le contrat cesse d'être valide. La permission du *registrar* n'est même pas absolument indispensable ; et un clergyman quelconque peut unir deux époux valablement en l'absence de toute licence. C'est, en somme, la liberté illimitée de l'amour ; les conventions matrimoniales sont assimilées à tous les autres contrats, avec cette différence qu'il n'est pas nécessaire d'être majeur pour contracter.

Francis et Régine, qui tenaient à se marier dans les formes, n'avaient donc qu'à rester trois semaines à l'hôtel Morley, et à se présenter le lendemain devant un prêtre catholique. Quoi qu'il pût arriver en France, quelques procès en nullité que pussent introduire les parents de Mlle de La Guyon, ils étaient à tout jamais unis aux yeux de la loi anglaise. Nul peut-être de ce côté-ci de la Manche, et devant la justice française, leur mariage était bon de l'autre côté et sur le sol britannique.

— Si le comte ne nous accorde pas notre pardon, disait Roger à sa fiancée, s'il ne se résigne pas au fait accompli, eh bien, ma Régine chérie, nous en serons quittes pour nous établir définitivement en Angleterre.

— Rassurez-vous, mademoiselle, ajouta Fulbert Lodier : quoi qu'il puisse arriver et quoi que puisse faire votre oncle et tuteur, votre situation sera régulière. Vos enfants ne seront pas bâtards.

VII

RÉVÉLATION IMPRÉVUE

En gardant la plus grande réserve et ne répondant que par des monosyllabes et des dénégations banales aux interrogatoires de la police, Gilbert Martin avait eu pour but de gagner du temps et de permettre à ses amis de gagner l'Angleterre sans encombre. Dès qu'il les supposerait en sûreté, il ne comptait plus faire la moindre difficulté pour dire toute la vérité.

Certes, il était possible, probable même, si M. de La Guyon avait la malheureuse inspiration de déposer une plainte en détournement de mineure, qu'il serait inculpé de complicité dans le rapt. Dans tous les cas, l'affaire ne serait pas bien grave, et sa part de responsabilité était minime. Dût-il faire quelques mois de prison il se consolerait en pensant que Francis était heureux ! L'idée ne lui venait même pas de persister à décliner, à nier toute participation à la fuite de la jeune fille. Il était bien trop fier de l'avoir facilitée, d'y avoir puissamment aidé, et de se venger ainsi du vicomte de Saint-Aubin, son ennemi d'enfance, et de la comtesse, dont il avait repoussé les avances amoureuses !

D'ailleurs, Mme de La Guyon n'userait-elle pas de toute son influence auprès de son mari pour le décider à éviter un scandale qui risquerait de retomber sur elle ? N'avait-elle pas à redouter plus d'une révélation fâcheuse ?

L'ancien secrétaire du comte était donc assez rassuré sur l'issue finale du drame où il ne jouait momentanément le principal rôle que pour mieux protéger les véritables acteurs.

Par malheur, il avait compté sans un épouvantable imprévu.

Dans son premier interrogatoire devant le juge d'instruction, comme dans ses réponses aux questions du préfet de police et du chef de la sûreté, il était encore resté muet. Il s'était borné à affirmer sur son honneur qu'il n'avait point enlevé Mlle de La Guyon, qu'il ne lui avait jamais fait la cour, qu'il n'était pas plus aimé d'elle qu'il n'avait cherché à l'être, et qu'enfin il ignorait où elle était réfugiée depuis son départ furtif.

Au bout de trois jours, appelé de nouveau au Palais de justice, et moralement convaincu que les quatre voyageurs avaient dû franchir la frontière, comme cela avait été convenu, il était disposé, le cas échéant, à dire la vérité.

Après quelques questions préliminaires, qui lui donnaient implicitement la preuve que l'on ne savait rien, et que les fugitifs n'avaient été ni arrêtés ni reconnus, le juge d'instruction lui demanda tout à coup, en le regardant de travers :

— Dites-moi, Martin : vous avez des antécédents judiciaires ?

— Des antécédents judiciaires ! répéta-t-il d'un air étonné... Pardonnez-moi, monsieur le juge d'instruction, mais je ne comprends pas la question que vous me faites l'honneur de m'adresser.

Le juge haussa les épaules.

— Allons ! ne faites donc pas l'innocent et l'ignorant ! Ne jouez pas la candeur...

— Je ne joue rien du tout, monsieur...

— Bref, je vous demande si vous avez déjà été condamné ?

— Moi ! dit-il tout ébahi... Jamais !... Naturellement !

— Comment naturellement ?... Vous prétendez que vous n'avez jamais eu maille à partir avec la justice ?

— Et je vous réponds de nouveau, comme je vous ai déjà répondu, monsieur : Non !... Cette question est sans doute une formalité qui rentre dans le cadre de vos fonctions ?

— Ah ! ah !... Eh bien, Martin, reprit le juge d'un air malin, j'ai là votre casier judiciaire...

— Mon... casier... judiciaire ? balbutia Gilbert en ouvrant de grands yeux.

— Oui, votre casier judiciaire ! répéta le juge d'instruction en appuyant sur les mots et en examinant l'effet qu'ils produisaient sur la physionomie du prisonnier,

Les traits de celui-ci ne trahissaient aucune espèce d'émotion ni de trouble et n'exprimaient qu'un véritable ahurissement... Il ne comprenait pas où on voulait en venir.

Ce calme et cette sérénité n'étaient pour le magistrat qu'un excès d'effronterie :

— Ce garçon-là, avec sa mine honnête, est plus fort que je ne supposais, pensait-il... C'est décidément un malfaiteur des plus dangereux !

Et lui montrant du doigt le dossier révélateur :

— Allons, Martin, vous voyez bien qu'il est parfaitement inutile de nier !

— De nier quoi, monsieur ? répondit-il avec simplicité...

— Vous compliquez et vous aggravez votre situation... Vous feriez mieux d'avouer !...

L'impatience commençait à gagner Gilbert.

— Mais d'avouer quoi, monsieur ? s'écria-t-il en faisant un geste qui accusait un véritable agacement.

— Ne prenez donc pas de ces airs-là avec la justice de votre pays, prévenu ! dit le juge d'un ton sévère. Et ne manquez pas de respect à un magistrat dans l'exercice de ses fonctions ! Ce serait un délit de plus...

— J'ai toute la vénération possible pour *la justice de mon pays,* comme vous dites, monsieur le juge d'instruction... Mais je ne puis pourtant pas avouer que j'ai séduit, enlevé, détourné une jeune fille, quand je n'ai séduit personne...

— Pardon, pardon ! Vous éludez la question... Il ne s'agissait pas pour l'instant du délit qui a motivé votre arrestation, mais de vos antécédents.

— Quels antécédents ?... C'est insupportable à la fin ! Et je ne suis pas ici pour deviner des rébus ! Je ne sais pas, monsieur, ce que vous voulez dire et de quoi vous voulez parler.

— Ah ! vous ne savez pas ? répliqua en ricanant le magistrat ; eh bien, je vais vous l'apprendre... Vous avez à purger une condamnation par défaut à deux ans de prison pour escroquerie, prononcée, il y a seize mois, par le tribunal correctionnel de Nice !...

Gilbert bondit sur sa chaise :

— Vous men...

Il allait dire : Vous mentez ! Mais il eut assez d'énergie pour se contenir...

— Vous vous trompez, monsieur ! dit-il... C'est faux ! c'est faux ! c'est archifaux !... Moi, un escroc ! Vous ne voyez donc pas que c'est absurde...

— Ce qui est absurde, monsieur Gilbert Martin, ce sont vos dénégations... Si vous prétendez ignorer la condamnation qui vous a frappé, vous n'ignorez pas, au moins, les poursuites dont vous avez été l'objet ; car c'est à la suite d'un mandat de comparution, que vous avez jugé prudent de prendre la fuite, au lieu de vous rendre à l'appel des magistrats... Il a été constaté que ce mandat vous avait été remis en mains propres.

Martin laissa tomber ses bras et s'affaissa sur sa chaise, sans pouvoir articuler un mot...

— Vous le voyez ! L'évidence vous écrase... Vous pâlissez ! Vous êtes muet, maintenant...

— Si je suis muet, monsieur, c'est d'étonnement, c'est d'indignation, c'est de rage !... Voyons, monsieur, ce n'est pas sérieusement que vous me dites cela !... Ou bien il y a une méprise, une déplorable erreur ? Vous êtes trompé peut-être par une similitude de noms... Enfin je ne sais pas, moi !... Ce que je sais bien, c'est que je n'ai même jamais mis les pieds dans la ville de Nice !...

— Bah ! bah ! C'est ce que l'on verra plus tard... Direz-vous aussi que vous ne connaissez pas le complice qui, moins heureux que vous, n'a pas réussi à s'échapper et qui a été condamné contradictoirement, lui, à six mois de prison ?...

— Tiens ! il paraît que j'ai des complices ! s'écria Gilbert avec un sourire saccadé, et en reprenant un peu son sang-froid... Mais c'est une fantasmagorie que tout cela !...

— Votre coaccusé et cocondamné dans cette affaire, le nommé Hector Lambinot, est-il également un personnage fantasmagorique ?

— Hector Lambinot ? murmura le jeune homme en portant la main à son front, comme pour interroger ses souvenirs...

— Eh bien ! La mémoire vous revient-elle, monsieur Martin ? Hector Lambinot est-il un mythe ?... Croyez-moi, soyez franc ! Cela vaudra mieux pour vous !

— Hector Lambinot ? répétait-il machinalement, Hector Lambinot !

— Oui, Hector Lambinot, avec qui vous avez organisé les manœuvres frauduleuses qui ont motivé votre condamnation...

— Encore une fois, monsieur, il n'y a pas de condamnation, et je n'ai jamais été à Nice...

Il s'exprimait avec une force et une apparente sincérité qui auraient ébranlé tout autre homme qu'un fabricant patenté de condamnations toutes faite sou sur mesure. Il se demandait ce que cela signifiait, et ce que venait faire ce nom d'Hector Lambinot...

— Enfin, c'est votre système ! On l'examinera quand votre procès reviendra sur opposition... Car vous avez le droit de faire opposition, puisqu'il s'agit d'un jugement par défaut...

— Défaut ! Opposition ! Je n'ai nulle opposition à faire à une chose qui n'existe pas...

— Bref, vous soutenez n'avoir jamais connu un nommé Hector Lambinot ?

— Je ne vous dis pas cela, monsieur ?...

— Ah ! ah ! vous entrez dans la voie des aveux... Persistez-y donc et allez jusqu'au bout... Vous ne reniez plus votre complice ?

Je n'ai pas eu de complice, puisque je n'ai commis aucun méfait... Je n'ai personne à renier... Hector Lambinot ! J'ai eu, en effet, un camarade de collège portant ce nom.

— A la bonne heure !... Nous y voilà !... C'est déjà un pas de fait !... Encore un petit effort, et vous vous souviendrez...

— Laissez-moi achever, je vous prie, monsieur le juge d'instruction. Ce jeune homme, je l'ai entièrement perdu de vue depuis de longues années... Je crois même que je ne le reconnaîtrais pas dans la rue...

— Il vous reconnaîtra sans doute, lui, si on peut mettre la main dessus ! dit le juge en hochant la tête d'un air sceptique. Me croyez-vous donc assez naïf pour être dupé de vos protestations ? Tous les filous, tous les escrocs qui comparaissent devant nous tiennent le même langage et se présentent comme de petits saints...

Martin se leva, suffoqué par la fureur sourde qu'il avait pu dominer jusqu'alors...

— Asseyez-vous ! asseyez-vous !...

— Apprenez, monsieur, que je ne suis ni plus filou ni plus escroc que vous !... C'est indigne, à la fin !... Mais renseignez-vous donc ! Demandez à M. le comte de La Guyon si je ne suis pas un honnête homme. Je suis aussi honnête que vous, monsieur !... Oh ! j'étouffe ! C'est une infamie !... C'est une infamie !

VIII

HECTOR LAMBINOT

Tandis que le juge d'instruction, en face de l'exaltation du prévenu et de la violence de ses paroles, et de ses injures que le greffier avait minutieusement enregistrées dans son procès-verbal, met fin à l'interrogatoire et fait reconduire en prison celui qu'il regarde comme un des pires récidivistes qui ait jamais comparu devant lui, revenons un peu en arrière ; retournons à la rue de Lille, à l'entresol du vicomte, où nous avions laissé Mme de La Guyon en tête à tête avec l'*alter ego,* le confident intime, le *frère* — comme il s'était qualifié lui-même — de M. de Saint-Aubin-des-Bois.

« Je suis au courant de tout... Je sais ce qui vous amène ! » lui avait-il dit avec un sourire significatif et un ton de mystère et de sympathie qui ne pouvaient manquer de dissiper toute défiance.

Pour qu'un gentilhomme confie à un ami ou à un parent un secret d'une nature aussi délicate qu'une intrigue avec une femme mariée, il faut qu'il soit bien sûr de son affection, de sa discrétion et de son dévouement.

Aussi, après un moment de silence, la glace fut-elle bientôt rompue entre la grande dame et le bohème, dont le concours et les services pouvaient lui être, ainsi qu'à son amant, d'une véritable utilité dans les circonstances actuelles, et assurer le succès de l'équipée qu'elle méditait...

Hector Lambinot, de peur de risquer quelque parole imprudente, se taisait ; il attendait que la visiteuse, qui feuilletait distraitement les volumes illustrés dont la table du salon était couverte, daignât lui adresser la parole.

— Il ne revient pas ! murmura-t-elle avec une visible impatience et une inquiétude singulière... Il ne revient pas !

— Vous trouvez le temps long, madame la comtesse ? répondit-il... Veuillez patienter quelques minutes... J'espère qu'il ne tardera pas à rentrer.

— Si le temps me paraît long ! fit-elle enjoignant les mains en signe de détresse... C'est-à-dire que les minutes me paraissent des siècles !

Hector restait bouche béante en présence de cette hyperbole étrange, dont il ne pouvait s'expliquer la raison d'être ; et son visage trahit malgré lui sa stupéfaction...

— Oui, je m'impatiente ! Et vous devez comprendre mes angoisses, vous, monsieur... Monsieur ?... Voulez-vous me rappeler votre nom ?

— Hector Lambinot, madame la comtesse.

— Vous devez comprendre mon anxiété, mon désespoir, monsieur Lambinot, puisque vous êtes au courant de tout, et que je ne puis rien vous cacher...

— Oh ! certainement ! répondit-il à tout hasard avec émotion.

Et il murmurait à part lui :

— Le diable m'emporte si je sais ce qu'elle veut dire !... Ah ! ça, mais, ça ne marche donc pas comme sur des roulettes, le mariage ? C'est égal, gardons-nous à carreau ! Prenons garde de faire des boulettes et de lâcher quelque sottise.

Nouveau temps d'arrêt. La comtesse regardait la pendule, se levait, marchait avec agitation, se rasseyait, se levait de nouveau... Elle ne pouvait tenir en place...

Le vicomte ne revenait toujours pas !

— Il faut pourtant que je le voie ! reprit-elle. Il faut absolument que je me concerte avec lui !... Nous avons à prendre, sans délai, une détermination suprême !... La situation ne peut pas être plus critique. Si nous n'avisons pas immédiatement...

— Hélas, oui, madame la comtesse... La situation est tellement critique que... comme me le disait Raoul, ce matin... elle ne peut pas être plus critique... et qu'il n'est que temps d'aviser...

— Il vous disait cela, monsieur ? interrompit-elle avec joie... Je suis sûre qu'il a eu la même pensée que moi !... Et il ne vient pas !... Demain peut-être, il serait trop tard... Tout serait perdu !...

— Oh ! à coup sûr, demain, il pourrait être trop tard... C'est exactement ce qu'il me disait encore ce matin... Ce bon Raoul ! Ah ! madame la comtesse, vous ne vous imaginerez jamais toute l'ardeur, toute la violence de sa passion pour...

Il allait ajouter : « pour Mlle votre nièce. » Mme de La Guyon lui épargna cet impair en l'interrompant vivement :

— Si monsieur ! Je sais combien il m'aime !... Combien il m'adore.

Hector faillit tomber de son haut à cette révélation inattendue, qui le remettait tout à coup sur la bonne piste.

— Fichtre ! pensa-t-il... j'allais tout gâter... Oh ! mais c'est infiniment plus corsé, plus compliqué que je ne supposais !... Tiens ! tiens !... Je commence à comprendre... Ah ! monsieur le cachotier, vous ne nous aviez pas raconté cette bonne fortune... Ah ! vous avez pour maîtresse une femme du monde, et vous ne m'en dites rien !

— Je sais qu'il est prêt à tout sacrifier pour moi, comme j'ai tout sacrifié pour lui !... reprit la comtesse. Mais je suis heureuse de vous l'entendre dire..., monsieur Lambinot ; donnez-moi votre main. Je veux la presser comme celle d'un ami... Vous serez mon ami, n'est-ce pas ?

— Je le suis déjà, madame la comtesse... Et mon dévouement...

— Merci ! Merci, cher monsieur ! Vous nous aiderez, n'est-il pas vrai !

— De tous mes efforts... Je suis, corps et âme, à vous et à Raoul...

— Vous faciliterez notre fuite !

— Ah bah ! Il s'agit de fuir ? se dit Hector... Voilà pourquoi le vicomte est devenu invisible pour moi !... Tu ne m'échapperas pas comme cela, mon gaillard ! Voilà qui fait parfaitement mon affaire... Je les accompagne. C'est convenu. Puisque la comtesse l'enlève, elle m'enlèvera avec lui... Quand il y en a pour un, il y en a pour deux... Et je puis m'écrier, comme dans *Hernani,* en remplaçant un s par un *f :*

De ta *faite,* ô Raoul, de ta *fuite,* j'en suis !

Il était si absorbé dans ses réflexions qu'il oubliait de répondre à la question de la comtesse :

— Vous ne répondez pas, monsieur ? Vous paraissez rêveur... Est-ce que vous hésiteriez ?... Blâmeriez-vous ma résolution ?...

— Pardonnez-moi, madame la comtesse... J'étais préoccupé précisément des moyens de faciliter votre départ... je méditais un plan... Je vous le répète, je vous suis acquis corps et âme...

— Alors Raoul avait sans doute songé aussi à cette résolution, n'est-ce pas ? Nos deux esprits s'étaient rencontrés comme nos deux cœurs.

— Oui, il est encore plus énergiquement décidé que vous-même...

— C'est la seule solution possible, la seule ressource qui nous reste en face des éventualités terribles qui se dressent devant nous...

Hector se mordait les lèvres pour tâcher de deviner à quoi elle pouvait bien faire allusion... Probablement que le comte avait tout appris...

— Oui, certes, répéta-t-il, en face des éventualités terribles que...

— Que vont faire surgir et cette arrestation, et ce procès, et les révélations qui peuvent à chaque instant ouvrir les yeux à mon mari...

Cette fois-ci, Hector n'y était plus du tout ! Il ouvrait de grands yeux, restait comme hébété :

— Qu'est-ce qu'elle me chante là ? se murmura-t-il. Quel procès ? Quelles révélations ? Quelle arrestation ?... Pourvu que ce ne soit pas moi qu'il s'agisse d'arrêter ? Bigre ! bigre !...

Moins il comprenait le langage de son interlocutrice, et plus il lui importait de ne pas trahir son ignorance par quelques paroles maladroites.

Il en était donc réduit à paraphraser ce qu'on lui disait, et à tâcher d'apprendre de la comtesse, sans qu'elle s'en doutât, tout ce qu'il avait besoin de savoir, avant l'arrivée du vicomte.

Celui-ci ne rentrait toujours pas, et l'impatience de Mme de La Guyon s'augmentait à chaque instant.

— Il est indispensable, n'est-ce pas ? que nous partions cette nuit, et que, lorsque mon mari s'apercevra de ma disparition, nous ayons déjà gagné la frontière. Une fois à l'étranger, nous n'aurons plus rien à redouter, et nous pourrons aisément dépister ses recherches...

— Évidemment, j'en suis certain... Le difficile, c'est de parvenir sans encombre jusqu'en Belgique ou en Angleterre.

— La faute commise par ces deux enfants doit nous servir de leçon...

— Quels enfants ? se demandait Hector... L'un est, à coup sûr, Mlle de La Guyon... Mais l'autre ?... Mais son complice ?

— S'ils s'étaient hâtés de prendre le train, au lieu de perdre une nuit et une journée à se promener dans Paris, cet imbécile de Martin n'aurait pas été arrêté...

Lambinot frissonna... Le nom que venait de prononcer la comtesse était un trait de lumière...

— Quel Martin ? pensait-il en devenant pâle et en ne se dissimulant même pas son émotion, quel Martin, sinon Gilbert, le secrétaire du comte ?... Ah ! voilà que les cartes se brouillent !... Et mon pauvre Saint-Aubin fera bien, en effet, de prendre de la poudre d'escampette... Cela se complique, et l'affaire est plus grave encore que je ne pensais... Décidément, elle a raison, cette femme... Et le temps presse beaucoup plus qu'elle ne le croit...

Il reprit.à haute voix :

— Peut-on se faire pincer aussi bêtement ?... On ne se mêle pas d'enlever une jeune fille quand on n'est pas plus malin que ça...

— Et il est probable qu'à l'heure où nous sommes on a mis également la main sur Régine...

— C'est plus que vraisemblable, madame la comtesse... Et Mlle Régine...

— Voyez-vous ce niais de Gilbert !...

— Ah ! c'est donc bien de lui qu'il s'agit ! Je ne me trompais pas ! murmura-t-il avec une inquiétude croissante...

— Ce niais de Gilbert que la police trouve tranquillement attablé chez son père !...

Hector ne l'entendait même plus.. Que lui importait le reste ? Il en savait désormais assez... Son ami le vicomte, sur lequel il comptait pour se remettre à flot et sortir de sa misère, était dans une passe terrible... Ge n'était plus seulement avec la colère d'un mari qu'il aurait à compter...

Une sueur froide lui couvrit le front.

— Pourvu que Raoul, se dit-il, qui doit être mieux renseigné que je ne l'étais moi-même il n'y a qu'un instant, pourvu que Raoul, effrayé du danger qui le menace, ne se soit pas déjà sauvé !... Et moi, qui n'ai pas le sou, qui me promettais si bien de le faire chanter sur une plus large échelle, qu'est-ce que je vais devenir ?... Je vais me trouver sans moyens d'existence, jeté sur le pavé... Et ma petite femme de chambre, à qui j'avais annoncé un prochain héritage et promis des diamants ! Que va dire Agathe ? Elle me regardera comme un affreux farceur, un paltoquet, un hâbleur !... Pauvre Agathe, elle est capable de me lâcher du coup.

La comtesse, après un moment de silence, regarda de nouveau la pendule...

— Je ne puis rester plus longtemps, dit-elle. Pour que le comte ne conçoive aucun soupçon et dorme cette nuit sur les deux oreilles, tandis que nous filerons par le chemin de fer du Nord, il est nécessaire que je sois à la maison pour le dîner... Et ce Raoul qui ne revient pas !

— C'est une fatalité...

— Comment faire ?... Je vous en supplie, monsieur Lambinot, cherchez-le de tous les côtés... Dites-lui qu'il m'attende chez lui, ce soir, à dix heures, et qu'il soit prêt à partir...

— Je vais me mettre en quatre pour le déterrer.

— Trouvez-le, trouvez-le à tout prix, cher monsieur !... Et comptez que ma reconnaissance...

Ce mot de reconnaissance éveilla aussitôt dans l'esprit d'Hector une foule d'idées, de plans, d'espérances vagues. Si Raoul avait disparu, il se retournerait du côté de la comtesse et tâcherait de lui vendre le plus cher possible son silence et sa discrétion.

— Après tout, hasarda-t-il timidement, peut-être le vicomte s'occupe-t-il plus que nous ne croyons des moyens de départ... Qui sait s'il ne court pas après ce qui est le plus utile en pareille circonstance, et ce qui est le nerf de la fuite comme de la guerre, après l'argent ?...

— Oh ! ce n'est pas là un obstacle, dit en souriant Mme de La Guyon.

— Vous en parlez bien à votre aise, vous, madame la comtesse. Mais, vous l'ignorez peut-être, mon bon Raoul est pauvre..

— Je le sais, je le sais f qu'importe ?

— Qu'importe ?... Ah ! madame ; il est beaucoup plus gêné que vous ne le supposez... Je lui suis bien souvent venu en aide, moi ! Ma bourse lui est toujours ouverte... Je partage fraternellement avec lui... Par malheur, si riche que je sois, je ne suis pas pour l'instant très en fonds... Vous savez, madame la comtesse, il y a des heures où les millionnaires eux-mêmes sont embarrassés... J'attends bien de mon intendant une quarantaine de mille francs... Mais je ne les recevrai pas avant trois ou quatre jours...

— Cela ne fait rien, vous dis-je, monsieur.

— Hé ! Cela fait énormément ! Les voyages coûtent cher, surtout quand on est obligé de se cacher...

Et Raoul est littéralement sans le sou...

— Vous pensez bien, cher monsieur, que j'ai tout prévu, et que ce n'est pas une question d'argent qui nous retiendra : Tenez :

Elle fourra sa main dans une large poche, placée sous sa robe ; en tira une énorme liasse de billets de banque, plusieurs rouleaux d'or et quelques écrins.

— Voyez ! dit-elle avec un sourire... Je n'avais rien oublié.

Hector Lambinot eut un éblouissement.

Une pensée horrible venait de s'emparer de lui... N'était-il pas seul avec la comtesse ?... Il était de plus en plus convaincu que le vicomte ne rentrerait pas, que personne ne viendrait le troubler...

— J'ai là pour près de deux cent mille francs de valeurs ! reprit-elle...

Les yeux d'Hector Lambinot s'étaient injectés... Un rictus affreux contracta ses lèvres.

IX

UN DRAME EN CHEMIN DE FER

— Deux cent mille francs ! pensait-il. Mais c'est une fortune pour tout le monde... Et pour moi, qui n'ai même pas en ce moment les cinq sous du Juif-Errant ; pour moi, qui attendais pour dîner ce soir le louis que j'espérais carotter au vicomte, et qui peut-être serai forcé de me serrer le ventre, de me contenter pour toute nourriture de l'absinthe gommée et du londrès que je trouve toujours le moyen de me faire offrir par quelqu'un au café de Madrid... ; pour moi, deux cent mille francs, c'est plus qu'une fortune, c'est le ciel, c'est une éternité de plaisirs, c'est le Walhalla d'Odin et le paradis de Mahomet réunis !...

Il resta quelques secondes dans une espèce de rêverie extatique, se demandant ce qu'il ferait de cette somme quand elle serait en sa possession.

— Deux cent mille francs ! Je ne tirerai donc plus le diable par la queue ! J'en ai assez de cette misérable existence d'expédients, de cette chasse incessante à la pièce d'or, à la pièce de cent sous ou à la pièce de quarante sous ! Je n'exciterai plus la pitié d'Agathe ; elle ne gémira plus sur ma pauvreté, ne me reprochera plus de n'être bon à rien, de ne pas savoir me tirer d'affaire... Je lui ai annoncé un héritage : mon héritage, il est là !... Je lui ai promis des diamants : les diamants, ils sont à ma portée, et je n'aurai pas la peine de les acheter !...

Toutes ces réflexions s'étaient pressées dans sa tête avec une rapidité vertigineuse, tandis que Mme de La Guyon, ne se doutant guère des terribles convoitises qu'elle venait d'éveiller et du danger qu'elle courait, remettait dans sa poche de dessous les écrins, les étuis de cuir renfermant les rouleaux d'or et l'énorme liasse de billets de banque...

Restait la question des voies et moyens. Hector, qui n'était pas méchant au fond, — il n'était que vicieux, paresseux, dépravé — aurait préféré ne pas compliquer le vol d'un assassinat... Mais l'un ne pouvait guère aller sans l'autre... Lui arracher par la ruse ou par la force toutes ces valeurs, et se sauver ensuite, il n'y fallait pas songer. On ne se laisse pas dépouiller ainsi sans crier un peu et même beaucoup, sans ameuter les voisins...

Il y avait bien l'arme et l'argument des lâches : le chantage ; la menace d'aller tout révéler au comte, si l'on n'achetait pas son silence. Mais c'eût été une folie. Tout au plus obtiendrait-il de sa victime intimidée quelques bribes de la somme qu'elle avait sur elle, quelques billets de mille francs... Ce n'était pas une partie, c'était la totalité qu'il lui fallait !...

Il n'y avait pas à dire : il ne pouvait arriver au vol qu'en commençant par le meurtre...

Que faire ?

Il y avait bien, dans la pièce voisine, dans le cabinet de Raoul, une panoplie amplement garnie, et il n'avait que l'embarras du choix. Mais un coup de revolver fait trop de bruit, et un coup de poignard ne réussit pas toujours... Il hésitait.

Bah ! avec une faible femme, qu'avait-il besoin d'armes ? N'était-il pas assez robuste pour avoir raison d'elle avec ses solides poignets ? Le plus simple, le moins compromettant, n'était-il pas de l'étrangler ?...

Grisé par le miroitement de ces deux cent mille francs, qui dansaient devant son imagination une ronde fantastique, aveuglé par la rage de la jouissance, bouleversé par la fièvre de l'or, saisi d'une sorte de criminel délire, ne songeant même pas à ce qui suivrait, aux éventualités qui pouvaient accompagner son forfait ; hors de lui, à demi fou, il allait se précipiter brusquement sur la comtesse, lui broyer la gorge entre dix doigts de fer...

Tout à coup, un violent coup de sonnette se fit entendre, accueilli par une double exclamation de joie chez Mme de La Guyon, de désappointement et de fureur sourde chez Hector Lambinot.

— Le voilà ! le voilà ! s'écria la comtesse. Il n'y a qu'un maître pour sonner ainsi...

— Un maître... ou un créancier ! murmura le bohème ; qui voyait s'évanouir en un instant toutes ses espérances.

Il courut ouvrir. La visiteuse était prudemment, à tout hasard, restée dans le salon, collant son oreille à la serrure...

Cruelle déception ! ce n'était pas le vicomte !...

La voix qu'elle entendit avait un accent germanique des plus prononcés.

Hector avait deviné juste : ce n'était pas le coup de sonnette du maître ; c'était celui du fournisseur venant réclamer impérieusement, avec colère, en homme qui se présente pour la centième fois, le payement de sa petite note...

Scélérat d'Alsacien ! grommela entre ses dents Lambinot. Il ne pouvait venir plus mal à propos !... M. de Bismarck n'aurait-il pas mieux fait de s'annexer cet animal-là !...

Il tâcha de l'éconduire le plus poliment et le plus vite possible. Mais il avait beau lui jurer ses grands dieux que M. le vicomte était sorti, qu'il ne rentrerait que fort avant dans la nuit, et l'engager à revenir le lendemain matin, le maudit tailleur ne voulait pas quitter la place.

Il s'était assis sur la banquette d'antichambre, décidé à attendre vingt-quatre heures, s'il était nécessaire, la rentrée d'un débiteur qui s'était trop longtemps moqué de lui.

Il parlait haut, ne ménageait nullement ses expressions, traitait le vicomte des noms les moins parlementaires. Hector se fâchait à son tour, pressé qu'il était de se débarrasser de l'importun. L'altercation prenait les proportions les plus inquiétantes ; un scandale était imminent ; une lutte allait s'engager...

La comtesse, effrayée, entre-bâilla la porte, appela à demi-voix M. Lambinot :

— Payez donc cet homme, je vous en prie ! dit-elle.

— Je l'aurais déjà fait... Mais je n'ai. pas sur moi les deux mille cent cinquante francs auxquels se monte sa facture... A moins pourtant que je ne coure en hâte chez mon banquier...

— C'est inutile. Tenez, voici deux mille francs déjà... Et elle tirait de son porte-monnaie l'appoint de cent cinquante francs. Mais Hector se chargea de fournir le solde... Il n'était pas à cela près de quelques louis...

Il retourna dans l'antichambre.

— Allons, calmez-vous ! Je vais vous payer ! dit-il à haute voix...

Le créancier se radoucit aussitôt, se frotta les mains ; Hector lui dit à l'oreille :

— Je prends sur moi de vous donner un acompte. Acceptez-vous cinq cents francs à valoir ?... ou vous n'aurez rien du tout.

Un tailleur empoche toujours avec bonheur un acompte de cinq cents francs. Lambinot glissa dans son gilet la différence de mille cinq cents francs, et reconduisit à la porte l'Alsacien...

Ce premier succès avait mis Hector en appétit. Il avait hâte d'achever son œuvre... Qu'est-ce que c'était que quinze cents francs ? Une misère.

— Il me faut le tout ! se disait-il avec un frémissement sauvage... Et je l'aurai, coûte que coûte !

Lambinot avait compté sans l'impatience de la comtesse qui, désespérant de voir arriver Saint-Aubin, préférait rentrer chez elle, où son absence prolongée était, dans les circonstances actuelles, de nature à étonner son mari.

Et puis, peut-être le vicomte lui avait-il écrit ; peut-être, tandis qu'elle était à se morfondre rue de Lille, sa camériste avait-elle à lui remettre secrètement un billet pressant ?

A peine la porte se fut-elle refermée sur le créancier, que Mme de La Guyon se trouva là, juste à point pour la rouvrir...

— Quoi, vous partez, madame la comtesse ? s'écria Hector tout interloqué par ce contretemps, et sans oser toutefois trop insister pour la retenir.

— Il le faut bien ! répondit-elle d'un ton qui ne souffrait pas de réplique. Qui sait si Raoul ne m'a pas écrit, et si, pendant que je suis ici, il ne m'a pas, lui, indiqué un autre rendez-vous ?

— Vous avez raison ! reprit-il en dissimulant sa déception...

— Ne m'avez-vous pas dit, d'ailleurs, que votre ami avait conçu, de son côté, le même projet de fuite ?

— C'est vrai...

— Il est donc probable qu'il a dû m'en aviser...

— C'est presque certain. Seulement, dans son intention, le départ ne devait pas être aussi immédiat, aussi précipité.

— Hé ! cher monsieur, ce n'est pas dans quinze jours, c'est tout de suite que nous devons fuir...

— Évidemment. Je suis tout à fait de votre avis. Aussi je vous promets de me mettre sur-le-champ à sa recherche. Je sais parfaitement où le trouver... Et dans tous les cas, je vous le garantis, vous pourrez prendre le *Rapide* de ce soir...

— Ah ! vous me sauvez la vie, cher monsieur Lambinot ! dit-elle en lui prenant la main et la lui serrant avec force...

Hector ne put retenir un tressaillement. Hélas, ce n'était pas lui, c'était le malencontreux tailleur de Saint-Aubin qui venait de sauver la vie à la grande dame !

— Voyez-vous ! Je suis dans des transes mortelles ! reprit-elle. Quelque chose me dit, une voix intérieure m'avertit que je suis menacée d'une catastrophe... Mes pressentiments ne me trompent jamais... Je suis persuadée que mon mari apprendra tout demain... Et si Raoul ne m'enlève pas ce soir...

— Rassurez-vous ! Et ayez confiance en moi. Je vous jure de tout préparer... Les malles de Raoul seront prêtes, portées à la gare du Nord et enregistrées. J'aurai pris les billets d'avance. Je vous accompagnerai... Trois voyageurs appellent moins l'attention que deux... Un couple amoureux, qui prend la clef des champs, n'a pas l'habitude de mettre un tiers dans l'aventure. Ma présence écartera les soupçons...

— Quel homme ingénieux vous êtes ! Raoul ; lui, manque de présence d'esprit. C'est vous qui serez notre protecteur, notre sauveur...

Hector sourit. Mais si la comtesse l'avait examiné en ce moment-là, elle n'eût pu s'empêcher de remarquer dans ce sourire une expression étrange, diabolique.

— Donc, si vous le voulez bien, madame la comtesse, voici ce qui est convenu et le plan auquel nous nous arrêtons, et que je me charge de faire accepter par Saint-Aubin. Ecoutez-moi bien...

— Je vous écoute.

— Vous sera-t-il possible de quitter secrètement votre hôtel, à dix heures, sans être vue de personne ?

— Oui, par une petite porte du jardin... Raoul la connaît bien... C'est par là qu'il pénétrait chez moi la nuit...

— Je sais, je sais...

Il le savait, en effet, car il avait rôdé depuis la veille autour de la maison, dans l'espoir d'en voir sortir ou d'y voir entrer le vicomte et de connaître le résultat des négociations matrimoniales qu'il entendait bien exploiter.

— Eh bien, madame la comtesse, nous serons là à dix heures avec une voiture... Non pas devant la petite porte... A quelque distance, c'est plus prudent...

— Fort bien... Je prétexterai une migraine, pour me retirer de bonne heure dans ma chambre, que je fermerai en dedans après avoir renvoyé ma femme de chambre... Et je gagnerai le jardin...

— A merveille ! nous serons exacts.

— Eh bien, je vous quitte... Je ne vous dis pas : adieu ; je vous dis : à ce soir !

Elle descendit rapidement l'escalier, alla jusqu'au quai Voltaire, monta dans un fiacre et rentra tranquillement rue de Varenne. Le comte, quand ils se rencontrèrent quelques instants plus tard, dans la salle à manger, ne parut pas plus préoccupé qu'avant sa sortie. Il n'avait reçu dans l'intervalle aucune information nouvelle.

Mme de La Guyon fut bien un peu désappointée de ne pas trouver un seul mot de Raoul ; mais elle le savait si négligent, si dépourvu de résolution et d'énergie, qu'elle ne s'étonna pas trop de son silence...

— Grâce à Dieu ! pensa-t-elle, M. Lambinot est là pour lui remonter le moral ! Ce garçon-là est charmant, plein d'esprit et de sang-froid... Il sera notre bon génie !

Hector, en effet, ne perdit pas une minute. Dès qu'il avait vu son premier plan anéanti par l'intervention fortuite du créancier d'abord, puis par la rapidité avec laquelle la comtesse était sortie du salon, avait traversé l'antichambre et s'était approchée de la porte de l'appartement, il en avait aussitôt imaginé une autre.

— Ah ! celui-ci n'avortera pas ! s'était-il dit : Saint-Aubin doit être aux abois, puisqu'il a appris l'arrestation de l'homme sous le nom duquel il a été condamné comme escroc... Il doit trembler devant une révélation possible, probable, de la vérité... Je le connais, il a la chair de poule... Je ferai de lui ce qu'il mé plaira !

Il se dirigea vers le cercle où le vicomte passait une partie de ses journées et souvent de ses nuits.

— Je suis consigné, dit-il, et il a donné aux laquais les ordres les plus sévères. Aussi je n'insisterai plus pour être introduit auprès de lui. Il vaut mieux, du reste, qu'on ne me voie pas. Je l'attendrai dans uri café, et quand il aura lu les quelques lignes que je lui ferai porter par un commissionnaire, je le défie bien de ne pas se rendre à mon appel !

Il ne s'était pas trompé dans ses prévisions. Raoul s'empressa d'accourir ; il était pâle, défait, bouleversé...

— Que me veux-tu encore ? lui dit-il en colère. As-tu juré de ne pas me laisser un instant de repos, de me persécuter ? T'es-tu juré de me perdre ?... C'est de l'argent que tu veux ? Je n'en ai pas... Si j'en avais, j'aurais déjà quitté Paris et la France...

— Je comprends cela ! L'arrestation de notre ancien copain t'a mis la puce à l'oreille...

— Ce n'est pas lui que je crains ; c'est toi, misérable ! c'est ta langue maudite...

Hector le regarda en souriant, et, au lieu de se fâcher :

— Comme tu me juges mal, comme tu me connais mal, mon pauvre ami !... Voilà que tu m'injuries, au moment même où je viens te rendre un immense service.

— Un service ! répéta l'autre d'un air défiant.

— Oui, un service, et même deux, et même trois !... J'ai tenu à te prévenir d'abord que tu n'as que le temps de filer... sans quoi tu seras coffré demain...

— Tu m'as dénoncé, scélérat !... Il n'y a que toi qui saches...

Hector l'interrompit en haussant les épaules.

— De plus, à t'informer que le comte n'ignore plus que tu es l'amant de sa femme... Tu vois si je suis bien renseigné... Pars donc par le train de huit heures ; tu as encore le temps...

— Partir ?... Je n'ai pas le sou... Un de mes amis du cercle m'en a promis pour ce soir...

— Bah ! il ne tiendra pas sa promesse... Écoute-moi : Tu m'as donné, il y a deux jours, ton dernier louis... eh bien ! je ne suis ni un ingrat ni un mauvais camarade...

Il tira de sa poche un billet de banque :

— Tiens ! voici un billet de cinq cents francs ! Pars ! je t'accompagne au chemin de fer...

Raoul le regardait avec stupéfaction.

— Hector, dit-il en le regardant de travers. Tu es bien riche ce soir ?... Tu dois avoir fait un mauvais coup...

— Que t'importe ? Prends donc ces cinq cents francs et pars... Rassure-toi, d'ailleurs. Cette somme est bien à moi ; je ne l'ai pas volée, je te l'affirme... Je n'ai pas fait de mauvais coup, puisque tu n'étais pas là pour faire de moi ton instrument...

Raoul restait inquiet et sceptique. La générosité inattendue de son ancien compagnon lui semblait suspecte.

— Quel intérêt peux-tu avoir à m'éloigner ? Tant de bonté n'est pas naturelle. Cela me paraît louche... Je reste !...

— Imbécile !... Comme il te plaira... seulement, tant pis pour vous monsieur... *Gilbert Martin* — et il appuyait ironiquement sur ce nom — tant pis pour vous si la justice, un peu curieuse par tempérament, vous invite à justifier du faux état civil dont vous vous étiez affublé à Nice.

— Canaille, tu veux donc me trahir ?...

— Moi ? pas le moins du monde, puisque je songeais à te soustraire à une arrestation imminente.

— Mais il n'y a absolument que toi qui connaisses cette histoire...

— Tu es fou ! T'imagines-tu que l'homme dont tu as volé le nom, pour commettre impunément des escroqueries... ?

— Dont tu as profité, dis donc ?

— C'est possible ; ce qui n'empêche pas que j'aie tout seul payé les pots cassés et fait six mois de prison, pendant que tu te baladais et que tu en étais quitte pour redevenir un vicomte immaculé... T'imagines-tu, te disais-je, que le secrétaire du comte de La Guyon acceptera, sans regimber, le joli casier judiciaire dont tu l'as gratifié à son insu ?

— Qui pourra songer à m'accuser, moi plutôt qu'un autre ?

— N'es-tu pas l'ancien camarade de collège de Gilbert ?... Et puis d'ailleurs, c'est à moi qu'on s'adressera tout d'abord pour avoir des renseignements. N'ai-je pas été condamné avec le faux Martin ? Que répondrai-je ? Espères-tu que je passerai bénévolemment en cour d'assises, sous l'accusation de faux témoignage, pour t'être agréable ?

Saint-Aubin n'avait rien à répliquer à cet argument. Il sentait bien que Lambinot ne se sacrifierait pas pour lui...

— Crois-moi, reprit Hector, ne perds pas une minute. Pour toi, comme pour moi, il est indispensable que tu partes...

Il lui fit comprendre qu'il n'était même pas prudent pour lui de rentrer à son domicile, où il risquait d'être guetté par le comte. Il prit la peine d'aller préparer sa malle, de le conduire à la gare, de lui prendre son billet et de l'introduire furtivement dans la salle d'attente. Quelques instants plus tard, le vicomte de Saint-Aubin-des-Bois était en route pour Bruxelles.

Lambinot, qui, profitant de l'ascendant que les circonstances lui donnaient sur son ami, s'était fait autoriser à disposer à sa guise de son appartement, — afin d'être en mesure, au besoin, d'avoir raison des défiances du concierge, — Lambinot retourna à l'entresol, empila dans des caisses, portant le nom et l'adresse de son ami, ce qui restait d'effets et de linge, fit charger le tout sur une voiture, dans laquelle il se rendit à l'endroit convenu avec Mme de La Guyon, et attendit...

Au bout d'un quart d'heure, une femme soigneusement voilée, et enveloppée d'une pelisse de fourrures, sortit par la petite porte du jardin de l'hôtel de La Guyon, regarda à droite et à gauche, dans la ruelle solitaire, et se dirigea vers le fiacre qu'elle apercevait à une cinquantaine de pas...

Hector ouvrit la portière, descendit et fit monter la comtesse...

— Et Raoul ? dit-elle, fort étonnée de ne pas apercevoir son amant.

— Venez ! venez ! murmura-t-it à voix basse... Nous avons dû modifier notre plan... Je vous expliquerai cela...

Et s'adressant au cocher :

— A la gare du Nord !... Brûlez le pavé ! Cent sous de pourboire !

L'automédon ne se le fit pas dire deux fois et fouetta ses chevaux...

— Oui, madame la comtesse, nous avons réfléchi ! En pareille matière on ne saurait s'entourer de trop de précautions...

— Sans doute ! Raoul, alors, nous retrouvera à la gare ?

— Non ! il faut prévoir toutes les éventualités... Vous n'ignorez pas que Saint-Aubin est pourchassé par une légion de créanciers...

— J'en ai la preuve, hélas ! dit-elle en soupirant... Et cet affreux tailleur...

— Eh bien, après le tailleur, que le diable confonde, il est venu un bottier... Cela n'en finit jamais !... Il était à craindre que cet homme ne s'installât sous la porte cochère ou dans la rue, ne suivît mon ami à la gare et ne fît un scandale... ! Comprenez-vous ?

— Oui, je comprends ! balbutia-t-elle. Mais où est Raoul ?

— Voilà ! Nous avons décidé qu'il prendrait les devants, qu'il irait nous attendre à Amiens... Il est parti par le train de huit heures, sans bagages... Moi, j'ai pu, sans éveiller l'attention, faire sortir et charger les malles... Je n'ai pas de créanciers, moi !... Je puis aller et venir, voyager à ma guise, sans être troublé ni entravé... Je suis indépendant et riche, moi !...

Bien qu'un peu contrariée de ne pas être accompagnée de son amant, la comtesse ne pouvait concevoir aucun soupçon. Elle était reconnaissante du zèle, des soins empressés et du dévouement de ce brave jeune homme.

Contrairement à ce qu'il avait médité, il n'avait pas eu le temps de prendre les billets et de faire enregistrer d'avance les bagages... Comme il y avait ce soir-là fort peu de voyageurs, il jugea inutile de retenir un coupé, et plus prudent de s'installer avec sa compagne dans un compartiment ordinaire, d'en choisir un où il n'y avait personne.

Le strident coup de sifflet de la locomotive retentit ; le train se met en marche et se trouve bientôt lancé à la vitesse de quatre-vingts kilomètres à l'heure.

Un soupir de soulagement s'échappe de leurs deux poitrines :

— Enfin ! s'écria la comtesse... Je n'ai plus rien à craindre... Et mon cher Raoul !...

— Dans deux heures vous serez dans ses bras, madame la comtesse...

— Oh ! comme ces deux heures vont me sembler longues !...

Elle prit les deux mains d'Hector, les serra dans les siennes :

— Oh ! comme vous êtes bon, monsieur ! comment pourrai-je jamais vous témoigner ma gratitude ?...

Lambinot se troubla, rougit, eut une sorte de frisson... Mais ce moment de faiblesse dura peu ; ces velléités anticipées de remords et d'hésitation s'évanouirent.

— Enfin ! se dit-il à son tour... Elle est à ma merci !... Les deux cents mille francs sont à moi !

Pendant une demi-heure la conversation n'avait pas langui. La comtesse, aussi troublée, aussi émue, aussi heureuse de son escapade qu'aurait pu l'être une pensionnaire en rupture de couvent, en avait fait d'ailleurs tous les frais, se montrait expansive et bavarde, parlait ; sans cesse de son cher Raoul, et du bonheur qui les attendait tous les deux, à l'étranger, de l'entière liberté désormais acquise à leurs amours.

Hector répondait à peine ; il était rêveur, préoccupé. Il n'entendait même pas sa compagne. Une idée fixe s'était emparée de son esprit, et ne le quittait plus.

L'instant décisif approchait. Chaque minute qui s'écoulait, chaque kilomètre parcouru par le train, semblaient accroître ses. hésitations, ses angoisses.

— Pourvu que je n'aille pas faiblir ! pensait-il... Pourvu que ma main, au dernier moment, ne me refuse pas son service. Cela me fait quelque chose de frapper une femme sans défense, contre qui je n'ai aucun motif de haine... Ah ! si je pouvais l'obliger à me donner de bon gré toutes ses valeurs ! Ce n'est pas de sa vie que j'ai besoin ! Je tâcherais ensuite de m'échapper, en profitant du ralentissement du train, en arrivant à Creil ou à Amiens !... La violence me répugne. Je ne suis pas méchant... Mais non ! Elle ne se laisserait pas dépouiller sans résister... Elle crierait... Elle agiterait la sonnette d'alarme... Je me perdrais inutilement. Ma foi ! Tant pis ! Puisque le vin est tiré, il faut le boire...

Il eut un frémissement involontaire.

— Hélas ! ce n'est pas du vin qu'il s'agit de boire ; c'est du sang !...

On avait dépassé Chantilly. Épuisée par les émotions, la comtesse s'était peu à peu rejetée en arrière et à demi assoupie...

Un éclair terrible brillait dans les yeux d'Hector Lambinot. Il fouillait dans chacune des poches de son par-dessus. Dans l'une il y avait un revolver, dans l'autre un poignard, qu'il avait décrochés de la panoplie de Saint-Aubin.

— Elle dort ! murmura-t-il... Allons ! Il n'y plus à reculer... Qui sait si à Creil il ne montera pas des voyageurs ! Mon plan avorterait... Voyons, lâche ! hésiterais-tu ? Ne perds pas l'occasion propice... Frappe ; mais frappe donc, imbécile !...

Il agitait fiévreusement les deux armes, entre lesquelles sa main balançait... Une balle était plus sûre ; un coup de poignard était plus silencieux !...

— Que choisir ? que décider ?

Affreux problème ! Épouvantable dilemme !

Une sueur froide couvrait son visage...

Et le train filait, filait toujours !

Il prit enfin une résolution, et se prononça pour l'arme la moins bruyante... Déjà il saisissait le manche... Quelques secondes de plus, et la lame allait s'enfoncer dans le cœur de Mme de La Guyon...

De sa main gauche il écartait la pelisse de la dormeuse et choisissait l'endroit où il devait frapper...

Ce mouvement même suffit pour réveiller la comtesse... Elle ouvrit les yeux et le regarda d'un air étonné... Fort heureusement pour lui sa main droite n'était pas encore sortie de sa poche...

— Je crains que vous n'ayez froide madame la comtesse... Vous trembliez tout à l'heure en dormante...

— J'ai trop chaud, au contraire... Si je frissonnais, c'était d'inquétude sans doute... Ah ! que je voudrais déjà être à Amiens, Voir Raoul, le presser dans mes bras !...

Un sifflement aigu et prolongé de la locomotive annonça que l'on touchait à une station... Le train marchait moins vite. Il s'arrêta tout à fait...

— Creil ! cinq minutes d'arrêt !...

Hector respirait à peine... Il mit la tête à la portière, comme pour empêcher de monter les voyageurs qui seraient tentés de prendre place dans le compartiment.

Personne !

Les cinq minutes étaient passées. Le conducteur était remonté dans sa guérite, le train s'ébranla...

— Je suis sauvé ! se dit Hector... Maintenant, je n'ai plus à tergiverser... Il faut en finir.

— Que c'est long ! que c'est long ! dit la comtesse... Il me semble que je n'arriverai jamais !

— Je l'espère bien ! pensa le misérable avec un sourire qui eût effrayé sa compagne, si la demi-obscurité du wagon ne l'eût mise dans l'impossibilité de le remarquer.

— Je vais tâcher de faire encore un petit somme... Elle s'arrangea dans son coin et s'efforça de s'installer commodément pour dormir... Elle fit tout à coup un mouvement d'impatience.

— Qu'avez-vous, madame la comtesse ? demanda-t-il avec sollicitude... Vous n'êtes pas à l'aise...

— Oh ! rien... J'ai là, sous ma robe, cette grande poche pleine, qui me gêne... Je vais me mettre de l'autre côté... Ces écrins, ces rouleaux d'or me meurtrissent la peau...

Le scélérat eut un éblouissement... Il songea que tout cela ne le meurtrirait pas, lui !...

— Mais j'y pense, madame la comtesse ! hasarda-t-il timidement. Il serait peut-être plus simple de vous en débarrasser... Vous pourriez les mettre dans le sac de nuit de Raoul, que voici.

— Vous avez raison... Je ne serai plus gênée... Tout cela est fort lourd...

En quelques minutes, les rouleaux d'or, les écrins et les billets de banque furent déposés dans le sac de voyage que Lambinot referma avec soin et dont il voulut remettre la clef à Mme de La Guyon.

Elle refusa.

— A quoi bon ? dit-elle. Désormais tout n'est-il pas commun entre Raoul et moi ?

Il y eut un silence. La comtesse essayait de s'endormir. Hector avait réalisé, avec plus de facilité qu'il ne l'espérait, la moitié de sa tâche. Il s'agissait de l'achever sans encombre.

Une idée subite jaillit dans son esprit

— C'est cela ! se dit-il... C'est une inspiration du ciel !...

Les coquins mettent toujours le ciel de moitié dans leurs affaires...

La lune était dans son plein. Lambinot se pencha au dehors, comme pour regarder la campagne. Sans faire semblant de rien, il ouvrit la portière, la retenant avec une de ses mains. Puis, feignant d'apercevoir quelque chose d'extraordinaire dans le lointain :

— Oh ! madame la comtesse ! Voyez donc là-bas...
— Qu'y a-t-il ? dit-elle en avançant la tête... Je ne distingue rien...
— Un peu à droite.... Là-bas ! presque derrière le train ! Tenez ! Là-bas !... Penchez-vous à la portière.

La comtesse s'appuya sur la glace baissée, mettant tout son buste en dehors...

Au même instant, la main d'Hector se retira ; la portière s'ouvrit violemment sous le poids de Mme de La Guyon, qui jeta un cri horrible et fut précipitée sur la voie.

Le cri s'était perdu dans l'espace sans être entendu de personne. Le train continuait sa marche. Hector avait vivement refermé la portière.

Au moment où elle s'était brusquement ouverte, où la comtesse s'était senti tomber dans le vide, elle avait fait un suprême effort pour se retenir, pour se raccrocher, mais l'assassin l'avait poussée avec violence... Le crime était consommé... Selon toutes les probabilités, la mort avait dû être instantanée... Dans tous les cas, et si la victime n'était que grièvement blessée, elle ne pouvait manquer d'être écrasée par le premier train descendant que le train montant croisa un quart d'heure plus tard.

Lambinot eut un moment de stupeur, d'épouvante. Horreur de son forfait ? velléités tardives de remords ? trouble de la conscience ou bien tout simplement crainte d'être découvert ? Je ne sais...

Après être resté quelques instants inerte, tremblant de tous ses membres, le bandit reprit peu à peu son sang-froid et sa présence d'esprit ; le sentiment de sa conservation personnelle, le besoin d'échapper aux conséquences de son action l'emportèrent sur son accès fugitif de regret... Et puis, la rencontre du train marchant sur Paris et qui allait infailliblement achever son œuvre infâme, si c'était nécessaire, le rassurait, tandis qu'un coup d'œil jeté sur son sac de voyage renfermant la fortune convoitée lui fit oublier tout le reste...

Que devait-il faire ? Descendre avant l'arrêt complet, à là bifurcation de Longueau, au risque de se casser le cou et d'aller rejoindre dans la mort la malheureuse Mme de La Guyon, ou bien descendre bravement, hardiment dans la gare même d'Amiens et prendre la ligne de Rouen, pour gagner l'Angleterre par Dieppe comme il l'avait projeté ?

Avant que l'on eût, en pleine nuit, découvert le cadavre, que l'on eût télégraphié, que l'on eût pris le temps d'examiner la victime de ce qui ressemblait à un accident, il avait toutes les chances possibles d'échapper... Les bagages qui allaient rester à Amiens sans être réclamés et qui portaient le nom du vicomte de Saint-Aubin ne désigneraient-ils pas aussitôt ce dernier comme le vrai coupable ?

Dans l'intervalle, Hector pouvait se mettre en sûreté. Avant son départ, il avait écrit à sa maîtresse, Agathe Patouillard, femme de chambre dans un hôtel de l'avenue des Champs-Élysées, chez Mme veuve Bluteau, de le rejoindre à Dieppe. Il était enfin en possession de son héritage, et il allait la rendre la plus heureuse des femmes. Il n'avait pas eu de peine à imaginer un prétexte assez plausible pour ne point partir par le même train qu'elle...

Si l'on soupçonnait un crime, c'était bien plutôt sur la même ligne que l'on chercherait l'auteur du meurtre : c'était à Calais ou à Boulogne, ou sur la frontière de Belgique que l'on concentrerait la surveillance.

Sa stratégie lui réussit à merveille. S'il y a un Dieu pour les ivrognes, il paraît qu'il y en a un aussi pour les brigands. Un honnête homme fuyant devant des poursuites politiques eût été probablement arrêté ; Hector Lambinot atteignit Dieppe sain et sauf, sans encombre. Agathe, arrivée dans la nuit, était descendue, selon ses instructions, dans un hôtel du quai Henri IV, qu'il lui avait indiqué. Le train de marée les transportait bientôt au delà de la Manche.

Qu'allait-il advenir du cadavre de la comtesse et de l'enquête qui devait être déjà commencée et poussée activement à l'heure où ils posaient le pied sur le quai de New haven ?

— Bah ! se dit délibérément Hector, tout ça, c'est désormais l'affaire de Saint-Aubin ! Ceci le regarde exclusivement. N'est-il pas l'amant de la victime ? N'a-t-il pas quitté Paris le même soir, presque à la même heure ? Les bagages accusateurs ne sont-ils pas là tandis que la comtesse n'y est plus pour détromper les juges ?

Il hocha la tête avec un sourire cynique t

— Pauvre Raoul, je le plains tout de même ! Je se voudrais pas être dans sa peau ! En somme, je ne fais que lui rendre le tour qu'il a joué à Gilbert Martin... Encore, moi, je ne me suis pas permis de lui prendre son nom !...

X

A L'HOTEL MORLEY

Ne sachant pas un traître mot d'anglais, Hector et sa compagne eussent été fort embarrassés en arrivant à Londres. Il n'était pas prudent à l'homme qui fuyait avec le produit d'un assassinat compliqué de vol de demander des renseignements aux autres voyageurs. Il évitait avec soin, au contraire, d'adresser la parole à personne ; et, sous prétexte de fatigue, il avait mieux aimé rester dans la cabine, pendant toute la durée du trajet.

Agathe eût préféré monter un peu sur le pont, pour jouir de la vue de la mer. Mais il semblait avoir un tel besoin de sommeil qu'elle n'avait pas insisté.

Il y a à bord de chaque paquebot un interprète, qui met volontiers ses services à la disposition des étrangers.

Lambinot n'osait même pas l'interroger et lui demander dans quel hôtel de la métropole il pourrait bien descendre. Il préférait en choisir un au hasard, dans les annonces de l'*Indicateur des chemins de fer*.

Pourtant il entendit cet employé recommander à un de ses voisins un excellent hôtel de Trafalgar-square : *Morley Hotel*. L'interprète avait vraisemblablement une remise de la maison pour chaque client qu'il parvenait à lui envoyer.

Lambinot prêtait l'oreille sans en avoir l'air :

— Tiens, dit-il tout bas à Agathe ; voilà notre affaire... Cela m'évite l'embarras du choix. Et il écrivit tant bien que mal sur son carnet le nom et l'adresse.

Fatigués par un long voyage et par une traversée d'autant plus pénible qu'elle avait lieu par un gros temps, livrés tous les deux aux tortures du mal de mer, les deux amants n'avaient guère eu le loisir d'échanger des confidences. Agathe Patouillard, qui n'est point une inconnue pour mes lecteurs, — ils n'ont pas certainement oublié la fille de la concierge de la rue de Lancry, — Agathe Patouillard avait bien adressé quelques questions à Hector, pendant les quelques heures qui avaient précédé leur embarquement ; mais il les avait éludées en partie.

— Plus tard ! Plus tard ! Je te dirai tout... C'est pour te rester fidèle que je quitte la France... On voulait me faire épouser une de mes cousines, et c'est dans cette pensée que la vieille tante, dont je t'ai parlé et qui vient de mourir, m'a laissé toute sa fortune... Ma famille me tourmentait depuis longtemps à cause de toi, tu le sais bien... Les autres héritiers me menacent d'un procès, veulent faire annuler le testament m'instituant légataire universel...

— Ah ! je comprends... Mais alors, si tu perdais, j'espère bien que tu aurais au moins une part d'héritage !...

— Naturellement. Dans tous les cas, je me suis gardé à carreau. J'ai toujours mis à l'abri les valeurs mobilières... Et puis les diamants de famille... Tout ça, on ne pourra me l'enlever. Oh ! sois tranquille, va ! J'ai le sac !... J'ai de quoi te faire belle et te rendre heureuse... Seulement j'avais besoin de mettre cet argent et ces bijoux en sûreté. C'est mon droit, n'est-ce pas ? Tout cela est bien à moi, puisque ma tante a bien voulu me favoriser !

— Parbleu ! Tu as bien fait...

Il lui avait insinué que le silence et la discrétion étaient pour le moment nécessaires et qu'il croyait utile provisoirement de prendre un faux nom. Agathe, née dans une loge de portière, ne connaissait guère les arcanes du code civil. Elle crut naïvement ce que lui disait son amant.

Arrivés à Newhaven, ils éprouvèrent le besoin de se reposer une journée avant de prendre le train de Londres. Dès qu'ils furent seuls dans une chambre de l'hôtel où ils étaient descendus, et, avant qu'ils se missent au lit, Hector, se croyant désormais assuré contre toutes recherches, voulut étaler son trésor aux yeux de sa compagne et en dresser l'inventaire. Il ferma la porte à double tour, ouvrit mystérieusement la caisse de son sac de voyage, en tira successivement quatre rouleaux de mille francs.

Agathe poussa un cri de joie :

— Ah ! mon Dieu ! que d'or ! que d'or !

Elle vida les étuis de cuir, jeta les deux cents pièces de vingt francs sur le tapis du guéridon et prit plaisir à les brasser, à les faire sonner, à les compter et recompter...

— Que fais-tu là, petite folle ?... On pourrait nous entendre... Songe donc !... Si l'on venait nous dépouiller ?...

— Bah ! Il n'y a pas de danger ! Est-ce que nous ne sommes pas en sûreté ? Est-ce qu'il y a des voleurs ici ?

Lambinot rougit malgré lui.

— As-tu peur qu'on vienne nous assassiner ? reprit-elle en riant.

Cette fois, de pourpre qu'il était, Hector devint blême.

— Ce n'est qu'une bagatelle, cela ! dit-il pour dissimuler son embarras. C'est à peine s'il y a de quoi t'acheter une ou deux robes. Tiens ! regarde !... Voilà le vrai magot.

Il lui montrait la liasse de billets de banque. Il y en avait pour cent dix mille francs. La jeune femme de chambre était muette de surprise, de bonheur, d'ivresse...

— Quoi ! tout cela est à toi ? s'écria-t-elle en l'embrassant avec passion.

— Tout cela est *à nous,* Agathe !...

— A nous ! Ah ! comme tu es bon ! comme je t'aime !

— Oui, à nous, à vous, *madame Lambinot...* Car j'entends que tu sois ma femme !... Tu m'as aimé quand j'étais pauvre ; il est juste que tu partages mon opulence ! Ici nous pouvons nous marier sans la permission de personne...

Mlle Patouillard se jeta à son cou, et, pour toute réponse, se mit à sangloter de plaisir.

Puis ce fut le tour de l'inventaire des écrins, et alors elle faillit s'évanouir d'émotion...

— Oh ! comme elle était riche, ta tante !

— Peuh ! fit-il en haussant les épaules... Ce n'est rien. Je n'ai pu emporter avec moi les propriétés foncières !... Tu me riais au nez quand je te parlais de mon héritage. Y crois-tu aujourd'hui, ma chérie ?

— Dame ! il y a quelques jours encore tu avais des bottes éculées, un chapeau bosselé, un pantalon !... Oh ! te rappelles-tu ton malheureux pantalon ?...

Et elle se mit à rire aux éclats...

Maintenant il était irréprochablement vêtu de noir... Il avait eu soin de choisir des vêtements de deuil ; par respect pour la couleur locale, il n'avait même pas oublié de faire mettre un crêpe à son chapeau... Il fallait bien qu'il eût la tenue d'un homme qui vient d'enterrer une tante à héritage !...

Le soir même, par le dernier train, et après avoir eu soin de se procurer de la monnaie anglaise au bureau de change du chemin de fer, ils partaient pour Londres, descendaient à Victoria-station et se faisaient conduire à l'hôtel Morley.

Agathe qui avait obéi aveuglément à Lambinot en quittant furtivement sa maîtresse et Paris, sans prévenir sa mère, voulait écrire sur-le-champ à Mme Patouillard. Mais il s'y opposa énergiquement.

— Non ! non ! dit-il. Quand nous serons mariés ; pas avant ! Je te le défends !

— Pourquoi donc, chéri ? Tu penses bien que maman ne m'empêchera pas de t'épouser ?... Elle sera folle de joie, au contraire...

— N'importe ! je ne veux pas. Tu lui écriras quand tu pourras signer ta lettre : « Agathe Lambinot. »

— Agathe Lambinot ! je vais être : « Madame Lambinot ! » fit-elle en sautant comme une enfant... Et je porterai des brillants aussi beaux que ceux de mon ancienne maîtresse ; car Mme Bluteau n'en a pas de plus riches... Donne ! que j'essaye encore cette parure...

Elle ne se lassait pas de les admirer, de se regarder dans la glace...

— Vois comme je serai belle !

Et elle ajoutait d'un ton câlin :

— Quand je serai Mme Lambinot, j'espère bien que tu me donneras une femme de chambre... Oh ! comme j'épaterai mes anciennes camarades, quand nous retournerons à Paris !... Et comme j'épaterai Mme Bluteau !... Et puis, je veux aussi avoir une voiture.

Hector lui promit tout ce qu'elle voulut. C'était très sérieusement qu'il avait résolu de l'épouser, afin de se prémunir, le cas échéant, contre toute indiscrétion...

Une maîtresse peut dénoncer son amant coupable ; une femme ne trahit pas, ne livre pas son mari, fût-il cent fois assassin...

Au moment où ils descendaient de fiacre devant l'hôtel Morley et pénétraient dans le vestibule, ils se trouvèrent en face d'un voyageur, arrivé une minute auparavant.

En l'entendant adresser la parole en français, et avec le plus pur accent parisien, à son valet de chambre, Hector ne put s'empêcher de frissonner.

C'était un vieillard de haute taille, de grand air, de manières aristocratiques... Il ne ressemblait guère, certes, ni à un agent de police, ni à un magistrat... Mais l'assassin eût préféré ne pas se trouver si vite en présence d'un compatriote. Il se hâta de monter dans l'appartement qu'il avait demandé par l'intermédiaire d'un interprète attaché à l'hôtel.

Si confiant qu'il fût dans les précautions prises pour dépister les poursuites, dans les jalons posés par lui pour mettre la police sur les traces de Raoul, il n'en était pas plus tranquille.

Agathe lui reprochait d'être *tout chose,* d'avoir l'air maussade et ennuyé. Certes, il y avait bien de quoi ! Il s'imaginait sans cesse voir une nuée d'agents à ses trousses. Il avait beau savoir que les premiers soupçons ne devaient, en aucun cas, se porter sur lui ; que, seul, le vicomte, pour se défendre s'il était arrêté, était en situation de le dénoncer, et qu'il serait assez malin pour se cacher, la vue de ce Français l'avait sérieusement inquiété.

A peine installé, il tâcha d'apprendre du garçon qui était venu prendre ses ordres pour le dîner et qui baragouinait passablement notre langue, le nom et la qualité du vieux monsieur dont l'aspect l'avait tant frappé dans le vestibule, et qui avait paru l'examiner lui-même, ainsi que sa compagne.

Il fut aussitôt soulagé d'un grand poids. Ce personnage était un riche Américain, débarqué le jour même à Liverpool, et devait d'ailleurs ne rester que deux jours à l'hôtel et partir ensuite pour le continent.

— Pourquoi lui demandes-tu cela ? dit Agathe... Que nous importe cet homme ? Il a d'ailleurs une bonne figure et l'air très *chic*.

— Oh ! pour rien... Affaire de curiosité... Et puis il t'avait regardée...

— Eh bien, c'est qu'il me trouvait jolie, apparemment !...

— Possible. Moi je n'aime pas qu'on te regarde ! Bien que la jeune femme eût préféré descendre à la table d'hôte, afin de voir du monde, il insista d'abord pour se faire servir les repas dans l'appartement. Mlle Patouillard mit cette fantaisie sur le compte de la jalousie.

Hector aurait bien désiré acheter des journaux français. Mais il ignorait où ils se vendaient, et il redoutait d'ailleurs d'y jeter les yeux devant Agathe, à qui la fantaisie pouvait venir de les parcourir... Il voulait être bien seul pour lire les détails qu'ils devaient contenir sur le crime de la ligne du Nord. Aussi quand, le lendemain matin, ils sortirent ensemble pour la première fois, et qu'à deux pas de l'hôtel, dans le Strand, il aperçut le marchand de journaux qui étale ses feuilles devant le grillage du bureau de poste, il eut la force de contenir son impatience.

Il voulait attendre qu'ils fussent rentrés, pour aller acheter les feuilles françaises qu'il avait aperçues... Par malheur, Agathe ne le quittait pas d'une semelle, ni ne lui permettait de faire un seul pas sans elle. Ce ne fut que dans la soirée qu'il put satisfaire sa curiosité... Et quand son interprète et cicerone lui avait dit : « Monsieur désire-t-il des journaux français ? » il avait répondu négativement et même quelque peu pâli... Il voyait dans cette question si naturelle de la part de son conducteur presque une allusion personnelle.

Il sut enfin que le corps de la comtesse n'avait été découvert que fort avant dans la nuit ; et — ses cheveux se dressèrent sur la tête — qu'elle n'était pas tout à fait morte ! Il avait pourtant si bien espéré qu'elle serait écrasée, écrabouillée, par le train venant d'Amiens ! Du reste, il était peu probable qu'elle en réchappât, et on n'avait pu lui arracher une parole. Son identité avait pu être immédiatement constatée... Les bagages non réclamés à Calais, aussi bien que les déclarations du comte qui avait été immédiatement prévenu, avaient aussitôt désigné l'assassin... Toute la police de sûreté était sur pied. Le signalement du vicomte était publié !...

Ce dernier détail, joint à la gravité des blessures de Mme de La Guyon, rassura Lambinot. Les détectives anglais, s'ils le voyaient, ne pourraient assurément soupçonner en lui le criminel recherché, auquel il ne ressemblait en rien.

Cependant, pour faire plaisir à Mlle Patouillard, et de peur d'éveiller en elle des doutes, il avait enfin consenti à déjeuner et à dîner dans la, salle commune.

XI

DES VIEILLES CONNAIS-SANCES

Cependant, avant que Lambinot eût pu se renseigner en cachette, par la lecture des journaux sur ce qui l'intéressait à un si haut degré, il s'était produit à l'hôtel Morley un incident auquel il n'avait attaché aucune importance, et qui allait exercer sur la suite et le dénouement de ce drame une influence considérable.

Le dîner venait de finir. On prenait le café à la table d'hôte ; Agathe se trouvait placée juste en face de l'inconnu qui avait causé, la veille au soir, une si vive terreur à son amant, et qu'il n'avait plus lieu de craindre... Il n'y avait autour de la table que des visages britanniques.

Il y avait bien deux autres tables occupées chacune par une famille. Des insulaires aussi, sans doute ? Hector n'avait point à s'en occuper.

Le riche Américain, tout en savourant son moka et ses liqueurs, et en fumant un cigare, lisait la *special édition* de l'*Evening Standard*. Toutes les dames s'étaient retirées, à l'exception d'Agathe, qui, ignorant les habitudes anglaises, s'étonnait de cette disparition. A part elle, et deux autres dames placées avec deux messieurs à l'une des petites tables à l'autre bout de la grande salle, il ne restait plus que des hommes.

Tout à coup, un cri étouffé se fit entendre en face d'Agathe et de son amant. Tous les yeux se tournèrent vers l'étranger. Celui-ci était livide ; sa tête s'affaissait sur son épaule.

— Ah ! mon Dieu ! murmura-t-il d'une voix éteinte et avec le plus pur accent français.

Puis il tomba sans connaissance.

On s'empressa autour du vieillard, qui venait évidemment d'être frappé d'une attaque d'apoplexie. Le patron envoya chercher un médecin du voisinage...

Agathe, mue par ce sentiment naturel qui transforme en un pareil moment toutes les femmes en sœurs de charité, s'était précipitée pour le secourir. Hector, qui l'avait suivie, lui dit, un peu impatienté de cette intervention, :

— A quoi bon ? C'est un docteur qu'il faut ; ce n'est pas nous qui pouvons lui être bons à grand'chose.

Et il ajouta, pensif :

— C'est drôle, comme cet Américain parle bien français !

Le vieillard revint à lui, rouvrit les yeux, mais sans pouvoir prononcer un seul mot. Il paraissait accablé. Au même instant, deux membres de la famille qui venait d'achever son dîner à l'une des tables isolées s'avancèrent vers le malade. C'étaient un jeune homme et une jeune femme. Celle-ci tendit à Mlle Patouillard un flacon de sels que son compagnon venait d'aller chercher dans leur appartement, et, tandis qu'Agathe le faisait respirer à l'étranger, elle prépara en hâte un verre d'eau sucrée, qu'elle lui tendit.

— Buvez ceci, dit-elle en anglais, en approchant le verre de ses lèvres...

Et elle ajouta en français, parlant à celui qui semblait être son mari :

— Oh ! comme il est pâle !

Le vieillard la regarda avec reconnaissance, comme si cette sollicitude lui était doublement précieuse, venant d'une Française.

— Merci, madame, balbutia-t-il... Rassurez-vous !... Ce ne sera rien ! Ce n'est qu'une faiblesse.

Le médecin entrait dans la vaste salle à manger. Le groupe qui entourait l'Américain s'écarta pour lui permettre d'approcher. Après un examen sommaire, et en constatant qu'il n'y avait rien de grave, le docteur fit remonter le malade dans sa chambre.

Tandis que, soutenu par deux domestiques, celui-ci quittait péniblement la salle, il détourna la tête pour adresser aux deux dames qui lui avaient donné leurs soins un sourire de remerciement.

— Encore une fois, merci ! dit-il à Agathe.

Puis, jetant un coup d'œil à l'autre jeune femme, il s'arrêta, fixa sur elle un long et étrange regard... On eût dit que ses yeux ne pouvaient se détacher d'elle... Deux larmes coulaient sur ses joues.

— Venez, monsieur, venez ! dirent les deux hommes qui le soutenaient sous les bras... Vous avez besoin de repos...

— Je suis fou ! je suis fou ! mumura-t-il avec émotion... Et il reprit, d'une voix troublée et saccadée :

— Merci ! merci, mon enfant !

Une fois déposé sur son lit, et au lieu de répondre aux questions du médecin qui l'interrogeait sur les causes de son indisposition, il était inquiet, préoccupé... Il fit venir le patron de l'établissement et lui demanda le nom de la jeune femme qui lui avait donné le verre d'eau sucrée.

— C'est une jeune fille, dit-il, une Française...

— Son nom, son nom, je vous prie !...

— Je ne me le rappelle pas. Mais je vais aller voir sur le registre... C'est une famille de quatre personnes, arrivée depuis trois jours : le père, la mère et les deux enfants, un jeune homme et une demoiselle... Il est bien facile de vous dire leur nom...

— C'est inutile, reprit tristement le voyageur, en secouant la tête... Décidément, j'étais fou !...

Et, s'adressant au médecin :

— Je n'ai rien, monsieur le docteur... J'ai éprouvé une immense douleur, une secousse terrible... Donnez-moi seulement un fortifiant. Il faut que je parte ce soir même... Que l'on cherche mon valet de chambre, à qui j'avais donné congé pour la soirée... Il doit être à l'Alhambra...

On lui fit quelques objections, basées sur son état de faiblesse...

— Non, dit-il, je ne puis retarder mon départ. Je veux, mort ou vivant, arriver demain matin à Paris.

Heureusement, il y avait encore un train. Dans l'espace d'une heure, le valet de chambre était retrouvé, les bagages étaient prêts ; l'inconnu, surmontant sa défaillance, et surexcité sans doute par la gravité de l'événement qui l'appelait en France, n'eut même pas besoin du bras de son domestique pour descendre l'escalier de l'hôtel et monter dans la voiture qui le conduisait à la gare du *London, Chatham and Dover railway*.

Pendant ce temps-là, la salle à manger avait été le théâtre d'une scène non moins inattendue que l'évanouissement du mystérieux inconnu.

A peine l'avait-on emmené hors de la pièce, qu'Agathe Patouillard songea à rendre à sa propriétaire le flacon de sels que lui avait remis la jeune fille dont la vue avait produit sur le malade une si bizarre et si vive impression.

Elle s'approcha d'elle, et le lui tendant

— Voici, madame, votre fla...

Elle ne put achever. Le flacon lui tomba des doigts et se brisa en mille pièces... Elle porta les deux mains à son front... Ses yeux s'ouvraient démesurément... Elle paraissait pétrifiée par la surprise... Sa langue fut un moment comme figée dans sa bouche...

— Ah ! mon Dieu ! dit-elle enfin, à mots entrecoupés... Je me trompe... C'est une illusion... Ce n'est pas possible... Ah !... mon Dieu !... je sens que je vais m'évanouir à mon tour, comme ce pauvre monsieur de tout à l'heure.

Et elle se laissa tomber sur une chaise.

Puis, apercevant le compagnon de la jeune fille, qu'elle n'avait pas remarqué d'abord, elle se releva, se précipita vers eux.

— Mais non ! je ne me trompe pas, cette fois !... Ah ! quel coup du ciel !... J'en deviendrai folle de bonheur... Dites-moi donc, mademoiselle, que je n'ai pas la berlue, que je n'ai pas perdu la tête !

— Non, vous ne vous trompez pas, Agathe.

— Mademoiselle Régine !... Monsieur Francis !.... Ces derniers n'étaient pas moins stupéfaits..., Bien qu'ils n'eussent pas vu depuis deux ans la fille de la concierge de la rue de Lancry, ils n'avaient pas eu de peine à la reconnaître... Fulbert Lodier, qui assistait de loin, et sans rien entendre, à cette reconnaissance, s'approcha d'un air soupçonneux, accompagné de Clothilde...

— Tiens ! M. Raymond, à présent !... Mademoiselle Régine, comme je suis heureuse de vous revoir !... Il faut que je vous embrasse...

Elle se jeta dans les bras de Mlle de La Guyon, et elles restèrent quelques instants entrelacées...

— Si j'osais !... fit-elle timidement... Je vous embrasserais aussi, monsieur Francis !... Oh ! Je vous aimais tant tous les deux...

— Osez, osez ! ma bonne Agathe ! dit Roger en s'avançant vers elle et déposant un baiser sur chacune de ses joues...

Hector n'aurait vu sans doute qu'avec un médiocre plaisir et cette rencontre et cet échange de baisers... Mais il avait profité, depuis dix minutes, de l'incident qui venait de troubler la fin du dîner, pour sortir, pour acheter les journaux, lire les détails de son crime, apprendre enfin ce qu'il pouvait craindre ou espérer...

— Mais comment vous trouvez-vous ici, Agathe ? demanda Régine... Et comment fait-il que vous soyez si bien mise...

Elle étrennait une splendide robe de soie, achetée le matin dans le magasin de Regent-Street.

— Oh ! c'est toute une histoire ! répondit-elle en riant. Je vous raconterai cela... Imaginez-vous que je vais me marier... avec un jeune homme très riche... et très gentil... qui vient de faire un gros héritage.... Je vous présenterai mon fiancé... Tiens, où est-il donc ?... Ah ! il a été probablement acheter des cigares... Mais vous êtes mariés, je suppose, vous aussi ?...

— Non. Nous serons mariés dans trois semaines... Régine s'extasiait sur la toilette de l'ancienne ouvrière...

Tout à coup elle tressaillit...

Ses yeux venaient de tomber sur les boucles d'oreilles de Mlle Patouillard. Elles étaient en perles noires entourées de brillants de la plus belle eau, et d'une forme excessivement rare...

— Oh ! dit-elle en pâlissant, et d'une voix tremblante... Vous avez de belles boucles d'oreilles ?...

— N'est-ce pas ? répondit-elle avec joie... Elles sont splendides ?

Et elle ajouta d'un air pincé et avec orgueil :

— Voyez-vous : ce sont des diamants de famille ! Régine ne se lassait pas d'examiner les boucles d'oreilles. Elle paraissait stupéfiée, fascinée ; elle était en proie à d'inexplicables préoccupations.

— C'est bizarre ! balbutia-t-elle...

— Ah ! oui, c'est bizarre ! Une pauvre fille comme moi, n'est-ce pas ? Pour de la chance, voilà ce qui s'appelle avoir de la chance !...

— Oui, une chance bizarre, répondit d'un ton sec et avec des regards soupçonneux Mlle de La Guyon...

Et elle ajouta, comme se parlant à elle-même :

— Des perles noires, entourées de brillants... la même forme !... exactement la même forme !...

— Tiens ! en serait-elle jalouse ? se demanda Agathe... Comme elle me regarde ! Pourquoi donc n'en aurais-je pas aussi bien qu'une autre, après tout ?

Régine prit aussitôt une attitude si glaciale, que Mlle Patouillard affligée, froissée, intimidée, ne savait plus quelle contenance tenir... Elle se hâta de mettre fin à l'entretien et de se retirer dans sa chambre, en attendant le retour de son amant. Attribuant à l'irrégularité de sa situation la froideur subite de son ancienne locataire, elle avait les larmes aux yeux.

. Régine et ses amis remontèrent aussi dans leur appartement. La jeune fille restait rêveuse, pensive, silencieuse. Ni Fulbert, ni Clotilde, ni Francis, qui avaient remarqué son brusque changement de manières envers Agathe, accueillie par elle si cordialement d'abord, ne purent obtenir d'elle aucune explication.

Tout à coup, sous l'empire d'une sorte d'exaltation maladive, elle les quitta en leur disant qu'elle voulait causer de nouveau avec Agathe. Elle se dirigea, toute tremblante, vers la chambre occupée par elle, et dont elle venait de lui dire le numéro. Elle frappa, et sans préambule, d'une voix émue, solennelle :

— Agathe, lui dit-elle, je vous avais connue jadis comme une bonne et honnête fille, malgré votre légèreté de conduite...

— Je suis toujours la même, mademoiselle... J'ai un amant, c'est vrai, mais il m'a promis de m'épouser...

— Oh ! ce n'est pas là ce qui me préoccupe et ce qui m'amène.

— Qu'est-ce donc, alors, mademoiselle ?

— Agathe, répondez-moi avec franchise : De qui tenez-vous ces boucles d'oreilles, et depuis quand sont-elles en votre possession ?

— Je vous l'ai dit : de mon fiancé ; elles font partie d'un héritage de famille. Je les ai mises aujourd'hui pour la première fois. J'ai, du reste, la parure complète et bien d'autres bijoux encore... Mais pourquoi toutes ces questions ?

— Pourquoi, malheureuse !...

— Comme vous me dites cela ! Vous me faites peur... Je vais tout vous montrer, si vous voulez.

Elle prit dans sa poche la clef d'un grand coffret en marqueterie acheté le matin dans Oxford-street, l'ouvrit...

Dès que Régine eut jeté les yeux sur l'un des écrins, à l'intérieur desquels étaient gravées les armes de La Guyon, elle jeta un cri.

— Misérable ! s'écria-t-elle, vous ne rougissez pas de porter aux oreilles le produit d'un vol et d'un assassinat ! Tout cela appartenait à ma tante, la comtesse de La Guyon... C'est donc vous ou votre amant qui avez commis le crime !

La pauvrette, qui était muette d'épouvante et d'horreur, s'affaissa dans un fauteuil sans avoir la force de dire un seul mot. Régine sortit précipitamment pour aller raconter l'affaire à Francis et aviser à la conduite à tenir.

A peine avait-elle franchi le seuil de la porte que Lambinot rentra. Il venait de lire tous les journaux français ; il se sentait rassuré ; il était tout heureux, tout pimpant, tout souriant...

La vue de sa maîtresse pâle, défaite, à demi-morte de honte et de terreur, suffit pour lui glacer le sang dans les veines :

— Qu'as-tu donc, Agathe ? demanda-t-il en frémissant.

— Ce que j'ai, scélérat, dit-elle en se dressant devant lui et en arrachant ses boucles d'oreilles, en se dépouillant de la robe de soie achetée avec l'argent du crime... Ce que j'ai ? Ne le devines-tu pas ?

Il supposa qu'elle avait entendu parler de l'assassinat et que ses soupçons se portaient vaguement sur lui ; il tâcha de payer d'audace. Mais quand elle lui eut appris sa rencontre avec la propre nièce de. la victime

Fuyons ! fuyons ! dit-il.

Et il se préparait à faire main basse sur toutes les valeurs ; Agathe se plaça résolument devant le coffret qui les renfermait....

— Va-t'en ! va-t'en, bandit.... Tu ne toucheras pas à cela ! Pars vite, ou je te fais arrêter... J'appelle ! Je crie !...

Ivre à la fois de colère et de peur, se voyant perdu, Hector se précipita sur la jeune-fille, lui étreignit le cou avec violence, et, l'envoyant rouler sur le tapis, mit dans ses poches, à la hâte, les billets de banque, l'or, les bijoux, et s'enfuit comme un fou. Cinq minutes plus tard il était déjà loin, errant dans les rues de Londres.

Agathe était étendue sans connaissance, à demi étranglée. Et ce fut dans cet état que la trouvèrent, un quart d'heure après, Fulbert, Francis, le patron de l'hôtel et des agents de police qu'on avait fait prévenir.

Avertis de la découverte faite par Régine, Roger et Lodier s'étaient empressés d'informer l'autorité que l'assassin du chemin de fer du Nord était refugié dans l'hôtel. En apprenant par les journaux l'événement, ils avaient résolu d'écrire au comte, d'implorer son pardon et de rentrer en France, s'il consentait à l'union des deux jeunes gens... Mais la police n'arriva qu'après la fuite du coupable.

Dans le cours de la soirée, en causant avec ses voyageurs, le maître d'hôtel s'écria, tout heureux de l'aventure qui allait faire de la réclame à sa maison :

— Que d'événements ! que d'événements ! Mais j'y songe ! qui sait si l'histoire du vieux gentleman ne se rattache pas aussi à ce crime ?...

— Oh ! non ! ce vieillard n'était-il pas Américain et n'arrivait-il pas de Liverpool ?

— De Liverpool ? Il l'a dit du moins… Mais c'est un Français, un marquis…

— Un marquis ? demanda Régine sans se rendre compte de l'involontaire émotion qui s'empara d'elle…

— Oui… Tenez !

Il prit son registre d'inscriptions, l'ouvrit, et désignant du doigt un nom :

— Voyez !

Les deux jeunes gens se penchèrent et tarent :

« *Le marquis La fontaine de La Guyon (Victor), né à Paris. Arrivant de New-York.* »

— Mon père ! s'écria Régine.

Quand on revient dans son pays après quinze ans d'absence, on doit s'attendre à tant de changements, que l'on est peu tenté d'annoncer d'avance son arrivée. Quand on a dû passer pour mort auprès de tous les siens, on éprouve un âcre plaisir à les surprendre, s'ils sont vivants encore, et l'on tremble de ne plus trouver que des tombes.

Fait prisonnier par les Indiens Apaches, au moment où sa femme avait cessé de recevoir de ses nouvelles, après son départ pour le Far-West, Victor de La Guyon, menacé d'une mort horrible, n'avait dû son salut qu'à un prodige de présence d'esprit et à l'amour d'une jeune Indienne, fille du chef de la tribu qui allait le massacrer. Au lieu de le tuer, on lui avait conféré les honneurs suprêmes.

Vainement, à maintes reprises, il avait tenté de s'évader. Ceux qui étaient devenus ses sujets, et celle qui était devenue sa femme, le surveillaient de trop près pour qu'il eût pu réussir dans ses tentatives d'affranchissement. Il n'était parvenu à reprendre sa liberté que grâce à une expédition dirigée par le gouvernement fédéral dans les territoires encore insoumis de l'Iowa ; son intervention avait amené une pacification immédiate, sans effusion de sang, et il avait pu conclure avec la République américaine un traité aussi avantageux pour lui que pour les États-Unis.

Il revenait en Europe, libre, riche, mais plein d'angoisses sur le sort de sa famille ; et c'était à Londres seulement, en descendant à l'hôtel Morley, qu'il avait repris son vrai nom, soigneusement dissimulé jusqu'alors. Qu'était devenue sa femme ? Qu'était devenue son enfant ? Il frémissait, rien que d'y penser.

Ce fut alors qu'en parcourant distraitement l'*Evening Standard* à la table d'hôte, il avait appris à la fois l'assassinat de sa belle-sœur et l'enlèvement de sa fille.

XII

BRELAN DE REPRIS DE JUSTICE

C'était deux jours après les événements que je viens de raconter.

Le marquis était arrivé juste à temps pour recevoir le dernier soupir de la comtesse, qui n'avait pas repris connaissance, et pour consoler son frère, car il n'avait plus, lui-même, de consolations à espérer ni à attendre.

Sa femme morte, sa fille disparue, déshonorée, que pouvait-il avoir à faire en ce monde ? Il en était presque à regretter de n'être pas resté au milieu des sauvages de l'Amérique, et d'avoir cédé à l'irrésistible désir de revoir sa patrie. Qu'avait-il besoin de patrie quand il n'avait plus de famille ?

On revenait des obsèques de Mme de La Guyon. Les deux frères, mornes, sombres, abattus, anéantis, étaient dans le grand salon de l'hôtel de la rue de Varenne en compagnie d'un magistrat, ami du comte, et qui les avait accompagnés au retour du cimetière.

Pendant longtemps ils n'avaient pas échangé une parole. De grosses larmes coulaient des yeux du veuf et du père. Celui-ci rompit le premier le silence :

— Ainsi, monsieur, dit-il au magistrat, rien encore ?

— Rien ! la police belge et la police anglaise n'ont pu mettre la main sur l'assassin. Chose étrange, on croyait être sur ses traces, à Bruxelles, quand sa présence a été signalée dans un hôtel de Londres.

Le marquis se pencha vers son interlocuteur.

— Hé ! monsieur, ce n'est pas de l'assassin que je vous parle ! Son arrestation, sa condamnation, son exécution ne rendront pas la vie à ma malheureuse belle-sœur !... Je vous parle de ma fille et de son ravisseur...

— Tiens ! Vous ne savez donc rien ? Vous n'avez donc pas lu les journaux de ce matin ?...

— Les journaux ? Est-ce que nous pouvions songer à lire les journaux...

— La presse a devancé la justice et la police... Je pensais que vous le saviez déjà... Et je ne vous en ai rien dit...

— Rien dit de quoi ? Mais parlez donc, de grâce, monsieur le conseiller ! Vous me mettez à la torture !

Le magistrat tira de sa poche un journal du matin et lui fit lire une dépêche de Londres relatant en quelques lignes ce qui s'était passé l'avant-veille. Le marquis fit un bond, poussa un cri :

Malédiction !... A l'hôtel Morley !... Ah ! je suis donc destiné à mourir de désespoir !...

— Qu'avez-vous donc, monsieur le marquis ?

— Qu'as tu, Victor ? dit le comte, sortant enfin de sa torpeur.

Pour toute réponse, le marquis se mit à sangloter.

— Ma fille ! Ma fille !... Ma Régine bien-aimée !... C'était bien elle !... La voix du sang ne m'avait pas trompé !... Ah ! mon Dieu !.... Je suis le plus malheureux des hommes... Ma fille ! Ma fille 1... Ah ! Pourquoi suis-je parti si vite ?

Et, saisissant par le bras le magistrat :

— Mais cette dépêche, monsieur, est bien incomplète. Elle ne dit pas si Régine et ce jeune homme...

— Eh ! monsieur le marquis, interrompit le conseiller à la cour d'appel, vous pensez bien que le parquet a télégraphié sur-le-champ, que le préfet de police a envoyé un de ses plus habiles inspecteurs... Hélas !... il était trop tard !... Ils étaient partis, comme l'assassin lui-même qu'ils venaient de dénoncer...

Victor de La Guyon retomba, atterré, dans son fauteuil et se couvrit le visage de ses deux mains, en sanglotant plus fort...

— Tranquillisez-vous, marquis... On saura bien les retrouver...

— Les retrouver !... Retrouver ma fille !... Mais vous ne comprenez donc pas, monsieur, que précisément je l'avais retrouvée ?... que je l'ai vue ?... que je lui ai parlé ?... que j'avais cru reconnaître en elle les traits de sa pauvre mère ?... Vous ne comprenez donc pas que j'étais justement à l'hôtel Morley ?... Que lorsque en lisant ces fatales nouvelles je me suis évanoui, c'est elle, c'est ma Régine, c'est ma fille, qui m'a entouré des soins les plus tendres ?... Ne voyez-vous pas qu'une voix secrète lui criait à elle : « Voici ton père ! » comme elle me criait à moi : « Voici ta fille ! »

Le marquis se tordait les bras, s'arrachait les cheveux de rage. Son frère et le magistrat essayaient vainement de le calmer.

— Ah ! pourquoi n'ai-je pas eu l'intuition de la vérité ? Avec quelle joie je lui aurais pardonné ! Avec quel bonheur je l'aurais pressée dans mes bras ! Avec quelle ivresse je lui aurais donné l'homme qu'elle aime

— Vous n'y pensez pas, monsieur le marquis, dit le magistrat... Ce mariage serait dans tous les cas impossible. N'est-ce pas vrai, monsieur le comte ?

— Et pourquoi donc impossible ? répliqua avec force Victor de La Guyon...

— Pourquoi ?... Vous ignorez évidemment que ce jeune homme est un repris de justice ?...

— Monsieur, reprit le marquis avec fierté, je ne connais pas ce jeune homme. Mais il suffit que ma fille l'aime pour que je sois sûr que, par le cœur, sinon par le blason, il n'est pas indigne d'elle...

Un sourire grimaçant contracta le visage de papier mâché du conseiller à la cour de Paris...

— Pourtant, monsieur le marquis, je vous le répète : ce Francis Roger a un casier judiciaire. Il a subi une condamnation infamante... Vous pourriez consentir à une mésalliance... Mais vous ne sauriez donner votre fille à un homme flétri par la justice... L'individu qui a abusé de l'inexpérience d'une enfant de vingt ans pour la détourner de ses devoirs, pour l'enlever à sa famille, n'est, je vous l'affirme, ni plus ni moins qu'un voleur...

Le marquis frissonna. Mais, aussitôt la portière de la porte du fond s'entr'ouvrit, livrant passage à un groupe d'une dizaine de personnes. Une voix stridente, une voix de femme se fit entendre :

— Tu en as menti, misérable !

Régine s'avançait, haletante, et se précipitait dans les bras de son père, tandis que le conseiller, atterré, faisait un bond en arrière.

Francis la suivait, calme, digne, simple, sans colère, sans haine. Derrière lui apparaissaient : Fulbert Lodier et sa sœur, Mme Garnier et Mme Bluteau ; puis la femme de chambre de celte dernière, Agathe Patouillard, que Mlle de La Guyon avait ramenée de Londres, et par qui elle avait appris le lien étroit de parenté qui unissait à sa maîtresse la fiancée de Roger : et enfin, dissimulé derrière tout le monde, Gilbert Martin, le secrétaire du comte, que les révélations faites le matin même à la justice par Agathe et l'intervention de Diane venaient de faire mettre en liberté provisoire ; et, à côté de lui,. l'honorable avocat que nous avons vu jouer un rôle si important dans les événements qui se sont déroulés depuis le commencement de cette histoire.

On devine que c'était Diane qui avait préparé ce coup de théâtre.

Le marquis et Régine restèrent quelques instants entrelacés, confondant leurs sanglots, auxquels se mêlaient les larmes de tous les spectateurs.

Berthe la Champenoise rompit la première le silence.

— Monsieur le marquis... Victor, dit-elle avec attendrissement, en poussant vers lui Mme Bluteau ; n'avez-vous pas une autre fille à reconnaître et à embrasser ? Oh ! vous ne pouvez pas la renier. Elle vous ressemble trop.

— Mon père ! s'écria Diane se jetant au cou de M. de La Guyon, qui réunit ses deux enfants dans un même embrassement...

— Ah ! ça, qu'est-ce que tout cela signifie ? balbutia le comte à demi hébété...

— Cela signifie que je m'en vais, moi, répondit le conseiller, puisque vous me laissez outrager dans votre propre maison, dans votre propre salon !

Il faisait mine de se retirer. Mais Régine avait aperçu son mouvement ; et, se dégageant enfin des bras paternels :

— Oh ! pas encore, monsieur le magistrat ! fit-elle en s'avançant vers lui. Il faut d'abord que je vous demande pardon du cri involontaire qui s'est échappé de ma poitrine, en vous entendant calomnier mon fiancé... — Je ne voulais pas vous offenser. J'ai eu tort. Vous ne pouvez pas savoir !... — Il faut ensuite que, mieux éclairé, vous rendiez justice au noble cœur que vous avez méconnu, et qu'il soit réhabilité à vos yeux... Vous êtes un honnête homme, monsieur, je le sais, eh bien ! écoutez-moi.

Et s'adressant au marquis :

— Mon père, dit-elle, veuillez me répondre... Rappelez vos souvenirs. N'aviez-vous pas donné à ma digne et sainte mère, avant votre mariage, un bijou auquel elle tenait plus qu'à la vie, et dont elle avait juré de ne jamais se séparer ?... Elle eût préféré mourir de faim plutôt que de le vendre...

— Oui, en effet !...une bague en brillants...

— Vous l'entendez, monsieur le magistrat !

— Avec nos deux chiffres gravés à l'intérieur du chaton, un V et un B, *Victor, Bichette,* du petit nom familier que lui donnait ma pauvre mère,.. Parbleu ! si je m'en souviens !...

— L'entendez-vous, monsieur le conseiller ? L'entendez-vous, vous tous qui m'entourez ?... L'entendez-vous, mon oncle, vous qui avez eu le triste courage de laisser condamner un innocent ?...

Elle s'arrêta, suffoquée par les larmes, puis elle reprit :

— Un jour, mon bon père, dans un moment de détresse affreuse, quand ma mère allait mourir sans secours, que nous avions successivement tout vendu, même la dernière robe de celle qui était, — je l'ignorais alors — la femme du marquis de La Guyon, je portai cette bague au mont-de-piété... On est suspect quand on est pauvre. Je fus arrêtée comme soupçonnée de l'avoir volée ou trouvée...

— Mais c'est horrible, cela ! murmura le marquis avec une rage sourde.

— Non, mon père ! Ce qui est horrible, le voici... Je comparus devant le tribunal... Malgré mes larmes et mes protestations, j'allais être condamnée.

— Oh ! les infâmes !

— ... Déjà le président prononçait le jugement...

— Et je n'étais pas là pour crier à cet homme qu'il était un scélérat ou un imbécile !...

— C'est alors que, pour me sauver, Francis, qui m'aimait, qui me croyait une simple ouvrière, se sacrifia pour moi, et s'avoua spontanément coupable d'un méfait que nous n'avions commis ni l'un ni l'autre... et se laissa condamner à ma place !...

Le marquis fit un bond vers Roger, qui baissait modestement la tête !

— Quoi ! Vous avez fait cela, jeune homme. Et l'on ose vous appeler : un repris de justice !... Dans mes bras, mon fils !...

Et il l'étreignit à l'étouffer...

— Mon père, est-il digne de moi ? reprit Régine avec feu... Et son admirable martyre, son héroïque et sublime dévouement ne valent-ils pas tous nos parchemins et tous nos quartiers de noblesse ?

Pour toute réponse, le marquis pleurait à chaudes larmes et réunissait, dans une même étreinte, sa fille et celui qu'il se sentait fier d'appeler son gendre.

Le magistrat était couvert de confusion et baissait les yeux.

— Ah ! vous avez bien raison, monsieur, de courber le front, reprit avec une hauteur dédaigneuse Mlle de La Guyon... Êtes-vous convaincu que ce repris de justice, dont je suis heureuse et fière d'être la femme, est plus honorable, à lui seul, que toute la magistrature française réunie ?...

— Je suis désolé, mademoiselle.... balbutia le conseiller avec embarras... J'ignorais... Je ne savais pas... Hélas ! La justice n'est point infaillible... C'est une erreur, une déplorable erreur... Mais ce qui a fait tort à ce jeune homme... outre son aveu, ce sont, si je me rappelle bien le procès, ses relations avec un individu mal famé, condamné antérieurement pour crime... un nommé Raymond, si je ne me trompe...

— Ce Raymond ou plutôt ce Lodier, c'était moi ! s'écria froidement Fulbert... Car, moi aussi, monsieur le marquis, je suis un repris de justice... Ah ! ah ! ah ! ah ! ah ! ah ! ah !

Diane s'avança souriante :

— Mon cher père, dit-elle, permettez-moi de vous présenter le plus noble cœur et le plus honnête homme qu'il y ait au monde, M. Fulbert Lodier...

Et se tournant vers le magistrat :

— Décidément, monsieur, vous n'avez pas de chance aujourd'hui, et vous jouez de malheur !... Ce n'est pas devant moi, Diane Bluteau, veuve du procureur impérial Marcel Bluteau, dont je rougirai toute ma vie de porter le nom infâme, qu'il convient d'insulter l'innocent qui a subi la peine des crimes commis par mon mari !...

— Que voulez-vous, madame ? Il y a chose jugée ! Lodier a été condamné pour infanticide. C'est un affaire finie.

— Oui, reprit Diane, elle est finie, puisque le scélérat a expié ses forfaits, frappé par la main d'une de ses victimes.

— Par la mienne ! dit Clotilde d'une voix sombre. Et je vous affirme ici que je n'étais plus folle, que j'avais toute ma raison quand je me suis fait l'instrument de la justice de Dieu.

Le marquis fit un pas vers Fulbert :

— Monsieur, dit-il, permettez-moi de serrer la main d'un honnête homme !... Je vous demande votre amitié, et vous ne refuserez pas, je l'espère, de signer comme premier témoin au mariage de ma fille...

Diane s'approcha de M. de La Guyon :

— Mon père, dit-elle en baissant les yeux, ces témoignages d'estime ne sont point une réparation suffisante. Et, je vous l'avouerai, il y a bien longtemps que j'en avais offert une à M. Lodier...

Et, se tournant vers celui-ci :

— Mon ami, dit-elle avec émotion, je suis peut-être bien indigne de vous. Mais, vous le savez, vous possédez, depuis ce fatal événement, mon affection, mon admiration et mon dévouement... Voulez-vous confier désormais à la veuve de celui qui vous a fait tant de mal le soin de votre bonheur ?... Vous avez jadis refusé ma main... Vous m'aimiez pourtant... Me refuserez-vous encore ?... Vous n'allez pas me faire affront devant tout le monde... Fulbert, voulez-vous que je sois votre femme ? Clotilde, voulez-vous que je sois votre sœur ?

Clotilde, pour toute réponse, prit la main de son frère, et la mit dans celle de Diane que Régine avait saisie, et doucement rapprochée. Lodier se laissa faire, puis, enlaçant de ses bras la veuve de son ennemi :

— Chère Diane ! oui, je vous aimais... Je crois avoir acquis enfin le droit d'être heureux !... Merci ! merci !

— C'est moi qui vous remercie, Fulbert !... Je ne porterai donc plus le nom exécré sous lequel je courbais le front ! Il est si doux d'être la femme d'un homme de bien !

Puis, embrassant Mlle de La Guyon :

— N'est-ce pas, petite sœur ?

Et elle ajouta, lui parlant à l'oreille, sans pouvoir être entendue de personne :

— Me pardonnes-tu d'avoir été un moment ta rivale ?

— Nous ferons les deux noces ensemble ! s'écria en souriant le marquis... Et je suis sûr que M. le conseiller à la cour de Paris nous fera l'honneur d'y assister... Si toutefois il ne rougit pas de se compromettre avec deux repris de justice comme mes futurs gendres !

— Vous êtes cruel, monsieur le marquis ! répondit d'un ton aigre le magistrat inamovible.

Francis prit la parole à son tour.

— Mais il n'y en a pas que deux ici. Nous sommes bel et bien trois. N'allons pas oublier le troisième, qui a été notre bon génie, à Mlle Régine et à moi, monsieur le marquis... Approche donc, mon cher Gilbert... Ne te cache pas ainsi. Tu es digne d'entrer dans notre compagnie, puisqu'il paraît que tu avais commis, toi aussi, quelque horrible méfait, et que tu possèdes aussi ton petit casier judiciaire.

— Tiens ! mon secrétaire !... Et libre ! dit avec stupéfaction le comte de La Guyon.

L'avocat, qui s'était jusqu'alors tenu à l'écart, ouvrit la bouche :

— Oui, dit-il... Mais le cas de notre jeune ami, monsieur Roger, s'il est moins héroïque, est peut-être plus original que le vôtre. Nous connaissions le *Philosophe sans le savoir*, de Sedaine ; nous avons maintenant le condamné sans le savoir. Cela lui est tombé comme une tuile. Et je m'étonne qu'on ne lui ait pas mis aussi sur le dos l'assassinat de la comtesse... Sans sa bonne étoile qui l'a fait arrêter pour complicité de détournement de mineure, il eût été aussi, sans doute, un meurtrier involontaire comme il est un escroc inconscient...

— Ah ! ça ! mais voilà un vrai brelan ! ajouta le marquis. Est-ce que, décidément, ce n'est que chez les repris de justice qu'on peut espérer trouver des gens d'honneur ?...

— Alors, dit le comte, cet infâme vicomte de Saint-Aubin n'en était pas à son coup d'essai ? Il avait préludé, par l'escroquerie et par le faux, au terrible drame de l'autre jour...

— Parbleu ! dit le magistrat. Ce monstrueux assassin...

Régine l'interrompit...

— Vous vous trompez encore, monsieur le conseiller ! dit-elle... Cet affreux vicomte en a bien assez sur la conscience... Ce n'est pas lui qui a tué ma malheureuse tante !

Mouvement général de surprise dans le salon.

— Eh bien non ! dit Francis Roger... Et je suis désolé, monsieur le magistrat, de prendre une fois de plus la justice en flagrant délit d'erreur : L'assassin ne s'appelle pas Saint-Aubin... Il s'appelle Hector Lambinot..., Approchez Agathe !...

— Approchez, mon enfant, dit Diane, à sa femme de chambre. N'ayez pas peur ! Ne tremblez pas ainsi... Ne sommes-nous pas là tous pour attester que vous n'êtes pas la complice de ce misérable et que vous avez failli être étranglée par lui en essayant de lui arracher le produit de son double crime ?... Vous vous êtes conduite en honnête fille...

Francis se mit à raconter, en quelques mots, les incidents que nous connaissons déjà, et fit confirmer son récit par Agathe Patouillard, puis il dit au conseiller à la cour de Paris.

— Vous voyez, monsieur, si le vicomte de Saint-Aubin est un drôle, un escroc, un faussaire, et s'il a eu l'infamie de porter ses méfaits au compte d'un camarade de collège, il est innocent du nouveau et plus odieux forfait qui lui est attribué. J'espère au moins que vous allez réhabiliter d'une manière éclatante sa victime, et que Gilbert Martin...

— Je pense que vous ne doutez plus de son innocence ! dit le comte.

— Non ! répondit le magistrat. Les renseignements transmis de Nice au parquet par le télégraphe donnent en effet la preuve que la condamnation ne saurait s'appliquer à votre secrétaire. Il y aura lieu de reviser le procès, quand nous aurons mis la main sur le vrai coupable.

— Et si l'on n'arrêtait pas ce Saint-Aubin ? s'écria le comte avec impatience...

— Ah ! ce serait très fâcheux... Le casier judiciaire est là... malheureusement. M. Martin aurait bien de la peine à se laver de... Enfin, on avisera...Hélas ! ce n'est pas une petite affaire...

— Me laver ! s'écria avec indignation le jeune secrétaire. Je n'ai à me laver de rien du tout. Et si votre justice s'est trompée, c'est tant pis pour elle...

— Décidément, ces gens-là sont donc des ânes ? dit avec une explosion de dédain le marquis de La Guyon.

— Hé ! s'ils n'étaient que des ânes !... Après tout, on n'est pas responsable de la longueur d'oreilles dont vous a affligé la nature !

— Quoi qu'il en soit, dit résolument le comte, mon cher Gilbert, vous reprenez dès aujourd'hui votre place auprès de moi.

— Un instant ! un instant ! mon ami ! dit le magistrat. M. Martin est en liberté provisoire seulement... Il aura à purger la condamnation par défaut qui lui a été faussement attribuée... Rassurez-vous... Il n'aura pas de peine à se justifier...

— Me justifier, monsieur ! dit avec le plus grand calme Gilbert Martin... Je ne crois pas avoir besoin de justification. Que ceux qui se sont bêtement trompés se justifient, s'ils le peuvent ! C'est leur affaire et non la mienne... Je ne m'en occupe plus !

— Bravo ! bravo ! jeune homme ! dit le marquis.

— Mais c'est dans votre intérêt, monsieur, reprit le conseiller. Il faut bien décharger votre casier de...

— Je vous répète, monsieur, que cela ne me regarde pas, et que je suis décidé à ne pas m'en préoccuper... J'ai compris mon arrestation, soit comme auteur principal, d'abord, soit comme complice du délit de détournement de mineure... Aujourd'hui que je ne puis plus être poursuivi de ce chef, je me moque du reste... Et je vous déclare que je refuse toutes explications sur une affaire qui ne me concerne en rien... Que la justice ose donc venir m'arrêter, si elle l'ose ! Je l'en défie !... Ce serait par trop infâme ! Elle n'aurait pas cette impudeur !... Si elle a besoin de mon témoignage contre le vicomte, fort bien ! Je suis à ses ordres et je me rendrai à son appel. Mais je lui défends de me traiter comme un condamné, comme un criminel, quand elle sait elle-même — vous venez de le dire, monsieur, — que je suis un honnête homme...

— Oui ! oui ! certes, vous êtes irréprochable... Je le sais. Mais le casier judiciaire est là ; il faut pourtant bien le rectifier ; il faut annuler la condam...

— Annulez, rectifiez, revisez tout ce qu'il vous plaira ! C'est, je vous le répète, votre affaire, non la mienne...

— Voulez-vous donc, au cas où le vicomte ne serait pas découvert, garder toute votre vie le poids du casier... ?

— Pardon ! pardon ! monsieur le conseiller, interrompit l'avocat. Vous me paraissez oublier, comme beaucoup de gens, que le casier judiciaire n'est point un dogme, qu'il n'est point parole d'évangile ; que, ni par son origine, ni par le nom de ceux qui l'ont imaginé, il ne saurait avoir la valeur qu'on a pris l'habitude de lui attribuer, et qu'il n'a guère plus d'autorité que des renseignements de police.

— Que dites-vous là, mon cher maître ?

— L'exacte vérité, monsieur le conseiller. Le casier judiciaire n'a point un caractère légal ; il ne procède ni d'une loi ni d'un décret ; il est né le 6 novembre 1850, d'une circulaire ministérielle de M. Rouher... Vous conviendrez, monsieur, que des documents émanés d'une pareille source n'ont pas la force qu'on a généralement le tort de leur attribuer. Ce n'est pas avec des circulaires que l'on dispose, avec plus ou moins de légèreté, de l'honneur de trente-six millions de citoyens ! Je le répète, le casier judiciaire n'a pas d'existence légale et régulière, et ne devrait pas être pris plus au sérieux que des rapports policiers...

— Si j'en juge par ce que je viens de voir et d'entendre depuis un quart d'heure, interrompit en souriant le marquis, moi qui arrive de chez les sauvages, où cette institution ne fonctionne pas encore, je me demande si le casier judiciaire n'est pas un brevet d'honorabilité ? N'est-ce pas votre avis, messieurs ?

— Vous exagérez, monsieur le marquis, répondit l'avocat. Ce qui est vrai, c'est que, né d'une inspiration du despotisme et presque à la veille du coup d'Etat, le casier judiciaire n'a en réalité aucune portée, aucune importance réelle, aucune garantie de sincérité et d'authenticité...

— Parbleu ! Nous en avons sous les yeux un triple et vivant témoignage !... Regardez M. Lodier ! Regardez M. Roger ! Regardez M. Martin !...

— Soyez donc sans crainte, mon cher Gilbert, reprit l'avocat. Quoi qu'il arrive, vous pouvez lever haut la tête, puisque vous avez le témoignage de votre conscience et l'estime des honnêtes gens.

Le magistrat se sentait mal à l'aise dans un milieu dégagé des préjugés du palais, et il ne tarda pas à prendre congé, en promettant d'ailleurs d'user de son influence pour obtenir du garde des sceaux que la chancellerie se préoccupât de la situation monstrueuse faite à un homme notoirement innocent.

Cette conversation juridique avait trop longtemps troublé des épanchements de famille qui ne demandaient qu'à reprendre un libre cours. La journée, commencée d'une manière si lugubre, par l'enterrement d'une femme assassinée, allait se continuer moins tristement. Le marquis avait retrouvé son enfant légitime et une fille naturelle par-dessus le marché. Il était au comble de la joie, et le comte lui-même oubliait presque, au milieu de la félicité générale, le drame sanglant où avaient sombré son bonheur conjugal et son honneur de mari.

Le dîner des funérailles se trouva, par la force des choses, transformé en dîner de fiançailles.

— Ma Régine chérie, dit tout bas Francis, en pressant la main de Mlle de La Guyon, j'espère bien que la justice vous rendra la fatale bague en brillants qui nous a coûté tant de larmes.

— Je n'en porterai pas d'autre, mon bon Francis. Ce sera ma bague de fiancée. Elle me rappellera ce que j'aile plus aime et ce que j'aime le plus au monde : ma mère, mon mari !

XIII

ÉPILOGUE

Arrivé à la fin de cette trop véridique histoire, je n'ai nul besoin de m'appesantir sur les détails et les incidents qui précédèrent le dénouement indiqué dans le dernier chapitre.

Un mois plus tard on célébrait, à Saint-Thomas-d'Aquin, le double mariage de M. Francis Roger avec Mlle Régine de La Guyon, et de M. Fulbert Lodier avec Mme veuve Bluteau, née Diane Garnier.

La fête fut ce qu'elle devait être en face des douleurs d'un deuil récent : simple, sans éclat, triste. Pourtant les romanesques aventures du père des deux mariées et des quatre héros de la cérémonie, le mouvement d'ardente sympathie qui s'était produit en leur faveur dans l'opinion publique, avaient attiré à la mairie du VIIe arrondissement et à l'aristocratique église une foule considérable, émue et recueillie.

Seifie, la magistrature brillait par son absence. Victor de La Guyon avait eu bien de la peine à obtenir, après toute une série de démarches, que le greffe du tribunal de première instance de la Seine lui rendît la bague qui avait appartenu à sa femme et qui formait désormais la part la plus précieuse de l'héritage de sa fille !

Il n'avait tenu qu'à un heureux hasard que le joyau ne fût déjà vendu par l'administration de l'enregistrement et des domaines. Ah ! cette restitution ne fut pas une mince affaire, et l'on se heurta d'abord à une foule d'objections juridiques, de difficultés de toutes sortes !...

— Enfin ! s'écria le marquis quand, grâce à la menace d'un procès scandaleux et à l'intervention du garde des sceaux, il put rentrer en possession de sa légitime propriété, et que Francis eut pu passer la bague au doigt de sa fiancée, en attendant l'anneau nuptial. Enfin !... ils ont été forcés de rendre gorge !... Ah ! j'aurais bien voulu voir que le domaine se fût permis de vendre ce qui t'appartient, ma chère enfant !... Ç'eût été drôle, si j'avais été contraint de poursuivre l'État comme voleur de bijoux, et la justice française comme complice par recel !

A l'issue de la double solennité, et quand on venait à peine de rentrer à l'hôtel de la rue de Varenne, Régine prit à part son mari et, lui parlant à l'oreille avec mystère :

— Venez, Francis, dit-elle. A mon tour je vous enlève ! Venez !

Roger la suivit docilement, sans rien dire à personne et en faisant seulement prévenir le marquis qu'ils s'absentaient pour une heure ; ils montèrent dans un simple coupé...

— Où me conduisez-vous donc, ma bien-aimée ? demanda-t-il avec surprise.

— Où ? Ne le devines-tu pas, mon ami ?

Les larmes qui brillaient dans ses yeux furent pour lui une révélation soudaine.

— Oh ! Je te comprends, Régine ! dit-il en la pressant dans ses bras.

Au bout d'une demi-heure la voiture s'arrêta à la porte du cimetière. Ils en descendaient et allaient s'agenouiller sur la tombe de Mme de La Guyon..

— Et maintenant je me crois vraiment mariée ! s'écria Mme Francis Roger en sanglotant... Il nous fallait la bénédiction de ma mère !... Ah ! pourquoi n'est-elle plus là pour jouir de notre bonheur ?

Ils se jetèrent dans les bras l'un de l'autre. Puis ils regagnèrent leur voiture et reprirent le chemin de l'hôtel.

En voyant les yeux rougis de sa fille, le marquis comprit aussitôt le motif de leur furtive absence et le but de leur excursion. Il la pressa dans ses bras, sans pouvoir articuler un seul mot.

Étrange repas de noces où tout le monde avait envie de pleurer !

Dans l'après-midi, les deux couples partaient ensemble pour le voyage traditionnel, accompagnés de Clotilde, qui ne devait plus quitter son frère et sa belle-sœur.

Pendant le dîner, le marquis, essayant de réagir contre la tristesse générale, avait insinué que Mlle Lodier, elle aussi, après tant d'épreuves, aurait son jour de calme et de félicité.

Clotilde avait secoué sa tête pâle ; ses yeux creusés, par la souffrance et par la folie, avaient pris une expression étrange :

— Moi, monsieur le marquis ?... Moi, je bercerai leurs enfants ! Cela m'aidera peut-être à oublier le mien !...

Bien émouvante fut la scène des adieux. Le marquis pleurait à chaudes larmes :

— Que vais-je devenir ? s'écriait-il. Me faudra-t-il donc retourner chez les sauvages des montagnes rocheuses ?

— Soyez donc plus ferme, mon ami ! lui dit tout bas Berthe la Champenoise.... Vous affligez ces enfants !... Bah ! leur absence ne sera pas longue... J'essayerai de vous consoler... Nous parlerons du passé... Nous parlerons de nos amours ! Ah ! comme je vous aimais, Victor !...

Trois ans se sont écoulés depuis lors.

Clotilde a déjà trois enfants à bercer ; deux à Régine, un à Diane...

Fulbert, qui ne peut rester inactif, s'est replongé dans ses recherches scientifiques. Le magnifique laboratoire qu'il a installé dans l'hôtel acheté en commun avec Francis lui permet de continuer, avec le concours de son jeune beau-frère, devenu un chimiste distingué, ses expériences sur la découverte capitale qui doit immortaliser son nom, reléguer la dynamite presque parmi les substances inoffensives et opérer une véritable révolution dans l'art de la destruction.

Gilbert, pas plus que Lodier et Roger, n'a songé à faire reviser son procès. Le vrai coupable n'ayant pu être retrouvé, la cause est toujours *en l'état,* comme on dit au Palais. Le marquis de La Guyon, par ses relations en Amérique, a pu lui procurer à New-York une brillante situation.

Diane, pour récompenser Agathe du dévouement dont elle avait fait preuve à l'hôtel Morley, l'a dotée et mariée avec son maître d'hôtel. Leur noce a été célébrée l'autre jour. La mère Patouillard est aux anges et répète à qui veut l'entendre :

— Ah ! pour des gens *chic*, v'là des gens chic. Et quand je pense que Mam'selle Régine a été ma locataire, et que le boulanger lui a refusé un jour à elle et à sa pauv'mère un petit pain d'un sou !

— Mais ! me demande une de mes lectrices avec impatience. Et le vicomte de Saint-Aubin ? Et Hector Lambinot ?

— Ah ! madame, je n'en ai malheureusement pas de nouvelles, ni la justice non plus !... Ne vous ai-je pas dit qu'il y a un Dieu pour les coquins comme pour les ivrognes ?

La police a arrêté successivement vingt faux Lambinot et vingt faux Saint-Aubin, qu'il lui a bien fallu relâcher...

Elle les cherche depuis trois ans ; il est à présumer qu'elle ne les trouvera jamais !

FIN

LIVRE PREMIER	19
I - AU MONT-DE-PIÉTÉ	19

II - LA BAGUE EN BRILLANTS	22
III - LA PHTISIQUE	30
IV - UNE DESCENTE DE POLICE	34
V - MONSIEUR RAYMOND	45
VI - AU DÉPOT	57
VII - DIANE BLUTEAU	73
VIII - LES DEUX RIVALES	88
IX - CHAMBRE DE GARÇON	101
X - LA POLICE CORRECTIONNELLE	113
XI - LE JUGEMENT	124
XII - COUP DE THÉATRE	134
XIII - LA SENTENCE	141
XIV - LA COMTESSE	146
XV - LA DISPARITION	153
LIVRE DEUXIÈME	172
I - LE MARQUIS DE LA GUYON	172
II - UN MARIAGE A CLICHY	179
III - MADAME LAFONTAINE	197
IV - L'APPEL DE FRANCIS	207
V - INCIDENT INATTENDU	215
VI - DE LA PRISONNIÈRE AU PRISONNIER	220
VII - DÉLIT D'AUDIENCE	226
VIII - L'HISTOIRE DE RAYMOND	234
IX - L'INCENDIAIRE	242
LIVRE TROISIÈME	259

I - LA FEMME ADULTÈRE	259
II - LES FIANÇAILLES FORCÉES	264
III - LE VICOMTE	273
IV - DÉTOURNEMENT DE MINEURE	279
V - LA CONTAGION DE L'EXEMPLE	297
VI - SUR LE PAQUEBOT	301
VII - RÉVÉLATION IMPRÉVUE	311
VIII - HECTOR LAMBINOT	316
IX - UN DRAME EN CHEMIN DE FER	323
X - A L'HOTEL MORLEY	339
XI - DES VIEILLES CONNAISSANCES	345
XII - BRELAN DE REPRIS DE JUSTICE	354
XIII - ÉPILOGUE	366